谨将此书
献给我的夫人
陆　平　女士

让名家带我们走近大师
让大师带我们走近真理
感受大师人格魅力
倾听大师思想观点
影响人类历史进程的150位大师
在此与我们相聚
《未名讲坛》——宏大的精神盛宴

未名讲坛

郭建中讲笛福

郭建中 ◎ 著

北京大学出版社

图书在版编目(CIP)数据

郭建中讲笛福/郭建中著. —北京:北京大学出版社,2013.8
(未名讲坛·文学卷)
ISBN 978-7-301-22989-7

Ⅰ.①郭… Ⅱ.①郭… Ⅲ.①笛福,D.(1660~1731)-生平事迹 ②笛福,D.(1660~1731)-文学研究 Ⅳ.①K835.615.6 ②I561.064

中国版本图书馆 CIP 数据核字(2013)第 182577 号

书 名:	郭建中讲笛福
著作责任者:	郭建中 著
责 任 编 辑:	魏冬峰
标 准 书 号:	ISBN 978-7-301-22989-7/I·2662
出 版 发 行:	北京大学出版社
地 址:	北京市海淀区成府路 205 号 100871
网 址:	http://www.pup.cn
新 浪 微 博:	@北京大学出版社
电 子 信 箱:	weidf02@sina.com
电 话:	邮购部 62752015 发行部 62750672 编辑部 62750673 出版部 62754962
印 刷 者:	三河市博文印刷厂
经 销 者:	新华书店
	965 毫米×1300 毫米 16 开本 21.5 印张 333 千字
	2013 年 8 月第 1 版 2013 年 8 月第 1 次印刷
定 价:	43.00 元

未经许可,不得以任何方式复制或抄袭本书之部分或全部内容。
版权所有,侵权必究
举报电话:010-62752024 电子信箱:fd@pup.pku.edu.cn

致　　谢

　　在这里,我首先要感谢北京大学出版社的魏冬峰女士委托我撰写此书的重任。尽管我翻译了笛福的名著《鲁滨孙飘流记》和《摩尔·弗兰德斯》,并且对笛福研究也有兴趣,但如果她不邀约我写此书的话,我自己是绝对不会想到要写这本笛福评传性质的书的。

　　感谢浙江大学外国语学院金明老师,为我搜集了国内大部分的笛福研究论文和翻译作品。

　　感谢厦门大学外国语学院杨士焯教授、扬州大学外国语学院李广荣老师和我的朋友赵锦文先生。他们为我认真校对了初稿,并各自从不同的角度,提出了不少宝贵的修改意见和建议,为拙稿增色。

　　我还要感谢美国众多的图书馆及其工作人员,他们提供了热情、方便的服务,使我能通过馆际借阅系统获得我撰写此书的资料。

　　我特别要感谢我的家人对我撰写此书的关心和帮助。在此书写作期间,我大部分时间住在美国我女儿家。这给我搜集资料提供了极大的便利,使我能充分利用美国的图书资料。他们还把小外孙女送到全天托儿所,以免打扰我的写作工作;我的女儿和女婿经常开车送我去图书馆借书、还书。小外孙女聪明可爱,看她一天天长大,与她游戏、交谈,是我休闲时间的最大快乐!最后,我更要特别感谢我的夫人陆平女士。她数十年如一日,支持我的教学和研究工作,尽管她自己也有繁忙的教学任务,但还是承担了绝大部分的家务工作。这次在美国也一样,除了家务工作,小外孙女在家时,也主要由她照管。而每当我要乘坐公交车去图书馆时,她是一定要陪我同去的。因此,没有全家人的支持和鼓励,我是不可能有时间和精力阅读这么大量的资料并完成此书的撰写工作的!

郭建中
于美国费城郊区
2012 年 7 月 17 日

关于引用笛福英语原著
书名和正文的说明

  18世纪英语单词的拼写、行文中首字母的大、小写和语法，都还没有像现在这样规范，就连个别英语字母的书写，与当代英语也有较大的区别。现在重印出版的笛福著作，除了把字母书写根据当代英语规范化之外，大部分版本的单词拼写、行文中首字母的大、小写和语法基本上都保持笛福时代英语的特色。

  以英语单词拼写为例：

当代英语拼写	18世纪英语拼写
complete	comleat
public	publick
royal	royall
satire	satyr

  但有时候，在不同的标题或文章中，拼法也不一致。例如，1704年出版的 *Royal Religion* 的标题中，用的是 royal；而 1895 出版的 *On Royall Education* 的标题中，用的又是 royall。可见18世纪的英语单词拼写还不怎么规范。

  再以文章标题中的字母大、小写为例：

  Some Reflections on a Pamphlet lately published, entitled, "An Argument Showing that a Standing Army is not inconsistent with a Free Government"

  其中的一些词按当代英语的规范应该首字母大写的，但都没有大写，且标点符号的使用也不一样。按照当代英语标点符号使用的规范，entitled 后面不必用逗号。

另外，标题中单词的首字母大、小写也经常不一致。例如：

The Two Great Questions Considered（1700）
The Two Great Questions further considered（1700）

标题中的两个 considered，一个大写，一个小写。

在正文中，单字首字母的大、小写似乎视作家的习惯而定。我们来看一下《鲁滨孙飘流记》的开篇第一句：

I Was born in the Year 1632, in the City of York, of a good Family, tho' not of that Country, my Father being a Foreigner of *Bremen*, who settled first at *Hull*: He got a good Estate by Merchandise, and leaving off his Trade, lived afterwards at *York*, from whence he had married my Mother, whose Relations were named *Robinson*, a very good family in that Country, and from whom I was called *Robinson Kreutznaer*, but by the usual Corruption of Words in *England*, we are now called, nay we call our selves, and write our Name *Crusoe*, and so my Companions always call'd me.

以上引文出自 W. R. 欧文斯（W. R. Owens）与 P. N. 弗班（P. N. Furbank）作为总编的 50 卷《笛福作品集》（*Works of Daniel Defoe*）中的《笛福小说选》（*The Novels of Daniel Defoe*）。这是本世纪初（2000—2008）出版的笛福作品选的最新权威版本。《笛福小说选》共 10 卷，前 5 卷于 2007 年出版，后 5 卷于 2008 年出版。《鲁滨孙飘流记》是其第 1 卷。

在 18 世纪，其他作家的作品情况也一样，包括书名和正文中英语单词的拼写和首字母的大、小写等。

现以笛福政敌查尔斯·吉尔顿的作品为例。《鲁滨孙飘流记》出版后不到 5 个月，此人出版了一本小册子，题为《伦敦袜商 D—De F—先生历险记》（*The Life and Strange Surprizing Adventures of Mr. D—De F—, of London, Hosier*, 1719）。他利用笛福小说中的一些矛盾和疏忽之处，对笛福的这一作品极尽讽刺和攻击之能事。小册子的开篇模仿笛福《鲁滨孙飘流记》的序言：

If ever the Story of any private Man's Adventures in the World were worth making publick, and were acceptable when publish'd, the Editor of this Account thinks this will be so.

18 世纪的英语的状况大致如此。现在重印的笛福著作,基本上也保持笛福原作的面貌。因此,我在引用笛福著作的标题和正文时,也遵循现在笛福著作重印的习惯,选用权威版本,保持原貌,不作改动,也不便改动。

序

  大约在 2009 年年底,北京大学出版社魏冬峰女士向我询问写作《郭建中讲笛福》一书的意向,以纳入他们已经在出版的《未名讲坛》系列图书。因为我在为译林出版社翻译笛福的两部名著《鲁滨孙飘流记》(1996)和《摩尔·弗兰德斯》(2003)过程中,阅读了一些有关资料,做过一些初步的研究;加之我正好在美国,再补充一些材料也很方便,自以为写起来应该不会太困难,也不需要花太长时间。这样,我就贸然答应下来了。后来,在继续查阅材料过程中,发现事情并没有我原先想象的那么简单。

  首先,笛福研究的资料浩如烟海,是一个储藏量特别丰富的特大"矿藏"。

  西方的笛福研究,经历了一个由衰到盛的发展历程。18 世纪,在笛福逝世 16 年之后的 1747 年,《大不列颠百科全书传记》(*Encyclopedia Britannica Biography*)中就出现了托尔斯博士(Dr. Joseph Towers,1737—1799)撰写的"笛福生平"的条目。在笛福逝世 22 年后的 1753 年,罗伯特·希尔斯(Robert Shiels,? —1753)在 5 卷本《大不列颠和爱尔兰诗人生平》(*The Lives of the Poets of Great Britain and Ireland*)第 4 卷中,介绍了笛福,对笛福赞扬有加。这可以说是笛福的第一篇简传。① 而 1785 年乔治·查默斯(George Chalmers,1742—1825)的《丹尼尔·笛福传》(*The Life of Daniel Defoe*,1790 年扩版)可以说是真正意义上的第一部笛福传记。这本笛福传记为后来人们重新发现和评介笛福奠定了基础。在此之前,笛福作为他所处时代的一个代表人物、作家和小说家,一直没有受到足够的重视。1793 年,即笛福逝世 62 年之后,在查默斯《丹尼尔·笛福传》的影响下,人们开始认识笛福的才华,把他看做英国长篇小说家的先驱,具有独特风

---

① Shiels, Robert. *The lives of the poets of Great Britain and Ireland*, ed. 5 vols., London: Printed for Griffiths, 1753.

格的散文家,杰出的政治、社会和经济思想家和有重大影响的政治诗作家。笛福的名字再次进入安德鲁·基皮斯(Andrew Kippis,1725—1795)等人编纂的《大英不列颠百科全书传记》(第5卷,1793)中,并受到好评。

19世纪第一部有影响的笛福传记是1830年沃尔特·威尔逊(Walter Wilson,1781？—1847)的《笛福生平和时代回忆录》(*Memoirs of the Life and Times of Daniel Defoe*)。接着是1859年威廉·查德威克(William Chadwick)的《笛福的生平和时代》(*The Life and Times of Daniel De Foe*)。11年之后的1869年,威廉·李(William Lee,1812—1891)的三卷集《丹尼尔·笛福:他的一生和最近发现的著作》(*Daniel Defoe, His Life and Recently Discovered Writings*, 3 Vols.)出版。而1879年威廉·明托(William Minto,1845—1893)撰写的《丹尼尔·笛福》(*Daniel Defoe*)和1894年托马斯·赖特(Thomas Wright)发表的《丹尼尔·笛福传》(*The Life of Daniel Defoe*),可以说是为19世纪的笛福研究作了个小结。

到20世纪,尤其是20世纪中叶之后,笛福研究进入了真正的学术全盛期,有影响的笛福传记就更多了,随便提几部就可见一斑。世纪之初,1900年就有威尔弗雷德·惠腾(Wilfred Whitten,1864—1942)的《丹尼尔·笛福》(*Daniel Defoe*)一书出版,预示着新世纪笛福研究高潮的到来。接着就有几部各具特色的笛福传记问世,如1916年出版的威廉·彼得菲尔德·特伦特(William Perterfield Trent,1862—1939)的《笛福:如何了解他》(*Daniel Defoe: How to Know Him*)、1929年出版保罗·多丁(Paul Dottin)的《笛福历险记》(*The Life and Strange and Surprising Adventures of Daniel Defoe*)、1931年托马斯·赖特发表的《丹尼尔·笛福传》第二版——笛福逝世两百周年纪念版、1937年詹姆斯·R.萨瑟兰(James R. Sutherland,1900—1996)的《笛福》(*Defoe*)、1950年出版的威廉·弗里曼(William Freeman)的《非凡的笛福》(*The Incredible Defoe*)等。其中,要属1958年J. R.穆尔(John Robert Moore,1890—1973)的《丹尼尔·笛福:近代世界的公民》(*Daniel Defoe: Citizen of the Modern World*)、1981年F.巴斯琴(Frank Bastian)的《笛福的早年生活》(*Defoe's Early Life*)和1989年葆拉·R.巴克沙伊德(Paula R. Backscheider)的《笛福传》(*Daniel Defoe: His Life*)评价较高。

进入21世纪，笛福研究更进一步向纵深发展。就像上世纪一样，本世纪初，也出现了重要的笛福传记著作——2001年出版的马克西米利安·E.诺瓦克（Maximillian E. Novak）的《小说大师：丹尼尔·笛福》(Daniel Defoe: Master of Fiction)。接着是2005年约翰·里奇蒂(John Richetti)的《笛福评传》(The Life of Daniel Defoe: A Critical Biography)和2006年P. N.弗班(P. N. Furbank)与W. R.欧文斯(W. R. Owens)合著的《笛福政治传记》(A Political Biography of Daniel Defoe)。到现在为止，有影响的笛福传记就有10余种。以上列举的仅仅是几部影响较大的而已。

19世纪，笛福作品的编辑和出版也开始了。有影响的笛福作品集包括较早的1820年乔治·查默斯编辑出版的一部分笛福的著作。1831年托马斯·罗斯科(Thomas Roscoe)编辑出版了《鲁滨孙飘流记》，并介绍了笛福的生平。1840—1843年间，威廉·黑兹利特(William Hazlitt, 1778—1830)编辑出版了三卷笛福作品集，并写有一篇回忆录(The Works of Daniel Defoe: With a Memoir of His Life and Writings, 3 Vols)。1840—1841年间，牛津出版社出版了20卷笛福小说和其他作品选。1895年有乔治·A.艾特肯(George A. Aitken, 1860—1917)编辑出版的16卷《丹尼尔·笛福：小说和叙事作品选》(Daniel Defoe: Romances and Narratives, 1895—1904)。以上只是19世纪出版的笛福作品集。

到20世纪，就有更多的笛福作品集问世。其中影响较大的有世纪之初1903—1904年梅纳迪(G. A. Maynadier)出版的16卷《笛福作品选》(The Works of Daniel Defoe)和1927—1928年间，由莎士比亚头像出版社(Shakespeare Head Press)出版的《笛福小说和其他作品选》14卷((The Shakespeare Head Edition of the Novels and Selected Writings of Daniel Defoe, 14 Vols.)。

本世纪则在2000—2008年出版了W. R.欧文斯(W. R. Owens)与P. N.弗班(P. N. Furbank)作为总编的50卷《笛福作品集》(Works of Daniel Defoe)和在2003—2011年间出版的由约翰·麦克维(John McVeagh)主编的9卷《笛福评论报文章全集》(Defoe's Review)。此外，还有纽约AMS出版公司正在编辑出版的《斯托克纽因顿版丹尼尔·笛福作品集》(The Stoke Newington Daniel Defoe Edition)。该版本从1999年开始出版《计划论》至今已出了五六册。该集子将继续出版,规模如何目前还不得而知。

其他关于笛福专题研究的著作就更多了,比如对笛福为人、性格、政治生活的某一方面或某一阶段、笛福小说的叙事艺术、结构、语言特色,乃至笛福某部小说或小说中的某个人物形象的专题研究等等专著,那比笛福的传记就更多了。有关笛福研究的评论文章更是数不胜数。仅根据斯皮罗·彼得森(Spiro Peterson,1922—1992)1987年出版的《丹尼尔·笛福研究参考指南:1731—1924》(Daniel Defoe: A Reference Guide 1731—1924)中的统计,在这近两百年中,笛福研究的论文或著作,英文有1325种,法文133种,德文92种,俄文7种,荷兰文4种,其他还有意大利文、瑞典文、爱斯基摩文和日文各1种。在1925年至1985年这短短的60年间,特别是1957年之后,笛福研究的论文和著作直线上升,达2631种。其中1931年和1951年曾掀起两次研究高潮。此外还有各种百科全书中的条目、笛福研究指南、文献目录、手册和参考书等等。就笛福研究文献目录的出版而言,除了上面提到的斯皮罗·彼得森的《丹尼尔·笛福研究参考指南:1731—1924》之外,还有1984年约翰·斯托勒(John A. Stoler)的《丹尼尔·笛福:现代批评文献评注,1900—1980》(Daniel Defoe: An Annotated Bibliography of Modern Criticism, 1900—1980)和1998年出版的由W.R.欧文斯与P.N.弗班编纂的《笛福文献评注》(A Critical Bibliography of Daniel Defoe)。在1925年之后,笛福研究还显现了另外两个特点:一是研究形成了国际规模;二是研究运用了新的文艺理论,如结构主义、解构主义、女性主义、后殖民主义、西方马克思主义等理论。

我之所以不厌其烦地列举笛福研究的各种大量的著作,只是想说明一点:尤其是20世纪以来,从出版的笛福传记、作品选和研究论著看,笛福研究在西方,特别是在英国和美国方兴未艾,而且,在英、美还分别有笛福研究会。

在短期内要阅读这么多的资料,当然是不可能的,但一些重要的传记和专著,还是不能不读的。

第二,对笛福的道德品质、思想观点、政治经济活动及其众多作品的看法,名家或专家分歧甚大。

笛福的名声,也像其生平一样,经历了褒贬不一和沉浮起落。赞之者说他是天才,贬之者说他是大骗子。笛福研究刚开始的七十多年间,笛福的文学声誉一直不佳。据马克西米利安·E.诺瓦克在他笛福传记的"序言"中介绍,1719年笛福的名著《鲁滨孙飘流记》第一次出版时就遭到了评论界的恶毒攻击,被认为是"艺术和生活的低俗之作"①。在笛福的同代人眼里,他只是一个"御用文人",专为执政的党派摇旗呐喊,因此,在政治上不是一个诚实的人。文学界也看不起他,尽管承认他有不错的写作技巧。18世纪英国诗人亚历山大·蒲柏(Alexander Pope,1688—1744)对笛福的评价也只是一般:

> 《鲁滨孙飘流记》的第一部分写得很好——笛福写了不少东西,虽说没有什么坏作品,但也没有什么杰出的著作,唯有这部《鲁滨孙飘流记》除外。但他所有的作品中,总有一些好的东西。②

苏格兰历史小说家和诗人沃尔特·司各特爵士(Sir Walter Scott,1771—1832),虽然也赞赏笛福叙事艺术,但他认为笛福缺乏有意识的艺术技巧:

> 笛福写得太快,极少注意详细情节;他把各种事件放在一起,就像从车子上倒下来的铺路石子堆在一起,各事件之间也没有什么联系。③

上述司各特关于笛福小说的评说,一直被后来的评论家所提及,并成为对笛福小说结构诟病的依据。

笛福一直被排斥在文学界和名人圈子之外,这可能与"门户之见"也有关系,因为笛福并非出身名门。尽管笛福在世时曾试图进入当时的文人圈子,还在原姓Foe之前,加上了De,以便听起来像是贵族身份。但乔纳森·斯威夫特(Jonathan Swift,1667—1745)以轻蔑的

---

① Novak, Maximillian, E. *Daniel Defoe: Master of Fiction—His Life and Ideas*, Oxford University Press, 2001, p.1.

② Spence, Joseph. *Observations, Anecdotes and Characters of Books and Men*, ed. Osborn, James. (2 vols., Oxford: Clarendon Press, 1966); i. 213 (item 498). 援引自 Novak, Maximillian E., *Daniel Defoe: Master of Fiction—His Life and Ideas*, P.8 (Note 14.), Oxford University Press, 2001.

③ *Sir Walter Scott on Novelists and Fiction*. ed. Ioan Williams. New York: Barnes & Noble, 1968, pp.164—183.

口气评价笛福说:

> 有这么一位作者(那个受枷刑的家伙,他的名字我已经忘了),老是那么阴沉沉的、喜欢卖弄文采,又好说教,简直是个无赖,让人无法容忍。①

但在 18 世纪 80 年代到 19 世纪 40 年代之间,接连出版了不少笛福的传记和他的作品选集,笛福逐渐成了一颗上升的"文学明星"。英国湖畔派诗人、敏锐的文学批评家塞缪尔·泰勒·柯勒律治(Samuel Taylor Coleridge,1772—1834)对笛福作品的艺术性推崇备至。到 19 世纪 60 年代,笛福突然"被发现"了。关于笛福研究的著作和文章一下子多了起来,他逐渐被认为是"18 世纪的伟大作家之一"。

但在 19 世纪中叶,《鲁滨孙飘流记》还被指责为抄袭了苏格兰水手亚历山大·塞尔扣克的记述。读者对《摩尔·弗兰德斯》这部小说的内容和所使用的语言,还深为震惊;对笛福在其他小说中用流氓、海盗作为小说的主角,也大为惊愕。当代诺贝尔文学奖得主 J. M. 库切(James Maxwell Coetzee,1940—)甚至在他的名著《福》(*Foe*)一书中,解构了《鲁滨孙飘流记》,并戏称笛福的罗克珊娜抄袭了他创作的形象。他说,罗克珊娜就是他自己的作品中的主角"苏珊"。有人还认为,笛福无权盗用女性的身份来叙述一个女人的身世。还有人说,笛福应该把鲁滨孙刻画成一个素食主义者。更有人说,笛福只是一个没有什么写作技巧的小说家,他根本不懂小说的结构。怪不得诺瓦克感叹说,很少作家像笛福那样,经历了那么多的波折才进入了"名人殿堂";而像笛福那样,经历了那么漫长困难的时期,才能留在这"名人殿堂"的作家就更少了。②

到了 20 世纪,笛福超人的才华终于为世人真正认识。今天,他被认为是英国文学中最具开创性的作家。他创作了第一个引人入胜的鬼故事;他被誉为"现代报刊之父"、"影响巨大的政治讽刺诗作家";他是无可争议的"英国小说的先驱"和"技艺高超的散文家",他创作

---

① From *A letter... Concerning the Sacramental Test* (1708). 援引自 *Moll Flanders*, A Norton Critical Edition, ed. by Edward Kelly, Background and Sources, p. 323。

② Novak, Maximillian E. *Daniel Defoe: Master of Fiction*, Oxford: Oxford University Press, 2001, p. 1.

了像《鲁滨孙飘流记》、《摩尔·弗兰德斯》和《瘟疫年纪事》等不朽的长篇小说;他也是"社会经济问题杰出的思想家"和进步的爱国作家,也是英国第一位以社会历史学的观点观察国家重大事件的杰出作家;他还是从经济地理学的角度观察和调查社会经济和民情的旅行家;他甚至可以说是第一位心理学家,预见了现代化测谎的手段和问题;他也是指出社会犯罪问题不能完全归咎于底层阶级的社会学家;他是一位笔锋锐利、思想独立的记者和编辑,他强烈谴责政治和宗教的偏执。由于他对专制统治和宗教迫害的反抗,他是英国大作家中唯一遭受枷刑的作家。他的作品得到了广泛的关注和评论,并从马克思主义、心理分析法、女性主义和后结构主义等方面对他的著作作了现代性的解读。我们认为,阅读、体会和分析他的众多著作所表现的思想,即使在 21 世纪的今天,也是很有现实意义的。

但是,笛福的传记作家、研究专家和同行作家们对笛福的看法分歧颇大。例如,前面我们提到的 2005 年才出版的约翰·里奇蒂的《笛福评传》"前言"中,还把 1879 年出版的威廉·明托撰写的《丹尼尔·笛福》中的一句话作为全书的引语:

(笛福)……一个名副其实的大谎言家,也许是有史以来最大的谎言家。

2006 年 P. N. 弗班与 W. R. 欧文斯合著的《笛福政治传记》,考证了笛福的一些谎言,尤其是笛福自称的与威廉三世的"亲密关系"这个"大谎言"。

但专家中也有不同的声音。传记作家托马斯·赖特称笛福为"一位有血有肉的英雄……一位伟人"。他甚至说,人们对笛福的评价"不要以小人之心度君子之腹"。(His was a great soul, and little souls should beware of measuring him by their own standard.)[①]而海涅(Heine,1797—1856)则说"笛福是人类战争中的一位勇士"[②]。

第三是对笛福著作的数量与看法,有巨大的分歧。

笛福作品数量惊人,且题材庞杂——政治、经济、宗教、教育、外交

[①] Wright, Thomas. The Life of Daniel Defoe. Cassel and Company, Ltd. London, Paris & Meluoukm, 1894, p. xvii.

[②] Ditto, p. xi.

政策、社会改革、道德说教乃至发现、发明、幻想和超自然想象等——大至时政方针,小至改善街道照明,无所不包。几乎没有一个领域他没有发表过自己的"高见"。阅读笛福的作品,可以通过笛福的眼睛,了解18世纪初英国的经济、社会和政治的现实。就体裁而言,有诗歌(包括大量的政治讽刺诗)、政论小册子、游记、传记、历史;最后,但也是最重要的,当然是10部长篇小说。至于哪些能确定是笛福的真作,研究笛福的专家们一直以来有不少分歧。其原因之一是由于当时的政治、宗教形势复杂多变,发表文章如若得罪国王、政府或权贵,弄不好还要"杀头"的!因此,当时的不少文人有匿名发表文章的风气。笛福的著作许多都是匿名或用各种笔名、假名发表的。一方面他知道用真名发表文章会给他带来危险;另一方面,匿名或用假名可以肆意攻击他想攻击的观点和对象。甚至连《鲁滨孙飘流记》、《鲁滨孙飘流记续集》和《鲁滨孙·克鲁索沉思录》这三部成名作,笛福发表时都没有署名。而在他逝世之前的最后几年,他用了安德鲁·莫尔顿(Andrew Moreton)的假名向英国人提出他最后的忠告。因此,要从那个时期大量的匿名文章中有把握地认定笛福的作品,其困难程度之高和工作量之大,是可以想象的。幸运的是,笛福还是有不少署名发表的文章和著作,也有比较有根据而能确定的笛福用匿名或假名发表的作品。因此,大部分笛福的作品还是可以确定的;另外还有不少文章和著作是否真的是笛福自己撰写的,专家们也意见纷纭。就其著作数量而言,从多至五六百篇(部)到少至276篇(部)。另一个原因是,确定笛福作品时,每个人的看法和判断标准也不尽一致,分歧也就在所难免。即使这样,从最少的统计数字,即当代笛福研究的著名专家欧文斯和弗班任总编,编辑了比较可以认定的《笛福作品集》,也有6大类50卷,包括政治经济类(8卷),宗教教育类(10卷),妇女行为类(6卷),讽刺、幻想和超自然现象类(8卷),旅游、发现和历史类(8卷)以及长篇小说类(10卷)。另加约翰·麦克维编辑笛福《评论报》的文章9卷,则总共有59卷。对他俩确定的笛福作品数量,大部分专家认为是偏少了。确认笛福的作品,早已成为笛福研究的一个重要课题。即便如此,其作品数量之大,在作家中也是绝无仅有的。而且,在此之前就已有不少笛福的作品集问世。因此,即使不通读全部59卷,研究笛福的工作量之大,也是少有的。

这样,我感到了撰写此书所面临的巨大困难、压力和挑战,工作量大大超过了我的预期。在我的脑海中,一个身世复杂、难以捉摸、知识渊博、才华横溢、著作等身的笛福,代替了单纯的"小说之父"笛福。

如上所述,西方,尤其是英、美学者非常重视笛福研究。如果这门学问在中国如此发达,中国学者可能会以中国学术研究的传统称之为"显学",并可能会冠之以"笛福学"的名称而成为文学研究中作家研究分支下的一个子分支了。可惜的是,我查遍网络,还没有发现一本翻译成中文的《笛福传记》,更没有一本我国学者自己撰写的《笛福传》。当下的中国,尽管有众多关于笛福的研究论文,但比较散乱,未能形成系统的笛福研究。造成这种情况,可能是我国学者对当代的外国小说家和小说更感兴趣吧!尽管如此,我原来还是计划撰写"笛福在中国的翻译与研究"一章。但由于时间的限制和资料的欠缺,未能如愿完成,只能留待以后有机会补写了。不过就我接触的有限资料所得到的印象是,我国老一辈的学者对笛福的看法还是比较客观的,而现在的年轻学者则对笛福批判的多,肯定的少,似乎有失偏颇。由于笛福在小说史上的地位和笛福小说对后世作家的影响,对笛福及其小说的深入研究,有助于更好地理解当代外国小说家和他们的作品。西方如此重视笛福研究,恐怕这也是其中的一个原因吧!

最后,需要说明两点:一、书中第一次出现的专有名词,包括人名、地名、书名等,均在圆括号内注明英文原文,以后就不再注明了;二、本书中笛福著作的中文引文和其他著作的中文引文,除注明出处外,均为本书作者自己随引随译,不足之处肯定难免;三、不是笔者自己翻译的中文译文,包括笛福的著作和笛福研究的参考书,能找到英语原文的,我均参照原文核对,并对原译文个别地方略有修改,不当之处当由本人负责。其中《鲁滨孙飘流记》和《摩尔·弗兰德斯》这两部小说的译文,均引自译林出版社出版的笔者自己的译文。

《鲁滨孙飘流记》在我国也可谓是家喻户晓的一部外国文学名著了,大部分受过教育的人在中、小学阶段就读过这部小说,但对这部作品的作者不甚了了,有的人甚至不知道作者为何许人。因此,笔者定下写作本书的两个宗旨:一是为广大读者了解作者笛福,提供一些背景知识。如果我们的读者知道一些笛福时代的特征和他的人生经历、他的思想观点和他的著作,尤其是他小说写作的艺术手法和技巧,将会提高我们的阅读欣赏水平,增进我们阅读的愉悦,加深我们对人性和人生的理解;二是为对笛福和笛福作品感兴趣的文学爱好者、学生和研究者提供一个窥观英、美笛福研究的窗口。国内的笛福研究就我所见,还是比较散乱、肤浅,未成规模和系统。本书介绍了18世纪至今最重要的笛福传记、作品集和研究著作,介绍了两个多世纪以来专家学者对笛福其人其作的各种不同观点,为我们自己独立的笛福研究提供参照。另外,笛福对后世众多大作家有深远的影响,而书中对笛福小说创作的现实主义艺术手法和写作技巧的分析,对我国作家或许也有借鉴作用。

由于笛福复杂多变的人生和他难以计数而又有些难以定论的著作,更由于两个多世纪以来笛福研究资料浩如烟海,挖掘、考证、阅读和研究颇费时日。此书从准备到脱稿历时近三年。尽管自己在写作过程中小心求证,但由于个人学识和水平有限,在资料的筛选和运用上,疏漏在所难免;在有些问题的判断上,不免有所偏颇;在对笛福的人品、观点和作品评价上,可能有个人的偏见甚至谬见;自己所提出的看法,也只是个人的管窥之见。敬请海内外专家、读者批评指正!

郭建中
于美国费城郊区
2012年7月

前　　言

　　到伦敦旅游的人,也许会去参观位于伦敦北部的巴比肯艺术中心(Barbican Arts Center)——欧洲最大的综合艺术中心和会场;在这儿,各种艺术,包括美术、音乐、戏剧、舞蹈、电影及教育活动,交相辉映。这里也是伦敦交响乐团和 BBC 交响乐团的所在地。到了这儿,爱好文学的旅游者,也许还会去寻觅笛福的故居。这儿有一幢幢的公寓,其中一幢建成于 1973 年 12 月,被取名为"笛福大楼"(Defoe House),因为大约在 1660 年或 1661 年,笛福就诞生在离这儿不远的地方,他一生的大部分时间也曾是在这儿度过的。那里还竖有一块纪念他的蓝色牌匾,并有一条街以他的名字命名。"笛福大楼"的正对面,是建成于 1976 年 2 月的"莎士比亚大厦"(William Shakespeare Tower)。但在伦敦的这个地区,人们也许会对"笛福大楼"更感兴趣。一方面,因为在英国的许多大文豪中,笛福是一个地地道道的伦敦人:他生于斯,长于斯,而卒于斯。另一方面,他的《鲁滨孙飘流记》在世界各国几乎都家喻户晓。对笛福感兴趣的人,也许还会寻觅安葬笛福的墓地——邦希尔公墓(Bunhill Fields)。该公墓位于伦敦市北部伊斯灵顿区(London Borough of Islington),占地 4 公顷,始建于 1665 年,用来安葬当年伦敦大瘟疫中死去的非英国国教徒,后来就成为安葬不从国教者和激进分子的墓地。在约 12 万个坟墓中,有《天路历程》(Pilgrim's Progress)的作者约翰·班扬(John Bunyan,1628—1688)、《天真之歌》(Songs of Innocence)的作者威廉·布莱克(William Blake,1757—1827)和《鲁滨孙飘流记》的作者丹尼尔·笛福的坟墓。笛福安葬时的墓碑非常简陋,上面只镌刻着:"丹尼尔·笛福,《鲁滨孙飘流记》作者,1731 年 4 月 24 日逝世,享年 71 岁。"但 1870 年建起了一块颇为显眼的纪念碑。现在,该公墓是政府一级保护园林,其中许多名人的墓地也是重点保护文物。

　　同时代人对笛福的印象是:"中等身材,皮肤黝黑;茶褐色的头发,但带着假发;他长着一个鹰爪鼻子,尖尖的下巴,灰色的眼睛,嘴边还有一颗大大的黑痣。"具有讽刺意味的是,上述文字,出现在政府通缉笛福的公告上,而且,这也是唯一留下来的描述笛福形象的文字。

在大家的印象中,笛福穿着讲究,正如他在《英国商人大全》中说的:"一个商人应穿着讲究,头戴假发,身佩宝剑。"

笛福是一个文学家,也是一位政治和社会活动家。他精力旺盛,拼搏一生。他下海经商,创办实业,最后破产;他参加过反对詹姆斯二世的叛乱,担任过政府公职,做过五任政府的间谍;他写过无数的政治讽刺诗和政论小册子,至少主编过两份报纸,出版了10部小说。他人生复杂多变,经历坎坷,命运多舛;他贫富交替,沉浮不定,经历了13次大起大落。他一生的经历与冒险,比起他后来小说中那些主人翁的命运也毫不逊色。他自己在1712年7月19日结集的第8卷《评论报》的"序言"中,总结了自己的一生:

> 我有过美好的生活,得到过许多不同身份的人庇护;我曾被监禁,靠奇迹我活了下来,这比乌鸦为希伯来先知伊利亚提供食物活下来的传说更为神奇。我曾经用下面的两行诗总结了我的一生:
>
> 没有人像我经历如此不同的命运,
> 一生中多少次富贵,多少次赤贫。
>
> 在苦难的环境中,我比在学校里学到更多的人生哲理,比在教堂的讲坛前学到更多的神学;在监狱中,我懂得了自由不仅仅是打开大门,随心所欲地走进走出。我的生活曾一帆风顺,也曾经历磨难;在不到半年的时间里,我曾出入国王的私室,也曾身陷新门监狱①;我因为坚持原则而受尽折磨。

威廉·查德威克在《笛福的生平与时代》中说:"笛福一生行事莽撞,不计后果,多次陷入困境,数次破产。尽管他才智过人,且努力完

---

① 新门监狱(Newgate Prison),一译"纽盖特监狱",17世纪和18世纪伦敦著名的监狱。原建于老贝利(Old Baily)现址上的监狱。初为伦敦一门楼,亨利一世将其改为监狱。伦敦大火(1666)和戈登暴乱后两度重建。最后一次用作监狱是在1881年,1902年拆除。

善自己的智力,但他做事不够审慎,缺乏恒心。"这几句话道出了笛福的性格及对他一生的影响。现在大家都说:"性格决定人生",确实一点不错。这位举世公认的"英国小说之父",最终因穷途潦倒,躲避债主而客死寄宿的旅舍,终年71岁,不禁令人唏嘘!

笛福知识广博到令人惊叹的地步。他在反驳斯威夫特说他是"文盲"的文章中谈到,他自己懂五种语言,还能阅读第六种语言希腊文;他上知天文,下知地理;他熟悉历史和其他许多知识。我们可以推断,如果没有如此丰富广博的知识,笛福怎能就各种题材写得如此得心应手呢?

对笛福的生平事迹,人们所知还是不少的;有关他个人生活中的一些重大事件,都留下了真实的记录;他在经济、政治、宗教和文学方面的著述,也广为人知。他留下了大量的著作,反映了他的人生轨迹。但是,尽管自18世纪以来,出版了无数的笛福传记,也有无数的学者,发表了无数有关笛福研究的文章,令人遗憾的是,对笛福的私人生活和内心世界,我们至今还知之甚少。不少传记家认为,真实的笛福,对我们来说,依然难以捉摸,甚至有点儿神秘。

19世纪上半叶以前,传记作家惯于把笛福看做一个完美的人,一个在各种逆境下始终坚持原则的爱国者。随着他在政府工作中的细节逐渐披露,传记家们就走向了另一个极端。许多传记作家认为,笛福不仅言行不一,而且他文章中的观点也前后自相矛盾,因此被戴上了不少"帽子":骗子、伪君子、两面派、谎言家、间谍,等等。这不能不让专家们在分析笛福为人时感到困惑,从而可能误导他们,以至于走向两个极端:要么极度赞美,要么持基本否定的态度。

19世纪末至20世纪初,从乔治·A.艾特肯和威廉·彼得菲尔德·特伦特开始,对笛福的评价逐渐接近事实和客观。笛福生前因宗教信仰和政治观点遭到种种迫害,他为自身安全不得不"欺骗、撒谎、伪装"。尽管如此,他坚持维护英国国家利益的立场始终未变。近来的传记家持较为客观的态度,认为笛福说谎也是事实,但并非是个"大谎言家"。他是在当时特殊而复杂的政治和宗教斗争中,不得不采取的一种保护自己的措施,尽管当代的笛福研究专家欧文斯和弗班①在他们2006年出版的《笛福政治传记》中,论证了笛福的一些

---

① Owens, W. R. & Furbank, P. N., *The Political Biography of Daniel Defoe*, London: Pickering & Chatto, 2006.

"大谎言"。

今天,经两个多世纪以来笛福研究专家们的努力,有关笛福生平的细节和著作得到了充分的挖掘和研究,因此,我们从笛福的著作和政治、社会活动中,还是可以窥探到他主要的思想观点和内心世界的。当然,我得说明,在分析其思想和作品的时候,我也不可能避免对笛福的偏好或偏见,其中偏好或许更多些,这是因为我翻译了他的两部主要小说《鲁滨孙飘流记》和《摩尔·弗兰德斯》之故。

笛福早年的生活,也没有留下多少可靠的记录。就拿他出生的年份来说,就有三种推断:1659、1660和1661年。如我们上面提到的,在他的墓碑上,镌刻的出生年份是1661年。根据托马斯·赖特在1894年第一版《丹尼尔·笛福传》中的考证,他十分肯定笛福是诞生于1659年,但在1931年第二版中,他通过其他一些文献资料的考证,推断为1660年。大部分笛福的传记作家也都推断为1660年。关于笛福的父亲詹姆斯·福(James Foe)的身份,有的说是一个小商人,是蜡烛制造商和销售商,家境并不富裕;有的说是开肉店的,因为他加入了屠宰公会(伦敦的一个同业公会),家境比较富裕。也有的说,他是蜡烛商人,但后来加入了屠宰公会。一般认为,笛福家庭属于中产阶级的中下层。但这个说法也比较含糊:如果说属于中产阶级的下层,那家庭经济并不宽裕,故认为笛福小时候生活清贫;如果说是中产阶级的中层,那应该是生活无忧。再如,对笛福的生平事实,主要依靠散见在笛福大量著作中自己的记述,而这些记述又十分不可靠、不确切。连笛福的女婿亨利·贝克(Henry Baker, 1698—1774)——笛福最喜欢的女儿索菲娅(Sophia)的丈夫——都说"他(笛福)喜欢把自己笼罩在迷雾之中"。笛福的母亲究竟在哪一年过世,也没有确切的记载。说是1668年,也只是一个大概的推断。直到20世纪30年代,有关笛福的一些重要的生平事实才被基本确认和证实,包括他大致的出生年份、他夫人的名字以及他只结过一次婚的事实(以前认为笛福结过两次婚)。而笛福作为政府间谍、报刊编辑和新闻记者的生涯,更是令人感到神秘莫测。笛福处于当时错综复杂的政治和宗教斗争的中心,他开始被辉格党政府迫害,后来又遭受托利党政府迫害;他公开为托利党办报,同时又暗中为辉格党撰稿,因而人们有理由怀疑笛福的人品。

对笛福在四十多年的写作生涯中留下的著作数量,一直以来传记作家有很大的分歧。约翰·罗伯特·穆尔1960年出版了笛福著作目录(A Checklist of the Writings of Daniel Defoe),认为笛福撰写的单篇文章和著作多达570篇(部),但不少人对此数字有所质疑。出于政治或宗教的原因,笛福的不少文章,当时不是匿名发表,就是用假名发表。欧文斯和弗班①经过考证,去掉了大约250篇(部),确定为约276篇(部)。即使如此,这276篇(部)著作中,还是分为完全能确定的笛福著作和很可能是笛福的著作两个类别,可见此鉴定工作之难度。不少笛福专家认为这是一个比较合理的数字,但还是存在许多不同的看法。有的专家通过不断考证,认为还有不少应该是笛福的作品。例如,弗班和欧文斯认为,1730年2月和3月之间出版的《国内贸易概况》可能是笛福的最后一部作品。但G. A. 斯塔尔(G. A. Starr)认为,这一年4月份出版的《基督教历史并非像上帝创造天地一样悠久》(Christianity Not as Old as the Creation: The Last of Defoe's Performances)可能是笛福最后的一部著作。幸运的是,大部分笛福的重要著作,都被认定。所以,这些争论与我们现在写作本书的目的关系不大。

　　我们认为,与笛福的政治、社会活动相比,他给我们留下的著作更为重要。因此,本书大致可分为两大部分。第一部分的第一章至第七章,我试图简单地勾勒一下笛福的时代和生平,而重点主要放在通过对笛福一些主要的政治、经济、宗教等非小说类著作的介绍和分析,追寻英国资本主义发展初期背景下笛福思想发展的轨迹;重中之重则放在第二部分即第八章"小说之父",介绍和分析笛福小说创作的成就及其对小说发展的贡献和影响,并力图论证为什么笛福无愧于"英国乃至欧洲小说之父"的称号,以及他本人生活的跌宕起伏和政治、经济、宗教等各种观点在小说中的体现。不管你对笛福的人品和政治、经济、宗教等各种观点有什么看法,毕竟他的小说是留给我们的最宝贵的财富,这一点是毋庸置疑的。

　　写笛福传记的英美作家很多,研究笛福的学者就更多;而历史上对笛福为人和作品发表过长篇大论或片言只语的著名人士,就更是数不胜数了。就传记而言,在"序言"中我已提到,最有影响的就有

---

① Owens, W. R. & Furbank, P. N., *Defoe De-Attributions: A Critique of J. R. Moore's Checklist*, London and Rio Grande, Ohio: The Hambledon Press, 1994, p. vii. 援引自 Richetti, John, *The Life of Daniel Defoe: A Critical Biography*, Blackwell Publishing, 2005。

10余部。他们有的是笛福过世后不久的同时代人撰写的。有的甚至能采访当事人的后代或亲戚朋友，获得第一手资料；当代的英美学者，可以坐在大英博物馆或其他收藏笛福资料的图书馆里面，勤奋地挖掘为前人所忽略的材料。一般来说，当代中国的学者就不可能有他们那样有利的条件。再说，笛福这座"矿藏"尽管非常丰富，但近380年的挖掘，这座富矿也几乎挖尽了。所以我们只能阅读英美学者撰写的传记和研究成果，而从他们那儿获得的材料，是第二手资料。然而，我们也不可能穷尽浩如烟海的材料，也不可能占有已经挖掘出来的所有的笛福"矿产"。唯一的办法是根据自己的判断和所能获得的资料，尽量多读一些，然后去粗取精，勾勒笛福生平的一个概况。由于笛福早年的生活没有太多可靠的记录，英美专家的考证和判断颇有分歧；更由于笛福人生复杂多变，专家们对他的褒贬也不一致。我们尽可能地把专家们的不同判断和看法呈现在读者面前，让读者得出自己的结论；同时也提出本书作者个人的一些判断或看法，供读者参考。关于笛福的生平事迹，我们主要根据托马斯·赖特的《丹尼尔·笛福传》(*The Life of Daniel Defoe*)1894年第一版和1931年第二版，因为赖特的笛福传，基本上按照年代顺序叙述笛福的生平与著作，线索比较清楚。当然，其主题就比较分散。因此我们也参考上述提到的一些重要的笛福传记，以便于主题的归纳。

目 录

- 一 动荡时代 1
- 二 早年生活 9
- 三 商海沉浮 17
- 四 忠于信仰 23
- 五 一仆二主 30
- 六 最后岁月 44
- 七 著作等身 48
  1. 讽刺诗与政论文 50
  2. 经济与贸易 82
  3. 宗教与教育 92
  4. 旅行、发现与历史著作 97
  5. 幻想与超自然现象 100
  6. 报刊先驱 103
- 八 小说之父 119
  1. 英国小说兴起的背景 123
  2. 丹尼尔·笛福：现实主义小说的先驱 127
  3. 笛福长篇小说概论 131
  4. 笛福长篇小说的艺术成就 218
  5. 笛福的语言风格 285

结语 291

参考文献 292

附录 297
- 一、笛福年谱与重大事件年表 297
- 二、重要专有名词英汉对照 304
- 三、笛福重要著作年表 311

一

动荡时代

郭建中讲

丹尼尔·笛福(Daniel Defoe),大约生于 1660 年,逝于 1731 年。笛福生活的这 71 年,正处于 17 世纪和 18 世纪之交。在英国历史上,这是一个动荡不安的时代;这是一个风云变幻的时代;这是一个新旧交替的时代;这是一个多事之秋的时代;这也是一个阴谋迭出的时代。这是英国历史上最重要的一个社会转型期,是英国封建社会向资本主义社会过渡的一个重要时期。在这 71 年中,阶级矛盾突出,封建贵族与新兴资产阶级有斗争有妥协;教权与王权交替纷争;重大的政治事件与历史事件此起彼伏。笛福诞生时,英国还是一个农业国,3/4 的人口住在乡村,最大的城市伦敦,人口仅 50 万,约占全国人口的 10%。那时一般英国城镇的平均人口是一千多人。当时的英国处于工业革命前夕,没有大机器生产,没有新闻日报,没有快速的现代交通工具,最主要的交通工具是马,人们骑马或坐马车旅行。

在欧洲历史上这也是一个混乱的时期。资产阶级革命改变了整个欧洲的面貌,并建立起了现代世界的秩序。

笛福作为英国 18 世纪四大小说家之一、报刊编辑和撰稿人、政治讽刺诗和政论小册子作者,被称为英国报刊之父和小说之父。他的一生见证了英国的崛起,英国发展成了欧洲的强国。卡尔·霍利迪(Carl Holliday,1879—1936)认为,从 1700 年到 1760 年,也就是笛福的中年至老年时期,是英国历史上最厚颜无耻、粗鄙猥亵、充斥政治阴谋和苛政专横的时代。但同时君主立宪制度开始确立,辉格党和托利党成为两大对立的政党,政治上腐败堕落盛行。① 笛福指出,在议会中以一千几尼②一个席位的价格公开出卖议席。笛福是他这个时代最敏锐的观察家,他自己处于一些重大事件的中心,并以其大量的文章,把读者引入这些事件。因此,笛福的一生,与一些重大的政治事件和宗教事件休戚相关,并随之起落沉浮!

在笛福出生之前20年,英国经历了一场资产阶级革命(English Bourgeois Revolution,1640—1660)。这是一次导致资本主义制度在英国确立的早期资产阶级革命,又称英国内战(English Civil War)和清教革命(Puritan Revolution)。其根本原因是17世纪英国资产阶级和新贵族力量不断增强,对封建王权日益不满。国王查理一世(Charles I,1600—1649)在位期间(1625—1649)与议会争权,矛盾日益激化,导致两次内战。资产阶级以暴力推翻了斯图亚特王朝(the House of Stewart)的君主专制统治,杀掉国王,导致共和制度(Commonwealth of England)的建立和克伦威尔(Oliver Cromwell,1599—1658)的护国公制(the Protectorate Rule of England)的专制统治(1653—1658),实现了资产阶级专政。1658年克伦威尔去世后,英国出现政治危机。他的儿子理查德·克伦威尔(Richard Cromwell,1626—1712)继承了护国公制的短暂统治(1658—1659)。就在1660年——即笛福出生的这一年,斯图亚特王朝查理一世的儿子——查理二世(Charles II,1630—1685)在本国反动贵族和法国王室的帮助下恢复了反动统治,斯图亚特王朝复辟(1660—1688)。从查理一世被处死到查理二世上台之间的时期在英国历史上被称为"空位时期"(Interregnum,1649—1660)。

笛福一生中,英国王朝更迭,王权与教权争夺激烈。查理二世和他的继承者詹姆斯二世(James II,1633—1701;Reign:1685—1688)与议会中的资产阶级和新贵族一直进行着或明或暗的斗争。

英国资产阶级革命的特点是政治和宗教不可分割,政治与宗教密切结合,政治斗争又往往以宗教斗争为其表现形式,因而使政治斗争

---

① Carl Holliday:English Fiction from Fifteenth Century to Twentieth Century, Kessinger Publishing,2007,p.192.

② 几尼,旧时英国的一种金币,最早用从西非进口的黄金于1663年铸成,后定值为21先令,1817年起被沙弗林取代。

更加不可调和。这一政教结合和交叉的特点,一直延续在笛福生活的71年中。

斯图亚特王室成员的天主教背景,一直是英格兰信奉新教的民众心中的一根刺。在1679—1681年召开的一届议会中,对查理二世的弟弟詹姆斯公爵(James, Duke of York, 1633—1701),即后来的詹姆斯二世是否有权继承王位的问题,产生了尖锐的意见分歧。有些议员认为信奉天主教的詹姆斯公爵无权继承王位,他们提出了一个"排斥法案"(Exclusion Bill, 1679),主张将詹姆斯公爵排斥在继承权之外。这一批人,被他们的政敌起了一个绰号,即"辉格派"。"辉格"(Whig)一词源于苏格兰的盖尔语,原意为"马贼"。在英国革命时期,有人把它作为对长老派的称呼。而主张詹姆斯公爵有权继承王位的人,反对通过"排斥法案"。这批议员,也被他们的政敌起了一个绰号,即"托利派"。"托利"(Tory)一词,起源于爱尔兰语,原意为"不法之徒"。"辉格派"和"托利派"两派之间的分歧,反映了当时英国社会不同的阶级利益和政治观点。辉格派主要反映金融资本家、大商人(资产阶级上层)及一部分土地所有者和非国教教徒的利益,他们主张限制王权;托利派主要反映大土地所有者、门阀贵族和英国国教会的正统派和高层僧侣的利益,他们主张加强王权,其极右翼主张斯图亚特王朝复辟。但中下层资产阶级在政治上是没有地位的。

查理二世表面上虽为国教徒,但临终时还是秘密皈依天主教。他的继承人詹姆斯二世却无视议会反对,公开宣称自己的天主教信仰;而他恢复君主专制统治的意图、对清教徒的迫害和亲法政策等导致了更多人的不满。1688年,詹姆斯二世信奉天主教的第二位王后产下一子,这使得他信奉新教的女儿们的王位继承序列往后挪了一位。议会议员为避免再出现另一位天主教国王,密谋发动政变,令信奉新教的詹姆斯二世的女儿玛丽(Mary II, 1662—1694)长公主和女婿奥伦治的威廉(William of Orange)得以入继大统。1689年,此次政变成功,英王詹姆斯二世被迫流亡海外,荷兰血统而信奉新教的威廉三世(William III, 1689—1702)与詹姆斯二世的女儿玛丽共同继位。议会和新任英王共同通过《权利法案》(Bill of Rights, 1689),确立了君主立宪政体,国王处于统而不治的地位,从此永远改变了英王的政治地位和承继制度。这就是英国资产阶级和新贵族发动的所谓"光荣革命"(the Glorious Revolution, 1688—1689)。之所以称之为"光荣革命",是因为这是一次不流血的革命。至此,英国议会与国王近半个世纪的斗争以议会的胜利而告终,在英国就确立了实质上是资产阶级专政的君主立宪制。这时的笛福正好二十八九岁。

威廉三世于1702年病逝,信奉新教的安妮女王(Queen Anne,1702—1714)即位。安妮是英国斯图亚特王朝的最后一位君主。尽管她的父亲詹姆斯二世是罗马天主教徒,而她却是个虔诚的新教徒。但她的孩子不是流产就是夭折,没有一个能够存活下来。英国议会的成员们早在1702年安妮登基以前就开始考虑王位继承人的问题。对于当时的大多数英国人来说,他们希望王位继承人依然是一位新教徒,而不是斯图亚特家族的天主教徒。宗教信仰做出了决定:英国需要一位信奉新教的国君。于是议会的成员们将选票投给了安妮女王的一家德国亲戚,詹姆斯一世的后裔子孙——德国北部的汉诺威家族(Hanover)。他们是一个小公国的统治者,同时也是新教徒。这是令人较能接受的一家亲戚。根据1701年的"继承法案"(Act of Settlement),古老的斯图亚特家族被很小心地排除在外。这样,信奉新教的乔治一世(George I,1714—1727)和乔治二世(George II,1727—1760)相继继位。

尽管王位的继承保证了新教在英国的地位,但新教内部的分裂和新教与议会党派之间的关系,还是引发了许多重大的宗教事件和政治事件。这些事件与笛福的政治生涯、宗教生活和经济地位又密切相关,而笛福的宗教信仰也影响了他一生的政治命运。

说到英国的宗教斗争,不得不提欧洲的宗教改革。宗教改革(the Protestant Reformation)运动在欧洲大陆从德国马丁·路德(Martin Luther,1483—1546)1517年发表反对天主教出卖"赎罪券"等弊端的"九十五条论纲"和加尔文(John Calvin,1509—1564)1536年在瑞士发表《基督教要义》(Institutes of Christian Religion)起,自下而上迅速展开,势如烈火。在欧洲北部宗教改革进行得很彻底,迅速破除了天主教的教会和教义,建立了新教(总称抗议宗,Protestants)的教会和教义。而在英国,宗教改革没有那样集中和彻底,它是自上而下,分几步进行的,既有反复,也有妥协。

英国的教会从597年起一直是由罗马教廷领导的天主教会。亨利八世(Henry VIII,1507—1574)本来是天主教徒;为了反对马丁·路德,以他的名义发表了拉丁文论文《七点神圣宣言》(The Defence of the Seven Sacraments)。1521年罗马教皇利奥十世(Pope Leo X)还授予亨利"信仰保卫者"(Fidei Defensor,英语Defender of the Faith)的称号。但亨利与罗马教廷的亲密关系好景不长。8年之后的1529年,因不满意罗马教皇不批准他与他的西班牙妻子离婚,在英国发起了自上而下的宗教改革,坚决采取了同教廷对抗分离的政策,先后通过法令禁止向教廷进贡,取消其最高司法权和其他种种特权。1534年的《至尊法案》(Act of Supremacy)正式宣布国王为英国教会的最高首脑,建立脱离罗马教廷的英国国教会(the Church of England,一译圣公会;在英国也称为Anglican Church,安立甘宗),即所谓"新教"。但基本沿用旧教教义、礼仪和主教制。但英国宗教改革的实质是,16世纪英国专制王权与罗马教廷争夺英国教会最高统治权和经济利益斗争的加剧,资产阶级和新贵族也觊觎教会占有的大量土地财产。这些矛盾由于罗马教皇迟迟不批准亨利八世的离婚请求而演变成公开对抗。爱德华六世(Edward VI,1547—1553)时国教教义和仪式逐渐接近于新教。1553年玛丽女王(Queen Mary,1553—1558)登位曾一度复辟天主教。1558年伊丽莎白一世(Elizebath I,1558—1608)即位,重立英国国教会,规定了官方教义和礼仪,镇压不服从国教的天主教徒和清教徒。

众所周知,16世纪至17世纪英国的教派问题十分复杂,这不仅表现在教派数目繁多,而且常常是相互之间既有斗争又相融合,既有相同点又有分歧点,正所谓"党外有党,派中有派","朝秦暮楚"者比比皆是。中外史学家在教派起源和划分等方面,意见纷纭。我们只能作一般的、简单的介绍。

这一时期,在英国国教内部改革中出现分裂,从而产生了清教徒(Puritanism)这一派别。从史学界研究现状看,英国清教徒的主张和观点主要有这样五个方面:1)在宗教礼仪和教义上,清教徒主张清除国教中的天主教残余,纯洁教会;2)在宗教制度和教会结构上,清教徒反对主教制,要求教会组织民主化,主张容忍政策和信仰自由;3)在世俗生活上,清教徒主张节俭、勤劳,厌恶懒惰和邪恶;4)在宗教理论上,清教徒主张"宿命论"和"因信得救";5)他们要求完全的政教分离,想通过改革而建立新的教会。他们认为,教会最高领导应该是上帝,因而不承认英国国王为教会的最高首脑。

1559年他们脱离圣公会组成清教派。他们在英国遭受迫害,16

世纪和17世纪期间,不少清教徒被迫离开英国移居北美和荷兰。但清教徒中有部分人员留在英国。清教徒又分为两派:即长老制清教徒(Presbyterians),被称为"温和派"。该派思想保守,虽也受到政府迫害,但有意与政府妥协,后得以存留并得到政府认可。17世纪英国资产阶级革命时期,该派在长期议会中代表大资产阶级和上层新贵族的利益,主张君主立宪。1640年至1648年间一度构成议会中的多数派,后被独立派清洗出议会。笛福一家就属于长老派。另一派为独立派(Independents)清教徒,被称为"激进派",主要指公理会(the Congregational Church)、浸礼会(the Baptist Church)教派等。该派产生于16世纪下半叶,主张各个教堂独立自主,只成立联合会性质的组织而不设行政性的各级总部。反对设立国教,更不赞成教会从属于国家政权。17世纪英国资产阶级革命时期,该派在长期议会中代表中等资产阶级和中小贵族的利益,以克伦威尔为领袖,主张建立共和国。在1642—1648年的内战中逐渐控制议会和军队。1649年共和国成立后,镇压平均派和掘土派的人民群众运动。1653年建立了克伦威尔的军事独裁政权"护国政府"。

因此,所谓"新教徒",是指根据宗教改革原则脱离罗马天主教的西方各基督教派的教徒,包括英国国教,以及从英国国教分离出来的浸礼会、长老会和路德宗教会(the Lutheran Church)。所谓"不从国教者",指的就是从英国国教中分裂出来的不尊奉王命、拒绝参加国教的各派教会及其信徒的总称,他们基本上都属于清教派,所以也称"清教徒"。现在说英语的国家,在宗教、政治、经济、文艺和哲学等方面,都深受清教派的影响。这方面,在笛福的作品中都有所反映。

英国君主亨利八世、伊丽莎白一世、查理二世都曾下令,要求臣民信从国教,并尊国君为英国教会之首脑。但每次作此宣布时,在各清教派教会中都有不少人抗命不从。这些人及其教会,后皆被称为"不从国教者"。坚持信奉天主教者实际上也属此类。但此称一般只限于新教各派。我们将会看到,教派势力的起伏更迭,对笛福的一生产生了重大的影响。

在宗教方面,复辟时期最大的特点是安立甘宗(即国教)的正式分裂。因为复辟后政府对清教徒进行清洗,强迫一切教士服从国教,同时也就是服从王权。大约1200名教士不肯服从,他们从国教会中分裂出来,正式形成了各自的教派,如教友会(the Quaker,又称"贵格会"或"公谊会")、浸礼会、长老会、公理会等等,统称为"不服从国教者"。同天主教徒合在一起,统称"非国教徒"。议会对非国教徒进行压制,不准他们公开进行宗教活动。1661年颁布的《市政法案》(the Corporation Act)要求政府公职人员和治安官员到英国国教会教堂做礼拜和领圣餐。1673年颁布《宣誓法案》(the Test Acts),规定一切非国教徒不得担任公职。因此,非国教徒的公民权是不完整的。在这种压制下,新教的非国教徒往往进入非政治领域,如经商、办实业、从事科学、学术研究等。英国的实业家、金融家、科学家、人文学者中非国教徒比例特别大,即与此种背景有关。但歧视政策并不影响非国教徒的地位与身份。贵族、乡绅的称号与财产不受影响。辉格党中许多重要人物是不服从国教者,他们与商业、殖民地利益关系密切。辉格党政要可以通过"间或一致"(Occasional Conformity)的做法规避1661年的《市政法案》和1673年的《宣誓法案》,他们每年参加一两次国教礼拜仪式,由此而取得担任公职的资格。复辟时期人们最担心的是天主教卷土重来,正是在这一点上,托利党和辉格党结成了联盟,国教与不服从国教的各个派别结成了联盟。

　　威廉取得王位主要依靠辉格党,但辉格党同时也主张对王权的限制,因此辉格党与威廉也有矛盾。所以光荣革命后的一段时间里,政局常常发生变化。政局变化还与欧洲战争有关。威廉登位后不久就把英国拉进了欧洲大陆的争霸战争,成为反法同盟的主要力量。在战争中,辉格党的态度比托利党积极,因此威廉就不得不更加倚重辉格党,让辉格党人担任主要的政府大臣。1702年威廉去世后情况发生了变化。这时,玛丽的妹妹詹姆斯二世的小女儿安妮继承王位。她讨厌辉格党,对托利党寄予更大的好感。出于个人的好恶,她解除了大批辉格党人的职务,代之以托利党人担任要职。这就使得反法战争难以顺利进行下去。

　　安妮去世后,德意志的一个小王子乔治一世(1714—1727)登上英国王位,英国历史进入了汉诺威王朝时期。托利党不希望汉诺威继承王位,甚至在安妮女王去世时策划让斯图亚特王朝复辟。这使托利党失去了民心,在1715年的议会选举中辉格党轻易取胜。

　　在笛福的时代,工业生产还处于手工作坊阶段。他的一生处在资本主义原始积累正在进行、资产阶级政权逐渐巩固的时期,也正是手工业发展到大机器生产的前夕。1688年"光荣革命"后,英国资本主义生产的发展更加迅速。在笛福生活的时代,英国工商业和航海业发展很快。在笛福晚年,工业革命开始以后,生产增长更加迅速,英国已逐渐由农业国转变为工业国。与此同时,大批农民破产,人口向城市集中,英国迅速城市化,兴起了许多工商业城市。国内自耕农破产,为城市提供劳动力;对外进行殖民战争,殖民地加速扩张。英国资产阶级通过对国内劳动大众的剥削和对国外殖民地的扩张和压榨,使英国发展成了一个资本主义强国。

笛福欢迎这种变化,讴歌这种变化。他为资本主义在英国的发展而欢呼。他大量著述的中心思想和基本主张就是一切为了资本主义的发展,为资产阶级利益呼吁。他为历届政府服务,但他的基本政治思想是一贯的。所以人们说,他是相当典型的新兴资产阶级的代言人。正因为他代表的是资产阶级,他的观点和主张必然有其历史的局限性。但从历史唯物主义和社会发展史的角度看,笛福是站在时代进步力量一边的。

谈到这里我们不禁对历史产生一些遐想:如果没有大量农民的破产,如果没有"城市化",如果没有工业化,如果没有工人阶级的产生,如果没有殖民战争和殖民地的扩张……能不能解体封建社会并产生资本主义社会呢?这一切是否是产生资本主义社会的历史必然条件呢?如果资本主义社会是历史发展的一个必然阶段,是历史发展的一个进步,那么我们在分析和批判笛福思想时,就不应该有太多的苛责。他确实是资产阶级的代言人,并有强烈的殖民主义主张。但这一切都是顺应社会发展的历史趋势的,而不是阻碍社会发展的。更何况即使在这个资本主义发展的萌芽期,笛福也看到了资本主义社会开始暴露出来的许多弊端,力主社会改革,用小说的形式揭露当时英国的许多社会问题。因此对笛福其人、其思想和著作的看法,也关乎我们对整个资本主义社会起源、本质和发展的看法。只有对资本主义社会历史和整体有一个历史唯物主义的看法,才能对笛福做出客观的分析和评价。

二

早年生活

郭建中讲

笛福

笛福家祖籍佛兰德斯①，后迁至英格兰中部北安普敦郡（Northamptonshire）一个只有百来人的小村庄，名叫埃顿（Etton），离彼得伯勒市（Peterborough）约5英里。该市位于英格兰东部伦敦北面75英里处。笛福的祖父丹尼尔·福（Daniel Foe）一家是当地富裕的自耕农，但算不上是乡绅。笛福的父亲詹姆斯·福（James Foe）生于1630年5月，不到一岁时父亲丹尼尔·福就过世了。詹姆斯·福离开学校后被送到伦敦跟一个名叫约翰·拉维特（John Levit）的肉店老板当学徒。不久，他自己在克里普尔盖特区（Cripplegate）的圣吉斯教区（the Parish of St. Giles）开了家肉铺。他可能同时是个蜡烛制造商和销售商。有意思的是，他开肉铺的这条街叫福街（Fore Street），与自己的姓 Foe 发音一样，只是拼写不一样。笛福父亲是虔诚的长老派教徒，教区牧师是颇有声望的塞缪尔·安斯利博士（the Rev. Samuel Annesley）。

对笛福的出生年月，传记作家有不同的推断，从1659到1661年不等。一般认为笛福诞生于1660年和1661年之间。有的认为在1660年夏初，有的认为在1660年秋天。托马斯·赖特在他的《丹尼尔·笛福传》第一版（1894）里，十分肯定地认为，笛福出身日期是1659年的下半年。这是他根据乔治·A.艾特肯先生（Mr. George. A. Aitken）的

---

① Flanders，今译"佛兰德"，历史地区，现比利时一带。

考证和他自己对《鲁滨孙飘流记》中主人翁克鲁索生平年代与笛福生平年代对照得出的结论。但在1931年出版的纪念笛福逝世200周年版中,这个时间被改为1660年。因为他的一个姐姐伊丽莎白在圣吉斯教堂的记录中,诞生于1659年6月19日。因此,推算起来,笛福不可能在同一年诞生。至于笛福的生日,赖特认为可能是1660年9月30日,因为在《鲁滨孙飘流记》中,9月30日是笛福一再提到的日期。在圣吉斯教堂的记录中,没有登记笛福的出生年月,可能是由于某种原因,笛福出生时没有去教堂洗礼,因此无法找到他的出生记录。这在当时非国教徒的家庭中也是常有的事,因为他们不满教堂施行的洗礼仪式。对笛福的出生地,却有明确一致的看法,笛福出生于伦敦克里普尔盖特区的圣吉斯教区。尽管笛福父母是长老会教徒,但他们并不赞成过苦行生活。因此,可以说,笛福的童年生活是幸福的。

笛福父亲生意兴旺,故几次迁居,看起来迁居地区越来越好。笛福童年时期,全家住在圣斯蒂芬教区(the Parish of St. Stephen)的斯旺巷(Swan Alley),也就是在科尔曼街(Coleman St.),离1666年伦敦大火烧毁前的圣保罗大教堂(St. Paul's Cathedral)和皇家交易所(the Royal Exchange)不远。大火之后的1671年笛福11岁的时候,他家又搬到离针线街(Threadneedle St.)不远的圣贝尼特芬特教区(St. Be-net Fint)。这儿比原来住的地方离伦敦市中心的商业区更近,标志着父亲生意的进一步兴旺和社会地位的稳步提升。笛福的父亲是伦敦的自由民,即享受伦敦市民权的居民,一位颇为富裕的蜡烛制造商和销售商,后可能经营屠宰业,他也确实加入了屠宰公会(the Butchers' Company)。巴斯琴的《笛福的早年生活》中提到,屠宰公会的成员很少与他们真正从事的职业有关。根据约翰·里奇蒂的传记,他后来又从事外贸业,生意做得不小,成为伦敦商界一位颇具影响力的商人。① 不管怎么说,其社会和经济地位属于资产阶级的中下层。詹姆斯妻子的名字是爱丽丝·福(Alice Foe)。夫妻俩生有三个子女,笛福是小儿子,家中排行第三。

笛福的父亲是一个虔诚的清教徒,为人头脑清醒。我们对笛福的母亲爱丽丝·福的情况,基本上一无所知,连她娘家姓氏都不知道。笛福的传记家们一直无法解释,这样的一个家庭怎么会培养出一个

---

① John Richetti, *The Life of Daniel Defoe, A Critical Biography*, Blackwell Publishing, 2005.

如此伟大的作家和杰出的人才。但有一点却是肯定的,笛福的父亲对子女要求严格,作为一个虔诚的新教徒,他要求孩子们规矩、独立、正派和有修养,教育他们通过自身的勤奋改变自己的命运。他自己就是一个很好的榜样。这些是这个清教徒家庭的价值观和道德观。笛福就是在这样的家庭氛围中长大的。这些价值观和道德观特别明显地体现在笛福的道德教育著作中。笛福有两个姐姐——玛丽(1657年生)和伊丽莎白(1659年生)。

笛福出生的1660年,正是查理二世登基,斯图亚特王朝复辟的一年。对笛福一家来说,复辟意味着一个道德败坏和宗教迫害时期的开始。国王查理二世虽然内心倾向天主教,但登基之前与议会有约定,要重新确立新教,即安立甘宗为英国国教,排斥和迫害天主教和从国教中分裂出来的清教徒。1661年5月,国王召开了新的议会,这个议会存在了18年,因其成员基本上是过去的王室和国教徒,因此被称作"骑士议会"。1661—1665年,骑士议会对宗教问题做出决策,提出一系列排斥性法律,合在一起称为"克拉伦登法典"(the Clarendon Code)。法典的目的是排斥非国教徒,把他们排除在各级政府之外。"法典"包括1661年的《市政法》(The Municipal Corporations Act, 1661),要求市政机关效忠国王,并在国教教堂领受圣餐;1662年的《宗教划一法》(The Act of Uniformity),要求一切神职人员,包括教士和学校教师,都要使用国教《公祷书》(the *Book of Common Prayer*),这导致1200多名牧师退出教会,由此清洗了国教内部的反对派。从国教中分裂出来的清教派,不从英国国教,拒绝尊奉1662年议会通过的《宗教划一法》和使用规定的《公祷书》。福一家的本堂牧师塞缪尔·安斯利博士属于长老会派。他带领他的部分信徒退出国教会,在毕晓普斯盖特街(Bishopsgate St.)建立了自己的礼拜堂(赖特在1931年版的笛福传记中,改为小圣海伦区[Little St. Helen's])。笛福一家是虔诚的长老会派教徒,他们终身跟随安斯利牧师。笛福父亲政治上又追随克伦威尔,反对斯图亚特王朝的封建统治,因而他们遭到宗教和政治的双重迫害。1664年的《宗教集会法》(The Conventicle Act)禁止非国教徒举行5人以上的集会和进行宗教活动;1665年《五哩法》(The Five-Mile Act)禁止非国教神职人员进入其以前所在教区和城市的5英里之内。1673年《宣誓法》(The Test Act)强迫所有政府公职人员和军官及王室人员不得改变宗教信仰,一律根据

《公祷书》规定的仪式做礼拜和领圣餐,并禁止非国教徒担任政府文武公职。

清教中的长老派是一个大教派,该派主张建立全国统一的教派,由选举出来的"长老们"统一治理。在议会中,长老派是政治上的温和主义者,常常带有政治保守主义的倾向;而议会中的"独立派"则坚决不妥协,是民主理念的坚强战士。

查理二世统治后期,进一步加强了对非国教徒的迫害,政府间谍和告密者遍布伦敦,许多非国教徒被捕入狱。正是在这种环境下,笛福曾就读的莫顿学院的院长查尔斯·莫顿(Charles Morton,1627—1698)不得不移民美洲。而詹姆斯二世继位后,宗教迫害有增无减。

伦敦当时是新教的中心,查理二世与议会的斗争和詹姆斯二世的宗教迫害,充分暴露了君主专制的暴政,给年轻的笛福留下了不可磨灭的印象,这对笛福一生政治思想观点的形成产生了重要的影响,也形成了他反对托利党极端保守派关于所谓"君权神授"的观点。

笛福童年是在伦敦的市中心度过的,这里也是当时英国重要的宗教活动和政治活动中心。在他五六岁的时候,经历了伦敦的三大灾难:瘟疫、大火和荷英战争。

1665 年伦敦大瘟疫(the Great Plague of London,1665—1666),两个月内死了 5 万人。瘟疫总共死了 7 万伦敦人,有的说 10 万人。笛福被家人带到白金汉郡(Buckinghamshire)乡下避难。关于这次大瘟疫对笛福的影响,我们将在《瘟疫年纪事》一节中谈及。

另一场灾难是 1666 年的伦敦大火(the Great Fire of London)。这次大火发生于 9 月 2 日凌晨。起火地点在离伦敦桥不远处布丁巷(Pudding Lane)的一家面包店。大火延烧了四天,焚毁了伦敦市中心 4/5 的房屋,包括圣保罗大教堂和 87 座教区教堂、44 家公司以及 13,000 多间民房,中世纪大部分的木结构建筑都被烧毁。幸运的是,笛福一家和他们的店铺幸免于难,但笛福家的许多朋友和商业伙伴都蒙受了巨大的损失。在大火中,许多笛福熟悉的伦敦标志性建筑,如皇家交易所、海关大楼(Customs House)和伦敦市政厅(the Guildhall)等,都被大火吞没。这次大火,也给笛福留下了不可磨灭的印象——整个夜空被大火映虹,城市的废墟上到处冒着浓烟,无家可归的人们在草地上搭起帐篷过夜。在 1713 年 2 月 12 日《评论报》的一篇文章中他这样写道:

我当时虽然年纪还小,但清楚地记得在伦敦大火中所看到的情景,心情十分悲伤。人们尽管极尽一切努力灭火,但终究徒劳无功。大家只好任凭大火蔓延,绝望地眼看着自己的房屋被大火吞没,惊讶得几乎目瞪口呆。

大火可能也带来了好处,即它有效地阻止了瘟疫的蔓延。大火后也因此让伦敦规划重建,并用砖石结构的现代化建筑取代了中世纪的木结构房屋。伦敦的现代化,也给童年的笛福留下了深刻的印象。我们现在还能看到在布丁巷为这次大火所建立的纪念碑。

第三件大事是1677年,一支荷兰舰队通过泰晤士河进入梅德韦(Medway),进攻查塔姆(Chatham),摧毁了大部分英国舰队。笛福一家逃过这三大劫难,想必在他的一生中留下了深刻的印象;怪不得他的小说总是离不开灾难和获救的主题,并在晚年还撰写了《瘟疫年纪事》(*A Journal of the Plague Year*,1722)这部小说。在《摩尔·弗兰德斯》中,也描写了摩尔在大火中"趁火打劫"的一幕。唯有英荷战争中海战的场面从未在笛福的著作中出现。

遗憾的是,我们对笛福的童年知之甚少。他母亲爱丽丝在他大约10岁或11岁时就过世了。由于笛福一家是清教徒,属于非国教教会的长老会派,因此笛福不能进入像牛津和剑桥这样的传统大学学习。但在他大约11岁那年,开始上了在萨里郡(Surrey)多金(Dorking)①的一所新教牧师创办的学校;这是原剑桥大学学者詹姆斯·费希尔(Rev. James Fisher)专为"不从国教者"孩子开办的学校。费希尔坚持传统教育,在学校除了花费大部分时间教授英语和语法之外,还教授拉丁文和希腊文。这为笛福的拉丁文打下了一定的基础,也让笛福喜欢上了拉丁文。在他后来的著作中,经常引用拉丁文著作。笛福对这一时期的学校生活,没有留下多少记录,但他对多金及周围的优美景色留下了美好的记忆。那是青少年易受影响的年代,而笛福似乎从小对政治感兴趣。由于该校离伦敦只有25英里,他很可能知道发生在伦敦的国内外大事,并在家里或学校里谈论这些政治和宗教事件——英荷战争、查理二世查封隆巴德街银行(导致许多商人破产)、国王与不从国教者之间不稳定的妥协、年轻的奥伦治的威廉声

---

① Dorking,多金,又译"多津"、"杜金"和"多禽城",是英国萨里郡的一个城镇,该地产一种五趾的肉用鸡而著称,称为"杜金鸡"(又译"多津鸡")。

誉日盛等等。

从1674年(1676年?)至1679年,他父亲又送他去伦敦北部的纽因顿格林(Newington Green)由查尔斯·莫顿牧师主持的一所长老会学院就读,学习自然科学和人文科学。当时,大学的声望不佳,而这类"非国教徒学院"声望日高。连不少国教徒家长,也把孩子送到这些学院里就读。1666年至1685年这20年间,在莫顿的亲自主持下,莫顿学院是同类学院中最好的学院。笛福的父亲本希望把他培养成一个基督教长老会的牧师。但四年后,笛福就不愿做牧师了。他也意识到,自己生性独立,有抱负。对笛福来说,让自己在教区里度过一生,生活就太压抑了。

对少年笛福产生重大影响的有两个人。一个是笛福家的牧师塞缪尔·安斯利——一位杰出的长老会牧师。1697年他去世时,笛福曾写挽歌悼念。另一位对笛福影响更大的人是莫顿学院的创办人查尔斯·莫顿。由于莫顿及其学院的教学对笛福一生思想的影响特别深远,因此有必要对他略加介绍。

查尔斯·莫顿是一位著名的学者,曾是牛津大学沃德姆学院(Wadham college)的研究员(1649—1655),有数学天赋,在牛津深受培根新科学学说——培根实验科学原则——的影响。培根是科学思想和科学方法改革的传播者。用今天的科学术语来说,他最突出的成就是在"科学学"这一领域。因此,在科学研究方面,莫顿接受培根的主张:直接观察自然和人类社会,系统地积累资料及科学知识,为增进人类的福祉服务;在语言方面,他赞赏培根关于写"清晰明白的散文"的主张。虽然莫顿原来是保皇派,但后来成了清教徒,因为他发现,那些吊儿郎当的牛津人都是保皇派。1655年他离开牛津到英格兰岛西南端康沃尔郡(Cornwall)任教区长。1662年议会再次通过《宗教划一法》,他就被撤职了。不久他在纽因顿格林创办莫顿学院。1685年,由于他不满宗教迫害移民美洲,并在查尔斯顿(Charlestown,在现南卡罗来纳州)的一个教堂任牧师,并应哈佛学院邀请,在哈佛学院教授"实验科学的方法与目标"这一课程;由于教学特别优秀,1697年被任命为哈佛学院(Harvard College,建立于1636年,是哈佛大学的前身)的副院长。莫顿的人品和学问,不仅受到学生和同事的尊敬,连他的政敌也非常尊崇他。

莫顿在牛津接触了新科学,结识了一些实验科学家,并获知他们的一些活动和发明。在他创办的学院里,贯彻了培根学派关于科学研究、语言教学和教育的原则,撰写了科学讲座的讲稿,把他在牛津看到和学到的东西,应用到教学中去。正是在莫顿学院,笛福通过莫顿的教学,接触了培根的学说,并深受其影响。①

在莫顿学院,教师不用拉丁文而用英语教课,并要求学生用英语写作和演讲。正是在莫顿的亲自指导下,笛福学会了用流畅有力、简洁朴素和通俗易懂的英语写作,并形成了其后来的政论文和小说鲜明独特的写作风格。莫顿的英语教学培养了笛福罕见的写作能力。后来,他能以不同的角色,运用不同的体裁(诗歌、散文、小说等),就不同的题材,写出论辩、幽默、讽刺、叙述、描写等不同类型的文章。笛福后来说,与其他学院相比,莫顿学院出来的学生,是英语掌握得最好的学生。因此,他对莫顿的教学方法赞扬备至。在莫顿学院的课程中,除了英语训练外,笛福在拉丁文、希腊文、法文、西班牙文和意大利文方面也打下了很好的基础。此外,除了神学课程外,还包括洛克②的哲学(而洛克本人也是培根的追随者)、牛顿的物理学,以及数学、逻辑、地理、历史、政治理论等,当然还包括神学和神职人员所应学的其他课程。历史课程还讲授现代史,让学生知道当代争论问题的根源和意义。这样,为他们将来成人之后参加政治生活做好准备。这显然对笛福后来的政治生涯有着重大的影响。

莫顿博士彬彬有礼,学问精深。他讲课不是学究式的那么死板,而是生动活泼,而且往往即兴发挥,讲课中永远不乏穿插一些逸闻轶事。他要求学生独立思考、广泛阅读和善于探索。他组织学生讨论政治和宗教问题。笛福于1890年出版的遗作《英国绅士大全》(*the Compleat English Gentleman*)中,回忆了在莫顿学院学习的情况,对莫顿的教育宗旨、课程设置、教学方法深感满意,并说学生们都受益匪浅。他认为,用英语进行教学比传统的学院(例如牛津大学和剑桥大学)培养的学生对社会更有用。学生出来虽然不一定精通拉丁文,但

---

① 关于查尔斯·莫顿、莫顿学院与培根新科学学派学说的关系,以及笛福在莫顿学院接触培根学说的情况,详见 *Defoe and the New Science* by Ilse Vickers, Cambridge University Press,1996。

② 约翰·洛克(John Locke,1632—1704),英国哲学家。他最伟大的著作《人类理解论》(*An Essay Concerning Human Understanding*, 1690),说明他是经验主义的先驱。他的两篇《政府论》(*Two Treatises of Government*, 1690)对塑造现代概念的自由民主产生了巨大的影响。他否定王位的任何神权,主张建立自由政府,认为政府的职能在于领导国家实现从"天赋"权利到"公民"权利的转换。清教派实际上在很大程度上接受了洛克的思想。

他们更能适应社会的实际需要,照样能成为真正的哲学家或数学家,成为名副其实的学者。他还主张向法国人学习,把更多的古代和现代著作译成英语。笛福因为没有正规地学过拉丁文,后来常被同辈文人讥笑。在《英国绅士大全》和《评论报》(*Review*,1704—1713)的其他文章中,他为此作了强烈的辩护。他认为自己是一个通晓人情世故、富有生活经验的人,而不是一个他称之为"有学问的傻瓜"或"无知的聪明人"。但未能系统学习拉丁文,在笛福内心其实还是很遗憾的。莫顿学院的教育宗旨、课程设置和教学方法尽管在今天看来是很一般的,但在当时英国复辟时期,则是一种革命性的改革。莫顿学院的教育也孕育了笛福清教徒激进的社会和政治思想,这在他的著作中有充分的表露。

莫顿对笛福的影响是无可估量的。笛福不仅接受了莫顿的政治、哲学和科学思想,而且,在莫顿的鼓励下,他大量阅读课外书,包括游记、历史、诗歌和宗教典籍,尤其是英国诗人塞缪尔·勃特勒(Samuel Butler,1612—1680)的讽刺诗《休迪布拉斯》(*Hudibras*,1663—1678)和约翰·班扬的《天路历程》。笛福在莫顿学院受到的教益也是无可估量的。他不仅在莫顿学院打下了学术研究的基础,而且培养了一种好探求的精神、对科学的深刻见解和对英语的爱好。更重要的是培养了他非凡的英语写作能力,其文风灵活而又有说服力,具有英语口语的自然节奏。

莫顿学院是培养牧师的,笛福的父亲也希望儿子将来成为一位长老派牧师。但笛福在学院读了三四年之后就不想当牧师了,因为笛福生性独立,自视甚高,并好冒险。牧师的职业把自己禁锢在教区里,实在太沉闷、太乏味了。我们会看到,不论笛福春风得意,还是身陷困境,他一直是高傲的。笛福离开莫顿学院的确切年份已无从查考,但一般认为是在1678年或1679年。笛福晚年回忆起当时他离开莫顿学院的决定,似乎有些后悔,认为这一决定对他来说是个"灾难",因为他如果听他父亲的话,一心做个牧师,他的一生也许平坦安稳,不必去经历人生沉浮的大喜大悲。但,这也许只是他失意的时候脑际里出现的一闪念而已,就笛福不安稳的性格、横溢的才华和充沛的精力来说,他是决不会满足于平静平凡、无所作为的生活的。

三

商海沉浮

郭建中讲

Defoe

由于新教徒不能担任政府公职,他们大多进入金融和贸易行业,并取得了成功;而正是这些新兴的行业,改变了英国的面貌,增强了他们在经济和社会上的影响力和话语权。当时正是资本主义原始积累及资产阶级政权渐渐巩固的时期,工业兴盛,商业繁荣。在那个时代,即17世纪末和18世纪初,历史学家称之为"金融革命"的时期,投资股票,只要用两三年的时间,就能获得以前做40年的生意才能积累的财富。由于贸易的迅速发展,伦敦成了全国的商业中心。17世纪80年代,产生了真正意义上的现代商业。当时,合股公司不断发展,公司发起人和股票经纪人大量涌现。1860年开始了一便士邮递业务,在伦敦地区邮件一天内即可到达。保险行业基本建立,对外贸易日益增长。因此,商业信心增强,并普遍看好对外贸易。而在"光荣革命"后的威廉三世时期,商人因为其雄厚的经济实力,社会地位也有所提高。正是在大部分新教徒的重商主义和当时浓厚的商业气氛影响下,笛福这个充满自信心和事业心的年轻人,在莫顿学院读了四年书之后,就决心下海经商了。笛福下海,也可能受父亲经商成功的影响。因为从小在家里,笛福一定经常听到大人谈到经商的事情。他也看到,他父亲能让一家人过上衣食无忧的中产阶级生活,靠的是勤劳经商和不断开拓的精神。因为前面讲到,他父亲是一个成功的商人,在伦敦商界也是一个头面人物。但笛福经商的抱负和规模,比他父亲更大。他先是跟一位内衣商人做了两年的学徒。根据当时的行业惯例,需当七年学徒后才能独立经商。但笛福可能借用父亲的商铺和钱经商,同行对他颇为忌妒。1683年(一说是1684年婚后不久),笛福自己在伦敦繁华的市区康希尔(Cornhill)圣迈克尔(St. Michael's)教区的皇家交易所附近弗里曼斯商场(Freeman's Yard)创办一家内衣批发商号。也就是说,他是一个分销商,说得难听点,是个"捐客",是制造商和零售商之间的中间人。这个批发商店他经营了七年。后又经营烟酒、制砖等,并开始富裕起来。笛福以极大的热情投入商海,但由于学徒期短,缺乏实际经验,虽然一时也还顺利,但埋下了后来破产的隐患。

1684年元旦,笛福与玛丽·托夫勒(Mary Tuffley)结婚;新婚妻子是一位富有的清教徒酒商的女儿,给他带来3700英镑的丰厚妆奁。对笛福的夫人,人们几乎一无所知,只知道他们47年的婚姻生活,生了8个子女——5个女儿和3个儿子,但只有6个活到成年。应该说,她是一位贤妻良母。不论笛福是贫是富,不管笛福是否经常长期离家在外,她一肩挑起抚养子女的重担,维持着这个多子女的家庭。

笛福经商早期,在商务航行中曾到过西班牙和葡萄牙沿岸,贩卖西班牙葡萄酒、白兰地酒和内衣。遗憾的是,笛福从未谈过这些航行的具体日期。不过,在他的《计划论》(*An Essay Upon Projects*, 1697)中曾提到,有次他进口货物所付的保险费超过了货物本身的价值。他也曾谈到在一次白兰地酒交易中挫败了对方的一次欺诈阴谋。他不仅到过西班牙,甚至还在那儿住了一段时间。他还提到在西班牙海岸损失了一条船,而这条船有他的股份。

笛福的时代,英国的经济发展状况相当于我们今天所谓的"发展中国家"阶段。商人只要感到什么生意能带来利润,就做什么生意。因此,在1685年至1692年笛福破产之前这段时间,他借助妻子带来的丰厚嫁妆,不断扩展他的生意,并从事进出口贸易,经营过内衣、进口葡萄酒和烟草,还投资涉海保险业。他甚至冒冒失失地投资海底探宝的潜水器和制造香料的灵猫养殖业。同时,因经商需要,他在英国乃至欧洲各地频繁地进行商务旅行,足迹遍及法国、荷兰、意大利和西班牙等国家。这些旅行的确切日期大部分难以确定,但主要是在17世纪80年代早期。晚年他投资房地产,开办砖瓦厂,还做羊毛、牡蛎、奶酪和食盐的贸易。此外还从事过渔业、造船、纺织等实业。不少人认为,他生来就是一个商人。这可能是因为他发表的那些颇有见地、观点超前的重商主义文章。在实践中，他也确实曾是一位成功的商人。作为一个经营内衣和纺织品的商人，他没有加入纺织品商同业公会或服装商同业公会，而是在 1688 年 1 月，像他父亲一样加入了屠宰公会这个同业公会，或许这是他继承父亲的传统吧。在公会的登记册中，明确写着："丹尼尔·笛福，克里普尔盖特区福街的公民、屠宰商詹姆斯·福的儿子……"在屠宰公会大厅里有一扇笛福窗，公会成员穿着统一的制服，这在伦敦的商界，也是一位成功人士的身份标志。他在城里和乡下都有房产。

如前所述，1685 年 7 月，笛福参加蒙茅斯公爵（the Duke of Monmouth, 1649—1685）叛乱失败后，一家曾在图廷（Tooting）定居。当时，图廷只是伦敦西南郊区的一个小村庄，是新教徒聚居的地方，主要是独立派和长老会派的教徒。笛福在那儿帮助建了一个教堂，开始只是在一家私人宅邸做礼拜。1765—1766 年间搬到了一所临时的木头房子，成为长老会派的教堂。后来教堂又搬了地方，原来的这所房子被建成了"笛福纪念馆"。在图廷，现在还有笛福路、鲁滨孙路、克鲁索路和塞尔扣克路，以纪念这位"英国小说之父"。

但是，可能是笛福命运不济吧。1692 年的英法战争中，对外贸易几乎完全停顿，许多商人都因此而破产。笛福的涉海保险业受损，再加上自己的轻率投机而破产，欠债高达 1.7 万英镑，相当于现在的 200 万英镑。他一度在英国西部港口城市布里斯托尔（Bristol）躲债，寓居在卡斯尔街（Castle St.）的红狮客栈（the Red Lion Inn）。在这儿，他获得了"星期日绅士"的雅号，因为平时他怕被认出而遭逮捕，所以只在星期日出来，而且总是穿着时髦的盛装，上面镶有褶裥花边，戴着松垂的假发，腰间还佩着一柄宝剑。最后，他与债主达成协议，同意付清全部债务，但当年 10 月 29 日还是被捕入狱，被关在舰队监狱（the Fleet Prison），11 月 4 日再次入狱。第二年 2 月 12 日因债务问题第三次被捕，关入王座法庭监狱（the King's Bench Prison）。后与债主谈判还债条件，在舰队监狱和王座法庭监狱都没关多久。笛福后来想尽一切办法还债，到 1705 年只剩下 5,000 英镑的欠款了，这种悲壮行为，是应该值得称颂的。但此后笛福一生从未还清债款，一直在负债中度日。他失去了乡间别墅、马车和马匹，失去了这些财富和地位的象征。笛福其余的财产也被没收用来偿还债务。笛福 1706 年自己说，从 1692 年破产后，他经历了 14 年生活的煎熬；他一直被债主追逼,大部分时间不得不离家躲债,并随时有被判刑的危险。从1705年甚至更早,到1725年期间,笛福大部分时间断断续续住在伦敦他孀居的姐姐伊丽莎白家里。他在伊丽莎白家里自己布置的一间书房里写作,并教育他姐姐的女儿。其间,有商人提供他去西班牙西南海岸港口城市加的斯(Cadiz)经商的机会,但笛福拒绝了。诚如他自己所说,上帝要他做其他工作,不能离开英国,就如鲁滨孙·克鲁索被魔鬼所驱使一样。

1694年笛福结束了在康希尔的内衣批发商号,然后全家搬到伦敦哈克尼区(Hackney)。这是属于伦敦地区而离伦敦市区不远的一个小镇。笛福有几个子女就在这儿出生。

根据笛福传记作家托马斯·赖特的说法,笛福接下来在埃塞克斯郡(Essex)蒂尔伯里(Tilbury)附近的查德韦尔(Chadwell)的砖瓦厂任厂长,负责日常事务。但笛福自己也是工厂的主要股东。工厂雇用了一百来个工人,厂主可能是居住在查德韦尔的笛福的一家亲戚,在查德韦尔和西蒂尔伯里都有他们的房地产。其他传记作家的说法是,1696年,他用为威廉政权服务获得的报酬,在埃塞克斯的蒂尔伯里兴办了一个砖瓦厂。工厂获得政府的订货合同,生产砖块和荷兰式波形瓦片,正好供应1666年伦敦大火后重建工程的需要。一般历史学家认为,笛福的砖瓦厂提供了建造格林威治医院的部分用瓦,该医院是著名建筑师克里斯托弗·雷恩的杰作。① 这也许是笛福最成功的投资了。但不管怎么说,有一点是肯定的,笛福重新开始富裕起来。他再次买了新别墅、马车和马匹,甚至游艇,并用赚来的钱还清了许多债务。但由于《惩治不从国教者的捷径》一文于1703年再次被捕入狱,结果砖瓦厂也因此倒闭,损失达3500英镑,笛福再次破产。用笛福自己的话来说:"暴力、伤害和对他野蛮的对待,毁了他和他的事业。"(《评论报》,1705年3月24日)出狱后,笛福身处经济绝境,生意倒闭,妻子儿女生活困顿,自己的健康状况也每况愈下。虽然晚年也曾试图重整旗鼓,东山再起,并投资房地产,还想重办砖瓦厂,但都没有成功,从而迫使他为自己从前的政敌安妮女王和托利党

---

① 克里斯托弗·雷恩(Christopher Wren,1632—1723),英国建筑大师和科学家。1666年伦敦大火后的重建工程中,他被任命重建51座城市教堂和31座公司办公楼。其中最著名的建筑当属圣保罗大教堂。他死后葬在该教堂墓地,墓志铭用拉丁文写道:"如果你想找到纪念碑,请环顾四周。"

效力。经济地位的起起落落，成了他后来小说中的重要主题。例如，摩尔·弗兰德斯和罗克姗娜两人一生的遭遇，经济地位也是起起落落；而在《鲁滨孙飘流记》中，对金钱的价值，笛福更有过很多精辟的论述。

笛福似乎骨子里是个商人，尽管他并不善于经营，但他一生没有放弃商业活动。前面提到，在他早期专注于政治活动时，一边花大量时间和精力写政治讽刺诗和政论小册子，一边从事各种商业活动。在破产10年后的1712年，他在沃里克郡（Warwickshire）北部的科尔希尔市（Coleshill），还与一位名叫沃德先生的布匹商合伙做投机生意。但与他做过的许多其他生意一样，仍以失败告终，两人都损失惨重。即使是在他后期从事文学创作和撰写历史著作并颇具名声时，也有证据证明，迟至1726年，他还在从事商业活动。

笛福从商的细节，人们了解得不多，他自己也回避谈论。后来当他的政敌在文章中讽刺他是"站柜台的伙计"时，他声称自己从事的是批发业务和进出口贸易。言下之意，他不是小商贩，而是一个高层次的商人。17世纪的英国，经商能很快致富，也经常会破产。而破产要坐牢的法律，使破产者根本无法偿还债务。笛福在商海沉浮的亲身经历，使他更深入地了解了商场上的刀光剑影、投机的巨大收获和风险，以及商业和商人对社会进步的贡献。所以，他后来撰写的大量文章中，商贸和商人是一个重要的主题，在他小说中也不忘发表他关于商人和商贸的精辟见解，所以有人还称他为"经济学家"。

笛福破产的原因，除了英法战争的爆发和自己冒险的投机外，还有五个重要的原因。一是前面提到的从商时较年轻，学徒期未满，实际经验不足；二是他因负债而不断地被起诉。从1688年到1694年，有记录的诉讼案就有8起，其中涉及欺诈、不诚实交易以及与合作伙伴的纠纷。有一件有趣的诉讼案涉及他的岳母。笛福花了850英镑买了70只灵猫，在斯托克纽因顿（Stoke Newington）办了个农场来饲养，以提取灵猫肛腺的分泌物制造香水。据说荷兰人从事这一行业已多年，并相当成功，笛福却办砸了。先是笛福借钱买灵猫的债主控告他把灵猫卖给了自己孀居的岳母。后来岳母发现这些灵猫并未归入她的名下，因此也把笛福告上了法庭。原来笛福是"拆东墙补西墙"，他把借来的钱偿还了另一位债主。由于笛福债务缠身，忙于应付诉讼，就无法在生意场上"翻身"；三是笛福自己认为是"贸易过度",即贸易量大于个人财力或市场需要。他在《英国商人大全》第二版(1727)中承认,这是他破产的主要原因;四是他的文章再次给他招来牢狱之灾,使他第二次破产;五是他对政治、办报和文学的兴趣,使他不能专心致志于经商。在《英国商人大全》中他也抱怨,又要做商人,又要做作家,这是很困难的。这岂不是"放着好好的生意不做,去搞什么政治,写什么文章!真是不务正业!"而他参与1685年蒙茅斯公爵试图推翻詹姆斯二世的叛乱,叛乱失败后他只得东躲西藏,这对其后来的商务肯定也有很大的影响。我们认为,这也许与他旺盛的精力、好冒险的性格、过高估计了自己的能力和财力以及广泛的兴趣有关,更与他关心国家大事、关心社会发展前途有关。

笛福经商的经历,使他广泛游历,并深入社会各阶层。而他破产和坐牢的经历,也改变了他的性格,并被排斥在主流社会之外。这样,他开始以一个旁观者的身份和视角,观察社会。这是他成功"转身"成为一个作家的重要因素。因此,他的小说总是以当代社会为背景,而不是像法国讽刺作家拉伯雷(Rabelais,1494—1553)用想象中的过去社会或像英国作家约翰·班扬用虚构的社会作背景。

四

忠于信仰

郭建中讲

笛福

  笛福是个虔诚的新教徒,但属新教中的长老会教派,也就是属于"不从国教者"。因此,他对长老派的发源地苏格兰和苏格兰人民,抱有一种特殊的感情。因为一生受到宗教迫害和歧视,所以他一贯主张信仰自由。

  笛福从小就熟读《圣经》。他在1705年12月22日《评论报》的一篇文章中回忆童年时期抄写英语《圣经》的一幕。当时大家都相信,英国要恢复罗马天主教,教皇要来英国,没收和禁止使用英文版《圣经》。人们惊恐万状,拼命用速记的方法抄写英语《圣经》。笛福当时还是个孩子,他埋头抄写,抄完了《摩西五书》,即《旧约全书》的前五卷:《创世纪》、《出埃及记》、《利未记》、《民数记》和《申命记》。尽管他已累得要死,还是想抄完整本《圣经》。可见他在童年就深深地植根了宗教的信仰。同时,我们也可以体会到笛福对宗教迫害的不满、愤慨和反抗。这种情结在他后来的著作中表露无遗。

  得益于莫顿学院的训练,笛福非常善于说教,在这方面他一点也不亚于职业牧师。

  一位著名的笛福传记作家托马斯·赖特认为,尽管在商业和政治方面,他有一些欺诈行为,但"在上帝面前,笛福是一个勤劳的园丁。……一个谦卑而真诚的忏悔者"。用笛福自己的话来说:"在他独处的时候,他经常十分真诚地向上帝大声祈祷。"尽管他一直努力追求名誉和地位,而且他也得到过不错的名誉和地位,但对他来说,最珍贵的奖赏是"上帝的召唤"①。

笛福对宗教虔诚的另一个证据是他1681年写的诗体作品《沉思录》(The Meditation of Daniel Defoe,1946年出版),诗中表达了他有时对宗教信仰的疑惑,但最终对上帝的万能坚信不疑,并表达了自己对上帝的无限忠诚。他认为,对人类灵魂的拯救,要依靠虔诚的信仰;不相信上帝的人,他们的灵魂是不能获得拯救的。在《家庭教师》的序言中,笛福坚信自己经常能得到上帝的启示和帮助,让他度过人生的难关。笛福认为:"一个没有宗教信仰的伟人,无异于一头没有灵魂的野兽。"②

笛福对宗教的虔诚,使他度过了破产后长期的艰难岁月,就像鲁滨孙一样,在最困苦无望的日子里,他向上帝祈祷,赞美上帝,使他得到安慰,使他的灵魂获得拯救。"哦,上帝,我们赞美你!"(Te Deum laudaums)这首圣歌中的这句话,伴随着笛福的一生。③

笛福对上帝始终怀着敬畏之情。他一生把宗教信仰放在第一位,家庭生活中也充满了虔诚严谨的清教气氛。从《家庭教师》中我们可以看到,全家早晚祈祷,阅读《圣经》教育子女,用清教徒严格的行为准则规范子女行为。他要求女儿们穿着简朴,不要打扮化妆,谈吐谦逊礼貌,不要读爱情小说或戏剧,因为当时的戏剧充满淫秽和色情。每星期天早上,要求女儿们9:30穿好衣服下楼。祈祷后再去教堂。在教堂里做完礼拜后,孩子们和仆人都要一起回家。晚上,父亲把全家人召集在一起给大家读书,然后唱圣歌,做祈祷。这一切做完后再吃晚饭。晚饭后要有一两个小时,全家人坐在一起进行轻松愉快的交谈,谈话的内容都是十分健康的话题,而谈得最多的则是有关宗教信仰的问题,然后才各自回自己的卧室。女儿们可能还会在一起谈谈私房话。

笛福自己曾在1712年7月19日《评论报》的一篇文章中谈道:

我家子女多……有6个孩子。他们从未有过非分的要求,也

---

① Thomas Wright, *The Life of Daniel Defoe*, CASSELL AND COMPANY, Limited, LONDON, PARIS & MELBOURNE. 1894.

② 1722年在《阿普尔比周报》为马尔巴勒的葬礼而写的一篇论文的结束语,援引自瓦特:《小说的兴起》,第81页。

③ Te Deum laudaums,早期基督教圣歌,意思是"哦,上帝,我们赞美你!"现在天主教教堂和基督教(新教)教堂都唱这首圣歌。

从未挥霍浪费。无论身处何境,我唯一的幸福就是:我一直保持乐观、安心和平静;我心平如镜。如果有人问我,我何以能达到这种境界,我会简单地回答他:我一直努力顺从上帝的意志,这是一种伟大的、庄严的和重要的行为。

关于笛福对宗教的忠诚,主要体现在他的政治讽刺诗和政论文、宗教和道德教育的著作、小说以及大量的其他著作中。这些我们在下面各个章节中都会提到。下面我们只就他早期发表的两篇文章,看一下他基本的宗教观。

笛福1683年开始经商。可以想象,这是他非常忙碌的一年,但他已开始使用他的武器——笔,写了第一本政论小册子,可见其对政治问题的兴趣何等浓厚,他的精力又何等充沛。但这也预示着他经商的失败、个人生涯的沉浮和家庭的不幸。可惜的是,笛福的传记家和研究笛福的学者至今未能找到此册子的任何文本。

《关于土耳其问题》(A treat on the Turkish Question,1683)

据专家考证,这是笛福写的第一篇文章。当时,土耳其人占领匈牙利全境,并入侵奥地利,包围维也纳,大有横扫整个欧洲大陆的势头。因为奥地利是由信奉罗马天主教的王室统治的,因此英国的辉格党站在土耳其人一边。笛福自己尽管是坚定的辉格党人,但在这件事情上,他的观点完全与辉格党相反。笛福认为,与其让土耳其异教徒统治整个欧洲,迫害罗马天主教徒和新教徒,还不如让奥地利罗马天主教徒镇压匈牙利的新教徒。

此文看似有关政治问题,但实际上,笛福在这篇文章中表明了他的宗教观点,并一生坚持了他的这一基本观点。因为笛福自己是新教徒,属于长老会派,当然反对罗马天主教。但与不信上帝的异教徒相比,他宁愿让同样相信上帝的天主教徒统治。当然,与罗马天主教相比,笛福当然更倾向于国教,因为英国国教是新教;毕竟英国国教是从天主教分离出来的,他们都信奉上帝,只是在对《圣经》的解释、宗教仪式等方面有分歧。其中当然还夹杂着民族和政治的原因,新教派要脱离罗马教廷的统治而独立。新教中的长老会派,与其他不从国教派者相比,是比较温和的,因而更倾向于国教会。如上所述,笛福本人并非完全反对英国国教,他反对的是国教徒中的极端分子——高教派国教徒。在被监禁在新门监狱期间发表的《和睦与团结的捷径》(The Shortest Way to Peace and Union, 1703年7月29日)一文中,他力图说服不从国教者,阐明一个国家应该有国教,英国国教(英格兰圣公会,或称安立甘教会)不仅是最合适的,而且最有资格成为最高地位的教会。在1719年出版的《迪克里·克郎克,一位聋哑哲学家》(The Dumb Philosopher: Dickory Cronke)一书中,他又通过迪克里·克郎克的嘴,对罗马天主教和英国国教发表了如下开明的宗教观点:

> 英国国教会无疑是全世界历史悠久的全体基督徒和罗马天主教会的最伟大的堡垒。英国国教具有教会所能拥有的一切优势。服从英国国教的教义和原则,我们懂得要忠于国王,忠于祖国,公正对待全人类。因此,我们认为,英国国教是所有教派中最优秀的一个教派,并且,我还得说,英国国教是介于迷信与虚伪之间的最好的教会。

这样,笛福宗教观的先后主次的次序是:长老会——其他不从国教派——英国国教——罗马天主教——不信上帝的异教。在这篇文章中我们可以看到,笛福为了维护宗教信仰,甚至丢弃了自己的政治立场。这种宗教立场,贯穿于他今后的所有著作。为了自己的信仰,在政治上他可以得罪自己所属的辉格党;在宗教上他可以得罪自己的不从国教派教徒。同时,毫无疑问,也得罪了自己的敌人——托利党人和国教徒。因而他政治之途崎岖多变,还多次招来牢狱之灾。

1705年初,三年一次的大选即将开始,各党派又开始了激烈的论战。笛福与以往一样,呼吁"和好"。他号召"国教徒和非国教徒,一起为和睦而努力"。笛福说,他愿意尽自己的一切力量,促进大家和睦相处。笛福说:"这是我最终的目标,也是每一位基督徒的愿望。如果从天而降的天使宣扬别的信条,我们就会诅咒他。"为了进一步促进双方的和好,4月30日他发表了一篇文章《对各派的劝告》(Advice to all Parties),可以再次证明我们的上述论断:

> 英国国教徒和非国教徒只有一个利益,一个基本原则和一个目标。温和派的国教徒和仁慈的非国教徒都属于基督教教派。他们之间的分歧,如果近看似乎很大,但如果从天上看下来,几

乎什么也看不到。

在这篇文章里,关于罗马天主教有这么一段有趣的话:

> 罗马天主教和奴隶制永远也不会被我们国家接受。只要一提到罗马天主教,就会引起全体国民一片喧嚣。那些不懂就里的人只是因为传统而憎恨天主教;而我敢肯定,数十万的英国普通国民,会与天主教斗争而抛头颅洒热血,尽管他们不知道天主教是人还是马。

尽管今天《关于土耳其问题》的原文已经找不到了,而且是否正式出版也不得而知,但我们感兴趣的是,这不但可能是笛福第一次试笔,而且在这一篇文章中,笛福已明确地表明自己一生坚持的宗教立场和政治立场,而他那独树一帜的思想观点、桀骜不驯的性格和敢作敢为、不计后果的处事方式,也已初见端倪,为他今后的人生起伏埋下了隐患,同时为我们诠释笛福相关的文章提供了方向和基础——他永远把新教的利益放在第一位看问题,不管他有时怎么讽刺和挖苦新教徒的一些观点和做法。这就像父母对待自己的孩子,不管是骂还是打都是出于对孩子的爱,都是为了孩子好。

《海牙的朋友致一位不从国教者的信》(A Letter to a Dissenter from his Friend at the Hague, 1688)

可以认定并能找到的笛福第一篇论文还是与宗教问题有关。1688年8月或9月初,笛福匿名发表了《海牙的朋友致一位不从国教者的信》。这是迄今为止找到并能证实的笛福的第一本政论小册子。

1660年查理二世复辟以后,英国议院通过了一系列法令,非国教徒(不从国教者和罗马天主教徒)受到了残酷的迫害。到17世纪80年代初期,詹姆斯二世对非国教徒的迫害达到了无以复加的地步。据估计,七万余名不从国教者的家庭因遭迫害而家破人亡;八千名不从国教者为了争取信仰自由而死在狱中。1686年3月,詹姆斯二世突然发布了大赦令,从狱中释放了数千名不从国教者。1687年4月,他又发布了《信教自由令》(Declaration of Indulgence),终止对不从国教者迫害的法律和《宣誓法案》。同年7月,詹姆斯二世解散了议会。为了保证新议会能使他的《信教自由令》作为成文法通过,他试图与不从国教者和罗马天主教徒结盟。因此，1688年前后，对不从国教者来说是一个非常时期和关键时刻。詹姆斯二世和国教派都开始拉拢不从国教者。对此，不论在当时或现在，人们都有不同的看法。有的认为詹姆斯二世是真的要实施信仰自由。但大多数人认为，詹姆斯二世自己皈依天主教，他是试图在英国恢复天主教。但英国自16世纪中期以来，确立了新教，信仰天主教是违法的。有些不从国教者被詹姆斯的图谋所迷惑，希冀自己能获得公开举行宗教仪式的自由。但大部分不从国教者，尤其是长老会派，更不愿意看到罗马天主教在英国复活，何况在罗马天主教的统治下自己的信仰自由能否实现更是个未知数。国教徒也对詹姆斯二世的意图充满疑虑。在复辟初期，他们竭力推行对不从国教者的迫害，现在反过来要与不从国教者结成"统一战线"，以反对他们更大的共同敌人——罗马天主教。同时，詹姆斯二世已经开始行动了，他在全国上下撤换了两千余名行政官员，代之以罗马天主教徒。他还撤换了牛津大学玛格达伦学院（Magdalen College）的院长，代之以罗马天主教徒。这就威胁到整个学院教员的生存问题。到1688年4月詹姆斯决定重新发布《信教自由令》，并宣布11月份召集新的议会来通过该法令的各项条款。更甚者，他命令各大教堂和教区教堂，在连续两个星期日的祷告仪式上，宣读《信教自由令》。坎特伯雷大主教和他下面的6位主教签署了一份请愿书，反对《信教自由令》，他们7人因发表煽动性言论而被指控，并关进伦敦塔中。对7位主教的审判，成了英国历史上的一个重大事件。6月30日，审判结果释放了这7人，这对詹姆斯无疑是一个重大的打击。

　　在此之前的6月10日，王后生了个王子，这改变了整个王位继承的形势，展现了天主教君主统治的前景。在此之前，反对詹姆斯二世的声音一直没有公开，因为大家希望信仰新教的玛丽公主及其荷兰丈夫、欧洲新教徒的领袖奥伦治的威廉会继承王位。因此，在6月30日宣判的这一天，7位英国政治家签署了一份文件，提交给威廉，请求他来英国恢复"英国人民的宗教信仰、自由和财产"。但詹姆斯并未发觉反对他的情绪正日益高涨，仍坚持要在11月27日召开新的议会。这就引发了"光荣革命"，迎来了奥伦治的威廉和玛丽。

　　正是在这一历史的关键时刻，笛福发表了他的第一本政论小册子——《海牙的朋友致一位不从国教者的信》。笛福以在海牙的朋友的名义,试图以一位局外人的立场表明其观点的客观性。文章奉劝不从国教者不要去参加新议员的选举,尽管这些新议员会投票通过终止宗教迫害的法律和《宣誓法案》。这表面看起来有违不从国教者自己的利益,但笛福的论点是:他们终止宗教迫害法律的真正意图,不是要提倡信仰自由,而是要恢复罗马天主教会,并逐步使之成为英国的国教。笛福以讽刺的口吻指出,坎特伯雷大主教和他下面的6位主教,以信教自由的名义,追求他们的信仰自由而被关进了伦敦塔,因此,对不从国教者来说,保持信仰自由最好的方法是保留《宣誓法案》和宗教迫害的法律,尽管这看起来有点不可思议。他呼吁不从国教者不要上詹姆斯二世终止《宣誓法案》的当。

笛福在这篇文章中的口气是不容置疑的,这是他与不从国教者们关系的一个特点,尽管他自己也是一个不从国教者。但他一直指责教友们的轻信和愚蠢。毫无疑问,这些做法必然引起其他不从国教者的不满。

接着发生的事超出了笛福文章的预期,新议员的选举没有能举行。尽管詹姆斯二世作了最后的挣扎,但大势已去,他只得逃亡法国,英国迎来了威廉和玛丽。这时,国教徒开始感到信仰危机了。坎特伯雷大主教、5位教区主教和约400名低级教士拒绝宣誓效忠新国王;有些国教徒和主教只能妥协。1689年议会通过《宽容法案》(the Toleration Act)后,国教势力日渐式微,新教徒中的不从国教者终于在法律上获得不在国教教堂中公开行使宗教仪式的权利,尽管获得这样的权利还是有些勉强的。在这样的形势下,国教徒中开始分裂,形成了所谓的"高教派"和"低教派"。高教派主张重新召开神职人员代表会议。但威廉同意他们召开后,在低教派主教控制的上议院与野心勃勃的高教派牧师控制的下议院之间,出现了长期而势不两立的权力斗争,并且与党派斗争相互交错;高教派与托利党联姻,低教派与辉格党联盟。

从这儿我们可以看到,笛福首先是站在宗教的立场上,拥护"光荣革命"的,因而在政治上拥护国王威廉三世。

五

一仆二主

郭建中讲

笛福

　　笛福不仅证明自己很有经商才能,而且他在政治上也颇有才华。开始,笛福在经商的同时也从事政治活动。但1692年商场失意破产后,迫使笛福改变了自己的生涯。为了生存和养家糊口,他开始为有影响的政客服务,并成为备受非议的记者和政论作者。他是一位擅长辩论的政治理论家,并充当过政府的间谍。其政治生活复杂多变,并一直在辉格与托利两党之间游走。

　　由于笛福是虔诚的新教徒,因此,政治上拥护信奉新教的威廉三世,并倾向于辉格党。

　　1685年2月6日,查理二世驾崩,他的弟弟、斯图亚特家族的詹姆斯二世继位。他是个天主教徒,不仅反对新教徒的宗教信仰自由,而且认为国王有天赐神权,试图建立国王对罗马天主教的统治地位。他还任命天主教徒担任文武官员,以施行他的专制统治。因此,流亡荷兰的查理二世的私生子蒙茅斯公爵(the Duke of Monmouth)于6月发动了反对信奉天主教的詹姆斯二世的叛乱,试图废黜他的叔叔詹姆斯二世。蒙茅斯公爵是个新教徒,因此在英国还是深得人心的。他带领一支只有83人的队伍从英格兰南部多塞特郡(Dorset)的莱姆(Lyme)登陆,几天内周围数千人加入了他的队伍。但伦敦人并没有热烈响应。蒙茅斯公爵在7月6日英格兰西部港口城市布里斯托尔附近的塞奇高沼泽地(Sedgemoor)的战役中溃败,叛乱被镇压,蒙茅斯被砍头;臭名昭著的首席大法官杰弗里斯(Judge Jeffreys)主持了巡回法庭的审判,成百叛乱者被处以绞刑,或遣送到北美殖民地当奴隶。笛福与莫顿学院的3个同学参加了叛军。3个同学被俘后也被处决。笛福幸运地逃离英国,可能与其他一些逃出来的叛乱者在荷兰避难,也有一说是他逃到西班牙做生意,因为那儿有他的朋友。不管怎么说,他幸运地逃避了惩罚。他似乎在1686年3月10日国王颁布赦免令前就回国了。回国后他也许在萨里郡的米克尔汉(Michleham)隐居。还有一说是笛福根本没有出国,叛乱失败后直接去了米克尔汉隐居,后来又搬到图廷定居。图廷也在萨里郡,当时是位于伦敦南部的一个小村庄,是新教徒聚居的地方。总之,因为这是逃生之举,当然没有人知道其确切的影踪,笛福也从不提起他这段时期的活动。但他参与叛乱是千真万确的,因为1687年5月31日,国王颁布了参与叛乱的33人的赦免名单,笛福名列其中。后来笛福继续做他的生意。许多笛福的传记家认为,笛福参加叛乱,一方面与他虔诚的宗教信仰有关;另一方面,也反映了笛福冲动鲁莽的性格。这种性格也反映在他的商业投资上,并且也是导致其破产的原因之一。在此期间,他写了一些反对詹姆斯二世的政论文章。

由于詹姆斯国王的倒行逆施,1688年发生"光荣革命"废黜了詹姆斯二世。11月4日,詹姆斯二世的女婿——奥伦治的威廉,到达英格兰德文郡(Devon County)的托贝(Torbay)。笛福当时还是一个经营内衣的小商人,却与许多伦敦市民一起,赶到泰晤士河畔的亨利(Henley-on-Thames)参加了威廉王子的军队。12月18日,威廉正式进入伦敦,成为英王威廉三世。笛福又盛装参加了伦敦市民自发组织起来的迎接新王威廉三世的游行,领导这次游行的是发动叛乱的蒙茅斯公爵的儿子彼得伯勒伯爵查尔斯·莫当特(Charles Mordaunt, 3rd Earl of Peterborough, 1658—1735)。对参加过叛乱的笛福来说,他一定感到无比自豪。1689年10月20日,国王威廉和王后玛丽应伦敦市长的邀请,出席伦敦市宴会,大批伦敦市民在彼得伯勒伯爵带领下,举行了从白厅(Whitehall)到伦敦市长官邸(the Mansion House)的游行,笛福也盛装参加了,充分表现了笛福对"光荣革命"胜利的喜悦心情。从此,笛福一家力挺新王和詹姆斯的女儿玛丽的统治,因为他们都是新教徒。

此后15个月,笛福的影踪无处可寻。当他再次露面时,已是1691年初了。当时他发表了小册子《一个老阴谋的新发现》,强烈攻击詹姆斯二世党人。

"光荣革命"标志着王权的终结和议会权力的确立,最终解决了王权与议会权力的纷争。笛福热情宣传"光荣革命"及其革命英雄威廉三世;笛福是"光荣革命"的政治理论家和经济发展的预言家。在其后的几任新教国王统治的60年里,斯图亚特王朝的家属在法国王室的支持下,多次策划试图复辟,有几次几乎成功,因此英国政局十分不稳。笛福和所有拥护"光荣革命"的人一样,一直担心詹姆斯二世复辟。因此,在此期间,笛福写了大量宣传"光荣革命"、反对复辟的文章。笛福利用《评论报》,每年11月4日,都要撰文纪念"光荣革命",颂扬威廉三世的功绩和品德。直到1723年彻底粉碎了詹姆斯二世党人的复辟,局势比较明朗,笛福才把注意力放到其他方面。对笛福来说,这次朝代的更迭,是他政治生涯中最重要的时期。在许多文章中,他旗帜鲜明地拥护"光荣革命",支持信奉新教的威廉三世,反对信奉天主教的詹姆斯二世;他宣扬私有财产、议会权利和限制王权的理念和对不从国教的新教徒的宽容,坚决反对詹姆斯试图建立的王权专制统治。

笛福自1688年开始效忠于威廉三世,直至1702年威廉驾崩,这是笛福一生中最辉煌、最得意的时期。1693年开始,他在托马斯·尼尔开办的尼尔私人彩票公司(又有史料称在皇家彩票公司?)工作,担任信托经理人。1694年笛福写了《英国人的选择和真正的利益》(The Englishman's Choice, and True Interest),支持政府对法战争,承认威廉三世和玛丽王后的王权,并号召国民效忠他们。文章大受政府赏识并得到回报。1695年在本人没有申请的情况下,让笛福在玻璃瓶税管理委员会(the Commission of the Glass Duty)任职,担任会记师,直至1699年该管理委员会取消为止。该委员会负责收取玻璃瓶税;为此,他第一次在自己的姓"福"(Foe)之前加上前缀"笛"(De),使自己的姓听上去有点贵族的味道,以提高自己的身份。从此他自称"笛福"(De Foe)。据考证,笛福的姓名,曾有过多种拼写:Foe, Faugh, DuFoo, Du'Foe, DeFoe, DeFooe, Dukow(是教堂司事记录的错误)和Daniel Defoe, Esq.。笛福自己签名经常用D. F.,D. D. F.或D. Foe。

而从1694年开始,他奔走于英格兰和苏格兰,曾担任多种职位,并自称为威廉的心腹顾问。但笛福的传记作家怀疑笛福与国王亲密的关系,甚至认为这是笛福的一大谎言。但较为可靠的说法是,笛福与威廉三世可能有相当程度的接触,但不见得如他自己所说的那么密切。另外,他后来效忠于罗伯特·哈利(Robert Harley,1661—1724)①时,在给哈利的信中谈到了自己与威廉的关系。他是万万不敢欺骗哈利的,因为以哈利的地位,不可能不知道政府和朝廷的一些内幕。更重要的是,他写了许多政论文支持和宣传威廉和政府的政策,并写了有名的讽刺长诗《真正的英国人》,为威廉的外国血统辩护,回击反动势力对威廉的攻击和谩骂。这些不可能不受到国王的关注。

威廉取得王位后,主要依靠辉格党;托利党有很强的正统主义倾向,对王权旁落深感遗憾。但辉格党同时也主张加强对王权的限制,时时以"自由"为旗帜抗衡王权。这是威廉又常常与辉格党发生矛盾的原因。因此光荣革命后的一段时间里,政局多变。政局变化还与欧洲的战争有关。威廉登位后把英国拉入了欧洲大陆的争霸战,成为反法同盟的主要力量。在战争中辉格党的态度比托利党积极,因此威廉就不得不更加依赖辉格党,让辉格党人担任主要的政府大臣。

1694年,玛丽王后死于天花;1702年,威廉三世逝世,玛丽的妹妹、詹姆斯二世的小女儿安妮继承王位,斯图亚特家族复辟,政治形势又发生了变化。在这一年12月1日,笛福写了《惩治不从国教者的捷径》,讽刺英国国教的不宽容政策,攻击主张限制非国教徒宗教和政治活动的托利党。为此,受到托利党人、国务大臣诺丁汉勋爵(Lord Nottingham)的迫害。1703年,笛福作为政治犯被捕,投入新门监狱,并处罚款和3天枷刑。为此,笛福还写了《枷刑颂》(A Hymn to the Pillory),受到大众热烈的欢迎!当然,笛福的政敌们幸灾乐祸,写诗歌和文章大大地把他讽刺和奚落了一番。这时,连一直是笛福政敌的约翰·塔钦②都看不下去了。他在自己的《观察者》(Observator,1702—1703)杂志上发文,为笛福伸张正义。文章言辞非常激烈,结

---

① 罗伯特·哈利(Robert Harley,1661—1724),牛津伯爵一世和莫蒂默伯爵,斯图亚特王朝末期和乔治(汉诺威)王朝时期的政客和政治家。他的政治生涯在辉格党起家,后转向托利党。1701年至1705年,任下议院议长;1710年至1711年,任财政大臣;1711年至1714年,任财政大臣,是安妮女王的主要大臣。汉诺威王室的乔治一世继位后他被罢官,一度(1714—1715)被其政敌囚禁在伦敦塔。哈利重用笛福,并对笛福的政治生涯和一生的沉浮起落起到关键性作用。

② 约翰·塔钦(John Tutchin,1660—1707),激进的辉格党人,创办《观察者》杂志,对詹姆斯二世党人、法国代理人和安妮政府大肆攻击,1707年被捕入狱,在狱中被暴打而死。

果给自己带来牢狱之灾。这次事件影响了笛福整个后半生的生活道路。

枷刑示众以后,笛福无钱交付罚款,被关在新门监狱中5个多月(1703年5月20日至11月4日)。还在等待审判期间,笛福编辑了《〈真正的英国人〉作者正版文集》(*A True Collection of the Writings of the Author of "The True-Born Englishman"*, July 1703)。这是因为之前有人盗印出版了他的文集。笛福的这部正版文集于1703年出版,收集了他的22篇文章和诗歌,包括《惩治不从国教者的捷径》一文。该文集的封面有笛福的画像。据说画像十分逼真,一副坚定的神态,尤其是嘴巴的神情,生动地体现了笛福坚强的性格和为人。

可以这么说,如果笛福没有在新门监狱的经历,世人将不会读到《摩尔·弗兰德斯》、《罗克珊娜》和《杰克上校》这样纯粹的现实主义典范杰作,即使是《鲁滨孙飘流记》也会失去最有价值的部分。

在监禁期间,笛福至少写了18本政论小册子。同年9月,时任下议院议长的罗伯特·哈利写信给财政大臣葛德芬伯爵(Earl of Godolphin, 1645—1712,一译"戈多尔芬"),建议以女王的名义秘密地送他一笔钱交上罚款,这样可以控制住笛福,并使他为他们效力。葛德芬同意了这种做法。笛福就这样在11月被释放,正式释放文件次年(1704年)7月始下发。笛福被关在新门监狱时,身体健康大受损害。释放后,1704年8月,他去著名风景疗养地萨福克郡(Suffolk)的贝里圣埃德蒙兹(Bury St. Edmunds)疗养。直到1704年,笛福拥护和支持"光荣革命"的立场是无可挑剔的。但1704年之后,笛福在政治上作了一次"大转弯"。笛福还在狱中时,就开始为哈利筹办《评论报》;释放之后,笛福更是主要靠写作为生,服务于当时的葛德芬大臣。他利用《评论报》这一阵地,为宣传政府在西班牙王位继承战争上的政策效力。尽管笛福后来声称"我鄙视为出狱而背叛过世主人的行为",但笛福过去的辉格党同事谴责他为托利党搞宣传。1704年5月,哈利被任命为国务大臣后,就雇用笛福充当政府密探。为报答哈利的"知遇之恩",笛福在七八月间给哈利写了一份非常出色的"备忘录",为哈利提供政治上的建议。其中最重要的是关于情报工作的建议。当时不少大臣都雇用密探,去各选区搜集情报,审查反对派的报刊,并撰写小册子支持政府立场。此后,笛福也在全国各地奔走,建立情报网,特别是去苏格兰做调查民情和政治动向与制造舆论之类的工作。具体来说,1704 年,他去苏格兰是为促成英格兰与苏格兰的合并;为此,笛福出了不少力气,应该说是做出了很大贡献的。他先以做生意为名在苏格兰长期呆下来;后来,又以计划写《大不列颠联合史》(*A History of the Union of Great Britain*) 需要搜集资料为名,继续留在苏格兰。他在 1710 年(一说是 1709 年)也确实出版了这部历史著作。他离开苏格兰大约两年之后,英格兰和苏格兰完成了合并。笛福全身心地投入间谍工作,一方面由于性格使然,喜欢隐蔽和伪装;另一方面,他与哈利具有相同的观点,认为英国要强大,就得与苏格兰合并。在为托利党办报的同时,他暗中也为辉格党的报纸写文章。而在此期间他在全国的游历,为他后来的《英伦三岛游记》(*A Tour thro' the whole of Great Britain*,1724—1726)搜集了丰富的原始资料。

  "备忘录"中另一个重要建议是敦促哈利建立政府"内阁",并应由哈利任首相。在詹姆斯二世时代,尤其是威廉三世时代,当国王不在国内时,政府中的内阁会议制度已基本成型,但这只是枢密院性质的工作委员会,是属于王室的行政机构。笛福的建议是,设立一个秘密的或半公开的属于国务大臣的行政机构。这个机构可以对一些重要的政策和措施先进行讨论并使之成型,再提交枢密院让国王批准。这一做法就会大大削弱国王对国家决策的影响。这就是 18 世纪末成型的英国政府的内阁制;内阁隶属于议会,对议会负责。后来,在 1722 年南海泡沫事件之后,罗伯特·沃波尔(Robert Walpole, 1st Earl of Orford, 1676—1745)成了英国的第一任首相。尽管后来建立的内阁制度与笛福原来建议的并不完全一样,但可以说,笛福在议会制度建设方面有"先见之明",他的建议也通过哈利产生了历史性影响。

  1705 年,人们的注意力开始放在议会大选上。5 月后,他受命在议会大选中为辉格党政府宣传,骑马去英格兰西南部地区游说,目的是他应尽力动员选出支持政府的代表。与以往一样,他的宣传策略是呼吁国教徒和非国教徒要"和睦",但对高教会派和主张废除"间或一致"法案的人大加攻击,并力图把这些人"拉下马"。他表示他愿意竭尽自己所能,为双方和平相处做出贡献:

> 这(和睦)是我最终的目标——也应该是每一个基督徒的愿望。如果上帝的使者从天而降,向我们宣讲别的教义,对我来

说,他应该遭到诅咒。

他这次旅行由他的一位朋友及其仆人陪同,行程1,100英里。由于西南部各郡县对笛福十分反感,这一行3人历尽艰险,尤其是笛福遭到围攻和追捕。后来笛福自己说,他这次遭到的侮辱和轻蔑比他预计的要厉害得多。但选举结果是托利党大败,并把大部分担任高级职位的托利党人从政府部门中赶了出去,总算让笛福略感宽慰。

但笛福的政敌一直不肯放过他,唆使他17年前的旧债主再次控告他,即使有的已达成偿还协议,有的甚至全部还清了债务。他们这样做只是故意给笛福制造麻烦,使他疲于奔命。另外,笛福还收到了30封恐吓信,声言要他的命。

笛福说,他救活了别人全家,他们却对他恩将仇报。

> 我总是被人认为是一个好斗的家伙,但我不知道这与勇气有什么关系。但如果说我很勇敢,这是因为我的事业是正义的。真理激发人性;捍卫真理,没有一个正直的人会是懦夫。所以,有理智的人,如果知道自己错了,就不可能勇敢;而正直的人一定是勇敢的人。
>
> 捍卫真理,我视死如归。我怀疑勇敢与怯懦究竟有什么区别。但我知道,他们信奉的原则不同。真理使人勇敢,有罪让人胆怯。①

1706年安妮女王任命了一个委员会,研究英格兰和苏格兰议会合并的问题。该委员会在1706年4月16日和5月4日开会研究了这一老问题。这也是威廉三世一直希望能促成的一件事。

历史上,同处一岛的苏格兰和英格兰长期处于分裂状态,沿袭着不同的发展轨迹,彼此之间龃龉不断,以致兵戎相见。实力强大的英格兰妄图用武力统一不列颠岛;实力稍逊的苏格兰则多次与英格兰的宿敌法国结成盟友,遏制英格兰的扩张野心。1603年,英格兰"童贞女王"伊丽莎白一世(Elizabeth I)亡故,将王位传于苏格兰国王詹姆斯六世(James VI,加冕为英格兰国王 James I),两国实现了王位的

---
① 1712年7月29日《评论报》第8卷。

联合,关系发生戏剧性改变。从此,两国共戴一君,但各自拥有议会与枢密院,在政治、宗教、法律、经济等方面仍都保持独立地位;两国依旧互相提防,貌合神离。查理一世在位期间曾试图统一两国教会,在苏格兰推行英格兰国教会的《公祷书》,结果却激起了苏格兰长老会派(Presbyterian)领导的大反叛,最终诱发了英格兰内战。其后,克伦威尔用军事手段征服了苏格兰,却只能让苏格兰人的独立诉求和民族感情愈加强烈。1660年查理二世复辟后,苏格兰旋即恢复了独立地位。1688年至1689年,"光荣革命"爆发,詹姆斯二世(苏格兰的James VII)被废黜,奥伦治的威廉和玛丽被英格兰议会拥立为君,苏格兰议会权衡利弊之后也对此表示了认可,两国依旧维系着王位联合、议会独立的状态。①

笛福是一直支持两国议会合并的。1704年开始,他曾奔走于苏格兰与英格兰之间,搜集情报与舆论情况,为两国合并而竭尽全力。1706年10月,笛福再次受命去苏格兰。从1706年5月至1707年1月,他连续发表了《论消除反对英格兰与苏格兰合并的民族偏见》等6篇文章,论述合并的好处。前两篇文章是针对英格兰人民写的,后四篇文章是针对苏格兰人民写的。他还为议会起草了与苏格兰议会的合并法案。1707年1月16日,《英格兰及苏格兰王国合并条约》的全部条款在苏格兰议会通过。同年5月1日,《合并条约》正式生效,大不列颠王国②正式诞生。

笛福在苏格兰期间(1706年10月至1707年12月),尽管看到苏格兰群情激奋,反对合并,但他受到了主张合并的昆斯伯里公爵二世詹姆斯·道格拉斯(James Douglas, 2nd Duke of Queensberry, 1662—1771)高规格的接待,并结识了当地的不少显贵。这是笛福政治生涯

---

① 杨琨:《揭开苏格兰与英格兰合并之谜》,载台湾《历史》月刊第250期,2009年2月11日9:28中新网—华文报摘。
② 1707年英格兰议会与苏格兰议会合并后,成立了大不列颠王国(Kingdom of Great Britain),有时又称大不列颠联合王国(The United Kingdom of Great Britain),曾为英国历史上的正式国名,存在于1707年至1800年,是根据《1707年联合法案》,由苏格兰王国与英格兰王国所共组的单一王国。新的单一政府与单一议会设立在伦敦的西敏寺,而自从1603年苏格兰王詹姆斯六世成为英格兰王詹姆斯一世以来,这两个王国就有共同的君主。《1800年联合法案》通过以来,大不列颠王国又与爱尔兰王国合并,在1801年,大不列颠王国就被大不列颠与爱尔兰联合王国(The United Kingdom of Great Britain and Ireland)所取代。随着1922年12月6日英爱条约的签订,爱尔兰大部分地区脱离联合王国,成立爱尔兰自由邦。虽然如此,英国在1927年才正式把她的国名改为"大不列颠与北爱尔兰联合王国"(The United Kingdom of Great Britain and Northern Ireland)。

的高峰,是他一生中最为春风得意的时期。可以说,笛福既是英格兰与苏格兰合并历史的创造者,也是这段历史的记录者。1710年,笛福出版了上下两部《大不列颠联合史》。

1707年底,笛福回到英格兰不久,哈利失势,笛福开始效忠哈利的接班人西德尼·葛德芬,并继续为政府写宣传文章,领取他为政府做情报工作的津贴。此后笛福家庭经济日益衰败,1709年3月把家从哈克尼(Hackney)搬到了不远处伦敦北郊的斯托克纽因顿。此后他就一直在此居住,并继续编辑出版《评论报》。

后来,哈利在1710年东山再起,任财政大臣。这时哈利已转向托利党,但属于该党的温和派。笛福再度效忠于原主人。1712年8月至12月,笛福身体不好,在哈利的同意下离开伦敦到乡下休养。先是在沃里克郡(Warwickshire)的科尔希尔市(Coleshill)住下。其间他与人合伙做投机生意失败。同时,笛福经常发现,有人用他的名字发表文章,让他甚为恼火。后来除了编辑《评论报》,那一年他决心不写其他文章。为了避免敌人的恶毒阴谋和攻击,他干脆搬到哈利法克斯(Halifax)隐居起来。据说在哈利法克斯期间,笛福开始创作《鲁滨孙飘流记》,同年12月份又发表了几篇攻击詹姆斯二世党人的文章。

笛福回到伦敦后居住在伦敦市中心坦普尔区(Temple),时间大概是从1713年1月到5月。在此期间,安妮女王病重,大家都害怕斯图亚特王朝复辟。这时,笛福在2月、3月和4月,连续发表了3本小册子谈及王位继承问题。文章攻击詹姆斯二世党人、支持信仰新教的汉诺威王室继承王位。这3篇文章也是传记作家托马斯·赖特认为值得一读的文章,分别为:《反对汉诺威王室继位的理由》(Reasons Against the Succession of the House of Hanover)、《假若老僭君回来怎么办?》(And What if the Pretender should come?)和《假若安妮女王殡天怎么办?》(An Answer to a Question that No Body Thinks of, viz. what if the Queen should die?)。由于笛福用了《惩治不从国教者的捷径》同样的反讽手法,正好给笛福的敌人辉格党的党魁以借口,对他提出了起诉;理由是笛福支持保皇党,反对汉诺威王室继位。结果,笛福在4月11日被捕。13日经最高法院王座法庭(the Court of King's Bench)庭长帕克(Parker, 1666—1732, as Lord Chief Justice, 1710—1718)审讯,在交了800英镑的保释金后于14日释放。这次笛福在新门监狱只呆了4天。这时,一位心怀恶意的作家发表了一本小册子,题为

《终于发现并抓到了犹大》。文章攻击笛福是"一条变色龙","像一只被追踪的兔子东躲西藏"。"一个彻头彻尾的伪君子,今天是高教派教徒,明天是显赫的辉格党人;他的同一张嘴,一会儿说白,一会儿说黑。"笛福当然不会放过机会,立即在《评论报》上撰文反击。但他犯了一个致命的错误,在文章中提到了最高法院王座法庭庭长帕克的审讯。这是非常不明智之举。所以,当4月22日正式开庭时,帕克让人把《评论报》带上法庭,指出文章是"对他的谩骂和诽谤,也是对英国法律的诬蔑"。其他法官也一致同意这一说辞。审判结果是笛福被关入王座法庭监狱。这一幕颇有讽刺意味。笛福,一位坚决支持汉诺威王室继位、反对老僭君复辟的坚强勇士,却以支持保皇党复辟的罪名被判入狱。在狱中,笛福写信给哈利求助。由于哈利的斡旋,笛福再次交上保释金后于5月2日获释。这次笛福在监狱中只呆了10天。但盖着御玺的正式赦免书到11月29日才发出。经历如此多的波折,笛福的身体大不如前了。尽管如此,笛福还是不断有文章问世。

笛福这次从狱中出来后,确实如他敌人在文章中所描述的"东躲西藏"。很长时间里,人们找不到他的影踪。他有时出现在哈克尼,有时现身在纽因顿,有时又出现在坦普尔。而他经常隐居的地方是孀居的姐姐伊丽莎白家。至于她家在何处,也不得其详,只知道在伦敦的某个地方。

1713年6月11日,《评论报》寿终正寝,因为笛福一直在托利和辉格两党之间"游走",这份杂志已经失去了应有的作用。《评论报》后期的文章,不再过多地评论法国的时政问题,而是集中在有关英国的贸易和政治问题上。笛福的名言是:"英国尽管很糟糕,却是一个正在改革中的国家。"单凭一己之力,坚持办刊9年,其间还写了许多其他文章和从事许多其他重要的政治活动,仅此我们不得不钦佩和惊叹笛福的精力和努力。正如赖特在他的《丹尼尔·笛福传》中所说的,"那是个巨人辈出的时代"。

1713年,乌特勒支和约(Treaty of Utrecht)签订。笛福为了和平的目的,曾为几届内阁效力过。但当时签订的条约中的许多条款,笛福是不满意的。因此,他也不满任何党派,不管是辉格党,还是托利党。两党都是耍尽阴谋诡计、朝三暮四、文过饰非。笛福认为,两党就像两条毒蛇相互纠缠在一起。如果说托利党一心想迫害非国教徒,并欢迎老僭君归来,那么辉格党只是默许托利党的作为,并迫害老僭君的敌人。这时的笛福,不再支持任何政党,也不再属于任何政党,他只坚持原则!

笛福一直想办一个专门有关贸易的刊物。现在,乌特勒支和约已经签订,结束了与法国的西班牙王位继承战争,确立了欧洲各国的主权和大国势力平衡的欧洲体制,正是进行国际贸易的好时机。同时《评论报》已停刊,因此,笛福与其他人合作,创办了一份每周三期的商业报纸《收购人,恢复贸易》(Mercator, or Commerce Retrieved, 1713—1714)。笛福本人否认自己是这份报纸的主管或编辑。但传记作家明托说:

> 该报的每一期都可以看出笛福撰写的文章或他办报的指导思想。《收购人》在政见、主要倾向和文风等方面与《评论报》毫无二致,只是对辉格党反对贸易条约的攻击更为锋芒毕露。

高教派促使托利党掌控的下议院通过反分裂法案,目的是迫害非国教徒。尽管哈利竭力阻止或削弱法案的条款力度,但法案还是在上议院获得通过,并由安妮女王签署施行。在托利党极端分子为法案活动的过程中,托利党政治家亨利·圣约翰、博林布罗克子爵一世①和高教派的人获得了提升,罗伯特·哈利被免职(1714年6月27日)。其实,安妮女王只是托利党极端分子和高教派掌控的工具。一时罗马天主教复辟的危险又一次迫在眉睫,非国教徒又要遭殃了。

但事情突然发生了转机。1714年8月安妮女王殡天后,汉诺威王室的乔治一世继位。这对托利党及高教派是一个致命的打击,反分裂法案无疾而终,辉格党人重新得势。

安妮女王殡天前几天,笛福的《收购人》停刊了,但他立即开始为《飞行邮报》(Flying Post, 1695—1731)撰稿。该报的前主编是乔治·里德帕思(George Ridpath, 1695—1731),印刷商是威廉·赫特(William Hurt)。

1714年10月底,笛福出版了一本小册子,题为《对名誉和公正的呼吁》(An Appeal to Honour and Justice),诉述了他在政治事件中的行

---

① 博林布罗克(Henry St John, 1st Viscount Bolingbroke,1678—1751),托利党中的詹姆斯二世党人贵族,英国政治家。

为,并说,他自知身体日衰,死之前有些事情要向世人说说清楚。然后,他阐述了他一生在政治生活中所坚持的原则。他对自己健康的预感并没有错,12月中旬,他中风了,后来的6个星期,他挣扎在死亡线上。因此,《对名誉与公正的呼吁》直到1715年2月才问世。托马斯·赖特认为,这次大病是笛福一生的转折点。他说,当笛福无助地躺在病床上时,一定会回顾自己的一生,检讨自己在钱财问题上的轻率行为导致家人蒙受的苦难。所以,赖特认为,这次大病对笛福的性格变化起到一定的影响,病后的笛福确实像换了一个人似的。

在笛福重病期间,一位贵格会①教徒探视了他;这位教徒的善意给笛福留下了深刻的印象。因此,在小说《摩尔·弗兰德斯》中,当摩尔在北美殖民地马里兰时,一位诚实的贵格会教徒帮助了她。在《罗克珊娜》中,有一位善良的贵格会女教徒的形象,而在《辛格顿船长》中,也可以看到许多贵格会教徒的身影。

1715年8月,笛福又因发表文章得罪权贵被起诉并审判定罪。但判决似乎明显推迟了,终被压了下来。因此同年9月,笛福在许多报刊上发表了更多的政治评论文章,涉及的题材也十分广泛。他公开为托利党服务,但私底下又为辉格党撰稿。

在1704年至1714年之间,笛福为历届政府写文章,人们称他为"一个彻头彻尾的伪君子。他今天是高教派的人,明天是地位显赫的辉格党人"。因此乔治一世继位后,笛福又竭力与辉格党讲和。

1715年7月12日,哈利被起诉,并被关进伦敦塔达两年之久。后来根据哈利自己的请求,于1717年6月24日开庭审判。此后不久,笛福开始为过激的托利党报纸——米斯特(Nathaniel Mist,1695—1737)主办的《米斯特周报》(*Mist's Weekly Journal*,1716—1737)撰稿,同时背地里又为辉格党支持的《政治信使》报(*Mercurius Politicus*,1716—1720)写文章。直到1724年,米斯特发现了笛福的政治欺诈行径,两人打了一架,虽然双方都未伤得很严重,但合作毫无疑问终止了。

---

① 贵格会,又译"公谊会",17世纪中叶由G.福克斯等人创立的一个基督教派,正式建立于1667年,其成员一般称为贵格会教徒。据传该会创始人福克斯劝戒会徒祷念"主"时须作颤状,故名。因受到迫害,宾威廉遂于1682年在宾夕法尼亚建立一个贵格会殖民地。贵格会信仰"内心之光",活着即与圣灵接触等,这是该会教徒聚会祈祷的基础。因此,贵格会会员相聚时一言不发,直到受到圣灵的感动才说话。他们崇尚万事简朴。他们还是积极的改革者,倡导宽容、正义与和平。现代大多数的贵格会聚会,都有安排好节目的礼拜程序。然而静默(没有节目)的聚会仍然在英国和美国一些地方流行。

不少史学家认为,在笛福被哈利雇用之前,不管道德品质如何,他还是有原则立场的。人们普遍的看法是:"笛福自称是不从国教者,但其道德品质不敢让人恭维。"

不少传记作家对笛福的人品颇有微词。一位有影响的笛福传记作家威廉·明托说:"(笛福)……一个名副其实的大谎言家,也许是有史以来最大的谎言家。"明托的意思是,笛福一贯言行不一,我们很难从笛福的文章和作品中窥见他的真实思想和内心世界。另外,他文章中的观点也经常前后矛盾,例如,他对自由贸易、殖民主义、奴隶制、土著,对穷人、妇女、奢侈生活,对南海贸易计划和不从国教者等问题的看法。尤其是不少人也认为,他不仅做生意投机,政治上也是个投机分子。诺丁汉伯爵追捕他时,他写信求饶;在罗伯特·哈利干预之下他被释放后,1716—1718年,他一面为托利党办的报纸撰稿,一面暗中为辉格党的报纸写文章;威廉在位期间,他效忠辉格党;安妮女王在位期间,他又为托利党效力;到汉诺威王朝时,又转而为辉格党服务。这是笛福扮演"一仆两主"这一角色所付出的代价,也是遭到他的政敌攻击和后人诟病的主要原因。

托马斯·赖特认为:"笛福既不属于非国教派,也不属于国教派;既不属于托利党,也不属于辉格党。他属于英国。"而约翰·罗伯特·穆尔则称他为"世界公民"。也就是说,如果对笛福著作进行客观分析,着重其客观影响和效果,我们认为,笛福能放眼世界,为英国国家利益、民族利益服务。这就是为什么笛福有那么强的独立性,发表的许多文章常常会"两头不讨好"——既得罪了托利党,又得罪了辉格党,尽管他自认为属于辉格党。同时他既得罪了自己的教友不从国教者,又得罪了国教徒;没有一个不从国教者像笛福那样赞美过英国国教,尽管他自己是一位坚定的长老会教徒。

按照笛福自己的说法,他表面为托利党服务,是试图削弱托利党报纸攻击辉格党政府的锋芒。① 从另一方面看,笛福也许"身在曹营心在汉"。他虽然不得不为托利党报纸撰稿,但他还是忍不住要发表自己独立的政治见解,因此暗中继续为辉格党写文章。此外,我们应该看到,一方面,笛福的性格是十分复杂的;另一方面,他也可能为生活所迫。他最后转而写小说,也主要是出于经济的原因,而且,所得

---

① 见1718年笛福给辉格党议会副秘书长查尔斯·德拉费伊(Charles Delafaye, 1677—1762)的信。

稿费也确实为他还清了一大部分债务。但不管怎么说,他的不少文章在客观上也确实宣泄了对统治阶层的不满,因而受到大众的欢迎;他本人也能获得大众的同情,不管笛福写这些文章的动机是个人的怨愤,还是真的要"为民请命",其对社会舆论的影响是正面的,起到了一定的引导大众舆论的作用。

笛福一生树敌甚多,他经常被其他文人和政论作家贬低、讽刺和谩骂。有些文章确实不是他写的,但他的政敌会把这些他们认为可以抓住什么把柄的文章,栽赃于笛福而加以攻击。其中除了政治立场和观点不同外,有些文人对笛福名声的妒忌也是一个原因。笛福的那些政论文和讽刺诗深受大众欢迎和喜爱,传播颇广,许多小册子一版再版,是其他政论小册子作者望尘莫及的。另一方面,笛福爱出名的虚荣心,也招致其他文人的非议。赖特在《丹尼尔·笛福传》中说,笛福是善于夸张的艺术大师,不逊于同时代的任何作家。他用给自己写信的形式,说自己的报纸是所有报刊中最通晓事理、最有判断力的报纸。他自称是"著名的笛福";他匿名出版著作,却用笛福的名义为自己的书写序言,把自己的著作吹捧到天上。为了达到自己特定的目的,他可以改正自己著作中的"错误",或者引用自己的著作,甚至故意诋毁自己的作品。他抓住一切机会告诉人们,他笛福是个重要的人物,他从不忘记提醒读者,他笛福就是《真正的英国人》这篇讽刺长诗的作者。如果公众忘记他与威廉三世的亲密关系和他受到过安妮女王的嘉奖,那不是他的错,而是大众的健忘。

六

最后岁月

1729 年 9 月,笛福的《英国绅士大全》(*The Compleat English Gentleman*)脱稿,但此书直到笛福死后 160 年的 1890 年才出版。与此同时完成的手稿是《论皇家教育》(*On Royal Education*),于 1895 年才正式出版。

1730 年 8 月 12 日,笛福为了避免政敌阴谋敲诈他,办理了法律手续,把财产留给他的儿子丹尼尔(Daniel),以便由儿子分给笛福夫人和两个未婚的女儿汉娜(Hannah)和亨丽埃塔(Henrietta),然后为了躲债又隐居了起来。

但令笛福伤心和苦恼的是,儿子丹尼尔私吞了笛福作为遗产传给他的财产。因此,他写信给女婿贝克,谈了他们母女的痛苦日子,希望贝克能帮助他们,敦促丹尼尔尽孝。这是笛福写的最后一封信,8 个月之后,笛福就去世了。

这件事也使笛福身心交瘁。后来他又回到了伦敦莫尔菲尔兹地区(Moorfields)制绳商巷(Ropemaker's Alley)的寓所里。那地区在当时还是一个不错的住宅区,四周都是花园。

在过世前,笛福最后出版了一本小册子《立即防止街头抢劫的有效计划》(*An Effectual Scheme for the Immediate Preventing of street Robberies*, 1731)。

1731年4月24日,笛福在制绳商巷的寓所逝世了,享年71岁。①他临终的情况,没有任何记载。据说是死于嗜眠症(可能是现在称之为"中风"的病)。但有一点是肯定的,临终前没有一个亲人在身旁,就这样在冷冷清清、孤苦伶仃、穷困潦倒中,笛福结束了他轰轰烈烈而又多姿多彩、勤奋努力而又多灾多难、贫富起落而又历尽艰险的一生。他给自己留下了无限遗憾,但给人类留下了宝贵的文化遗产!

在克里普尔盖特区圣吉斯教堂的记录里,是这样写的:

丹尼尔·笛福,绅士,死于嗜眠症,4月26日安葬于廷德尔公墓。

这还是令人欣慰的,因为笛福一直认为自己是"绅士",也一直想挤入"绅士"阶层。

当时的报纸有一些关于这位伟人逝世的报道。《绅士杂志》(*Gentleman's Magazine*)1731年4月号在《讣闻》一栏下作了如下报道:

老丹尼尔·笛福先生,以著述丰富闻名。

《格鲁布街新闻》(*Grub-Street Journal*)4月29日第69期的报道中说笛福是"一位伟大的作家"。一位D.J.先生在4月28日星期三写的消息中,对笛福作了较好的评价,称他为"天才"和"公民自由和宗教自由的捍卫者"。

《每日新闻》(*Daily Journal*)报道说:

几天前,老丹尼尔·笛福先生逝世了。他以大量的各种著作闻名于世。

1737年出版商里文敦先生(Mr. Charles Rivington,1688—1742)在出版《英国商业计划》第三版时,把笛福称之为"天才作家丹尼

---

① 由于笛福出生的年份是1660年还是1661年有不同的估计,因而对他逝世时有71岁和70岁的不同计算。同理,《鲁滨孙飘流记》于1719年出版,因此,有说是他59岁时出版的。

尔·笛福"。

　　他去世的地点离他诞生的地方不远。人们把他的遗体从制绳商巷的寓所抬到廷德尔公墓(Tindall's burying-ground)安葬。此公墓后来称作邦希尔公墓(Bunhill Fields)。在这位大文豪的墓穴前，竖着一块很不起眼的石碑，上面镌刻着：

<blockquote>
丹尼尔·笛福
《鲁滨孙飘流记》的作者
于1731年4月24日逝世
享年70岁
</blockquote>

　　这块墓碑已经不见了，1870年竖起了一块颇为显眼的纪念碑。这是一块高高的鲜蓝色方尖碑，由两块巨大的大理石建成。纪念碑底座高8英尺4英寸，整个方尖碑高达17英尺。尖碑上的铭文是：

<blockquote>
丹尼尔·笛福
生于1661年
逝于1731年
《鲁滨孙飘流记》作者
</blockquote>

　　底座上面的铭文是：

<blockquote>
英格兰青少年儿童
响应《基督教世界报》的呼吁
为
丹尼尔·笛福
墓地
建立一座纪念碑捐款
英格兰17 000人参加捐款
于1870年9月建成此纪念碑。
</blockquote>

　　1732年12月，在笛福逝世后一年多，笛福夫人去世。她被安葬在笛福墓旁。

笛福藏书

人们对天才和伟人的藏书都很感兴趣,而笛福广博的知识往往令人感叹!他一生中究竟读了多少书?因此,专家们一直关注笛福藏书目录的下落。

大约笛福死后6个月,他的大部分藏书被卖给了一个叫奥利弗·佩恩(Oliver Payne)的书商。他编纂了一个笛福藏书的目录,并与博学的牧师菲利普斯·法尔韦尔(Philips Farewell)的藏书目录一起刊登在1731年11月15日的《每日广告报》(Daily Advertiser)上。广告称"最近过世的、天才的丹尼尔·笛福绅士",其藏书"非同寻常,包括各国历史和许多古籍,尤其是英格兰、苏格兰和爱尔兰历史的藏书"。广告还进一步描述说:"尤其值得注意的是,藏书中包括不少手稿,大量的有关议会文件,包括政治、畜牧、贸易、航海、自然史和矿产等资料,多达数千册,其中一些是珍稀古本;此外,还有期刊和一些稀有的纪念章等。"收藏图书保管良好,大部分装帧考究、烫金,并标上分类字母。每本书标明最低价。从11月15日开始出售,售完为止。在8家书店可免费索取书目。1895年1月1日,在《图书馆》杂志(Athenaeum)第3527期上,乔治·A.艾特肯宣布在大英博物馆里发现了奥利弗·佩恩刊登在1731年11月15日的《每日广告报》上的广告,终于让这份大家期盼已久的宝贵的笛福藏书目录公之于众了。但这份目录编制较为粗糙,且与菲利普斯·法尔韦尔牧师的藏书目录混在了一起。1970年经德国学者黑尔穆·海德里希(Helmu Heidenreich)编辑并在柏林出版后,笛福的这份藏书目录才具参考价值。海德里希还为此目录专门写了一个"引言"。

七
著作等身

郭建中讲
笛 福

现在，笛福被誉为"小说之父"、"现代经济学思想的先驱"、"英国第一位新闻记者"、"英国报刊之父"和"教育评论家"等，这是因为他给我们留下了数量庞大、影响深远的著作。笛福传记的作者之一约翰·里奇蒂在他的《丹尼尔·笛福传》中称他为"一架名副其实的写作机器"。直到今天，文艺评论家、历史学家、经济学家、教育家等各领域的专家，还不忘引用他的观点和言论。但遗憾的是，笛福并不是一个纯粹的学者，他没有把对某一问题的看法系统地集中起来写一篇专题论文或一部专著，而是把他的各种主张发表在各种政论小册子、经济和教育论文、政治讽刺诗乃至小说中，因此，要系统地一一归类，总结他各方面的思想，是有一定困难的。但他的观点和主张基本上是一以贯之的，比如他对贸易、殖民主义、社会改革乃至妇女和妇女教育等问题的主张可以看出，他是一位站在时代前列的进步作家。因为他接受了时代的先进学说，包括培根新科学和洛克的思想。需要指出的是，这些非小说著作和文章，尤其是小说出版前后发表的大量有关贸易的著作，是理解笛福小说的关键和基础，能使我们更好地理解克鲁索、摩尔和罗克珊娜的人生观和世界观。

笛福在经商期间，对政治时局就很感兴趣，并一边经商，一边写文章和出版政论小册子。前面我们提到，早在1683年，还在查理二世统治期间，他就出版了第一本政论小册子，但文章已无法找到。

笛福很早就开始写政论小册子,由于他的文章往往与当局唱反调,因此他意识到发表这类文章的风险,甚至有生命危险,所以往往匿名或用假名发表,从而使他的有些文章难以确认。破产后,他更是把主要兴趣完全转向了社会、政治、议会、宗教、经济和教育等问题,并把大部分精力放在写政论小册子上。他已不怎么关注自己在埃克塞斯郡蒂尔伯里的砖瓦厂;政府中担任的低微职务,也都是临时性的,他兴趣也不大,因而也不太尽职。他的文章涉及面之广,数量之多,在英国学术史上是空前的。笛福能在那么多不同的领域,产生那么深远的影响,很少作家能望其项背,确实令人惊叹!

如果把中国成语"著作等身"放在笛福身上,则绝对是名副其实的。当代笛福研究的著名专家欧文斯和弗班任总编,经过认真考证,编辑了《笛福作品集》,共分六大类50卷,全部集子于2000年至2011年的11年间陆续出版。如果再加上约翰·麦克维主编的笛福《评论报文章全集》9卷,则多达59卷。在此之前的1809年至1928年,就有七八种笛福作品选问世,集子少至3卷,多至16卷不等。笛福的作品包括:1)诗歌:无数的长篇讽刺诗,题材涉及伦敦政治、当代诗歌、英国人的性格、高教会派、对威廉国王的颂扬、礼仪改革、"神权"说的荒诞和苏格兰问题;2)政论小册子:一系列大量的政论文章,内容涉及"不从国教者"、战争、国际关系、宪法理论、詹姆斯二世党人的复辟威胁、穷人的就业、与苏格兰的联合、财政金融、债务与破产、对非洲和南海贸易、王位继承、罗伯特·哈利的下台、辉格党的分裂、关于神权的争论、法国和英国的金融"泡沫",等等;3)历史:英格兰与苏格兰联合的历史巨著和苏格兰教会的长篇历史著作;4)长篇论著:内容包括各种"发展计划"、贸易、发现、社会改革、历史写作、仆人、街头犯罪、魔术、超自然特异现象、魔鬼、性行为、商人和英国绅士等;5)幻想和虚拟传记:包括月球幻想、对第二视觉和预言的嘲讽、杜撰的法国间谍回忆录和虚构的土耳其间谍的信札;6)宗教与家庭教育:内容涉及儿童阅读和宗教与婚姻等;7)报刊文章:包括长达9年涉及各种问题的《评论报》文章和其他6种短期期刊文章,内容涉及经济、政治、贸易、南海泡沫、道德和礼仪等;8)10部长篇小说。

即使是非常简要地述评一下笛福以上八大类的著作,也是有困难的,更何况我们篇幅有限。笛福非小说类的文章,影响最大的是两类:一是政治讽刺诗和政论文,二是经济和贸易类文章。这两方面的文章也代表了笛福的政治思想和经济观点,我们下面选择这两方面一些重要的代表作,作简要介绍和评价,以一斑而窥全豹的方法,分析一下笛福丰富、复杂,有时甚至矛盾、多变的思想,追溯他思想发展的轨迹。由于笛福大部分的政治讽刺诗和政论小册子是针对英国那个时代的时政评论,文章中所涉及的人与事现代的读者当然不熟悉,也不感兴趣。所以,我们把介绍重点放在笛福文章的风格和语言艺术上。

我们介绍笛福著作的重中之重是笛福的长篇小说,所以另列一章。我们力图分析笛福长篇小说创作的艺术成就,着力论证和阐述笛福之所以被誉为"长篇小说之父"的文化历史背景及其小说的艺术特色。

1. 讽刺诗与政论文

今天我们大都知道笛福是一位小说家,很少提到他还是一位诗人和政论文作家。事实是,他似乎在1684年结婚那年开始,就涉及政治。他前40年的主要精力花在政治讽刺诗和政论小册子的写作上。因此,在他的时代,笛福更以一位政治讽刺诗作家和政论文小册子作者著称。仅就政论文的数量而言,如果包括笛福自己主编的《评论报》文章,可以达到上千万字。而就讽刺诗的数量而言,他发表的诗歌超过弥尔顿和德来顿。《雅典信使》(The Athenian Mercury)的主编约翰·邓顿(John Dunton)说:"笛福一天出版一首诗,这样的速度我们只能想象,他梦里也在做诗。"[1]笛福的时代,讽刺诗盛行。笛福的诗讽刺人物辛辣生动,针砭腐败、虚伪的时弊毫不留情。他十分看重诗歌这一文学样式,把它作为政治辩论的一种重要写作形式。

汉斯—迪特里希·库库克(Hans-Dietrich Kuckuk)在1962年对笛福的政治思想进行研究时,称笛福是"一位伟大的政治家"。这对今天的读者来说,似乎难以接受。但这与18世纪和19世纪许多评论家的观点是一致的。自从1731年笛福逝世之后,几乎所有的评论家都不约而同地研究笛福的政治观点。笛福独特、先进的政治思想的基础,是对英国人民、宪政制度和法律的广泛了解和深入研究。英国小

---

[1] Thomas Wright, *The Life of Daniel Defoe*, CASSELL AND COMPANY, Limited LONDON, PARIS & MELBOURNE,1894.

说家托拜厄斯·乔治·斯摩莱特（Tobias George Smollett, 1721—1771）认为笛福是"他那个时代最出色的政治作家"。一个世纪之后的 1869 年，苏格兰地理学家、《麦克米伦政治家年鉴》（The Statesman's Yearbook）编辑约翰·司各特·凯尔蒂爵士（Sir John Scott Keltie, 1840—1927）说笛福是"弥尔顿在政治上的后继者……他（笛福）意识到，国家的安全，既要靠剑，也要靠笔。他所能用的武器，比国王和议院所用的武器能产生更为长久的效果。他长期坚持使用他的武器，获得了巨大的成功，无人能与他相比"。

笛福的政论文颇有"指点江山，激扬文字"的气概，讽刺、嘲弄、幽默，或直率攻击，或曲折迂回，嬉笑怒骂，皆成文章。

笛福的政论小册子具有重大的影响，即使今天来看，也不仅有其历史价值，而且还有一定的现实意义。今天的政治、经济、社会历史学家和文学家还经常引用他著作中的观点。笛福的文章涉及面广，从多方面体现了笛福的政治意识、宗教思想和经济观点。

托马斯·赖特认为，笛福最重要的政论小册子包括关于英国应该建立常备军的两篇文章、1702 年《惩治不从国教者的捷径》和三篇支持汉诺威王室继承英国王位的论文。他认为笛福最佳的政治讽刺诗是《真正的英国人》（The True-born Englishman, 1701），而我们认为还应该加上《枷刑颂》（A Hymn to the Pillory, 1703）。

颂扬威廉三世　支持对法战争

笛福拥护威廉三世，支持对法战争。首先是因为他一直把新教利益放在第一位，同时也出于对英国利益的现实考虑，对发展英国对外贸易的急切愿望，以及主张欧洲大国权力平衡，及其自由主义的思想——政治上反对君主独裁、力主权力归于人民、支持个人自由、自由贸易和适度的政治和社会改革等。这些都是解读笛福政治讽刺诗和政论文的出发点和归结点。

《关于最近一次大革命的一些思考》（Reflections upon the late great revolution written by a lay-hand in the country for the satisfaction of some Neighbours. 1689）

"光荣革命"胜利后，英国人在君主制问题上陷入了极大的矛盾。詹姆斯二世尽管被赶出了英国，但他是王位合法的继承君主。由于威廉国王的荷兰血统，许多英国人对他还是有偏见的，认为他是非正统英国王室出身。但笛福力挺威廉。1689年,他发表了《关于最近一次大革命的一些思考》。在文章中他依据英国法律,竭力为现政府辩护,并论证替代詹姆斯二世的合法性。他主张在国王、上议院和下议院之间要保持权力的平衡和制衡。笛福在文章中说,英国不是一个"绝对的君主制"国家,国王如果违反法律或对人民的福祉有威胁,他就违反了自己与选择他的人民签订的"原合同",因为人民的安全是"最高法律",因此詹姆斯二世只能放弃统治权。笛福的思想非常清楚,君主与臣民之间的关系是世俗的,而不是"神授"的。国王签订"合同",作为主要的执政者;只要国王及其继位者遵守"原合同",他及其家族就可继续在位。但国王的权力来自被统治者。因此,"人民的权力不仅先于国王权力,而且,国王的权威首先来自人民"。笛福的这一"合同"理论,深受洛克和莫顿的影响。当然,笛福拥护威廉,还不仅因为威廉是个新教徒,而且他的思想观点也与笛福相近。例如,威廉主张宗教容忍、英格兰与苏格兰合并、扩大英国贸易等。

《一个老阴谋的新发现》(*A New Discovery of an Old Intrigue*,1691)

"光荣革命"完成三年之后,即1691年初,笛福发表了一首关于城市政治的讽刺诗,长达666行,题为"一个老阴谋的新发现"。这是笛福第一次尝试写讽刺诗,也是笛福发表的第一首长诗,诗歌讽刺的是1682年至1691年伦敦政治生活中一些无足轻重的小事。因为是诗,所以,更重要的是表达作者的感情,而不是叙述事实。其主题是威廉三世登基后,自由逐渐恢复了。诗歌叙述的主要是17世纪80年代查理二世和詹姆斯二世两位暴君践踏了伦敦市的宪章,并压制了自由的声音,连威廉·罗素勋爵①和亨利·科尼什②都只能沉默。诗中首先谈到117位市议员向议会提交请愿书,但被拒绝了,直到威廉三世从爱尔兰回来,市议会权利才得以恢复。但笛福在诗中暗示,请愿者不是托利党人,就是詹姆斯二世党人。诗中讲到的另一件事是1690年12月31日,逮捕了两个詹姆斯二世党人普雷斯敦勋爵(Lord

---

① 威廉·罗素勋爵(Lord William Russell,1767—1840),贵族出身,辉格党人,长期担任议会议员,1840年被贴身男仆刺杀。

② 亨利·科尼什(Henry Cornish,? —1685),伦敦富商,市议员,坚定的辉格党人,长老会成员,曾被选为伦敦治安官。詹姆斯二世试图用自己选定的人担任治安官未果,后来被人诬告阴谋而被处死。

Preston)理查德·格雷厄姆①和约翰·阿什顿②,因为他们阴谋叛乱,企图复辟王朝,次年1月份就被判刑。看来,这个新闻事件笛福是在最后一分钟加进诗里的。该诗的一个主题是攻击詹姆斯二世党人及其复辟企图,并竭力为自由选举改革呼吁,极富表现力和感染力。这一主题在他后来的文章中有更充分的表现。诗中另一个主题是对国王威廉三世大加褒扬,这也是他后来许多文章中的主题之一。他把威廉称作"伟大的拿骚"③,比作罗马神话中的主神朱庇特(Jupiter),即希腊神话中的宙斯(Zeus),原为主管雷霆和闪电的天神,说威廉国王像朱庇特一样,有雷霆和闪电武装,能把阴谋者扔进地狱,就像宙斯把(希腊神话中)曾统治世界的古老的神族泰坦(Titans)推翻一样。诗中说:

> 伟大的拿骚从他那被忌妒的王位上向下俯视,
> 皱起眉头看着他们东奔西跑地策划阴谋诡计;
> 他用鄙视的眼光注视他们的愤怒和无能为力,
> 只能问他们是否他白白拯救了他们这些小人。

《英国人的选择和真正的利益》(*The Englishman's Choice and True Interest*,1694)

威廉在位初期,进行了长达9年的对法战争。战争刚开始不久,笛福即发表《英国人的选择和真正的利益》。在文章中,他把威廉比作当代的瑞典国王古斯塔夫斯·阿道夫④,称威廉是反抗法王路易十四和罗马天主教的新教徒英雄。他提议,应该让新教徒参军,并攻击对威廉反对路易十四的事业不热情的人是叛徒。笛福以英国自由的名义,号召大家参与反对法国和罗马的战争。

---

① 理查德·格雷厄姆(Richard Graham,1648—1695),英国政治家和外交家,后参与詹姆斯二世党人叛乱,被捕后揭发同党,名声扫地。

② 约翰·阿什顿(John Ashton,?—1691),詹姆斯二世党人,斯图亚特王朝的坚定支持者,参与叛乱阴谋,被判绞刑。

③ 拿骚(Nassau):德国西部一前公爵领地,以小城拿骚为中心,奥兰治家族的一支从此地兴起,相当于现在的黑森州和莱茵兰帕拉蒂纳特州部分地区。

④ 古斯塔夫斯·阿道夫(Gustavus Adolphus,1594—1632,瑞典国王[1611—1632]),领导瑞典不断取得战争胜利,从而使瑞典成为欧洲强国,1630年作为新教一方的支持者出兵参加三十年战争;在国内实施的各项改革为瑞典成为现代国家奠定了基础。

权力来自人民

笛福关于"权力来自人民"的思想,深受洛克两篇《政府论》经典论著和他的老师莫顿博士的影响。他认为,国王、议会和人民之间的关系是:人民选举议员,组成议院;议院代表人民选择国王执政。国王不是上帝在人间的代表,也不应世袭,坚决反对"神权"说。国王及其王室如能体现人民的意志治理国家,他和王室就可继续执政;如果违反人民的意志,就没有权力继续执政,人民可以罢黜他;如果可能,当然用和平的手段,但也不排除请外力帮助。因此,国王的权力,归根到底来自人民。同样,议员是人民选举的,应代表人民,为人民办事。人民是议员的主人。如果他们不能代表人民的意志,人民有权罢免他们。

笛福的这些思想,在为威廉国王对法战争的辩护中,发挥得淋漓尽致。但笛福所说的"人民",不是英国全体人民,而是指"对土地或财产有终身保有权的人"。因为这部分人才有选举权。因此,他在《大众的请愿》(Legion's Memorial to the House of Commons,1701)中说,他代表20万人民。因为根据当时的人口统计,"对土地或财产有终身保有权"的人大致是这个数。这种思想,也是英国建立君主立宪制度的理论基础。在封建社会向资本主义制度过渡的过程中,代表新兴资产阶级的思想家和哲学家,其中应该包括笛福。他们为资产阶级向封建贵族的夺权、最后与封建贵族妥协提供了有力的思想武器。英国之所以至今还保留王室,与这一传统有密切的关系。以下笛福关于英国应该不应该建立常备军辩论的几篇文章,其理论基础就是"权力来自人民"的思想。

《关于最近出版的一本题为"建立常备军与自由政府相矛盾,并彻底破坏了英国君主制宪法"的政论小册子的一些思考》(Some Reflections on a Pamphlet lately published, entitled, An Argument showing that a Standing Army is inconsistent with a Free Government,1697)

《经议会批准建立的常备军与自由政府并不矛盾》(An Argument showing that a Standing Arm... is not inconsistent with a Free Government,1698)

《简答〈常备军在英国的历史〉一文》(A Brief Reply to the History of

Standing Armies，1698）

1697年，英法签订里斯维克和约①，结束了法国与英国、西班牙、神圣罗马帝国和荷兰等国结成的大同盟之间的9年战争。正当威廉班师回朝，下议院即就国王在和平时期应拥有的军队数量问题展开了辩论，并宣布大幅度裁军，解散所有1680年9月之后征召的陆军，只保留大约1万名士兵。这令威廉十分懊恼。全国上下也立即卷入了关于建立常备军的争论，笛福称之为"笔墨战争"。威廉的敌人急于解散常备军，辉格党的两位辩论家约翰·特伦查德②和沃尔特·莫伊尔③出版了一本《论常备军与自由政府矛盾的理由》的政论小册子，说国王手中有常备军就会实行独裁统治，对自由政府是一大威胁；国家只需民兵，就可保证国民自由与和平，对外也足以抵御入侵。笛福立即加入争论，连续写了三篇文章，支持国王威廉建立常备军的主张。第一篇就是《关于最近出版的一本题为〈建立常备军与自由政府相矛盾，并彻底破坏了英国君主制宪法〉的政论小册子的一些思考》（1697）。这篇政论文正面回答了特伦查德等人的文章。

笛福这篇论文的逻辑是：争论的症结不是维持常备军的权力问题，而是为了特定的目的在一定的时间内，议会应该及时同意建立常备军的问题。文章说，国王与议会之间已经达成了一致：国王不会利用军队侵犯人民的自由，人民也不会妨碍国王行使其特权。国王需要常备军，完全是为了人民的安全，除此之外，没有其他任何目的。而特伦查德和莫伊尔认为，国王似乎不能信任，这是对威廉国王公然的侮辱。

文章分三大部分：序言、正文和结论。文章一开始，笛福首先嘲讽了作者匿名发表此文和文章混乱的逻辑，讽刺文章的作者一定是保皇派。文章接着论证国王不必有常备军但照样能实行独裁统治，如亨利八世、查理一世和詹姆斯二世等。然后，笛福对作者在文章中提出的论点逐条加以反驳，并为威廉三世国王要求建立常备军的提议辩护。笛福以历史上和当代政治的实例论证，常备军不仅不会破

---

① 里斯维克和约（Treaty of Ryswick），因和约在荷兰 Ryswick（里斯维克）签订，故名。该地现称 Rijswi（赖斯韦克），在荷兰西部，是海牙的一个郊区城镇。

② 约翰·特伦查德（John Trenchard，1662—1723），英国政论文作家，政治上倾向于辉格党，反对高教会派——英国国教的一派。

③ 沃尔特·莫伊尔（Walter Moyle，1672—1721），英国政治家和政论文作家，一位坚定的辉格党人。

坏国民自由与和平的生活,还能有力地保卫国家的自由与和平,抵御外来的入侵。民兵只有在常备军作后盾的条件下,才能发挥作用,他们无法独立担当保卫国家和人民安全的职能。笛福提出,解决的办法是"折中":国王有责任进行战争,但人民掌握拨款的权力。然后,笛福说明需要常备军的理由:1)邻国(主要是指法国)有常备军;当今的战争与往日已不可同日而语。战争已成为科学,武器生产已成为一种产业。邻国有训练有素的正规军,我们岂可解散自己的正规军?2)只有海军而没有陆军也难以抵御外来入侵;训练有素的民兵与正规军何异?不一样对自由政府是一个威胁吗?没有训练有素的军队,岂能保卫国家和人民的自由与和平?3)没有根据说法国不会再与英国开战,更没有理由说詹姆斯国王不再企图回英国。再说,民兵如能抵御外来入侵,它还不能踩踏国民自由?笛福还谈到由于战争性质与以往不同,战争艺术已大大提高,因此,政府必须有军费开支维持一支正规军;再说,只有强大的军事力量,才能保证英国的自由、贸易和威望,防止保皇派复辟,并应对国家的突发事件。文章最后点出,小册子作者实际上是以"自由"的名义来攻击政府、攻击国王的。

为了领会笛福文章的逻辑力量,我们在下面摘引一小段:

> 如果民兵正规化,并训练有素,我们认为,他们与常备军一样能剥夺我们的自由;如果民兵不正规化或没有训练,他们就不能保卫我们。如果他们不能保卫我们,他们就毫无用处;如果他们有能力保卫我们,那他们与正规军同样危险。

这本小册子在1697当年就出版了两次。1697年12月,约翰·特伦查德和沃尔特·莫伊尔发表了他们论文的第二部分,同时,安德鲁·弗莱彻①发表了《关于民兵与常备军的辩论》。笛福为回答上面两篇文章,又写了第二篇文章《经议会批准建立的常备军与自由政府并不矛盾》(1698)。一般认为,这是笛福第一篇重要的政论文,也是笛福立场鲜明地效忠威廉三世的第一篇文章。文章虽然稍晚才出版,但被广泛传播和阅读,并对议会通过建立常备军的决议起到了

---

① 安德鲁·弗莱彻(Andrew Fletcher,1655—1716),苏格兰作家、政治家、军人和爱国者。他反对苏格兰与英格兰合并。

积极的影响。

文章开始指出,主张解散常备军的一方认为,如无仗可打,常备军对国民和政府是一大危险;而主张建立常备军的一方则低估了这种危险。故辩论双方都有走入极端的倾向。折中的办法是建立一支经议会同意的、规模适当的常备军,这支军队既能保卫国家和支援盟国,又不危及宪章。文章的部分论据是基于历史和英国制度的特点。笛福分析了英国常备军的过去和现状,论证了不能解散常备军的理由。同时,英国的君主立宪制度,规定议会拨款,国王才能维持一支常备军。文章的另一部分论据是基于外交政策。笛福认为,英国的安全要依靠与外国的联盟。要与外国结盟,就必须有常备军。在结论部分,笛福又以其娴熟的逻辑推理手段,证明了标题中提出的论点:"经议会批准建立的常备军与自由政府并不矛盾"。这段文字引用如下:

> 如果经议会同意,那就是一支合法的军队;如果是合法的军队,就不会与自由政府发生矛盾,因为根据政府法律做出的决定,就不可能与政府发生矛盾。如果在英国常备军是合法的,那么,我业已证明,常备军与自由政府不会发生矛盾。

明托认为,此文是奠定笛福文学名声的基石。他这样赞扬这篇论文:

> 笛福时年39岁,他颇受非议的才华正当发挥到极致,他对语言的运用已炉火纯青;他用词尖锐,说理有力,他此后的论文没有一篇能超过此文。这是建设性批评与谴责性批评相结合的典范。他充满信心,心平气和地参与争论,清晰地阐明常识,并对争论双方极端的论点均严词驳斥。他论证自己的论点直接有力。他针对的读者是像他自己一样的普通老百姓,文风生动活泼,通情达理的人不可能不为他的论点所折服。他以熟练灵巧的笔触,把对手的论点驳得体无完肤,让对手的论点显得平庸无趣、论证逻辑紊乱,并对他们文章中的一些段落极尽冷嘲热讽之能事。他附和读者普通的偏见,并把这些偏见作为他论文的主要论据。他对大众的疑虑大胆地付之一笑,尽管他们会因为有这样那样的疑虑而感到羞耻。在这篇文章中,他并没有刻意运用逻辑的技巧,而是与广大读

者一样,只是一个地产所有者,尽管他比任何其他作家都要自负。他既不诉诸感情,也不运用想象;他罗列的论据是人皆有之的自利原则和正确与合理的普通常识。他在展开自己的论点时,很少讲究方法,而是诉诸急切而精致的文风。他一开始就直言不讳地提出自己的论点,接着就以生动活泼的笔调,挑战对手的论点,并把他们驳得体无完肤,根本不让他们有还击的余地。①

笛福的文章有助于议会同意威廉建立常备军的要求,尽管军队人数没有国王所要求的那么多。此文让笛福名震政坛,并使他成为许多政客显贵的座上宾。

辩论在1698年继续。这一年11月,约翰·特伦查德和沃尔特·莫伊尔又发表了《常备军在英国的历史》一文。笛福马上写了第三篇文章回击,即《简答〈常备军在英国的历史〉一文》。这次笛福对上述两位作者有点人身攻击了,指责他们是共和派,不信上帝,对现实不满;他们攻击世上最好的国王是为了抬高自己,等等。

力主对法开战,再次为威廉辩护

《对两个重大问题的思考》(*The Two Great Questions Considered*, 1700)

《对两个重大问题的再思考》(*The Two Great Questions further considered*, 1700)

应该说,笛福也是一个强烈的民族主义者,或者说是爱国主义者。他反对法王路易十四,不仅仅因为路易十四是天主教徒,并庇护詹姆斯二世及其儿子(即"老僭君"),时刻企图支持和援助他们在英国复辟天主教统治,还因为英国与法国的殖民地利益之争。法国的强大和殖民地的扩大,直接威胁到英国的贸易与殖民地利益。笛福站在英国国家和民族的立场,一直力主对法战争。这一点与威廉国王的想法是一致的。因此,威廉对法战争的主张,笛福一直是无保留地支持的。他总是不失时机地加入辩论,并以他的"狂笔",或据理力争,或强力反击。

1700年11月1日,哈布斯堡家族西班牙分支的国王查理二世死

---

① William Minto: *Daniel Defoe*, New York, Harper & Brothers, Publisher, 1900.

后无嗣。按照亲属关系，王位既可由哈布斯堡王朝的人继承，也可以由波旁王朝的人继承（因查理二世属于哈布斯堡王朝旁系，但他又是路易十四的内弟）。由于法国积极的外交活动，查理二世立下遗嘱，要把王位传给路易十四的一个孙子安茹腓力普。路易十四为此兴高采烈。因为，当时的西班牙除其本土外，还有意大利的大部分、西属尼德兰（今比利时），以及遍布美洲、亚洲、非洲的辽阔殖民地。这就意味着，法国如得到西班牙王位继承权，就可以得到更多的殖民地利益。因此，英国、荷兰、奥地利以及德意志境内的普鲁士等国群起反对，他们结成同盟，决定对法作战。而法国的强大，一直是威廉国王的"肉中刺"。因此，宫廷里传出要与法国开战的圣谕。于是，从1701年起，西班牙王位继承战争爆发。战争开始之前，托利党控制的英国议会坚决反战，民众也厌战。舆论认为，一个外国血统的国王，又要把英国再一次拖入战争了。恰在此时，詹姆斯二世在法国去世，路易十四宣布承认他的儿子（即"老僭君"）为英王，这是对英国荣誉的极大挑战。因此尽管托利党不想打仗，也不得不支持国王向法国开战了。

在战与不战的争论中，笛福立即站在国王威廉三世一边，投入了一场对法是战是和的"笔墨战争"。他首先发表了《对两个重大问题的思考》（1700）和《对两个重大问题的再思考》（1700）等册子，力主对法战争对英国的必要性。这两个重大问题是：1）法国国王将怎样对待西班牙君主统治；2）英国应采取什么措施。笛福的结论是如果让法国占上风，英国就会灭亡。尽管笛福的文章非常有力，但无法说服议院和大众。

《真正的英国人》(*The True-born Englishman*, 1701)

主战的国王很不得人心，大众喊出了"打倒荷兰人"的口号。一位激进的辉格党作家，《观察者》主编约翰·塔钦①写了一首《外国人》，诗歌写得很蹩脚，笛福讥之为"从每方面来看都是邪恶的、令人憎恶的"。此诗不仅辱骂和嘲弄威廉国王，而且攻击整个荷兰王国，并说威廉的继位是不合法的。笛福立即"投入战斗"，1701年1月写了著名的政治讽刺诗《真正的英国人》。在诗中笛福怒斥英国人对外

---

① 约翰·塔钦(John Tutchin, 1660 or 1664？—1707)，一位颇受争议的激进辉格党人，英国新闻界的"牛虻"，主办《观察者》报，他的政论文和政治活动令他多次入狱。他是个清教徒，坚决反对罗马天主教。

国人的仇视,指出英国人是数世纪以来外国入侵者创造出来的"杂种",并详细列举英国人性格中的缺陷:愚蠢、酗酒和忘恩负义。因为这是笛福最重要、最有影响的政治讽刺诗之一,我们在下面略微详细地介绍一下:

该诗的结构是这样的:正文分两个部分,另加序言、前言和结束语。在正式的序言之前,后来又加了一篇"解释性序言"。全诗11,000余字。

由于笛福意识到对英国人讽刺的尖刻、辛辣,揭露了英国人的劣根性,因而怕被误解为写此诗是对自己民族和国家的叛逆之举,所以他后来又写了一篇"解释性序言"。从文章来看,这篇"解释性序言"是再版时加上去的。在这篇"解释性序言"中,笛福特地说明,他并非讽刺整个英国民族。事实上,英国民族是世界各民族的混合;他也不是要贬低正宗的英国人,他们至少是罗马人、丹麦人、撒克逊人、诺曼人等各民族的混合,而这正是所谓正宗的"英国人"。接着笛福笔锋一转,表明他要讽刺的是那些虚荣心膨胀的人;他们自认为是"真正的英国人",奢谈什么悠久的家族史和纯正的血统,因而瞧不起所谓的"外国人"。但这种"真正的英国人"是完全不存在的。英国人不应歧视外国人。

> 他们的今天,是我们的昨天;而他们的明天,将像我们的今天。这样的推理应该说是正确的。

笛福接着说,他并非是要偏袒外国人。如果外国人犯法,他们照样应受到法律的惩处。现在伦敦充塞着讽刺和抨击荷兰人的文章和言论,仅仅因为他们是外国人;而那些傲慢无礼的、迂腐的学究们和只会写写民谣的诗人们,谴责和侮辱当今国王,仅仅因为国王自己是外国人,并雇用了外国人。笛福说,他实在看不下去了,因此写此讽刺诗,只是想提醒这些人他们的老祖宗是谁。他们对外国人的讽刺和嘲笑,实际是对自己的讽刺和嘲笑,因为事实上我们都是外国人。

笛福接着说,在英国的外国人,为英国的繁荣强大做出了贡献,这是不言而喻的,所以排外是不明智的。因此,笛福说,没有比奢谈什么"真正的英国人"更可笑了。

恰恰相反，我们应该告诉我们的邻国，我们是他们的一部分，我们有同样的祖先，只不过我们得天独厚的自然环境，让我们的民族变得更优秀；我们的语言和产品也源自他们，出自他们，只不过我们加以完善，使之无比完美。

文章最后对具体被讽刺的对象一一加以奚落，并说，真正能读懂此诗而不感到被羞辱的人，才是真正的绅士！

序言则首先说明作者不是荷兰人。但作为英国人，应善待外国人。英国人应该是文明的，可是，我们在对待外国人的态度上，是最粗暴的民族。英国人的恶习是酗酒，移风易俗的运动如果地方官员和绅士阶层不做出榜样，只会是一场儿戏而已。英国人忘恩负义，当今国王把大家从詹姆斯国王及其神权的专制中解放出来，却遭到谴责和羞辱。他说，他不是第一个揭露英国人劣根性的作家，著名诗人亚伯拉罕·考利（Abraham Cowley，1618—1667）的《品达颂》(the Pindarique Odes，1656）中，就谴责了世人的忘恩负义。

在讽刺诗的"前言"中，表明诗人要用讽刺的手法，才能让国人清醒，认识"真正的英国人"这一说法是如何的愚蠢。其中有一节是对有立法权的议员的讽刺，值得一提：

政治家们常常会生这病那病，
只有丰厚的津贴才能医病，
只要给予这种特殊的待遇，
任何国王和政府他们都会满意。

讽刺诗第一部分主要说明英国人是各民族杂交的产物。开篇一节一直被广为引用：

上帝把祷告的教堂建在哪儿，
魔鬼的小教堂就会出现在哪儿。
只要仔细观察一下就会发现，
魔鬼的小教堂吸引了更多的人。

笛福接着说，魔鬼征服了全人类，使各民族都染上了不同的恶习或劣根性:西班牙人的傲慢、意大利人的淫欲、德国人的醉酒、法国人的放荡、爱尔兰人的狂热、丹麦人的狂暴、瑞典人的忧郁、俄国人的愚蠢无知、中国人的腐败、波斯人的妇人气、葡萄牙人的肆虐、苏格兰人的欺诈、波兰人的报复性、荷兰人的贪婪,最后提到了英国人的恶习和劣根性:忘恩负义、丑陋、乖戾、阴沉、自私,此外还有残忍和暴力。总之,魔鬼把人类一切最坏的品质传给了英国人。而这样的人民,在历史上一次又一次地被野蛮民族征服。这样,语言和人种都出现了杂交。所以,英国人是世上最杂的民族。他们是罗马人、高卢人、希腊人、伦巴第族人、撒克逊人、丹麦人,以及还有其他许多个民族杂交产生的杂种,更不必说苏格兰人和威尔士人了。

> 从这些粗野的暴徒们的杂交中,
> 孳生出虚荣、吝啬、易怒的英国人。

简而言之,笛福说,英国人实际上是外国人的后裔,而且是外国人渣滓的后代。因此,"真正的英国人"这一说法是十分荒谬的,根本不存在"真正的英国人"!

> 英国人吹嘘代代相传,
> 既是无知,也是对自己的嘲弄。
> "真正的英国人"
> 这一称谓形义相悖:
> 言论上是一种讽刺,
> 事实上是一种虚构。

笛福接着论证,即使是在我们的时代,外国人还在不断地与英国人通婚。因此,笛福问:为什么在亨利五世、伊丽莎白女王时期、詹姆斯二世统治时期,英国人没有意识到他们是各民族杂交出来的人种,也没有如此强烈地反对国王威廉和荷兰人;当威廉帮助英国阻止了斯图亚特专制统治的复辟时,英国人没有抱怨,但是,

> 智者曾经说过,
> 英国人不到付出的时候,

他们从来不会发泄怨言。
　　英国人的本性就是这样,
　　总觉得受益少而付出多。

讽刺诗的第二部分,主要讽刺英国人的秉性,提出移风易俗,讲究礼仪才能成为真正的英国人。笛福着力讽刺英国人的酗酒恶习:

　　拿到双倍工资的贫苦劳动大众,
　　粗鲁、叛逆,照样赤贫如洗。
　　他们浪费时间、挥霍金钱,
　　今朝有酒今朝醉是民族的恶行,
　　与醉鬼为伍是他们最大的乐趣。

但是,劳动大众之所以如此堕落,是因为绅士和牧师做出了榜样:

　　乡村贫民看着活生生的榜样,
　　绅士们引导他们,牧师们驱使他们,
　　这样的榜样我们还能有什么希望?
　　地主是穷人的上帝,牧师是他们的教皇。
　　酩酊大醉的牧师,骂娘赌咒的法官,
　　向礼仪改革运动泼上一大盆冷水。

笛福说,甚至天上的神来到人间,也会染上酗酒的恶习:

　　人们说,就是天上的神来到人间,
　　他们也会像英国人一样喝得烂醉。
　　他们不再饮用天上的神酒,
　　他们也喝上了人间的葡萄美酒。
　　但英国的酒鬼赛过神和其他人,
　　他们喝完了产业,也喝掉了理智。

笛福然后数落英国人,说大家都把英国人看成魔鬼——忘恩负义,鲜仁寡情。如果不得已请求施舍,他们取之而无愧色;一旦境况好转,他们反过来会辱骂施恩于他们的人。

在这篇讽刺诗中,笛福对英国妇女爱护备至。他不愿挖苦她们,说英国妇女和蔼美丽,谦恭端庄。她们如果犯罪,不是出于她们的本性,而是因为贫困。这一思想与他的小说《摩尔·弗兰德斯》和《罗克珊娜》中所表现的主题是一致的。要说英国妇女有什么缺点的话,她们只是有点喧闹骄傲而已,这一点是毋庸置疑的。

像笛福的其他作品一样,这首长诗里也有不少警句。例如,我们在"前言"中提到的对议员的讽刺。再如我们正在介绍的诗歌正文的第二部分,有这么两行诗句:

> 头衔是影子,王冠是浮名虚誉,
> 臣民的善良才是做国王的目的。

笛福对神职人员的专制统治,深恶痛绝,认为比国王的专制统治还要坏:

> 人类诅咒最凶恶的祸害,
> 就是牧师们的专制统治。

在诗歌短短的结束语里,笛福说,我们不必吹嘘自己家族的"光荣历史",这种做法只会使自己显得尴尬,因为祖先邪恶的本性也会遗传。诗歌以下面两行结束:

> 家族的名望只是自欺欺人,
> 个人的德行才使自己伟大。

讽刺诗的出版竟然大受欢迎,它没有像笛福其他不少作品一样受到误解。这算是笛福的大幸!因为此诗的出版,笛福有可能冒犯英国大众。这次笛福的诗歌逗乐了伦敦的群众,他们读了之后都畅怀大笑。笛福一时名声大噪,立即在伦敦家喻户晓。诗歌一再重印,有笛福自己印发的,也有盗版的,估计卖了8万册,颇有点"洛阳纸贵"的盛况!

笛福后来出版了文集,用"真正的英国人"作为作者的署名。据说此诗受到了国王威廉的关注,笛福成了宫廷的座上客。他得到了回报,并开始为王室服务。

笛福的这篇诗文,充满激情,一气呵成。他迸发出来的思想火花,犹如火山爆发,喷射的岩浆无法阻挡。笛福左右开弓,其攻击的矛头是全方位的,没有一个党派和阶层能逃过他攻击的锋芒,实在令人惊讶和钦佩!在他有生之年,此诗再版或重印了20余次。

《大众的请愿》(*Legion's Memorial to the House of Commons Presented*,1701)

《肯特郡请愿史》(*The History of the Kentish Petition*,1701)

不久,对法战争辩论的形势出现了转机。1701年4月29日,肯特郡(Kent)首府梅德斯通(Maidstone)举行的该郡季审法院的会议上,大陪审团、法官和不动产所有权人联袂签署了一份请愿书,恭敬地恳求下议院"考虑人民的呼声",投票同意给国王"拨款",使国王能"有力地援助盟国;否则就为时太晚了"。因为肯特郡地处英格兰东南海岸,如果法国入侵则首当其冲。5月8日,5位肯特郡的绅士作为代表向下议院提交了"请愿书"。下议院大为愤怒,认为这是"令人愤慨、傲慢无礼、煽动叛变的行为,企图破坏议会宪章,颠覆现政府",并把请愿者投入监狱。笛福一向钦佩和拥护威廉国王。肯特郡请愿事件一发生,他立刻"投入战斗"。5月14日,5位肯特郡绅士被投入监狱一星期后,笛福在16位"德高望重的绅士"陪同下,出现在威斯敏斯特(Westminster),向下议院议长罗伯特·哈利提交了一份抗议书,即《大众的请愿》。有人说,他是假扮成一个女人进入下议院的。但笛福后来说,他根本没有假扮什么女人。"提交请愿书的人,就是写请愿书的人。"如果发生不测,保护他的16位绅士随时准备把笛福带走。请愿书以下议院"主人"的身份,威胁议员们"好自为之"。笛福说,下议院的主人是选举他们的人民。人民赋予议员们权力,他们就应尽责为国家和人民用好权力。如果人民不满意他们,人民可以罢免他们。请愿书总结了人民对下议院的抱怨和不满,攻击下议院中占多数派的托利党人非法拘捕肯特郡的5位绅士,并指责他们腐败和虚伪。《大众的请愿》是这样结束的:

因此,绅士们,你们有自己的责任,我们希望你们好好考虑自己的责任;但如果你们玩忽职守,那么,你们会激怒已经受到伤害的民众,那你们就等着他们的处置吧!因为,英国人不是国王的奴隶,也不是议院的奴隶。

我们的名字是大众,我们的人很多很多。

下议院在得知写请愿书和提交请愿书的人是笛福——一个"下流的三流党派作家",完全被激怒了。但这份请愿书简直是一份人民对下议院的"最后通牒",议员们也被震住了。他们终于给国王拨款,并同意他与大陆国家结盟对法国开战。5位肯特郡的绅士也随即被释放了。笛福成了"英雄"人物。在伦敦市民庆祝肯特郡5位绅士释放的宴会上,笛福被奉为上宾。

8月份,笛福发表了《肯特郡请愿史》,重申人民请愿的权利。

《反对对法战争的理由》(Reasons against a War with France, 1701)

1701年10月,笛福发表文章,再次主张对法开战,但文章的题目却是"反对对法战争的理由"。笛福主张战争,出于发展英国贸易和欧洲大国势力平衡的考虑。笛福的战争观是实用主义的,英国的利益应放在首位考虑。早期的笛福传记作家乔治·查默斯赞誉此文为"英语中最好的论文之一,因为这是最有益的文章之一"。另一位传记作家威廉·明托这样评论这篇文章:

> 近一年来,笛福一直向公众宣传对法战争,因此文章题目就令人感到意外。但我们发现,这本呼吁对西班牙宣战的小册子充满着睿智;文章不仅证明战争的正义性,而且充分说明这是一场有利可图的战争。因为借此战争,英国可以夺取西班牙人在西印度群岛的财富,以弥补法国私掠船给英国贸易造成的损失。这篇出乎人们意外的文章,非常机智地引起大众的注意。当大家都想到要打仗时,文章却阐述和平的理由。笛福后来的文章都没有能超过自己这种写作的艺术手法。

文章实际上是要求政府对西班牙宣战的呼吁书。托利党人认为,两次请愿事件的幕后推手是辉格党。这是一场党派斗争。但在我们看来,为当时的英国利益着想,至少辉格党这次是做对了。但背后是否有辉格党插手,托利党也没能找到什么证据。

再论"权力来自人民"

《论英国人民集体的天赋权力》(*The Original Power of the Collective Body of the People of England, exmamined and asserted*,1702)

笛福"权力来自人民"的这一思想,在 1701 年 12 月年发表的《论英国人民集体的天赋权力》一文中得到了进一步的阐述和发挥。

1701 年底,出版了两本政论小册子。一本是由托利党汉弗莱·麦克沃斯①撰写的《英国下议院权力辩》。麦克沃斯声称,英国所有的政治权力为国王、上议院和下议院所有。他们各自拥有的权力,起到相互制约与平衡的作用。但他们的权力除了受自己限制外,不受其他权力机构的限制,普通公民无权批评他们。另一本小册子是对麦克沃斯的回答,作者也许是萨默斯勋爵②,他竭力为上议院的权力辩护。两本小册子均受到公众的关注。这为笛福发表自己关于权力属于人民的观点找到了绝好的机会。如果说,他在《大众的请愿》一文中以强烈的感情表达了他的意见,那么,在《论英国人民集体的天赋权力》中,则做出了理性的阐述。

笛福认为,不论是麦克沃斯或萨默斯都没有考虑到人民的权力。笛福声称,权力来自英国人民,应该由人民管理自己。人民可以把权力交给君主、贵族或议院。但如果统治者违背"公共利益",或者实施暴政、实行专制统治,他们的权力就会被终止,或如笛福在《真正的英国人》一文中所说的,"权力回归人民"。笛福说,一定有某种权力,先于国王、上议院和下议院的权力而存在;国王、上议院和下议院的权力来自这一原先存在的权力。如果"人民"不能用和平的手段从不良政府手中恢复权力,他们就有理由诉诸武力,或请求邻国帮助。这是理性所表明的道理,不管法律有什么规定或之前有什么先例,这道理是绝对不会错的。"理性是法律的标准和试金石……违反理性的一切法律或权力其本身就不应该服从。"

乔治·查默斯认为,笛福的这篇论文就其逻辑力量而言,可与洛克的两篇《政府论》相媲美,但就文章风格而论,更优于洛克的论文。笛福 1706 年出版的 12 卷讽刺长诗《神权论》(*Jure Divino*),又从学术

---

① 汉弗莱·麦克沃斯爵士(Sir Humphrey Mackworth,1657—1727),英国工业家、政治家,下议院议员,在托利党内掌管财务。

② 萨默斯勋爵(Lord Somers,1651—1716),辉格党主要领导人之一,法官,政治家。

的角度,在理论上对所谓"天赋王权"的专制统治进行系统的驳斥。他进一步发挥了上述观点,并坚定地认为,国王的权力,不是来自上帝,也不应世袭;国王的权力来自人民。

怀念威廉三世

《虚情假意的哀悼者》(The Mock Mourners, a Poem, 1702)

笛福的笔是停不下来的,只要社会政治生活中发生任何重大事件,就会听到他尖刻的、毫不留情的声音。文章涉及党派政治、人民权利、对国教派的无情揭露、对法战争等。1702年3月8日,国王威廉病逝。这对笛福的政治生涯是最深重的打击。詹姆斯二世党人额手相庆,举杯欢宴,并写了讽刺诗表达他们幸灾乐祸的心情。笛福立即写了《虚情假意的哀悼者》予以反击,表达了对保皇党派幸灾乐祸极大的愤慨,同时对国王威廉大加赞扬。

　　　　他知道头衔只是浮名,
　　　　民心才是国王的力量。

此后笛福的文章中只要一提到威廉国王,都禁不住表达对国王的怀念和钦佩,说他是"伟大的国王"、"英明的君主"等等,赞不绝口。

坚持信仰原则　反对宗教迫害

《关于不从国教者"间或一致"的调查研究》(An Enquiry into the Occasional Conformity of Dissenters, in Cases of Preferment, 1697;1701, 2nd Edition)

在"动荡时代"一节中我们提到,1661年通过的《市政法案》和1673年通过的《宣誓法案》,排除了非国教徒担任政府公职的可能性。即使1689年通过了《宽容法案》之后,对非国教徒的宗教活动自由虽有所放宽,但还是不能担任政府公职。尽管如此,不少新教徒中的非国教徒,为了担任政府公职,每年间或一两次去圣公会教堂做礼拜和领圣餐,但其余时间仍在非国教教堂做礼拜。高教派的托利党人认为这是极其虚伪无耻的,是滥用圣事、钻法律空子的行为。但在威廉当政时期,他们也无能为力。到17世纪90年代,这种"间或一致"的做法在非国教徒的公职人员中已非常普遍,因此也没有引起大众太多关注。但1697年10月31日星期天,长老会派的伦敦市市长汉弗莱·埃德温爵士①,在圣保罗大教堂做礼拜领圣餐。同一个星期日,他穿着全副象征市长身份的盛装,又去非国教徒的平纳斯(Pinner's Hall)教堂做礼拜,并强迫他的护剑官一起去,令后者愤怒万分。此举引起轩然大波,尤其引起高教会派和托利党人的抗议。他们是出于政治的立场对市长去非国教徒教堂做礼拜表示了不满。这"间或一致"的做法对非国教徒担任公职当然是有利的,因此大部分非国教徒赞成这一做法。尽管笛福自己是非国教徒,但出于对宗教信仰的忠诚,他一贯反对"间或一致"的做法。他认为,高教派错了,他们仅仅因为宗教信仰而限制非国教徒担任公职的法案,本来就不应该通过。这样做是不公正的和专横的。非国教派也错了,他们不应该仅仅为了获得公职而违背自己的信仰去国教会教堂做礼拜。因此他对市长大人去国教会教堂做礼拜也大为不满。1697年,他发表了《关于不从国教者"间或一致"的调查研究》小册子。他对整个"间或一致"的做法进行了激烈的攻击。他对汉弗莱·埃德温爵士说,如果他强迫自己的护剑官到非国教徒教堂做礼拜,因而侵犯了护剑官的权利,那么,他被迫去圣保罗教堂做礼拜,同样也侵犯了自己宗教信仰的自由。汉弗莱·埃德温爵士为什么能容忍发生这样的事情呢?笛福接着用讥讽的口吻写道,当我们看到他在圣保罗教堂的时候,我们希望他认识到自己身为非国教徒的错误。(怀疑他这样做是想同时讨好两个政党的动机,我们未免太卑鄙了。)但又看到他立即出现在非国教徒的教堂里,就不免让人感到困惑了。笛福责问埃德温爵士,他怎么能"早上是国教徒,傍晚又是非国教徒呢?这是一种什么样的新宗教,竟能让人同时在不同宗派的教堂里行宗教礼仪?"笛福认为,一个人如果让自己的良心违背信仰,去国教会教堂参加宗教仪式,就没有资格成为非国教徒。"间或一致"的法案,是一个罪恶的法案;要不就是不信国教是罪恶的。笛福的这篇文章也得罪了非国教徒,他们对笛福十分愤慨:这样的一篇文章竟然出于一个非国教徒之手。由于大家没有回应笛福的这篇文章,当1701年这一问题的争论再次掀起时,笛福再版了这篇文章,但把文章中原来针对汉弗莱

---

① 汉弗莱·埃德温(Sir Humphrey Edwin,1642—1707),英国商人,非国教徒,1697年9月底被选为伦敦市长。

写的一篇序言,改为给杰出的、有影响的长老会牧师约翰·豪先生①的序言。当时,豪先生的教徒托马斯·阿布尼爵士②被选为市长。他也像埃德温爵士一样,利用"间或一致"的做法,以便担任公职。因此在序言中笛福挑战豪先生,要他要么为"间或一致"的做法辩护,要么谴责这一做法。他说,这"间或一致"的做法,是"对宗教信仰开玩笑,是与上帝捉迷藏",并认为这是对清教原则的不忠。豪先生很生气,写了一封回信。笛福毫不妥协,以无比冷静的态度,写了《致豪先生的一封信》(1701年1月24日),坚持认为双重信仰或转变信仰是极端错误的行为。其中有这么一个精彩的片段:

> 忠诚是基督徒的荣光;真诚的心所发出的与生俱来的光芒,是无法掩盖的。这种光芒将照耀基督徒一生中的每一个行动,即使有流言蜚语也无损其光辉,也不必用弄虚作假的方法发出这种光辉。

《关于"间或一致"的调查研究,证明非国教徒对此并不关心》
(*An Enquiry into Occasional Conformity showing that Dissenters are in no ways concerned in it*,1702)

约翰·豪不同意笛福极端的观点,因而争论继续在同意或不同意"间或一致"做法的两派之间进行。1702年,信奉国教的安妮女王继位,这一在宗教名义下的政治和意识形态争论,在1702年至1705年间,更是达到了白热化的程度。托利党中的高教派和不少著名人士都出来攻击不从国教者,尤其是他们中那些坚持反对"间或一致"做法的人,并扬言要把通过"间或一致"做法谋到公职的人统统赶出议会和行政机构,因为,他们认为,这种行径是虚伪的、亵渎上帝的;实行"间或一致"做法的人,是滥用宗教仪式,以达到他们的政治目的。1702年11月4日,高教派托利党人在下议院提出废除"间或一致"的议案。目的非常清楚,他们是想排除可左右选举的各市镇行政官员中的非国教徒,而代之以当地地主,把所有的不从国教者驱逐出政治

---

① 约翰·豪(John Howe,1630—1705),英国著名的清教神学家,有一段时期曾当过克伦威尔的牧师。1688年,他带领一个非国教徒的牧师代表团,向奥伦治的威廉致欢迎词。

② 托马斯·阿布尼爵士(Sir Thomas Abney,1640—1721),1700年当选伦敦市长,威廉三世授予他爵士爵位。

生活，尤其是基层的政治生活，从而罢免大部分支持辉格党的人，以保证托利党的多数席位。尽管议案在辉格党人掌握的上议院被否决了，但托利党人在1703年12月和1704年11月，两次重新把议案提交上议院，但最终都没有能在上议院通过。

笛福以两篇性质不同的文章，对高教派托利党人的做法，做出了激烈的反应。首先是1702年11月末，当第一个议案还在下议院讨论时，笛福发表了《关于"间或一致"的调查研究，证明非国教徒对此并不关心》。在这本小册子里，笛福认为，对提案所有的争论与分歧，大家都错了，唯有他一个人是正确的。这么说有点荒诞，"但如果确实如此，谁能说什么呢？"笛福说，除了那些提出提案的人的恶毒用心，提案无损于有良心的非国教徒；他们不会仅仅为了获得公职和工资屈尊去实行"间或一致"的做法。事实是，这样的非国教徒因遭到迫害反而使他们的信仰更坚定。

正当议案提交上议院审读的关键时刻，敢怒敢言的笛福又发表了一篇性质截然不同的文章——《惩治不从国教者的捷径》。我们前面提到，在英国的17世纪和18世纪，政治斗争与宗教问题胶着在一起，政治斗争又往往以宗教斗争的形式出现。现在一般认为，笛福的这篇文章即使不是辉格党头头授意的，至少也得到了他们的赞同。而第一个受怀疑的当然是罗伯特·哈利。但笛福当时还不认识哈利。文章与辉格党头儿们到底有没有关系，如果有，又是什么样的关系，这个谜底至今无法揭开，因为笛福至死都保守这个秘密。不管怎么说，这篇文章又一次给他带来了牢狱之灾。这正应了中国的成语"敢言贾祸"！

《惩治不从国教者的捷径》(*The Shortest Way with the Dissenters*, 1702)

笛福总是要表明自己的独立性，并不同于自己非国教徒的教友们，因而也常常冒犯非国教徒，或被他们所误解。

《惩治不从国教者的捷径》用反语讽刺的手法，迂回曲折地攻击主张限制非国教徒的托利党人和极端的国教徒，再一次使笛福名震一时。文章的目的很明显，是要揭露托利党和当时担任国务大臣的诺丁汉勋爵，让他们难堪，把他们赶下台，为罗伯特·哈利上台铺平道路。但是，时过境迁，当时的政治形势已非威廉国王临朝时期，因而文章发表之后的遭遇也就截然不同了。

在《惩治不从国教者的捷径》中,作者以一个极右的高教派托利党人的口气和极端的国教徒的身份,故甚其词地提出了镇压不从国教者的办法——包括枭首极刑等。他还用了许多夸张的词句,使人看出破绽,觉得这些意见过分顽固和极端,反而显得十分可笑。据说,文章最初发表时,许多不从国教者看了十分愤怒,而一些托利党人和国教徒反而非常高兴。如果真有其事的话,那么,这是由于这些人根本不懂讽刺。笛福在这里用的本是一种常用的反讽笔法。斯威夫特为了抗议英国统治阶级对爱尔兰极为残酷的剥削,使爱尔兰人民赤贫如洗,写了《一个谦卑的建议》(*A Modest Proposal*,1729),就使用了这种反讽手法。斯威夫特在文章中愤怒地提出以小孩作食物和出口,以解决贫困问题。同样,笛福建议用在英国久已绝迹的对异教徒残酷迫害的办法来暴露托利党人,真正的意思是反对限制宗教信仰,主张宗教信仰自由,最终目的则是维护信仰其他新教教派的工商业者的政治权利。① 但另一方面,文章赢得了大众对不从国教者的同情。

这篇讽刺文章的完整题目是"惩治不从国教者的捷径,或为确立国教提出的建议"。文章用托利党人和国教徒的口气说,在威廉三世时期,不从国教者骄横跋扈,对国教徒排挤迫害;现在安妮女王重新确立国教地位,他们这些不从国教者就跳出来:

> (他们)大谈什么"和解与团结",鼓吹什么"基督徒的温和之道"。可是他们忘记了他们在执掌权柄的时候,这些美德却是被他们拒之于千里之外的。
>
> ……
>
> 现在,这些人发觉大势已去,他们的好日子完结了,我们已经有了一位英国国教的忠实教徒和朋友,真正的英国皇属贵胄即位。他们看出英国国教的正当愤慨将给自己带来什么危险,于是大声疾呼,叫嚷什么和解、团结、宽容、仁爱等等,好像国教对她的敌人纵容的时间还不够长似的,应该对这一窝险恶的毒蛇继续哺育下去,直到它们咝咝地反噬养育他们的母亲。

---

① 引自杨耀民:《笛福文选·序》,本文作者略有修改。《笛福文选》,徐式谷译,北京:商务印书馆1997年版。

文章接着说,"宽容你们的期限已经结束!"文章以保守派的立场,攻击"光荣革命",为斯图亚特王朝的灭亡鸣冤叫屈。文章然后说,现在安妮女王继位,是惩治不从国教徒、纯洁英国国教的天赐良机,否则"可就悔之莫及了,到那时,恐怕我们就只有悲叹'时乎时乎不再来'了"。接着对所谓"宽容"非国教徒的种种理由一一予以驳斥,最后提出了一系列惩罚不从国教者的极端建议:

> 如果规定:敢于参加非国教徒的宗教聚会、讲道或听道者,一经查知立即处以绞刑或罚做划船苦力,而不只是罚一笔钱交几个小角子了事,那样一来,宗教受难者就不会有现在这么多了,殉道精神也就不时兴了。

文章故作严肃,一本正经地提出,不从国教"是一件滔天大罪,侵害了国家安宁与繁荣、上帝的光荣、教会的利益和灵魂的幸福",理应列入"死罪","给以应得的惩处"!文章以强烈的祈愿结束:

> 愿全能的上帝使一切站在真理一边的朋友们同仇敌忾,举起讨伐猖獗的反基督分子的大旗,使得异教徒的后代永远从这片国土上被剪除干净![①]

明托高度评价这篇檄文。他说,笛福极尽夸张之能事,把极端的高教会派拟人化,用通俗生动的语言,表达了自己的感情。即使是一个激进的战士也不敢公开这样发泄,除非在熟人之间谈兴正浓而忘乎所以或陶醉于自己幽默的谈话时,才会说出这样的话。

即使原来与笛福为敌的约翰·塔钦,这一次也站在笛福一边。他说,笛福高高举起一只灯笼,使得高教会派在暗处种种见不得人的行为昭然若揭。

《枷刑颂》(*A Hymn to the Pillory*, 1703)

执政的托利党人终于看出了笛福文章的真正含义,担任国务大臣的诺丁汉勋爵在 1703 年 1 月 3 日下了逮捕状。笛福一面躲藏(1703

---

① 《惩治不从国教者的捷径》译文,引自《笛福文选》,徐式谷译,北京:商务印书馆 1997 年版。

年1月至5月),一面写了《对最近一本题为〈惩治不从国教者的捷径〉小册子简要解释》(*A Brief Explanation of a late Pamphlet entitled "The Shortest Way"*),请求当局和诺丁汉勋爵的原谅。他说,他的文章主要是讽刺国教徒中的极端分子高教会派(High Church)的,因为他们用最恶毒的语言攻击不从国教者,他现在只是用他们自己的语言,用讽刺的手法回敬他们而已。笛福声言,文章与"间或一致法案无关"。如果实在不能求得宽恕,则希望以绅士方式待他,不要使他受"监禁、枷刑之类的惩罚,那对我比死还不幸"。为了"赎罪",他建议自己出钱装备一队骑兵,由他亲自率领为女王效忠。然而,诺丁汉以更积极的搜捕来回答他,在《伦敦公报》(*London Gazette*)上悬赏50英镑缉拿笛福。结果,在躲藏了四个多月后,他真的被一位不愿透露身份的人告密,并在1703年5月20日被捕了;告密者也确实从诺丁汉勋爵那里领到了50英镑的偿金。7月7日至9日,老贝利法庭(Old Baily,即中央刑事法庭)对他的判决,恰恰是他最害怕的"监禁和枷刑",此外还有罚款,并要他"保证以后七年中行为端正"。这个判决按当时的标准也过于苛刻。在执行前后,诺丁汉几次亲自审讯笛福,甚至破例到狱中去审问。其间曾有政界要人为笛福说项,枷刑示众的执行两次延期。诺丁汉的目的是要笛福招认这篇文章是新去世的威廉三世时得势的辉格党首领指使他写的,以便对辉格党进行打击,其次才是惩治敢于反对执政党、主张宗教自由、要求开明政治的笛福。诺丁汉没有得到什么口供,于是笛福从7月29日至31日每天上午11点至下午2点分别在三处闹市受到枷刑示众的侮辱。受枷刑后,笛福被关进新门监狱——摩尔·弗兰德斯称之为"一个可怕的地方"。

所谓枷刑,就是让犯人站在临时在闹市搭起的高台上,头和两手放在枷板的三个洞里(相当于我国古代押送犯人的刑架),枷板由高过人肩的架子支撑着。通常,看热闹的人群对受刑者叫骂,向他投掷脏东西。但笛福站在这里的时候,周围却是一大群同情的市民,对他欢呼,向他献花,为他祝酒。他的《枷刑颂》也在这一天出版,在欢呼的人群中出售,更让笛福名噪一时!

诗一开始笛福就说,自己清白无辜,虽受枷刑示众,也无损于自己的清白:

当众受刑不见得就等于丢掉脸面,
无罪而受罚对一个人并不能损害分毫,
……
美德蔑视人间一切讥嘲,
清白愈受到诽谤身价愈高。①

他攻击执政者和法律是非不分,黑白颠倒:该受刑的不受刑,不该示众的示众:

罪恶经常逞凶,善良反倒遭到严惩,
看看那些市井暴徒是如何黑白不分,
……
脏人只会说脏话,是非法律一概不问。

有时候,为了叫诽谤更像真话而鱼目混珠,
你那高贵的枷孔里边锁过几个倒霉的歹徒;
然而在党同伐异,法律都趋炎附势的时光,
谁能够从刑罚上弄清功过曲直?
连法律都学会了看风使舵,卑躬屈膝,
往日的功绩今天都成了杀人的罪孽;
时势不同,行为的色彩也变幻不定,
此一时的罪恶本是彼一时的功勋。

诗歌接着列举历史上受枷刑的许多"品德高尚纯洁无瑕的好人"和"圣贤"。

在这首有名的长诗里,笛福着力列举应该受枷刑的将军政客、贪官污吏、牧师奸商等类人物,并对他们进行了无情的揭露:

1)煽动人们迫害宗教异己的牧师:

应该把著名的萨契维尔②枷号示众,

---

① 《枷刑颂》译文引自《笛福文选》,徐式谷译,北京:商务印书馆1997年版。
② 安娜女王即位后不久,英国国教方面就开始了声讨异己的叫嚣,叫嚣得最厉害的就是牧师萨契维尔。——《枷刑颂》译者徐式谷译注。

让他把煽动民众的号角也拿在手中，
因为在我国他首创了十字军运动。
他首先站在英国国教的讲坛上诅咒，
诅咒那一切不信从国教的党徒，
说魔鬼跟上了他们，劫运注定，
带头喊出了消灭异教徒的捷径。

2) 还有那些狂热扬言迫害不从国教者的基督教学者：

应该让那些狂热的博士们也到这里戴枷伫立，
由于发表激烈的学说，他们已经声名狼藉；
那些被人非难的教授同样该在这里当众枷系①
他们当卖鱼泼妇②的老师最为适宜。

笛福在诗里接着说："应该让一切政治家都来受刑／他们是那样优柔寡断，太不果敢坚定／这些人出卖了国家的陆海三军／白白错过了所有诛除异己的捷径。"这些人包括：

3) 贻误军机、腐败无能的将军：

还有那些专吃空额的上校和事务长，
他们先欺骗自己的国家又欺骗国王。
再连你们舰队里那些贪生怕死的船长也算上，
天哪，这些人集合在一起声势将是多么雄壮。

我们的舰队花费人力和财力，出海放洋，
难道只是为了白白地到海上闲逛一趟？
我们商船都丢光了，护航队才安排停当，
才调动海军保卫我们沿海免受劫掠。

……

---

① 指那些主张严厉镇压不从国教者的神学院教授。——《枷刑颂》译者徐式谷译注。
② 伦敦别林斯门鱼市的一般卖鱼妇以善于谩骂出名，她们使用的语言特别粗野。——《枷刑颂》译者徐式谷译注。

看看他们作战到底是如何勇敢吧,
八十艘军舰才把二十二艘战船打垮,
就像一个龙骑兵和两个骑马的丘八,
在庞普洛纳①打败一个西班牙娃娃。

4)还有那些操纵证券市场的投机奸商:

现在请欢快地鼓动你那木头翅膀,
欢迎那些操纵一切的大贾巨商。
他们闹得天怒人怨,举国遭殃,
把一个基督政府的颜面丢光。
这些金融股票的骗子和经纪人,
倚仗着四万张双联证券作为后盾,
我们的银行和公司只能俯首帖耳,百依百顺,
要不然,他们有种种捷径叫别人倒闭关门。

5)昏庸徇私的法官与治安官:

对于那些法官也应该来个"请君入瓮",
他们责在护法却不把国法放在眼中,
草菅人命,断案决狱时全不秉公
擅作威福,知法犯法实在是难容。
还有那些治安推事独霸一方气焰万丈,
让他们都坐上你辉煌的御辇玩耍一趟;
让这些人都戴上枷高兴一场,
把他们的紫袍朱服先撂在一旁。
保护感化院的职责不能让这类法官担负,
要他们感化的娼妓往往会先被他们奸污。
他们满嘴脏字,醉醺醺地坐堂问案,
其实他们的罪恶远超过被审的犯人:

---

① 庞普洛纳是当时西班牙纳瓦尔的都城,这里的龙骑兵可能暗指奥地利,两个骑兵指英国与荷兰,"西班牙娃娃"指受到英荷奥联盟进攻的西班牙国王路易十四的孙儿腓力。——《枷刑颂》译者徐式谷译注。

6）酗酒好色的牧师：

　　把酗酒的教士放上你的讲坛吧！
　　他把福音书讲成了淫猥的笑话；
　　……
　　再下面把那些好色的牧师带上场，
　　他们劝善戒淫，自己却淫乱放荡；

7）陷害好人的律师：

　　接着再把某些律师带上你的法庭，
　　他们全可以站上来，这些人最喜欢含沙射影，
　　……
　　他们背信弃义，能够撕毁任何保证和誓言；
　　一旦强权当头，无法无天的暴力站在旁边，
　　法律只能唯唯诺诺，委曲求全，
　　一心希冀公正的人岂不是发了疯癫。

8）为富不仁的富商大贾：

　　让那些蠹国害民的富商大贾难逃劫数，
　　一个个被你紧紧抱住。
　　不要让他们利用那巧取豪夺来的百万财富，
　　帮助他们逃脱这场侮辱和痛苦。
　　这些人从小本经营变成了大富豪，
　　到底怎么搞的那只有上帝知道；

　　对误国殃民的奸商笛福似乎是深恶痛绝的，在诗里他接着鞭挞揭露他们的恶行：

　　从一些鬼门路大捞一票，
　　付出的代价却没有多少。
　　他们为自己建造了公馆富丽堂皇，

窃贼筑起了防范小偷的坚壁高墙:
花园、洞室、喷泉、茂林和散步场,
在那里,恶人踌躇满志,歹徒淫乐放荡,
这些人大吃大喝,过的生活胜过帝王,
挥霍他们那不义之财就像流水一样,
告诉他们,这些钱都是民脂民膏啊,可别遗忘,
告诉他们,"弥尼,提克勒"①就写在墙上。

诗的最后,"把他受刑的原因告诉全人类":

告诉他们这是因为他过分敢作敢为,
说出了不该说的真理,太直言不讳。
请赞扬我国人的公道吧,
不为他们了解的人就等于有罪。
告诉他们他所以高站在那里戴着枷铐,
是因为他发了几句我们不愿听的牢骚。

郭建中讲
笛福

笛福的这首诗受到大众的欢迎和热捧,因为他确实说出了当时大众想说的话。诗歌对牧师和学者的道貌岸然、统治阶层的胡作非为、奸商投机家的丑恶嘴脸、律师法官的虚伪奸诈等等都作了有力的揭露,发泄了大众对社会的不满。前面讲到,当时的英国,正处于社会的转型期,是资本主义发展的初级阶段,是资产阶级财富的原始积累时期,也是资产阶级的"原罪"期。在这样的转型期,社会上各阶层迅速分化,有的人一夜暴富,有的人沦为赤贫;贪官污吏粉墨登场,为所欲为;平民百姓被剥削、被压迫在社会底层受煎熬。社会财富分配极大的不公,弱势群体积聚了极大的怨愤。资产阶级打着"人民"的旗号,高叫"民主、自由"的口号,是为自己的阶级与国王争权,而不是为"人民"争取权利。这首诗是笛福最有力的作品之一。

由于笛福得到了大众的同情,政府没像对待其他罪犯那样对待笛福。当局准许笛福在狱中继续写作,甚至让他自己设法出版。同时,笛福是政治犯,与一般的刑事犯分开关押,如窃贼、强盗、伪币制

---

① 据圣经《但以理书》,巴比伦王伯沙撒骄奢淫逸。一天正在大宴群臣,忽见白墙上现出手指头写了这几个字,意思是预言国将亡、王将死。——《枷刑颂》译者徐式谷译注。

造者、海盗等。但可以肯定,如果他需要,有时会与他们聚在一起,传布福音,促膝谈心。这为他后来创作《摩尔·弗兰德斯》、《罗克珊娜》和《杰克上校》等真正的现实主义杰作,准备了素材。

支持汉诺威王室继位

《反对汉诺威王室继位的理由》(*Reasons against the Succession of the House of Hanover*,1713)

《假若老僭君回来怎么办?》(*And what if the Pretender should come*? 1713)

《假若安妮女王殡天怎么办?》(*An Answer to a Question that nobody thinks of -viz. what if the Queen should die*? 1713)

根据1701年议会通过的《继承法案》,安妮女王殡天后,王位应由汉诺威王室继承。1712年后,安妮女王病势不轻,复辟势力暗中涌动,谣言四起,说是以哈利为首的内阁表面上同意《继承法案》,支持汉诺威王室继承王位,实际上准备把王位出卖给法国,让老僭君继位。由于安妮女王对汉诺威王室也没有好感,在她的内心,更希望她的哥哥继承王位。一时斯图亚特王朝复辟的危险迫在眉睫,全英国被搞得沸沸扬扬。

为此,笛福连续发表了上述三篇文章,一方面提醒公众斯图亚特王朝复辟的威胁确实存在;另一方面用戏剧性的夸张手法,力图削弱辉格党在王位继承问题上宣传的影响。但我们看到,文章的标题是富有煽动性的;这也是给笛福招致祸端的原因。

第一篇文章《反对汉诺威王室继位的理由》中,笛福巧妙地作了一个类比:安妮女王殡天后英国人的选择与爱德华六世(Edward VI, 1537—1553)驾崩后英国国情的对比。爱德华六世驾崩时,指定信奉新教的表妹、亨利七世的曾孙女简·格雷爵士夫人(Lady Jane Grey, 1536 或 1537—1554)继承王位,排除了其同父异母的姐姐、亨利八世的女儿玛丽(Mary I,1516—1558)。但人们相信"王权神授"的世袭制度,9天后贬黜了简,虔诚的新教徒拥戴玛丽为王,恢复了天主教统治,并以叛逆罪处死了简。今天,我们这些虔诚的新教徒也要迎接老僭君,后果会怎样呢?而我们如果让汉诺威王室的人继位,不是要把他们置于死地吗?

第二篇文章《假若老僭君回来怎么办?》用了同样的讽刺手法。

文章着力陈述老僭君回来的好处。如人们所说,法国那么强大,不可战胜,那么最好的办法是与法国友好。那时苏格兰可以重新独立,老僭君可以取消一切公共债务,自己收税而不必通过讨厌的议会,并建立自己的常备军,这就是主张"王权神授"给我们国家带来的好处。

文章一开始,就生动地描绘了当时国内因继位问题已搞得人心不安,沸沸扬扬的情况:

> 请听听你家厨房里厨娘和男仆;他们相互大吵大骂,大打出手。如果你以为他们是在为牛肉和布丁吵架,或为洗碗水和厨房用具而打架,那你错了!他们是在为更重大的政府问题争吵:谁拥护新教徒继位,谁拥护老僭君继位。

同样的争吵也发生在商店里。书店的学徒们不去寄书,而是在为老僭君和汉诺威王室吵骂打架。在家庭里,情况也没有好多少。"女士们不是在玩有益的游戏,而是在互相骂架"——

> 如果闺房的婢女是个懒婆娘,不讨人喜欢,真要命,她还是个泼妇;但我敢保证,她不是个高教派信徒,就是个辉格党徒。我一生中从未见过这样的人,样样事能干得出。不仅如此,你上楼去卧室,夫妻在床上还在吵架。人们啊!——人们啊!怎么会变成这个样子啊?

这篇文章中的下面一段话,体现了笛福辩论中常用的手法——反证法,也可能反映了笛福政治活动实用主义的动机,因而他的敌人攻击他是"变色龙":

> 智者说,有些自然病害被天敌克服,有些则被相互交感治愈。大自然的敌人,也是大自然最好的保护剂;人生病时,医生让你躺下来,是为了能让你更好地站起来。让人得病,是为了治病;把你带到死亡的边缘,是为了把你从坟墓中拉出来。正因为如此,内科治病要用毒药;外科治病要动手术。肉割掉了,才能痊愈;把手臂切开,才能更好地愈合。大家都说,这些是最可靠、最必要的治疗方法。由此,医学上有这么一个谚语:"绝症需用绝

药医。"……如果要让我们懂得某种东西的价值,就得让我们体验一下没有这种东西会怎么样?现在,对我们这个国家来说,要教育大众,也没有比这更好的办法了。那么,我们还需要说什么反对老僭君的话呢?让他来好啦,我们就可以体会一下被奴役的滋味;……这种用最昂贵的价格和用最聪明的方法买来的经验,才是最宝贵的啊!

前两篇属于笛福最好的几篇讽刺政论文。与笛福其他优秀的讽刺文章一样,火光四射,攻击的矛头是全方位的,在攻击保皇党的同时,也攻击了专制暴君路易十四和詹姆斯国王的寡妇。第三篇文章没有用太多的讽刺手法,而是直接论证怀疑当前哈利内阁会为老僭君服务,但万一安妮女王殡天之后,情况就难说了,《继承法案》就会处于危险的境地。因此应及早采取措施予以防范。

这些文章一出,人们到处散发传阅,受到主张新教徒继位人士的热情欢迎。文章连续印了七个版次。连笛福自己也说,即使汉诺威王室的继承人给他1,000英镑,他也写不出这样好的文章。

但如前所述,笛福本想平息争论的好意,得罪了辉格党的头头们。笛福没有从发表《惩治不从国教者的捷径》一文中吸取教训,而是继续用他要命的反讽手法,让他的敌人抓住了把柄。他们抓住机会对他进行报复,让他再次遭受牢狱之灾。要不是哈利的干预,这次肯定够他受的。

2. 经济与贸易

17世纪80年代至90年代笛福早期的著作主要集中在宗教、政治和文学问题上,涉及不从国教问题、拥护威廉三世建立常备军和对法战争的主张等。其间,他也很想成为诗人。除了写许多政治讽刺诗之外,还写了长诗《调解人》(The Pacificator, 1700),在诗中论述了智慧与常识的问题。《真正的英国人》(1701)则对英国人的排外主义进行了泼辣机智的讽刺。但自发表《神权论》(Jure Divino: A Satyr in Twelve Books, 1706)的12卷长诗之后,虽然笛福继续关注政治和宗教的题材,但写诗在他的写作生涯中不再占重要的地位。

直到1700年之后,经济问题在笛福的写作生涯中开始占据显著地位。1713年笛福在《评论报》停刊时说,他最大的遗憾是不能再写贸易方面的文章了。事实上,经济与贸易在《评论报》的文章中,占了最大的篇幅。笛福还抱怨其他问题,如政治、宗教、战争等占去了他不少精力,使他无法用更多的时间研究和撰写经济和贸易方面的文章。① 当然,他其实从未停止过写这方面的文章。笛福最钟爱的是与贸易有关的题材,包括商业、制造业、货币、信用等。在此之前,在这方面他也有重要著作发表,如《计划论》(*An Essay upon Projects*,1697),这是一部主要涉及经济问题的有关社会改革的著作;此外,还有《论南海贸易》(*An Essay upon the South Sea Trade*,1712)等。1713年之后,他发表的有关贸易方面的重要著作有《非洲贸易当前状况简述》(*A Brief Account of the Present State of the African Trade*,1713)和《英国商业计划》(*A Plan of the English Commerce*,1728)等。

  金融和贸易是英国的支柱,是英国人的灵魂。在笛福经商的时代,正是英国从农业社会向商业社会转型的时期,正因为如此,英国的17世纪末和18世纪初被称为"商业革命和金融革命"时期。所以,笛福在金融方面也有不少著作,如《股票经纪人的罪恶》(*The Villainy of Stock-Jobbers Detected*,1701)和《论政府信用》(*An Essay upon Public Credit*,1710)等。政治上,笛福属于代表新兴工商资产阶级利益的辉格党,他一生最关心的是发展资本主义。他极力称赞的是资产阶级。在经济上他反对垄断,主张自由贸易。他认为,国家发展的最核心问题是贸易。"给我们贸易就是给我们一切","贸易是世界繁荣的生命"。——这就是他最根本的主张,也是他政治观点的核心。他还认为,只要有勤劳的人来发展贸易,任何地方都会繁荣起来。为此,他热烈支持殖民制度,提出夺取、经营殖民地,以及与落后民族扩大贸易的办法,并拥护黑奴买卖。这一切在他的政论文章和小说中都有所体现。但笛福主张国家控制贸易。他本人经商的经历也加强了他的政治、经济观点,使他成为新兴资产阶级的代言人,或者说是"新经济秩序和新社会秩序的乐观的代言人"②。因此,如果有人批判笛福是在为资本主义发展"鸣锣开道",那也不无道理。

---

 ① McVeagh, John. The Political and Economic Writings of Daniel Defoe, vol. 7 trade. Introdction. p. 1. General Editors: W. R. Owens and P. N. Furbank. the Pickering & Chatto (Publishing) Limited 2000.
 ② 伊恩·P.瓦特:《小说的兴起》,高原、董红钧译,北京:三联书店1992年版,第92页。

许多评论家认为,笛福是一位经济学家,也天生是一个商人。但笛福的许多经济学观点有时显得有些极端,甚至自相矛盾,因而也不能说是一个"正统的"经济学家,只是他对那个时代的金融和经济问题有自己的一些独特看法,其中当然不乏一些有价值的观点。

笛福竭力为新兴的中产阶级——商人——的地位辩护。实际上,在当时的英国,贵族的道德已经败坏,平民百姓则愚昧无知。社会的革新,要靠中产阶级。唯有城市中的中产阶级,奋发勤劳,创造财富,也是主要的纳税大户;同时他们行为规矩,是虔诚的新教徒。由于经商的需要,发展了公路,开凿了运河,促进了旅途的安全。考虑到他们的经济地位,他们应该受到尊重。因此,笛福在《穷人的呼吁》和《真正的英国人》等文章和诗篇中,不断强调一个人的高贵或卑下,不是由其出身决定的,而是要看其个人的德行。他说,在上帝眼中,财富与高贵并无区别。他把商人看做新时代的新英雄,商人身上体现了英国的民族精神。在1706年1月3日《评论报》的一篇文章中,他是这样赞颂商人的:

> 一个真正的商人……不用书本能懂得多种语言,不用地图能懂得地理;他的航海日志和贸易旅行记能详细描述世界;他讲各种语言进行对外贸易,与外国商人打交道;他坐在自己的账房里,与世界各国进行联系,并维护人类精英社会的广泛一致与和谐。

在《罗克珊娜》中,他也不忘颂扬商人:

> ……全国最好的绅士就是一个地道的商人,因为在知识上、仪表上乃至判断能力上,商人均要强于贵族。他虽然没有地产,但一旦控制世界,便比有产者的贵族绅士富有得多。

在《计划论》中,他赞扬商人的勤劳与智慧:

> 如果说在任何行业中只有勤劳才能得到成功,那么在商业界,恐怕这样说才更确切;比起任何人来,商人更加依靠智慧生活。

《计划论》(*An Essay upon Projects*, 1697)

笛福的《计划论》写于1692年或1693年,所以有的说是他在布里斯托尔躲债时和在狱中写成的。但直到1697年才正式发表。这是笛福第一部长篇社会经济学著作,涉及政治与商业,主张建立股份制企业,提出有钱人对政府应该承担的义务,即应交纳所得税等各种应缴的税款,以充实国库,支持战争费用,举办各种福利事业等。他提出建立税款监督委员会,检查税收,避免有人逃税、少缴或其他违法行为。他特别提出:"当穷人掏腰包的时候,富人不应该被放过。"他建议成立各种学院,设立银行,建立全国性救济穷苦人的体制,以及提倡妇女教育等等。此文产生巨大影响,使笛福受到大人物的关注,也深合威廉国王孤意。从文中可以看出,一方面笛福的许多建议或计划非常现实,也非常有前瞻性。说其现实,是笛福基于自己经商的经验,针对当时英国的社会现状,提出改善生活和社会风气的建议;说其前瞻性,是因为许多建议在当时英国的风气和社会条件下还无法实行,但有些后来也确实实现了,例如对海员的保护、妇女教育、建立银行、修筑公路等。当然,许多想法不是他的独创,文章中的不少概念在当时的欧洲和英国,已有不少有识之士在谈论。因此,别人说笛福抄袭,他还不得不为自己辩护。但我们也应该考虑到,文章是发表之前四五年写好的,只是到了1697年才发表,很难否定某些想法不是他首创的。另一方面,也可以看到笛福有些想法几乎古怪,甚至完全是大胆的想象,但这也完全符合他的性格。这部著作的另一个特点是,笛福对其提出的每一项建议如何实施,都作了仔细详尽的安排,尤其是他为每项计划列出详细的费用单子,账目具体到了每一个便士。当然,后来着手实施这些项目时,不可能完全按照他的建议执行;另外,他提出的建议杂七杂八,分类也显混乱。《计划论》中笛福关于建立社会保障体系,保护弱势群体,包括寡妇、伤残退役士兵、破产者等,体现了他人道主义的情怀。但笛福关于穷人的观点也有矛盾之处。在其他文章中,他是瞧不起劳动人民和穷人的,认为大部分人穷是由于懒惰造成的。由此也可以看到笛福思想中偏激和矛盾的一面。当然,这一思想符合一般中产阶级的观点,也符合笛福的一贯思想。因为他对懒惰深恶痛绝,而一贯赞扬勤劳。

但我们最好把《计划论》当做历史文献来阅读,从中可以窥见资本主义社会是如何从初期发展中逐步完善的。同时也可以看到笛福多方面的才华、无限的精力和奔放的热情。

文章题目原文是"An Essay on Projects"。笛福在这里用Project一词,含义很广,包括科学技术上的发明创造,工农业的改良,创立和发起各种公司、企业,还包括各种投机活动。① 用现在的术语,也可译成"项目"。下面简单介绍一下笛福这第一部重要的经济学和社会改革论著作。

《计划论》第一部分是序、导言、计划的历史;第二部分是正文,涉及的问题包括计划的创制人、银行、银行的发展、公路、保险、互助会(海员、寡妇)、年金局、赌押、白痴(慈善彩票)、破产者(调查委员会)、学院、商民法庭、海员等;第三部分是结束语。

笛福在"序"中首先说明,"书中的大部分思想被我保持了将近五年之久,所以有些见解……好像是我剽窃了别人似的"②,并对有些建议一一说明来由背景。由此可以推断此文写成于1692年或1693年。在"导言"中,笛福指出,世界在发展,社会在前进,科学在进步、发明创新不断,商业贸易日益扩大,战争艺术和武器不断改进和完善……因此,计划十分重要,这是与以往不同的时代,是"计划的时代"。接着简单地阐述了"计划的历史",追溯到诺亚方舟和巴别塔的建造,并认为,"直到1680年左右,技术和手艺的计划才渐渐真正问世"。

在正文第一节里,笛福指出有两种计划创制人:一种是骗子和投机者;一种是正派的计划创制人,"他们根据常识、诚实和创造才能的公平而磊落的原则,对一种适当而完美的计划做出了一定的贡献,详细说明他打算要做的事,不窃取任何人一文钱把他的计划付诸实行……"。言下之意,笛福自己就是后面他提出的这些计划的"正派的计划创制人"。

在"关于银行"这一节中,笛福指出银行对发展英国商业和商人来说非常重要,对政府和国家财政也非常重要,并且提出了扩展银行业务和发展地方银行的思路。他不满并抱怨政府没有给特许银行规定借款的最高利率。这样,银行对商人的帮助不大,因为商人向银行贷款与向金匠贷款没什么区别。

关于证券交易,他总结了如何从一个正当清白的行业发展成了一个投机欺诈的行业。

---

① 引自《笛福文选》的译者注,徐式谷译,北京:商务印书馆1997年版。
② 此篇所有引文,均引自徐式谷译《笛福文选》,北京:商务印书馆1997年版。

关于维修公路，他提出了全国公路发展的蓝图，并提出如何筹款和收税来建设和维护公路，建议建立专业银行筹划公路修建费用。他甚至把如何征地、在某某地方公路应多宽、多长，路边排水沟应多宽、多深，有多少十字路口，修建一条公路需多少费用等等，都不厌其烦地一一罗列。所以大家对笛福广博的知识十分钦佩和称奇。他还盛赞罗马人在英国建设公路的业绩，建议英国人要向罗马人学习这方面的经验。

笛福关心弱势群体，提出开办保险公司和创办互助会的办法。首先是商业保险，因为商海凶险，任何人都可能受损甚至破产。另外，像海员、寡妇、遭天灾人祸的人，都可得到帮助。他提出的建立年金局的建议，相当于我们现在的养老保险和医疗保险的办法，使穷人有病可医，老有所养。

至于赌押，他指出，以保险单为契据来经营赌押，已形成一门保险行业。笛福无情揭露该行业在许多方面存在欺骗性。

丧失智力的人，即通常所说的白痴，我们应予以同情，并成立专门医院照顾他们的生活。对他们嘲弄或以他们为取乐对象是不道德的行为，应该予以谴责。

笛福还提出发行慈善彩票的办法，并阐述这样做对社会和个人的多种益处。

笛福也提出保护破产者的办法，并可建立调查委员会防止有人钻空子或舞弊。

笛福建议建立学院，纯洁英语，谴责粗鄙、污秽、生涩的语言，打击动不动就口出粗言的歪风邪气。

他还提出由于战争艺术的不断发展，需要成立进行军事训练的皇家学院，并建议把学院分成四种不同层次：专门培养军事技术专家的分院、对志愿者学员进行科目相同的军事训练的分院、临时训练班和各种专科学院。对各分院的设置规模、课程、教职员工的配备等，笛福都提出了具体的实施意见。在这篇论著和其他文章中，笛福是一直支持威廉的对法战争的。

更有意义的是，笛福还提出成立女子学院，让妇女学习知识，接受教育。在笛福的时代，除了理查德·斯蒂尔（Richard Steele，1672—1729），没有一个作家像笛福那样尊重妇女。对笛福来说，女人不是玩偶，不是傻瓜，也不是男人的附属品。他认为，上帝创造了女人，不仅仅是为了让她们做管家、当厨娘或做奴隶。女人也是有灵魂的人，只要受教育，女人与男人是平等的。他认为，男人和女人之间的差别，或女人与女人之间的差别，只不过是曾否受过教育而已。我们剥夺妇女受教育的权利是残酷的、不公平的。笛福说："在我们这样一个文明的基督教国家，居然否认妇女上学的好处，这真是最野蛮的习俗之一。……教育的熏陶使女性心灵的自然美释放出本来的光辉，剥夺她们的这种权利是世界上最卑鄙、愚蠢和忘恩负义的行为。"

在这一部分，笛福有一段非常优美的文字赞美妇女：

> 一个教养很好、品学兼优的女子是一种无可媲美的创造物；与她交往就象征着崇高的欢乐，她有天使般的姿容，仙子般的谈吐，柔情千种，仪态万方，简直是和平、爱情、智慧和欢乐的化身。她不论在哪一方面无不尽善尽美，一个男子有这样的终身伴侣，只能够感到无上幸福而满怀感激。

托马斯·赖特认为，没有一个男人像笛福这样赞美过女人，而且笛福说的关于妇女的品质也都是事实。

应该说，笛福的妇女观不论在本篇文章中或其他著作中，都是比较进步的。

在"关于商民法庭"一节中，笛福指出，鉴于商务纠纷的复杂性和多变性，建议成立由议会批准的一个由6名裁判委员组成的法庭，授权该法庭在"商民法庭"的名义下听取和裁决案件，使商务纠纷以一种商人的方式根据人所习见的商业惯例和风尚加以解决。

最后"关于海员"一节，笛福建议建立全国统一的管理局或法庭，并在各港口城市设立分支机构。全国海员都应去该局登记，船主或船长需雇用海员，就去管理局要人。海员的工资付给管理局，管理局收取一定比例的管理费，再由管理局付给海员。笛福还建议并制定各级海员的工资额度等等。

在"结束语"部分，笛福认为，他的这些计划，都大大有利于国计民生，实行起来好处比他所提的还要大。

这一部分结束时，笛福还提到了他的语言。因为这是他自己对文章语言使用和文章风格的看法，故值得在此直接引用一下：

至于语言,我已经力求使本书的英语符合文章内容的格式,而不求文体严谨的藻饰,我宁愿按照随笔短论的性质采用轻快灵活的笔法,而不想曲意追求文字的完美——我只希望自己的文字能够达到这种要求,而不敢自命为文章大师。

可以说,笛福大部分的政论文,都使用这种轻快灵活的语言,具有随笔的风格。

但从《计划论》中,我们也可以看到,笛福主张政府控制贸易和税收,赞成国家垄断大型的合资企业。这样的政府,不可能是一个自由政府。笛福在《计划论》中提出的不少建议应该说是值得称道的,但有些建议则近于狂想,有人说是"堂吉诃德式的"。

《计划论》充分表达了笛福的现代思想,他对社会学和改变他那个时代生活的计划具有极大的兴趣。

《英国商业计划》(*A Plan of the English Commerce*,1728)

在这部著作中,笛福以全球性的视野,一如既往地关心英国的利益和繁荣,也关注商人的利益与生意的兴旺。可以说,他是18世纪中叶英国商贸繁荣之前英国贸易和商业利益的代言人。

文章分三个部分,进一步阐述了他坚持了一生的有关贸易和使英国强大的观点,对英国的国内外贸易前景作了全方位的论述。

第一部分是对当时英国的贸易规模提出了自己的看法,包括出口和制造业的增长;英国的进口商品问题;国内对国货和进口货的巨大的消费等问题。第二部分是回答当时一个迫切的问题:英国的贸易,尤其是制造业是否在衰退?第三部分笛福提出了一些全新的建议,这些建议涉及扩大和改进贸易、促进海内外对英国产品的消费,包括在已有贸易关系的国家和尚未建立贸易关系的国家。

他首先批判了对英国商业狭隘的、片面的看法。他对人们没有真正认识商业对国家强盛的重要性深为忧虑。笛福一开始就说:"人人谈贸易,就像谈宗教一样,但很少人懂得贸易。"因此,他要担当起教育大众的责任。他认为,英国商人缺乏追求的目标。他说:

> 世界为我们提供了新的领域,或者说是贸易,这是商业的新的舞台。其范围之大足够满足我们的抱负,甚至超过我们的贪婪。但我们似乎无心去勇敢闯荡。

如果读过笛福《评论报》中的文章和其他政论小册子,笛福在这部论著中的观点读者是非常熟悉的,包括对贸易的竭力推崇和对商人的无限赞誉。他说:"地产只不过是个池塘而已,而贸易才是泉水。"这是笛福常用的比喻。他在第一章的最后总结说:

> 总的来说,贸易是世界的财富;贸易区分了富国和穷国。贸易促进了工业;工业产生了贸易。贸易扩散了世界上的自然财富;贸易增加了自然没有的财富。

笛福接着说,贸易产生了两个女儿——制造业和航海业。在回答当时英国贸易是否在衰退的问题时,笛福充满信心地认为,英国贸易不但没有衰退,而且正在增长。他甚至挑战贸易衰退论者,要他们拿出英国贸易衰退的证据。笛福充满了爱国主义激情,一再强调英国是欧洲的第一强国。在这部论著的最后部分,笛福提出了扩张英帝国和发展殖民地的许多具体建议。

约翰·里奇蒂在《笛福评传》中提到,《英国商业计划》是一部非常专业性的著作,对英国商业作了全方位的调查研究,其中确实有不少闪光点,但书中的论点和论述,多有重复和啰嗦,还经常离题,例如笛福还追溯了贸易和航海的起源与历史,使用了许多不必要的表格和单子等。里奇蒂认为,一方面是笛福老了,不能控制自己的思维;另一方面笛福喜欢卖弄他"百科全书"般的知识。

但明托指出,笛福在这部著作中表达了国家应该控制贸易的观念。作为一个党派作家,笛福原则上不是一个贸易自由论者。①

社会改革问题

与政治和经济有关的另一个重要议题,是社会改革问题。笛福在这方面也有许多文章。

《礼仪改革》(*Reformation of Manners, a Satyr*, 1702)

《计划论》也涉及社会改革问题,其中他提出的移风易俗的建议,很快收到了成效。笛福提出改造社会风气,改善行为礼貌的建议,立即得到了政府的重视。这对"光荣革命"后刚建立起来的新政府很有

---

① Minto, William: *Daniel Defoe*, New York, Harper & Brothers, Publisher, 1900, p.51.

现实意义。如果做得好,可有别于旧政府。1691年7月9日,玛丽王后在威廉离开英国赴荷兰期间,曾致书米德尔塞克斯郡①的治安官,要他们"忠实而公正地执行那些已经制定的、现在仍然有效的法律,惩办主日的渎神行为、酗酒、妄用神名的诅咒和谩骂,以及其他一切放荡的、暴戾的和妨碍治安的行为等等"。1697年2月,对法战争结束后,国王威廉发布谕告,严禁不道德和渎神行为,议会还通过决议,要求国王在上层人士中间遏制不道德行为。1698年,笛福发表了《穷人的呼吁》(The Poor Man's Plea)一文,配合当时英国发起的移风易俗运动。因为,1695年左右,英国的许多贵族、法官和乡绅,在伦敦等地成立了所谓的"移风易俗会",声称要通过法律的力量来矫正当时的社会风气,但其打击锋芒只指向一般贫苦人民,丝毫不触及道德败坏的统治阶级。

笛福在文中指出,惩处只针对平民百姓,而"刑不上大夫",这是不公平和不公正的。而究其伤风败俗、酗酒、私通、赌咒等恶行的根源,恰恰源自贵族、乡绅、牧师、议员等上层阶层,是他们树立了坏榜样,也是他们的种种恶习,传染给了贫苦百姓。因此,要说移风易俗,应首先从上层人士做起,应由他们树立起好榜样!

1702年笛福发表了《礼仪改革》一文,对当时社会的恶习,极尽讽刺之能事。他对当时的社会风气作了一语中的的总结:

> 一个人读米尔顿,四十人读罗切斯特。②

此诗还讽刺公司推销商的欺诈行为,并强烈谴责奴隶买卖。

《奥古斯塔的胜利》(Augusta Triumphans, 1728)

1728年3月16日,笛福又推出了一本论述社会改革的小册子《奥古斯塔的胜利,或使伦敦成为全世界最繁荣的城市的方法》。文中笛福提出了六大建议:1)建立一所大学;2)建立一个育婴院;3)废除私立疯人院;4)清除街头妓女;5)建立一所音乐学院;6)防

---

① 米德尔塞克斯郡(Middlesex County):原英格兰东南部一郡,位于伦敦西北;1965年被撤销,该郡所属地盘被分别划归赫特福德郡(Hertfordshire)、萨里郡(Surrey)和大伦敦区(Greater London)。

② 罗切斯特,即约翰·威尔莫特(John Wilmot, 1647—1680),罗切斯特伯爵二世,一位放荡不羁的诗人,有许多情妇;他是查理二世的朋友,写有不少讽刺诗和下流猥亵的诗歌,是复辟时期宫里的座上客。

止无节制地饮用荷兰杜松子酒。

如笛福后期的许多小册子一样,此文用了"安德鲁·莫尔顿先生"(Andrew Moreton)的假名发表。笛福提出的六条建议中,其中的四条后来都实现了,即建立大学、音乐学院和育婴院,废除私立疯人院。

3. 宗教与教育

在笛福时代,大众普遍对教育手册和行为指南感兴趣。笛福不失时机,写了不少这方面的文章和著作,并获得了普遍的欢迎。他这方面的写作,涉及面也相当广,包括宗教、伤风败俗的行为、私通、社会秩序、教育和商人的责任等。笛福把这一写作样式扩大到商业和职业,是一个突破。

《英国商人大全》(两卷)(*The Compleat English tradesman*, 2 Vols. 1725;1727)

这是笛福教育方面的代表作之一。书中对商人、店主、学徒等一切从事商业和贸易的人提出了实用的忠告;这些忠告既非常人性化,又非常世故。

关于贸易问题,笛福写过不少文章和小册子,1725 年 9 月 11 日和 1727 年 5 月 18 日,又分别出版了《英国商人大全》第一卷和第二卷。这是关于贸易的两本手册或指南性质的书,其读者对象以一般商人为主,尤其针对年轻商人。标题全文是"英国商人大全,以书信的形式,对从商者交易全过程中各个阶段的指导"。《大全》第一卷所涉及的问题包括英国贸易中的学徒阶段、勤奋、过额贸易、奢侈生活、轻率婚姻、信贷、合伙关系、簿记、尊严和信用等各个方面。后于 1726 年 9 月 10 日出版了第一卷《补遗》,补充了借贷、票据贴现和记账等方面的指导。

第二卷《大全》的读者对象主要是针对已经有经验的、生意兴隆的商人,涉及国内贸易与对外贸易的问题。

第一卷《大全》的结语是这样的:

> 我已经所说的一切,尽量做到全面、确切。我可以这样说,我上面所说的内容,包含了一个希望生意兴隆的商人所需要的一切

指导;如果诚心诚意愿意接受这些指导的话而生意仍不成功,那一定是他的运气不好。

从下面一段话,可以看出全书总的格调:

  站在柜台后面的商人,不应该是有血有肉的,也不应该有愤怒或怨恨;他永远不能发脾气,不,甚至不能有发脾气的样子;即使顾客把价值 500 英镑的商品随便地搬来搬去,却毫无买下的意思,也不能发脾气。不少顾客只是来看看店里有些什么商品,但他们根本就不想在这儿买,而是准备在其他商店买他们所需要的东西,也许他们认为那儿商品质量更好,或价钱更便宜。不少进门的顾客往往是这样的。一个商人必须接受这一切,并作为其职业的本分——不受尊重也是做生意的一部分,不应该为此而感到愤愤不平。要亲切地对待每一个顾客,不管他给了你一小时甚至两小时的麻烦结果什么也没有买,或者他只花了你一半的时间就买了 10 英镑甚至 20 英镑的商品,都要一视同仁。这样的情况是经常发生的,有人来了没有买什么东西,但有人来了买了东西,开店做生意就是这样。

这些话在今天对店员都有现实意义。做生意是第一位的,其他都退而次之。我们说,如果笛福自己在开店做生意的时候,能遵循这些忠告,不去关心政治,那他应该成为一个成功的商人。但如果那样,我们就不会读到《鲁滨孙飘流记》了。而后来的商人,也确实从他的《大全》中获益匪浅。

在谈到商人时,笛福说:

  获利是商人的生活,这是一个合格商人为人的本质。使生活方便舒适和供应生活的必需品,是贸易的首要原则。为商的理由和目的就是赚钱。这是指引方向的北斗星,是一切行动的目的和中心,是经商的灵魂和勤俭的动力,也是推动一切活动的动力。

查德威克认为此书是笛福写得最好的一部著作,但查尔斯·兰姆 (Charles Lamb,1775—1834) 却不喜欢此书。有一点须指出的,查德威克也做过砖瓦生意,兰姆却从未经商过。

《家庭教师》(*A Family Instructor*, 2 Vols. 1715;1718)

《新家庭教师》(*A New Family Instructor*, 1727)

  这是三部宗教和道德教育的手册,通过一家人的对话进行说教。笛福在书中意识到清教思想与社会变化之间的冲突。这三部道德教育的书通俗地解释了《圣经》中难懂的道理。就思想内容方面而言,《家庭教师》主要用说教的方式表现笛福的清教思想中关于家庭责任的观点,阐明家庭成员之间相互的责任与义务。尤其是有关父母与子女之间的义务和责任的关系、主人与佣人的关系、现代社会中子女的教育和婚姻问题等。他认为,这一切都基于相互承担的义务上。笛福特别重视家庭的治理,认为社会秩序和稳定的基础是家庭。

  笛福十分关心自己子女的幸福,对他们的教育十分严格。我们也似乎可以看出,《家庭教师》是笛福写给自己的三个女儿的。写这套书的第一卷时,他的小女儿索菲娅才14岁。

  笛福所持的这些教育观是现代的平民教育观,他力图使他的道德指导原则公之于众,让大众容易接受。他往往用简单的寓言故事传达他的说教。

  这些说教,在今天看来,当然是过时了,而且枯燥乏味,有些甚至是难以理解和难以接受的。

  由于人们意识到18世纪英国社会的迅速变化,道德教育和行为手册之类的书大有市场。事实上,《家庭教师》第一部出版后,深受大众欢迎,其发行量仅次于《鲁滨孙飘流记》。为此,1718年笛福发表了第二部《新家庭教师》。欧文斯和弗班任总编的《笛福作品集》的《笛福宗教与教育著作》分卷中,弗班在前言中谈到,在18世纪末,此书被誉为"与《鲁滨孙飘流记》和《天路历程》一样的标准读物",其销售量持续而稳定。1761年已发行第15版,1809年出第19版,在美国也出了好几版。在19世纪初,"成为学校里大受欢迎的奖品"。1818年译成威尔士语出版,整个19世纪还不断发行新版。

  这本书中的不少逸闻轶事、实例和人物形象,成为笛福后期小说创作之雏形。笛福在书中使用了小说常用的对话和心理描写手法,显示了他的叙事技巧,使说教变得生动而容易接受。书中对话与叙事和评论交互穿插,并用一种亲切平易的语言与读者交流。他创造了令人可信的人物,撰写了令人信服的对话和论证,并通过故事进行道德和宗教的说教。一方面,他的这些写作手法为他后来长篇小说的创作,做好了充分准备;另一方面,读者读了他的这种说教著作,也很容易与他后来创作的长篇小说联系起来。

《英国绅士大全》(*The Complaet English Gentleman*,1729—1890)

此书在笛福生前只印了几页,笛福死后研究者发现手稿在其女婿贝克手里,后存放于大英博物馆。直到160年后的1890年,全书才得以出版。笛福自誉为"绅士",这本书是写给绅士看的。所谓"绅士",笛福接受当时流行的看法,即"出身名门或古老家族的人"。此书的宗旨是指出上流社会的人们缺少文化素养,他们应该为此感到惭愧,同时要求绅士们重视子女的教育。笛福强调"有素养、有学问的人"与所谓"学者"的区别。笛福认为,前者是"绅士",而后者仅仅是"书呆子"。笛福对那些正统大学出身的人对他的轻视,一直耿耿于怀。这在书中有强烈的流露。

在笛福时代,上流社会对教师是看不起的。但笛福把缺少教育看做是一种"疾病"。

其他教育著作

笛福在《夫妻淫荡》(*Conjugal Lewdness*,1720)一文中,对教育的重要性有敏锐的观察;在《王室教育》(*Of Royall Education*,1895)一书中,论述了不重视教育的致命后果。

笛福也非常重视儿童教育。他自己的孩子都受到了良好的教育,尤其是他的几个女儿。这与他一贯重视妇女教育问题有关。他认为,子女是一家之主父亲的债权人,如果不还子女的债,就不是一个诚实的人,就像借了陌生人的钱不还一样。这债务的第一项,也是最重要的一项是教育。许多家长认为把子女送到学校就算是完成了对子女教育的任务。但笛福认为,仅仅这样做是不够的。家长还应该:1)选定对孩子合适的学校和学习的科目;2)了解孩子的才能,看看教什么对他们更合适;3)此外还有教导、管理和以身作则的责任。

1722年2月20日,在出版《摩尔·弗兰德斯》之后24天,笛福又推出了《宗教与婚姻》(*Religious Courtship*,1722)一书,表达了宗教信仰在婚姻中的重要性。该书标题的全文是"宗教与婚姻:关于与信教的丈夫或妻子结婚必要性的历史对话;关于夫妻信仰同一宗教的必要性"。小册子分两部分,第一部分的内容是:一个商人有三个女儿。

一个富有的年轻绅士向小女儿求婚。他对宗教信仰抱着一种无所谓的态度,因此遭到了女士的拒绝。年轻的商人十分生气。问明缘由之后,年轻人终于为之感动,不久之后成了一位虔诚的基督徒。然后两人才正式结合,成就美满婚姻。第二部分讲的是第二个女儿的婚姻。作为一个新教徒,她却嫁给了一个罗马天主教徒,尽管丈夫对她满怀深情,体贴入微,但却想尽各种办法,试图让妻子皈依天主教,令她十分痛苦。丈夫死前,他立下遗嘱要让两个孩子成为天主教徒。整个婚姻给两人都带来了极大的不幸。在这里,笛福表达了这样一个观点:幸福婚姻的基础是夫妻双方要有相同的宗教信仰。

《夫妻淫荡》是针对自己的儿子本杰明(Benjamin)写的。本杰明在不到 17 年的时间里,生了 17 个孩子。笛福对他儿子颇为反感,认为他缺乏起码的常识。笛福说:"承认自然法则,多多使用常识。"只有冷酷无情的傻瓜才生下太多的子女而又无法养活他们。

笛福说,很少婚姻是幸福的。很多婚姻的双方都是没有爱情而结合的。女的为了寻找归宿,男的为了财产,笛福认为这不能算婚姻,而是等同于"卖淫和嫖妓"。笛福也反对强迫婚姻,他认为,父母包办的婚姻,父母就是"皮条客"!我们认为,这种看法未免有些极端了。但笛福就是这样,有时为了强调自己的观点,不惜扭曲自己的观点,以达到"语不惊人死不休"的效果。

文章中也记叙了不少逸闻轶事。例如说一个人十分愚蠢,老是讥笑自己的妻子。

笛福对性问题也很感兴趣。托马斯·赖特认为,对性没有兴趣的人,就不可能成为天才。关于这方面,笛福在文章中倒有不少警句:

> 相互愉悦的感情是最美满的婚姻。
> 结婚后,一个聪明的男人就应不遗余力保持对妻子全身心的爱,并使妻子专注于自己,使自己成为妻子唯一的和全部的牵挂。
> 婚姻没有爱情是生活中最大的悲哀。
> 爱情是婚姻唯一的导向。

在文章中,笛福主张一夫一妻制,反对童婚。其中讲到一个例子,一个 65 岁的老太婆,为了把自己的财产传给自己的几个侄女,与一个 10 岁的男孩结婚。结果,老太婆活了 127 岁,她丈夫为她送终时是72岁,她的几个子女早就先她而逝,老太婆的如意算盘落空。这正是所谓"人算不如天算"!

笛福说,他写此书的目的是要打击邪恶的行为和习惯,谴责使用不雅的语言。

《关于从属戒律的思考》(*The Great Law of Subordination Consider'd*, 1724)论述了主人与仆人、店主与学徒的关系,谈到了与不信教的仆人相处的困难。他调查了英国仆人的傲慢无礼和令人难以忍受的行为,敦促英国的家庭主妇和家长在此关键时刻,为维护自己的利益,应该争取立法,对仆人的礼节和行为做出法律规定。他经常抱怨,从穿着上很难区分女主人和女仆。这有违从属戒律和社会结构的等级次序。

与笛福所有的宗教著作和教育著作一样,就作品本身而言完全是说教,无阅读兴趣可言,但我们从中可以窥见笛福虔诚的宗教信仰。

4. 旅行、发现与历史著作

笛福写了不少历史著作,这为我们了解笛福对自己所生活时代的观点,打开了一扇窗口,同时为我们提供了18世纪历史、政治和旅行的宝贵素材。其中历史方面的代表作是两卷《大不列颠联合史》(*The History of the Union of Great Britain*, 1710)。如我们前面所述,笛福一贯主张英格兰与苏格兰合并,并为此充当政府间谍,前后奔波多年,最后终于如愿以偿,令他无限欣慰!撰写此书也是对自己的一种奖赏。

在经商初期,笛福就开始去西班牙和葡萄牙作商务旅行,一度在西班牙住了一段时间。虽然笛福没有在任何文章里提到这些旅行的确切年代,但在1697年发表的《计划论》中,他曾谈到,有时他在进口贸易中,所付的保险费超过了货物本身的价值;在《评论报》的一篇文章中,他谈及在西班牙海岸损失了一条船,他自己还是船董之一;文章还谈到船员们受到西班牙人很不友好的对待。西班牙人说,这是他们对英国人的报复,因为这些西班牙人自己的船只在英国海岸失事后,受到过英国人野蛮的对待。笛福后来在一些文章中经常谴责英国沿岸城镇的居民对待失事船只船员的野蛮行径。在西班牙和葡萄牙的旅行,必定给笛福留下深刻的印象,因此在他的小说中,如《鲁滨孙飘流记》、《辛克顿船长》等,都有或好或坏的葡萄牙人和西班牙人形象。总之,笛福一生在英国乃至欧洲各地频繁旅行,其中有的是商务旅行,有的出于政治目的,有的完全为了旅行。

据托马斯·赖特在笛福著作《关于从属戒律的思考》一文中的发现,笛福早在1684—1688年"这个革命和变革的不适宜时间",就去了苏格兰旅行。关于这次旅行的目的,笛福在文章中说:"我了解英国古代的情况,更需要了解英国的现状。为此我花了三四年的时间,走遍了英伦全岛,对我所经过的每一个城镇和乡村,进行仔细的观察和调查研究。"在旅行前,笛福阅读了卡姆登(William Camden,1551—1623)的地理历史学名著《大不列颠岛》(*Britannia*,1586—1607)和其他一些书籍。笛福发现,在这些书中,作者只关注达官贵人的宅邸。所以他在旅行中更关注和接触的是平民百姓,更关注社会民情和风俗习惯,了解他们的日常生活和工作。同时,他对地理有特殊的兴趣,有时甚至不厌其详地进行叙述和描写。由此笛福养成了旅行的爱好,这一爱好伴随了他的一生。

他至少在英格兰旅行过17次,其中3次周游全岛。至于苏格兰,笛福似乎情有独钟,甚至有过举家迁往苏格兰的打算。从1704年开始至1707年英格兰和苏格兰合并,笛福充当政府密探在两地来回奔波,1706年更常住苏格兰。笛福说,他5次考察过英格兰北部和苏格兰南部。

从他的小说中可以看出这一点;他刻画的小说人物摩尔·弗兰德斯和鲁滨孙·克鲁索,都是通过旅行而远离了他们的家乡英国,从而改变了自己的生活。旅行方面的代表作是三卷《英伦三岛游记》(*A Tour thro' the Whole of Great Britain*,1724、1725、1726),是笛福最引人入胜的著作之一,也可当做英伦三岛的旅游指南。这部游记是以书信的形式写成的,每封信写一次旅行。作为一个商人、士兵、间谍和记者,笛福在1685—1720年35年的时间里,断断续续地在英伦三岛各地旅行;尽管笛福在此前到过苏格兰和威尔士的不少地方,但在1722—1724年之间,他特地骑马完成了在威尔士和苏格兰各地的旅行。为了更好地了解情况和搜集资料,笛福还经常重复考察一些地方,可见他旅行的目的倒有点像中国旅行家徐霞客(1587—1641)了。

第一卷都是记述在英格兰各地的旅行,并附有一张围攻科尔切斯特的图画;第二卷除记述了英格兰的旅行外,还包括在威尔士的旅行,并附有一张皇家地理学家赫尔曼·莫尔(Herman Moll,1654? — 1732)绘制的英格兰和威尔士的地图;第三卷除继续记述英格兰的旅行外,还包括在苏格兰的旅行。

笛福喜欢旅行。他敏锐的观察力、广泛的阅读、丰富的政治、商业和地理知识,及其作为记者写报道的才华,使这部游记清晰、生动地呈现了英国17世纪末和18世纪初工业革命前夕社会和经济转型期的全貌。书中有不少历史和预言、传说和事实、观察和印象、正式的报道和逸闻轶事。笛福旅行的兴趣,不仅仅是一般意义上的观赏风景而已,他把重点放在对地理、历史、政治、社会、经济乃至人文等方面的考察上。

笛福的这些作品,让我们看到18世纪早期地理文化之一斑,了解当时英国各地乃至欧洲许多国家的风土人情和政治、经济概况。这是笛福对人类的又一大贡献。从笛福的这三卷游记中我们并没有看到多少农村的田园风光,而是看到当时"农村城市化"的情景:在农业生产的同时,制造业和贸易日益发展,可以看到一个商业时代的开启。当时英国的大城市集中在南部,那时,从诺里奇(Norwich)把大量的工业产品运到约克郡(Yorkshire)和兰开夏郡(Lancashire);伦敦城市在逐步扩大;在白金汉郡(Buckinghamshire)花边生意兴旺发达;斯陶尔布里奇集市(Stourbridge Fair)在当时不仅是全国最大的集市,也是全世界最大的集市;伦敦当时已有70万人口。其他如伯明翰、曼彻斯特、利物浦等商业城市,如雨后春笋般出现。还有贝里、巴斯和坦布里奇这些疗养圣地的风光;成群的火鸡少至三百来只,多至上千只,从诺福克郡被赶往伦敦市场的壮观景象。

书中也记载了沧海桑田的变化。如描写了被大海吞没之前旺斯特德大厦(Wanstead House)的辉煌景象。那是1500年前东英吉利亚王国(Kingdom of East Anglia, 6世纪—917年)的首都邓尼奇(Dunwich,现为萨福克郡的一个小村庄)的一座标志性建筑。但书中的一些所谓逸闻轶事,有的只是笛福的道听途说而已,笛福不厌其烦地叙述这些荒诞不稽的故事,只是他自己的喜好而已。

还有一点值得一提:笛福用小说的文笔,描写了旅途中的风景和见闻;这些描写放在小说中也毫不逊色。

5. 幻想与超自然现象

笛福的幻想与超自然现象著作,使我们认识到他不仅仅是一位小说家,更让我们领略到笛福广泛的兴趣和知识,扩大了我们对笛福多面人生的认识。

从中世纪至 18 世纪初叶,人们普遍相信魔鬼、巫术和幽灵,不少作家撰文写诗阐述他们在这方面的信仰和见解。笛福也不例外。但他的看法往往又别树一帜,以他的知识与自信,嘲弄和讽刺当时流行的普遍看法,阐述和论证自己的信仰与看法。当然,在今天看来,这些见解未免荒诞,但在当时,他的不少看法却是超前的。笛福在这方面的主要作品包括《魔鬼政治史》(1726)、《幽灵的历史与现实》(1727)和《魔术方法》(1727)等。

《魔鬼政治史》(*The Political History of the Devil*, 1726)

1726 年,笛福推出《魔鬼政治史》,标题页文字如下:"古代和现代魔鬼政治史;全书分两部分,第一部分:魔鬼生存状况和从被驱逐出天国到创造人类的各阶段概况,关于以前对魔鬼堕落的原因和方式的几种错误看法的说明。还有从亚当到基督教开始在世界上传播这段时期魔鬼与人类的交往过程。第二部分:魔鬼更为隐秘的行为及其直至当代的情况,此外,还有关于魔鬼的治理、魔鬼的外貌、魔鬼活动的方式及其活动使用的最好工具。"

笛福还仗义为魔鬼说话:

> 魔鬼邪恶,理应遭到诅咒,
> 但当人们不愿独自受过,
> 就把自己的罪过嫁祸于魔鬼,
> 使其遭到不应有的控告和谴责。

在第二版序言中,笛福强调:"本书的写作宗旨是严肃的,目的是为了促进严肃的宗教信仰。"但他认为,"我们不应谈鬼色变"。

《魔鬼政治史》再次表明了笛福一生中强烈的信仰:即魔鬼有好有坏——这是笛福时代许多诚实的普通人的信仰。笛福认为魔鬼有人的形体和人性。但当时大众普遍的看法是魔鬼生相凶恶丑陋:蝙蝠翅膀、像牛羊那样的偶蹄脚、鹰钩鼻和叉状的尾巴。笛福对大众关于魔鬼的这种形象,极尽嘲讽之能事。他说,要是魔鬼在黑暗中看到自己的这个形象,也会吓得一大跳了!笛福还认为,如果魔鬼真的与人面对面,也不会那么吓人。而人们关于地狱的普遍看法,笛福也不苟同。一般人都认为,在地狱里,饱受折磨的人们被放在烤架上烧烤或吊在钩子上被鞭打。笛福对此种想法也只是讽刺和嘲笑。

笛福说,许多人就是魔鬼,只是徒有其血肉身躯而已。坏男人不少,而坏女人更多。她们是穿着裙子的魔鬼!这是更为可悲的事情。因为坏母亲养育的是坏孩子。笛福说:"孩子往往更多地继承了母亲的秉性。"

笛福是虔诚的基督徒,他一直认为,有一个友好的魔鬼伴随着他一生,他听从这个友好魔鬼的劝告。笛福第一次提到这个友好的魔鬼是1692年他破产之后,有商人请他去西班牙加的斯任职,他拒绝了,因为"一个突如其来的念头告诉他,上帝要派他做另外的事情"。另一次是1715年,他身陷狱中时,这个友好的魔鬼劝他给大法官写信,结果得到了赦免。在《家庭教师》的序言中,笛福说,正是"上帝的魔鬼"指导了他的写作。在他的《鲁滨孙飘流记》和《鲁滨孙·克鲁索沉思录》中,充满这种思想,因而遭到查尔斯·吉尔顿(Charles Gildon,1665—1724)的诟病。笛福生活的时代,人们普遍相信《圣经》对人的直接影响。在超自然问题上,笛福不仅没有落后于时代思想,并且是超前了。许多人认为,他关于巫术、占星术、预言能力、算命等问题上的看法,是具有革命性的。以对巫术和巫婆的看法为例,从中世纪到共和时期,争论一直十分激烈。笛福认为,中世纪不仅关于巫婆的说法是错误的,关于地狱和魔鬼的说法也是错误的。这些错误说法,只是希腊和罗马异教观念的残余和诗人头脑里想象的产物。

在书中,他表达了对诗人罗切斯特的喜爱,虽然他1702年发表的《礼仪改革》一文中,对当时的社会风气作了一语中的的总结:"一个人读米尔顿,四十人读罗切斯特。"他又说,弥尔顿是诗人,但历史知识欠缺,尤其是关于魔鬼的历史,知之甚少。虽然笛福认为弥尔顿的诗写得好,想象丰富,节奏巧妙,诗歌艺术高超,但他认为,弥尔顿在许多方面错误地谴责了撒旦,并给撒旦造成了"明显的伤害"。笛福要为撒旦鸣不平,指出弥尔顿的谬误之处。

在这部著作中,笛福在谈到魔鬼的种种阴谋诡计时,也影射了人际关系中形形色色的欺诈行为。他说,不管是古代或现代的魔鬼,都不诉诸狂怒或暴力,而是使用计谋和狡诈成事的。魔鬼最明显的成功是使人类堕落。人类堕落的故事,是人类不遵循社会道德准则和自然法则的故事,也是关于人类欺诈的故事。从此,人类的历史就成了虚伪和欺诈的历史。在《鲁滨孙飘流记》中,笛福表达了这样一个信念:在上帝与魔鬼的善恶斗争中,上帝战胜了魔鬼,魔鬼的胜利只是暂时的。在笛福眼里,人类的历史是按照上帝的意志发展的,所谓"天意",就是"在人世间上帝管理的政府"。在小说中,笛福也同时表达了这样一种想象:人生的道路是一个迷宫,人走在这迷宫中随时会碰到转弯需要选择,常常会掉入陷阱,走进死胡同,或遇到不测。在人生道路上,人不断得到上帝的引导,其引导方法是看不见的世界的精灵对人的"暗示"或"冲动";这种精灵介于天使和人之间,可以警告人即将面临的危险。在本书里表现的这种思想,在《鲁滨孙飘流记》中随时有所流露。

托马斯·赖特认为,笛福此书无疑是天才之作,有些地方写得诙谐风趣,妙趣横生。但更多的是糟粕。与笛福的许多著作一样,他总是把自己的论点发挥到荒谬的地步,例如他认为,一个人在梦中偷窃也是犯罪行为!

《魔术方法,或黑色艺术的历史》(*A System of Magick, or A History of Dark Art*[①],1727)

这本书的第一个标题是错误的,这不是一本讲魔术技巧的书,而是讲魔术发展史的著作。书的封面画着一位魔术师正在一间书房里变魔术,一个快乐的魔鬼躲在半开的门背后看着他。

笛福说,最早期的魔术师是"聪明和诚实的人",中世纪的魔术师则是"疯子和流氓",而今天的魔术师是"缺德的傻瓜"。与笛福的其他著作一样,他总是不忘在书中讽刺自己的时代。他指桑骂槐地讽刺当时杰出的哲学家和牛顿的同事威廉·惠斯顿(William Whiston,1667—1752),说他唯利是图;他也不忘嘲弄弥尔顿在《失乐园》中关于魔鬼的描述。在书中,笛福重复他关于好魔鬼和坏魔鬼的观点,并认为上帝不可能事无巨细,顾全人间的一切事和人,他只能关心大事,其他小事和细节,他会派友好的魔鬼替他完成自己的使命。在书

---

① 黑色艺术(dark art),即魔法或魔术。

的结尾部分,笛福为诗歌的堕落而感到悲哀。笛福更是不忘攻击诗人蒲柏,还讽刺古希腊诗人荷马抄袭,名利双收后找人捉刀代笔,并说两人是一丘之貉。

《论幽灵的历史与现实》(*An Essay of the History and Reality of Apparitions*, 1727)

这是笛福第三篇关于超自然现象的著作,于1728年11月23日出版。讲述什么是幽灵,什么不是幽灵;怎样区别好幽灵与坏幽灵,怎样对待他们;还列举以前从未公之于众的、大量惊人与有趣的例子。

就像《魔术方法》一书一样,笛福再次阐述了他关于好幽灵与坏幽灵的信仰。他们或寓于我们的灵魂中,或没有依附的形体;他们存在于无形世界的未知迷宫里,我们的地理知识无法描绘那个世界的边界。他们存在于某个地方,或根本没有什么地方,我们谁也不知道他们究竟在哪儿;但我们确信他们一定在什么地方,而且就在我们身旁。笛福认为,幽灵介于天使与人类之间,他们是睡梦和预感的中介者,"提醒人们从能够指引和解救我们的那只手里,寻求方向和指导"。笛福不认为鬼或幽灵是脱离人体的灵魂,他们只是没有形体而已。这与《圣经》的说法唱反调了。

这些只是反映18世纪人们在对灵魂、幽灵和魔鬼等看法上的普遍分歧而已,对我们今天而言,当然是毫无意义的。

6. 报 刊 先 驱

在今天,笛福长篇小说的成就与影响,掩盖了他报刊写作的成就。今天的读者所知道的笛福,是英国18世纪一位著名的小说家,《鲁滨孙飘流记》的作者。但在笛福自己的时代,他更有名的是他的报刊文章、政治讽刺诗和政论小册子。他在宗教、道德、经济和政治等各方面,紧跟社会变化和重大事件,发表了大量的论著,尽管他的观点颇受争议。他的文章使他树敌甚多,因此,他也成了许多人辱骂的对象。

英国在1476年引入印刷术以后,至1523年已有印刷所三十多家,主要印刷有关宗教的书籍和小册子。随着宗教改革的发展,印刷物中反封建、反旧教的成分日渐增多,引起了封建统治者的恐惧和不安。封建王朝陆续采取了种种控制印刷出版的措施。

1528年,英王亨利八世下令限制印刷业的发展,1538年正式建立皇家特许制度(the Stationers' Charter),规定所有出版物均须经过特许,否则禁止出版。1557年,玛丽女王下令成立皇家特许出版行会(the Stationers' Company),规定只有经过女王特许的印刷商才能成为行会的会员,只有行会会员和其他特许者才能从事印刷出版工作。1570年,伊丽莎白女王将上议院司法委员会独立为"星室法庭"(the Star Chamber),以加强封建统治。1586年,星室法庭颁布特别法令,严厉管制出版活动,其中规定:一切印刷品均须送皇家特许出版行会登记;伦敦市以外,除了牛津、剑桥大学,一律禁止印刷;印刷任何刊物均须事先请求许可;皇家特许出版行会有搜查、扣押、没收非法出版物及逮捕嫌疑犯的权力等等。

这项法令一直执行到资产阶级革命爆发,以后又为历次复辟者效法,对英国出版业的影响长达一个多世纪。

封建统治者的压制措施,不断遭到一些印刷商的抵制。尤其在16世纪末,人民群众对封建专制的不满日益增长,资产阶级和新贵族也力图变革旧的封建秩序。在这种背景下,各种不满现状的印刷品和新闻书在民间悄悄流传,要求出版自由的观念也与民主自由思想一起萌芽滋长。

17世纪初,在不定期新闻书增多的基础上,出现了定期报刊。1621年,英国最早的周报《每周新闻》(*the Courant*, or *The Weekly News*)在伦敦问世。这份经过官方特许的刊物自9月至10月共出了6期,基本上是荷兰文报纸的翻版。1622年2月又有同名《每周新闻》(*Courant*)和《新闻》(*News*)出版,但时间不长。后来又有《报纸》(*Courant*, 1622—1632)、《不列颠信使》(*Mercurius Britanicus*, 1625—1627)等出现。这些报刊只刊登国外消息,而且大多摘译自外国出版物,但也多少反映了动荡不安的欧洲时局。除了这些经官方许可的报刊以外,当时也不断有一些非法报刊秘密出版。

在资产阶级革命过程中,英国报刊逐步增多。尽管并没有出现具有鲜明资产阶级纲领的著名报刊,但是,此起彼伏的各种新闻出版物,与书籍、小册子一起在运动发展中起了重要的传播信息、宣传启蒙的作用。

革命爆发之初,封建王朝对出版物的压制措施就自动失效。

1641年7月,封建王朝的"星室法庭"正式被取消。于是,各种报纸和新闻印刷品犹如雨后春笋,纷纷涌现,在1640—1660年间共有三百多种。这些报刊一改以往只报道国外消息的状况,争相报道国内新闻。它们多数仍保持书本形式(习惯上仍称为"新闻书"),但第一页不再是封面图案和书名,而是改用了报名,下面直接登载新闻或新闻要目。

克伦威尔军事独裁时期,对印刷出版重又采取了严厉的管制。查理二世复辟后,封建王朝的出版管制代替了克伦威尔的军事管制。

1688年的"光荣革命"使资产阶级正式参与执政,备受压制的报业和出版业重新复苏,它们纷纷要求取消限禁,真正实现出版自由。1695年议会正式废除了出版法案(the Press Licensing Act),于是资产阶级报业如释重负,出现了一个新的办报热潮。

在17世纪和18世纪,各种政论小册子应运而生并大量出版。在18世纪,这种小册子是新闻报纸的一种补充。报纸主要报道的是事实新闻,不是发表意见的出版物,加之一页半张的容量也太少。在这种背景下,出现了以发表政见为主的政论小册子,这种政论小册子的容量相当于现代杂志的容量。出版许可证制度被取消后,言论和出版自由基本形成,各种报纸杂志和政论小册子蓬勃发展。作家们可就任何问题自由发表意见,不必事先经过批准。但英国革命是以资产阶级和封建贵族的妥协而告终的。因此,资产阶级报业所承受的桎梏并没有完全解除。统治当局继续用多种手段控制报业,只是这些手段增添了更多的资本主义色彩,其中包括(1)征收印花税;(2)运用法律制裁;(3)实行津贴收买。就法律而言,作家们还受到所谓"煽动性诽谤罪"法律的制约。笛福后来因此而多次被捕入狱。

出版审查法的取消、政治斗争的需要、城市的发展、读者的增多、物质条件的便利,使期刊事业达到前所未有的繁荣。1695年托利党马上出版了自己的喉舌《邮报童》(*Post Boy*,1695—1735);辉格党也马上出版了《飞行邮报》(*Flying Post*,1695—1731)。《邮差》(*Postman*,1695—1730)也倾向于辉格党。这几份期刊在当时算是寿命比较长的。因为期刊是随着社会危机或重大事件的出现而出版的;这些社会热点问题过一段时间就过去了,不再是人们关注的问题,这种期刊也就寿终正寝了。然后,出现新的社会热点,新的期刊又应运而生。

郭建中讲
笛福

随着资本主义社会体制的建立和旧出版法案的废除,英国的报业逐步活跃起来,并在上层市民中拥有相当数量的读者。卡尔·霍利迪称:在当时,"一个相当机智风趣而又善于冷嘲热讽的人,足以用笔杆子为生了"①。18世纪初,出现了日报,其中最早出版而获得成功的日报是1702年创刊的《每日新闻》(*Daily Courant*,1702—1735)。此报首先由爱德华·马利特(Edward Mallet)创办,后来卖给塞缪尔·巴克利(Samuel Buckley)主持出版。该报在其早期和鼎盛期,是一份商贸报纸,倾向辉格党;这种倾向在后期变得更为明显。

著名作家笛福和斯威夫特在17世纪末已经声名鹊起。但当时两人都以写政论文著称,是"办报人"或"记者"。他们各自的传世名著都要到下一世纪才出现,但他们在报业方面的成就却同样突出。

像对笛福本人品格及其小说的看法一样,评论家对他的报刊文章和政论小册子的评论也有分歧,但主流的看法还是正面的。大家都认为,笛福创办的《评论报》②,使英国的新闻事业发生了革命性的巨变,在现代报刊发展史中,占有重要的地位。他知识广博,熟悉欧洲现代历史,对世界地理有广泛的涉猎;他记忆力惊人,但又固执己见。他看问题敏锐,视角独特;他文笔朴实流畅,叙事生动,讽刺辛辣,逻辑清晰,还擅长写政治讽刺诗。他似乎没有一个社会问题不愿写的或不能写的,并力图把自己的观点用通俗易懂的语言,与最大多数的人交流。他能从各种不同的角度对自己的立场加以论证,并能调整自己的文风,以适应不同层面的读者,是一个多面手作家。笛福的一位传记作家韦斯特(Richard West)认为:"笛福不单单是一个称职的记者,而且是一个伟大的记者。"③而马尔(A. Marr)认为,"笛福是一位真正的天才作家","他开创了一种新闻体,这一文体被继承了下来","他新闻报道的文笔简明清晰,句子较短,描写简洁"④。笛福新闻报道的风格是:事实比语言更重要;人类的利益比语言和事实更重要。爱德华·阿伯(Edward Arber)认为,与安妮女王时代的其他3位

---

① Carl Holliday, *English Fiction from the Fifth to the Twentieth Century*, New York: Century Co. 1912.

② 笛福的这份刊物名称英文原文是 *Review*,可直译为《评论》。从其内容来看,更趋于像现在的一份杂志。我们根据商务印书馆出版的《笛福文选》(徐式谷译,1997年,北京),沿用了《评论报》这一名称。

③ West, R.(1997)*The Life and Strange Surprising Adventures of Daniel Defoe*, London: HarperCollins.

④ Marr, A.(2004)*My Trade: A Short History of British Journalism*, London: Macmillan.

作家(斯威夫特、斯蒂尔和爱迪生)相比,笛福虽然并不是最著名的作家,但却是最有影响、最有威力的作家,也是艺术性最好的作家,是那个时代英国最伟大的作家,对英国的法律和自由做出了重大贡献。①作为一个讽刺作家,笛福仅次于斯威夫特。但那些所谓正统的历史学家对这位不从国教的作家的评价,往往就不如上述三位作家了。也有评论家认为,笛福报刊文章的文风不够优雅,比较直截了当,没有艺术性可言。

但正是他杰出的写作能力,使哈利雇用他为政府的政策作宣传。有人贬低笛福,说他不过是个御用文人而已,但没有人能怀疑他的写作能力。他既是《评论报》主编和发行人,又是撰稿人,独自一人揽下报纸的全部活儿。此外,还专门编辑出版《评论报》的苏格兰版。但在当时,他也确实是一位御用文人,在罗伯特·哈利支持下,充当了托利党政府的喉舌,宣传政府温和稳健的政策。但这份报纸也起到了一定的消遣作用。《评论报》1704年2月19日开始出版创刊号,直到1713年停刊。人们也许不解,笛福关在监狱里,怎么还能筹办报纸?可能的原因是,笛福不是一般的犯人,对他的判罪在一些重要的政府大臣中也不是没有争议的。其中之一就是财政大臣葛德芬;正是他听了哈利的建议,后来设法释放了笛福,以为政府所用。报纸创刊时的名称是《法国每周评论》,初为周刊,头两期是8页四开本,后缩减为4页。出版四期后又改为一周两期。因为当时法国对英国的巨大威胁,故笛福不遗余力地要让英国公众了解法国的情况。其宗旨是要英国向法国学习也变得强大起来。次年改为一周出版三次,同时将刊名缩略为《评论》,并扩展内容和转变方向,变成以评论国内时政为主。但路易十四和法国,是笛福终身攻击的目标,因为,他一直清醒地认识到,法国对英国是一个最大的威胁。这份杂志不是新闻报刊,它不以报道新闻事实为主,而是以评论和讨论事件为主,表达笛福对时政的观点,往往集中表达新教的观点。每期都登有政治、商业和社会问题的文章,还常有副刊,内容涉及当时英国乃至欧洲发生的一切重大事件,包括政治、外交、军事、经济、贸易、宗教,乃至笛福自己感兴趣的任何题材,如教育、妇女问题等。

有一点值得称道,笛福通过《评论报》对时弊进行针砭。他的文

---

① Arber E. *In An English Garner: In gatherings from Our History and Literature*, Vol 7, Biringham, England, 7:459,554,586—88,604.

章尖锐地揭露了政治、宗教、婚姻和贸易中的欺诈和骗局，尤其是18世纪选举中的丑闻——贿赂、造假、伪证，以及使用各种手段误导选民等，可以说是无所不用其极！政治是这样，宗教也好不到哪里去。笛福指出，宗教的虚伪掩盖了政治野心。在《评论报》创办初期，笛福就增加了一个栏目，名为"来自诽谤俱乐部的劝告"。原先这个栏目的名称是"一周历史：胡说八道、鲁莽无理、恶习罪行和放荡堕落"。在这一栏目中，笛福讥讽其他报刊上的蹩脚文章，批评这些作家在事实、文风乃至语法方面的种种错误。《来自诽谤俱乐部的劝告》后来也转而刊登有关其他社会问题的文章，并提供行为准则和道德方面的建议。这个副刊也刊载一些小道消息、胡说八道的废话和社会上的流言蜚语，给读者一些消遣。其中很多是揭露人际关系，尤其是婚姻和贸易中的虚伪和欺诈行为。所有这些，在笛福的小说中也都有反映。

通过《评论报》，"笛福是一页一页地在书写历史；他的文字非常精彩，文风轻快活泼，通俗易懂，可读性强。尤其是他好斗的姿态，可以把论敌激怒到无法忍受的地步。所有这些无疑使激烈的舌战更加引人入胜。"① 笛福并没有吸取《惩治不从国教者的捷径》一文给他带来牢狱之灾的教训，不论是不从国教者或国教中的高教派信徒，不论是辉格党或托利党，都被笛福咄咄逼人的锋芒所刺痛。

笛福的讽刺诗、政论小册子和他的报刊文章，一方面特别鲜明地表现了笛福特立独行、桀骜不驯、固执己见、不计后果的性格；另一个更重要的方面，是表现了笛福对时局和种种社会问题敏锐的洞察力，他以一种历史的眼光和批判的眼光看待任何政治事件和社会现象。

《评论报》在当时是一本畅销期刊，销售量一般在每期400到500份。报纸也在伦敦到处沿街叫卖，甚至有盗版出现；有人买不到甚至还偷窃。《评论报》的影响远远超过其销售量。当时，阅读《评论报》的人互相传阅，在酒吧和咖啡馆里，人们阅读和讨论《评论报》的文章，甚至有人在街头大声朗读。

《评论报》有两个对头：一个是约翰·塔钦主编的《观察者》(Observator)，是辉格党极端派的宣传媒体，创刊于1702年4月1日；另一个是查尔斯·莱斯利（Charles Leslie, 1650—1722）主编的《预演》

---

① Thomas Wright, *The Life of Daniel Defoe*, Cassel and Company, Ltd. London, Paris & Meluoukm, 1894.

（Rehearsal），是托利党极端派的宣传媒体，创刊于1704年8月2日。莱斯利不仅针对笛福，也针对塔钦。三家杂志关于时政和宗教问题的激烈论战，在当时的新闻媒体舞台上演出了精彩的一幕。但后来各方都多少缓和了争论的调门。

笛福的《评论报》把自己引入了另一个文化领域，并成为当时众多报刊中的佼佼者，也为后来斯梯尔创办的《闲话报》(Tatler)和艾迪生(Joseph Addison，1672—1719)与斯梯尔合办的《旁观者》(Spectator)创造了文化氛围和条件。这三家期刊被认为是英国18世纪初的"三大评论期刊"。笛福一生编辑或撰稿的报纸杂志大约有25家或26家之多。他力主选择大众关心的话题，写出趣味化和通俗化的文章。《评论报》的文风，创造了18世纪的一种新文体——报纸杂志文体。笛福被认为是英国第一位职业记者，并被誉为"英国报刊之父"。

笛福单枪匹马，把《评论报》一办就是9年，其工作量之大，确实是常人难以胜任的。1938年学者集结《评论报》重版，一共出了22卷。《评论报》是笛福的写作训练基地，通过撰写和编辑《评论报》，笛福锻炼了描写场景和对话的技巧；同时他也变得更理智，更能倾听普通老百姓的意见，从而创造出鲁滨孙·克鲁索这个不朽的普通人形象。

1714年安妮女王殡天，汉诺威的乔治一世登基，政治形势发生了变化。哈利主持的托利党政府下台，代之以辉格党政府。笛福旋即改变立场，为辉格党政府服务，直至1730年。1715年之后，是笛福新闻报刊写作最活跃的时期，他为当时的许多报纸撰稿。当时，他已受雇于辉格党政府的国务大臣汤曾德子爵二世——查尔斯·汤曾德(Charles Townshend，2nd Viscount of Townshend，1674—1738)，又一次充当政府间谍。1716年5月，他为政府创办了《政治信使》(Mercurius Politicus，1716—1720)。该报一直被认为是托利党的报纸，但在笛福的掌管下，发表的文章并不得罪政府。6月，经汤曾德同意，笛福作为合伙人应邀加入《多默新闻》(Dormer's News-Letter，1716—1718)并为之撰稿直至1718年。这是一份激进的托利党和高教派报纸，但该报只是一份手抄本报纸，而且也不公开出售，只是直接邮寄给订阅者。这样的报纸影响面有限，辉格党政府尚能容忍。笛福的作用是阻止了他们创办一份更激烈攻击政府并公开发行的报纸。

1716年12月，汤曾德子爵下台，由森德兰伯爵二世——查尔斯·斯潘塞（Charles Spencer, 2nd Earl of Sunderland, 1675—1722）继承国务大臣一职。他对笛福的工作表示满意，并让他继续充当政府的间谍。因此，经斯潘塞同意，笛福以托利党人的公开身份，从1717年8月开始成为米斯特（Nathaniel Mist, 1695—1737）主办的《米斯特周报》（*Mist's Weekly Journal*, 1716—1737）的长期撰稿人，直至1724年10月。这是一份托利党极右分子反辉格党政府的报纸，为老僭君的喉舌。周报发行量达10,000份，这在当时是很大的数量，故颇有影响。笛福或自己撰写文章，或对米斯特提出劝告和建议，巧妙地降低了攻击政府政策的调门，而这正是辉格党雇用笛福的目的。笛福在该份报纸里没有股份，因此对文章的发表与否没有决定权。但他对米斯特尽可能地施加道德影响，后者也没有对笛福产生过怀疑。

1718年3月，切斯特菲尔德伯爵四世——菲利普·多默·斯坦诺普（Philip Dormer Stanhope, 4th Earl of Chesterfield, 1694—1773）接替森德兰伯爵二世任国务大臣，笛福必须向新国务大臣讲清他与米斯特和《米斯特周报》的关系。从1718年4月12日至6月13日，他连续给斯坦诺普的秘书查尔斯·德拉费伊先生（Mr. Charles de la Faye）写了6封信，说明他为托利党报纸工作，是两位前任国务大臣安排的，目的是为了削弱托利党报纸攻击政府的锋芒。

1718年9月，笛福又开始创办《白厅晚邮报》（*Whitehall Evening Post*），直至1720年。1719年，他又创办《每日邮报》（*The Daily Post*, 1719—1725），直至1725年4月。在"南海泡沫"爆发之际，笛福觉得应该有一个刊物专门讨论金融犯罪问题。1720年10月5日，他创办出版了《指导者》（*Director*）第1期，此刊至1721年停刊。他与约翰·阿普尔比（John Applebee, ? —1750）主办的《阿普尔比周报》（*Applebee's Weekly Journal*, 1720—1726）的关系开始于1720年6月25日，直至1726年3月12日。这是他最后为之撰稿的一份报纸。我们前面提到，笛福从1717年作为辉格党安插在托利党内的办报人，为米斯特等激进的托利党报纸撰稿的事。据说，到1724年，笛福的"间谍工作"获得了一定的成功。这件事在当时的英国新闻界引起轩然大波。1719年《鲁滨孙飘流记》出版之后，笛福主要为《阿普尔比报》撰稿，写有关强盗杰克·谢泼德（Jack Sheppard）及其他罪犯的故事。这样，笛福又进入了另一个文学写作领域——罪犯的传记。

笛福的新闻报刊作品,今天的读者对其不会有多大的兴趣,因为新闻或评论涉及的都是当时的时政问题,而且,没有相应的历史背景知识,也无法理解笛福的观点;这些文章和论著,只是历史学家或经济学家"引经据典"的资料而已,很少或基本上不能作为文学和文本分析的研究对象。① 但是,我们特别要重点介绍一下1704年出版的《暴风雨》。因为这是一部新闻报道与小说艺术相结合的典范之作,珍妮·麦凯(Jenny McKay)称其为"当代新闻报道的典范之作","英国新闻报道和通俗叙事文体发展过程中的一个里程碑"②。同时,这篇报道也是笛福运用培根实验科学的方法,观察和搜集资料后写出的典型之作。从这部作品中,我们可以看出笛福对实际发生的事实和想象的事实的叙述能力,从而我们也不难理解,他为何能从非小说的政论小册子写作和新闻报刊的写作那么"华丽地转身",顺利地过渡到小说的创作并"一炮打响"。同时,这部著作与《瘟疫年纪事》一样,具有突出的纪实小说风格,对后来的作家如美国短篇小说家、诗人和评论家艾德加·爱伦·坡(Edgar Allan Poe, 1809—1849),苏格兰小说家、诗人和游记作家罗伯特·路易斯·斯蒂文森,英国著名科幻小说家赫伯特·乔治·威尔斯(H. G. Wells, 1866—1946)和英国小说家、散文作家乔治·奥威尔(George Orwell, 1903—1950)等,都产生了深远的影响。

《暴风雨》(*The Storm*, 1704)

　　1703年11月26—27日,英国发生了历史上持续一星期的罕见特大暴风雨。不到9个月后的1704年7月17日,笛福的报告文学《暴风雨》就问世了。这部著作记录了暴风雨中大量亲历者的叙述。

　　这次特大暴风雨之前,英国南部气候恶劣,大风大雨持续了好几个月。7月底笛福在伦敦受枷刑的时候,就站在街头的大雨之中。11月初开始,狂风暴雨加剧;至24日,从英格兰西南部英吉利海峡沿海多塞特郡(Dorset)的特伦特村(Trent)开始,横扫英吉利海峡;26日晚上,伦敦风力特强,直至12月2日才开始减退。据统计,大风摧毁了800多间房屋,2000多个烟囱,掀翻了上百座教堂的屋顶,吹倒了上

---

① Jenny McKay: *Defoe's The Storm as a Model for Contemporary Reporting*, Chapter I in Keeble, R. and Wheeler, S. (2008) *The Journalist Imagination: Literary Journalists from Defoe to Capote to Carter*, Abingdon, UK, and New York: Routledge.
② Ibid.

百万成材树木。作家、园艺家约翰·伊夫林①在他的日记中记载,仅英国南部"新森林国家公园",就吹倒了4,000余棵橡树。他自己在萨里郡的庄园就损失了2,000余棵树木。

耸立于德文郡普利茅斯(Plymouth)14英里以南的海外,有一座120英尺高的埃迪斯通灯塔(the Eddystone Lighthouse),是亨利·温斯坦利(Henry Winstanley,1664—1703)设计建造的。②他坚信这座灯塔是"不可摧毁的"。27日,他在暴风雨中亲自来到灯塔进行维修工作。但无情的风暴还是吹翻了灯塔,他与灯塔里的其他5个人被狂怒的海浪冲走而丧生。许多船只在暴风雨中失事。风暴撞毁和沉没了12,000艘大小船只,其中英国海军损失15艘舰船,1,500名官兵丧生。而商船的损失就无法估计了。根据笛福的记录,仅伦敦就死了123人。灾难造成的死亡人数估计在8,000到15,000之间,其中1,100人死于英吉利海峡的古德温沙洲(Goodwin Sands)。还有一只船从英国南部被大风刮到了挪威。对这次灾难,连安妮女王也说:"我们王国还活着的人的记忆中,从未遭遇过如此可怕、如此惊人的灾难。"她还宣布1月19日为全国忏悔日,禁食一天。

这场暴风雨发生在笛福跨出新门监狱两星期之后。当时笛福一家住在伦敦金斯兰(Kingsland)住宅区的岳母家中。24日(星期三)傍晚,笛福在街上差点被附近倒下的房子击倒。26日(星期五),风力进一步增强。晚上10点左右,笛福用气压计测量了一下,发现水银柱降到了最低点。半夜后,更是狂风怒吼,人们根本无法入睡。笛福家临近房屋的烟囱倒下来发出的巨响,惊动了全家。尽管他岳母家的房子是砖瓦结构,但他们还是怕房子会被狂风吹倒,就开门跑到园子里去。结果发现,瓦片在空中飞舞,石头吹起三四十码高,落到地上撞出一个个七八英寸深的洞。笛福一家只得回到房子里听天由命了。第二天早上8点之后,风力开始减退了。暴风雨中,笛福一家幸免于难。

暴风雨后的伦敦街上堆满了残砖碎瓦和破门断窗,一片狼藉。笛福为暴风雨造成的破坏深感震惊。这时他可能感到遗憾和无奈,要

---

① 约翰·伊夫林(John Evelyn,1620—1706),英国作家、园艺家和日记家。他的日记非常有名,记录了17世纪后期到18世纪初英国的艺术、文化和政治情况。

② 亨利·温斯坦利(Henry Winstanley,1644—1703),英国工程师,他建造了第一座埃迪斯通灯塔(the Eddystone Lighthouse)。

是他在蒂尔伯里的砖瓦厂没有倒闭,他可要成为大富翁了。可以想见,他刚从监狱出来,经济十分窘迫。于是决定用他的笔来挣钱。他后来说:"这场大风暴,没有一支笔能描写,没有任何语言能表达,没有一个头脑能想象。"但这个不可能完成的任务,笛福完成了,而且圆满地完成了。笛福意识到,他亲历了这场史无前例的大灾难,有责任把一切都记载下来留给后人。他在这篇报道开头说:"祈祷只能让少数人听到,印刷出版的书籍是对全世界的人讲话……印刷出来的书籍是一种记录。书中的内容将一直传下去,直至永恒,尽管躺在坟墓里的作者早就被人遗忘。"

为此,他就着手准备。首先,暴风雨后不到一周,他就在政府的官方报纸《伦敦公报》(*London Gazette*)和英国第一份日报《每日新闻》(*Daily Courant*)上刊登了广告,征集暴风雨亲历者的记述。

在等待来信的日子里,笛福开始亲自作实地调查。12月2日,风雨开始减退。第二天,笛福就去伦敦泰晤士河上的"伦敦池"(London Pond)港口察看,发现700余艘船只被吹得七零八落,堆挤在一起,其情景难以想象。笛福遇到一个渡船工人。这位工人告诉他,他们损失了500艘渡船,大部分被大风撞击得粉碎。此外,还有300只小船和60艘驳船沉没。笛福走遍了伦敦,调查暴风雨造成的损失,计算倒塌的建筑和房屋、吹倒的烟囱和教堂的尖顶。笛福也调查了伦敦主要教堂和重要建筑的受损情况。

12月初,考察完了伦敦,笛福又出发到肯特郡调查暴风雨给农村造成的破坏和损失。他看到大量的树木被吹倒,更是震惊不已。他开始计算倒掉的树木,但数到17 000根就数不下去了。笛福统计了被摧毁的风车达400座,有的是刮倒的,有的是因为风车的转叶摩擦起火而烧毁的。仅塞文河(River Severn)泛滥就淹死了15 000只绵羊,此外还有上百头牛。海水把海盐冲入内陆达25英里远,掩盖了草地,致使牧人无法在牧草地上放牧。乡间到处都是倒塌的房屋、谷仓、牛棚、马厩和畜舍。

笛福回到伦敦,收到从全国各地源源不断寄来的信件达上百封。给他来信的人有牧师、绅士、"诚实的乡下人"、药剂师、水手,甚至还有一位妇女。他们都是生活在英国各地遭受暴风雨袭击的人。笛福在报道中,大段摘引了群众的来信。

当时,在肯特郡海岸,失事船只的船员临时栖息在沙洲上。但他们知道,海水很快就会上升,他们会性命难保。迪尔(Deal)城里一位名叫托马斯·鲍威尔(Thomas Powell)的商人组织了抢救行动,救出了200多人。笛福在报道中予以高度的褒扬。但据说当时许多市民哄抢失事船只,顾不上去救海员,笛福也对此进行了严厉的谴责。

《暴风雨》是对这一事件的历史记录,是第一篇现代新闻报道,但也是一部具有政治元素的报告文学。在详细记叙这次灾难的同时,笛福不忘顺便对高教派进行了一番攻击。

总结起来,这个长篇新闻报道有如下特点:

1)记述的真实性。

《暴风雨》用第一人称的手法,叙述了这场灾难发生的经过及对英国城乡造成的巨大损失;叙述了一些人奇迹般的生还,另一些人不幸的死亡;记录了挺身救人的英雄行为与趁"风"打劫的卑劣行径。报道中包括许多亲历者的信件和笛福亲自采访亲历者的材料。毫无疑问,所有这些信件和采访记录,都是绝对真实的。这也说明,笛福在全国各地有许多朋友,纷纷响应了他刊登的广告。另外,笛福还引用了不少官方文件、报刊报道、科学测量数据等。用这种方法,笛福把自己的报道完全建立在事件的真实性和对场景描写的可靠性的基础之上。

笛福为此书的序言署名为"时代的谦卑仆人"。他声称自己是以一个历史学家的责任感,撰写这篇报道:"历史学家的责任就是还原事实,把事实建立在合法权威的基础之上。"他写此书的目的是指出道德问题,并要人们遵循自然法则,即"上帝的意志",从灾难中吸取有益的教训。

后来,他把第一人称的叙事手法和灾难亲历者的叙述运用在想象的叙事作品中。最突出的例子就是《瘟疫年纪事》。与《暴风雨》一样,《瘟疫年纪事》记录了一个灾难肆虐的社会及其对亲历者的身心产生的永久难忘的影响。《暴风雨》是笛福第一部长篇著作。在这部作品中,笛福进行了对真实经历叙述的实验,在后来出版的《瘟疫年纪事》中,他采用了同样的写作手法,其中一种就是使用事件亲历者的第一人称叙事手法。在《暴风雨》中,笛福运用了他搜集的书信和他的采访记录;《瘟疫年纪事》则从一位想象中的"事件亲历者"的视角,叙述了实际发生过的这一事件。当然,笛福完全可能听到过事件亲历者的家人和亲友对发生在1665年伦敦瘟疫灾情的叙述。在这部小说中,他也广泛引用了疫情期间教堂的死亡周报表等数据,使自己的虚构建立在真实发生的事件的基础之上。

《暴风雨》这部著作的特殊意义还在于,这是笛福一系列长篇记叙文的第一部,这些记叙性著作还包括《维尔太太显灵记》(A True Relation of the Apparition of one Mrs. Veal, the next day after her death, to one Mrs. Bargrave at Canterbury, 1706)、《一位保皇党人的回忆录》(Memoirs of a Cavalier, 1720)和《瘟疫年纪事》(A Journal of the Plague Year, 1722)。所有这些著作都是真实事件的记录,笛福只进行了艺术加工而使之完美而已。同时,从《暴风雨》的写作手法中,我们可以窥见笛福的叙事艺术是如何在后来的小说创作中日渐成熟的。

2)描述的细节性。

笛福在《暴风雨》中写到这样一个细节:房子背风的一面吹掉的瓦片,比迎风的一面要多;在大建筑后面小房子的屋顶往往被整个吹掉。大房子尽管承受大风的压力,但破坏程度较小。

笛福也注意到,在英国有些地区,教堂和公共建筑的铅皮,包括威斯敏斯特教堂(Westminster Abbey)和基督教会医院(Christ Church Hospital)的屋顶,像羊皮纸一样被卷起来,有的地方整块铅皮被吹走。笛福还记录了400多座风车被摧毁;有些船上的船帆由于被强风突然吹得旋转起来,导致木轮摩擦起火,烧毁了船只。

笛福对人员死伤的情况和个例都有详细的记述,这些都是引用大众写给他的材料。例如,一位在牛津名叫巴格肖特(J. Bagshot)的先生给他的信件中,叙述了在威尔斯(Wells)的主教基德尔(Kidder)夫妇死亡的情况。他俩是被倒下的烟囱压死的。其中的一个细节是,基德尔主教夫人死于床上,而70岁的主教本人死在离房门口不远的地方,脑浆都被砸了出来。显然主教发现了危险,从床上跳下来试图逃到屋外。而主教夫人发现丈夫被砸死后,用被子把自己包裹起来,结果被闷死。有关这些细节,笛福都一点不落地记述下来。

3)分析的科学性。

对于这场大风暴发生的原因,笛福与当时的许多人一样,认为这是上帝对人们罪恶的惩罚。在《暴风雨》之后,笛福还发表了两部作品。一篇是《俗人对暴风雨的祈祷》(The Layman's Sermon Upon the Storm, 1704)的小册子和一首长诗《关于最近发生的暴风雨》(An

Essay on the Late Storm,1704）①。在这两部作品中,笛福重申了关于上帝惩罚的观点。但他不忘趁机攻击一下他的政敌,把罪恶归之于詹姆斯二世党人、辉格党人、实施"间或一致"的非国教徒等人。

但笛福的上述观点,并不妨碍他对暴风雨做出科学的分析。笛福说:"一个科学家可以是基督徒,有些虔诚的基督徒还是最好的科学家。"

《暴风雨》的第一章是"风形成的自然原因"。在这一章里,笛福叙述了17世纪关于风形成的物理原因。

在暴风雨肆虐期间和暴风雨过之后,笛福从一位朋友那儿搜集到每天的气压数据。在报道中,他引用了海员们使用的风力级别表,然后制定了自己的风力级别表,以使测量更为精确。他的分级表早于现在应用的蒲福（风级）度标②100年。

上面提到关于背风面和迎风面的风力破坏性问题,笛福把此归因于大风产生的旋涡。这几乎是正确的。现在人们知道,这被称之为"伯努利效应"(the Bernoulli effect)。③

笛福在泰晤士河上考察时注意到,伦敦桥不仅在暴风雨中幸存下来,并且受损不大。更令人惊讶的是,桥上的房子和建筑照样岿然屹立,尽管这些房子和建筑高高耸立,毫无遮挡。笛福做出的解释是:大风从支撑大桥的拱门下面通过,因而分散了暴风的风力。

4）语言的现代性。

笛福知识广博,有个人独特的见解,且擅长写各种文体的文章,文笔流畅。即使在今天,他也必定是深受新闻媒体欢迎的记者和编辑。他的文风是语言简洁清晰,使用典型的新闻报道英语,句子比较短,描写比较清楚。因此,理查德·韦斯特称他"不仅是一位优秀的记者,而且是一位伟大的记者"。马尔说他是"一位真正的天才作家,

---

① 这是一首叙述暴风雨的叙事长诗,但原文用了 essay 一词。
② 蒲福风级(Beaufort scale 或 Beaufort wind scale)是英国人弗朗西斯·蒲福(Francis Beaufort)于1805年根据风对地面物体或海面的影响程度而定出的风力等级。按强弱,将风力划为"0"至"12",共13个等级,即目前世界气象组织所建议的分级。到了20世纪50年代,人类的测风仪器便度到自然界的风实际上大大超出了12级,于是就把风级扩展到17级,即共18个等级。
③ 丹尼尔·伯努利(Daniel Bernoulli,1700—1782),著名瑞士数学家约翰·伯努利(Johann Bernoulli,1654—1705)之子,他最主要的贡献在于流体动力学和数理物理学。他证明,大风在背风面造成低压,其强度足以掀起瓦片,并吸入空中。

……他创造了一种至今还都在使用的新闻体"①。

下面我们引用两段关于暴风雨的新闻报道。第一段引自笛福的这篇《暴风雨》,第二段引自BBC新闻网站:

> 上百棵苹果树和其他树木被吹倒了;大部分房子的瓦屋顶和稻草屋顶都毁坏了。……我们最大的损失是苹果树,因为我们需要用苹果酿酒为我们享用。

> 上星期,我打算给今年秋天的苹果树修枝。现在好了,用不着费力了——大风把苹果树刮倒了。我不知道哪一件事使我更烦恼:是苹果树被毁了呢,还是我一年做苹果派的收入大大减少了呢。②

如果阅读英语原文的话,我们将会发现,18世纪初笛福使用的英语,与300年后的今天所使用的当代英语,几乎没有多少差别。

伊尔丝·维克斯(Ilse Vickers)的著作《笛福与新科学》(*Defoe and the New Sciences*)中谈到,在笛福的著作中,体现了17世纪关于语言的观点:"日常的、简单的语言,不事修饰,不用华丽的辞藻;这是最有效的交流手段,因此也是增进知识最好的方法。"

因此,《暴风雨》不仅是一篇开创性的长篇新闻报道,篇幅长达75,000词,也是英国新闻发展史和通俗叙事作品发展史上的一个里程碑。记者兼笛福的传记作家理查德·韦斯特说:"《暴风雨》是一部杰作,它让所有当代的有关灾难的叙述相形见绌,不论是书中的、报纸上的、电台广播里的,或是电视上的。"③笛福这种长篇报道的形式至今在新闻报道中非常流行。因此,在18世纪初期"新闻业发展的黄金时代",即使笛福"不是现代报刊文章各种体裁的开创者,他也是一位大师"。在韦斯特眼里,笛福的优势之一就是"擅长讲故事的艺术"。《暴风雨》的现代版编者理查德·汉布林(Richard Hamblyn)

---

① 援引自Jenny McKay: *Defoe's The Storm as a Model for Contemporary Reporting*, Chapter I in Keeble, R. and Wheeler, S. (2008) *The Journalist Imagination: Literary Journalists from Defoe to Capote to Carter*, Abingdon, UK, and New York: Routledge.
② Ibid.
③ West, R. (1997) *The Life and Strange Surprising Adventures of Daniel Defoe*, London: HarperCollins.

说,笛福有一种"叙事的本能"①。怪不得安东尼·伯吉斯②说:"笛福是我们第一位伟大的小说家,因为首先,他是我们第一位伟大的新闻记者。"这是把笛福的新闻报道与他的现实主义小说创作联系了起来。因此,《暴风雨》是笛福从新闻写作过渡到小说创作的一部关键性作品。在充分分析了这部作品之后,我们就可以非常自然地转而讨论笛福的长篇小说了。

---

① 援引自 Jenny McKay: *Defoe's The Storm as a Model for Contemporary Reporting*, Chapter I in Keeble, R. and Wheeler, S. (2008) *The Journalist Imagination: Literary Journalists from Defoe to Capote to Carter*, Abingdon, UK, and New York: Routledge。

② 安东尼·伯吉斯(Anthony Burgess),真名是约翰·伯吉斯·威尔逊(John Burgess Wilson,1917—1993),安东尼·伯吉斯是他的笔名。英国作家、诗人、剧作家、作曲家、语言学家、翻译家和文学批评家。

八

小说之父

郭建中讲

笛福 Defoe

今天中国的读者,都知道笛福是《鲁滨孙飘流记》的作者,但很少有人知道他的其他两部名著《摩尔·弗兰德斯》和《罗克珊娜》。

1719年笛福发表第一部长篇小说《鲁滨孙飘流记》时,已经59岁了。笛福的最后12年,主要从事小说创作和历史著作的撰写,其写作速度也十分惊人。有时一年出版三部、四部,甚至五部著作。但即使在这一时期,他也没有停止发表政论文章和办报。在此期间,他至少主办三四种报纸,包括一份近100页的月刊、一份周刊、一份三周刊,有一段时间还办了一份日报。其间出版长篇小说10部,包括《鲁滨孙飘流记》系列三部,《摩尔·弗兰德斯》、《罗克珊娜》和《辛格顿船长》等,且不少已成为无可争辩的世界文学名著,被誉为"英国小说之父"。其写作速度和作品数量,不论在英国作家或外国作家中,都无人能望其项背。如果把他所有的小说和非小说作品累计,即使是巴尔扎克的作品数量也显得微乎其微了。

从写政论文转而写冒险小说,在当时人们的眼中,笛福是在走下坡路了。因为冒险小说在当时是不入流的东西,而小说本身与诗歌、戏剧、历史和其他纯文学形式的作品相比,在笛福那个时代是低档次的消遣品。更由于笛福不在18世纪英国的文学圈子之内,他只是个商人,充其量是个报人而不是文人。因此,他与蒲柏和斯威夫特等所谓正统文人集团是对立的,也为他们所鄙视。然而,具有讽刺意味的是,今天,笛福大量的政论文、政治讽刺诗和报刊文章,除了专家偶会提起,几乎已被大多数人忘记了。但他的小说,尤其是《鲁滨孙飘流记》却在全世界拥有一代又一代数不清的读者,从少年儿童到耄耋老人,且百读不厌。《鲁滨孙飘流记》让笛福的名字永垂千秋!

为了适应当时的阅读市场,笛福声称自己的这些作品不是传奇(romance),也不是虚构的散文故事(fiction),即后来所谓的小说(novel)。他说,《鲁滨孙飘流记》是一个寓言;《摩尔·弗兰德斯》、《杰克上校》、《辛格顿船长》、《瘟疫年纪事》和《一位保皇党人的回忆录》都是历史,是历史事实的记录,他只是作了些艺术加工而已。笛福认为,虚构的故事或传奇,是不值得写的,阅读它们也是浪费时间。在《家庭教师》一书中,他不让子女读虚构故事和戏剧这类东西,因为他认为,这类作品没有道德教育的作用。因此,研究笛福的小说,需首先考察笛福在关于社会改造和家庭教育的著作中所反映的道德观。这类著作包括《计划论》(1697)、三卷《家庭教师》(1715,1718,1727)、《宗教与婚姻》(1722)、《关于从属戒律的思考》(1724)和《夫妻淫荡》(1727)等。在这些著作中,笛福都强调社会秩序和家庭责任,他在这些著作中的道德观在他的小说中都有所反映。例如,在《家庭教师》中,笛福借用一位邻居的口说,民族道德的败坏始于家庭,"家庭成员之间的争吵是最坏的;家庭争吵始于激烈的言辞,继而逐步升级,终而引起暴力,从而产生严重的后果"。他的那些小说,则用讲故事的方法表现了同样的主题思想,尤其明显地表现在《摩尔·弗兰德斯》和《罗克珊娜》等小说中。再如,《罗克珊娜》中罗克珊娜的女仆艾米,与女主人穿着一样奢华,有时甚至超过女主人。《摩尔·弗兰德斯》的主人公在被寄养的家中,与家中的小姐们一样穿着,一样受教育。笛福在小说中反映了他在宗教和道德教育著作中所表达的观点:谴责道德败坏和社会的混乱无序。

1715年之后,直至终老,笛福一直特别关注社会改革和道德问题。他坚持认为,从乔治一世统治开始,英国社会世风日下,堪与查理二世时代相比。当时宫廷道德的败坏,导致了全社会道德的败坏。因此,这也是笛福拥护和颂扬威廉三世的原因之一。笛福认为,在道德上,乔治一世的时代,倒退到了查理二世的时代。因此,他把《摩尔·弗兰德斯》、《瘟疫年纪事》和《罗克珊娜》三部小说的时代背景,都放在查理二世时期。从这一点出发,我们就可以更深刻地认识笛福小说的社会意义和现实意义。因为,笛福认为,社会道德的堕落和败坏,是由于没有遵循他在道德教育著作中所主张的那些道德戒律。因此,我们应该认真对待他小说中的说教:18世纪20年代的读者,更能体会到小说中的世界与他们自己时代的相似之处。

笛福不让子女读虚构故事,还与当时的阅读风气有关。18世纪的英国,读者喜欢读真实的游记和冒险记。当时流行的这类书籍有:理查德·哈克卢(Richard Hakluyt,1552?—1616)的《航行记》(*The Principal Navigations, Voyages, Traffiques, and Discoveries of the English Nation*, in Three volumes, 1589—1600)、罗伯特·诺克斯(Robert Knox,1641—1720)的《锡兰岛的历史关系》(*An Historical Relation of the Island Ceylon*, 1681)、威廉·丹皮尔(William Dampier, 1652—1715)的《新环球航行记》(*A New Voyage Round the World*, 1697)、伍兹·罗杰斯(Woodes Rogers, 1679?—1732)的《环球巡航记》(*Cruising Voyage Around the World*, 1712)、爱德华·库克(Edward Cooke)的《南海贸易与环球航行记》(*A Voyage to the South-Sea Trade, and round the World*, 1712)和理查德·斯蒂尔发表在《英国人》(*Englishman*, December 1—3, 1713)杂志上关于塞尔扣克在费尔南德斯孤岛上四年半孤独生活的叙述(*An Account of Alexander Selkirk*)等。很多读者不喜欢读虚构故事,因为虚构就是撒谎。弗吉尼亚·吴尔夫(Virginia Woolf, 1882—1941)在她的文学随笔《普通读者》(*The Common Reader*)中说:"笛福写道:'凭空虚构故事真是一桩可耻的罪过。这是撒谎,只要它在你心上打开一个洞,撒谎的习惯就渐渐钻进你的心里。'因此,他在自己每一部小说的序言或正文里都不厌其烦地强调说:他丝毫也没有运用虚构方法,完全依据事实,而他的宗旨一直不离开想使坏人洗心革面、好人受到提醒的高尚道德愿望。幸运的是这些原则正跟他的天性和才能合拍。六十年当中,他经历了种种命运变化,无数事件熟烂胸中,此时他便在小说里将自己的经历加以利用。"[1]

为此,在《鲁滨孙飘流记》的序言中,笛福强调这是一个普通老百姓的历险记,编者未经任何加工。在封面上特地标明是主人翁自己亲笔写的。在《摩尔·弗兰德斯》中,又从反面强调故事的真实性。前言一开头就说:

---

[1] 弗吉尼亚·吴尔夫:《普通读者》,刘炳善译,北京:北京十月文艺出版社2005年版。

近年来,大家都喜欢读小说和传奇。对自传都不太相信是记述真人真事的作品,更何况自传主人翁隐瞒了真实姓名及其身世。因此,下面的记述是真是假,我们只能让读者在读了后做出自己的判断了。

笛福实际上是想告诉读者,这是一个真人真事的故事。在封面上,又特地标明,书是根据主人翁自己的回忆录写成的。

在《罗克珊娜》的序言中,笛福强调这本书不是故事,而是历史,是事实。

笛福的最佳小说当数《鲁滨孙飘流记》、《摩尔·弗兰德斯》、《罗克珊娜》和《瘟疫年纪事》。其次是《一位保皇党人的回忆录》、《杰克上校》和《辛格顿船长》。

笛福所有的小说最初发表时,几乎都没有署名。究其原因,一是小说在当时被认为不是高雅的文学作品,写小说不受人尊敬;二是我们前面提到的与当时的阅读氛围有关,过去骑士或流浪汉的虚构故事已让读者厌倦。笛福需要让读者相信,这是"主人翁自己写的自传",书中的一切都是"真实的历史记录";三是由于当时政治、宗教等原因,笛福一直匿名或用假名发表文章。他经常根据文章需要,以各种不同的身份发表文章或著作,且他非常善于扮演各种角色,乐此不疲。他把这种善于伪装的天性带到了小说创作中来。

但笛福对谎言也作了辩解。他认为,谎言因目的不同而应区分好坏。制造或散播坏谎言的目的是欺骗、伤害、叛变、抢劫、破坏或诸如此类的罪恶意图,这种谎言是为了掩盖罪恶,无异于恶狼披上了羊皮。

好的谎言其实不能算谎言。那是寓言故事,或是为道德教育所编的故事。因此,编写没有道德教育因素的故事是一种"可耻的罪行"。为此,笛福在小说"序言"或"编者的话"中,以及小说情节发展过程中,都不忘引发一段道德说教的言论。但有意思的是,笛福并不否定这些小说的娱乐和消遣作用。在《鲁滨孙飘流记》的序言中,他谈道:"……编者认为无须对原作加以润色,因为那样做对读者在教育和消遣方面也没有什么两样。"三年后在《杰克上校》的序言中,笛福更有力地强调了小说的娱乐和教育作用。他认为书中"教育和有益的部分"与"娱乐和消遣的部分"是不言而喻的。在《罗克珊娜》的序言中,编者(笛福)同时推荐故事的教育作用和消遣作用,并说对"品德高尚的读者来说",阅读此故事"既能得益,又能娱乐"。

笛福的这些作品是不是小说,这要看我们如何定义小说,或对小说定义的看法了。

1. 英国小说兴起的背景

小说是 18 世纪英国文学对世界的主要贡献。笛福则在这一时期的英国文学史上占有重要的地位。我们在研究笛福小说的同时,也看到了作为一种新的文学样式的长篇小说形成和发展的历史。英国小说的形成和发展,是英国社会经济发展的必然产物,也是文学艺术自身适应社会经济发展现实的必然结果。

18 世纪英国小说形成和发展有其文化背景和社会背景,有其思想条件与社会条件:科学技术的发展、唯物主义、启蒙思想、经济社会发展、印刷术引进、通俗小说普及、读者群扩大等等。

1688 年"光荣革命"胜利后,最终推翻了封建王朝,确立了君主立宪制度的政体,巩固了新兴资产阶级和新贵族的统治地位。笛福时代的 18 世纪,正处于工业革命的前夜,"圈地运动"基本完成,生产方式正由手工工场生产开始向机器生产过渡,工商业和贸易兴旺发达,资本主义经济迅猛发展。经济社会的发展,推动了自然科学和生产技术的发展;而科学技术的发展,一方面为工业革命准备了条件;另一方面又推动了哲学思想的发展。英国哲学家约翰·洛克发展了经验主义和政治自由主义思想,又推动了唯物主义和自由思想的传播。这样,在资本主义经济发展的基础上,在自然科学和唯物主义思想的影响下,全欧洲兴起了一场声势浩大的思想运动——启蒙运动。启蒙运动是宣传资产阶级思想的运动;启蒙运动思想家以"自由、民主、平等"的思想教育民众。尽管英国在 17 世纪已经发生了资产阶级革命,但启蒙思想家们仍然能鼓舞大众继续向封建势力作最后的斗争。笛福提倡的"天赋人权、法律面前人人平等、国家权力属于人民"等主张和否定"王权神授"等思想,无不受当时启蒙思想的深刻影响。因此,启蒙思想成为 18 世纪英国文学的主流。如前所述,笛福在莫顿学院就受到了洛克的经验哲学思想和牛顿等人科学思想的教育。

洛克在《人类理解论》(An Essay Concerning Human Understanding,1690)中,提出了"知识都是从感知经验中产生"的经验主义思想。正是个人通过感知可以发现真理的思想,产生了现代的现实主义。而笛卡儿认为,对真理的追求完全是个人的事。

伊恩·瓦特(Ian Watt,1917—1999)在《小说的兴起》(The Rise of the Novel,1957)一书中认为,尽管"哲学上的现实主义对小说具有的重要意义很少是具体化的;相反,其重要意义在于现实主义思潮的总体特征、它常用的调查研究的方法及它提出的种种命题。……哲学上的现实主义的所有这些特征,与小说形式的与众不同的特征,具有相似之处,这些相似之处引起了人们对生活与文学之间的独特的一致性的关注,这种一致性自笛福和理查逊(Samuel Richardson,1689—1761)的小说问世以来,一直通行于散文虚构故事之中"①。伊恩进一步阐释说:"小说是最充分地反映了这种个人主义的、富于革新的重定方向的文学形式。……小说的基本标准对个人经验而言是真实的——个人经验总是独特的,因此也是新鲜的。……小说家的根本任务就是要传达对人类经验的精确印象,而耽于任何先定的形式常规只能危害其成功。"②我们可以说,这是哲学思想对小说形成的影响;或者也可以说,小说的形成迎合了当时的哲学思潮。

同时,我们也可以看到,18世纪英国小说的形成与发展,也是文学艺术自身的特征和发展的规律,是文学艺术自身适应社会经济发展现实的必然结果。

侯维瑞、李维屏在合著的《英国小说史》中指出,作为一种叙事性体裁,英国小说的形成与发展,不是一种孤立或自发的文学现象,而是与异域文化的渗透和本土文化的繁盛密切相关。

英国小说源头可追溯到希腊和罗马神话及欧洲的传奇文学。而中世纪欧洲大陆各国的传奇文学,也对英国小说的形成产生了重要的影响。还有就是16世纪以描写恋爱和婚姻生活为主的法国消遣小说(Nouvelles Recreations)和西班牙的流浪汉小说(Picaresque Novel)也对英国小说的形成产生了积极的促进作用。③

就本土文化的影响而言,英国小说的产生和形成可以追溯到盎格

---

① 伊恩·P.瓦特:《小说的兴起》,高原、董红钧译,北京:三联书店1992年版,第5页。
② 同上书,第6页。
③ 侯维瑞、李维屏:《英国小说史》,南京:译林出版社2005年版,第18—24页。

鲁—撒克逊时期以《贝奥武甫》(Beowulf)为代表的叙事文学,"它们是英国小说的重要基础和渊源"①。

英国小说的问世,至少可追溯到16世纪末的文艺复兴时期。那个时代是思想和科学繁荣发展的时代,同时也是小说开始形成的时代。而对英国小说产生直接影响的则是从中世纪开始崛起、到17世纪形成高潮的英国散文作品。以英国著名散文家弗兰西斯·培根(Francis Bacon,1561—1626)为代表的散文作家,发展了简洁明快的语言风格和充满哲理的散文作品,是英国小说形成之前一个重要的过渡阶段。

17世纪英国出现了约翰·班扬的宗教寓言小说《天路历程》,成为英国现实主义小说的先驱。

18世纪初,英国又开始盛行各种通俗小说和"传记",题材包括被诱骗的妇女、受迫害的少女、妓女、绯闻纪事、流氓恶棍、英雄和反英雄、勇敢的旅行家、拦路抢劫的强盗、横行海上的海盗、小偷和其他罪犯、朝圣者等等。通俗小说也为笛福和理查逊的小说准备了题材、叙事方法和读者。

到18世纪,英国小说在异域文化的影响和本土文化的熏陶下,继承和发展了散文叙事作品的优秀传统,现代意义上的小说,真正开始于英国的崛起。其标志是1719年《鲁滨孙飘流记》的问世。

文学繁荣离不开读者。英国在文艺复兴时期,人的整体文化素质已有了显著的提高,许多英国妇女也获得了接受教育的机会。到18世纪的笛福时代,文化教育进一步普及,能读书写字的人大幅度增加。同时,随着生活水平的提高,"即使在许多普通人中,丈夫也已很少让他们的妻子工作了"。商人的妻子们"相当懒散,很少有做针线活计的"②。这样,大量的妇女成了文学作品的热心读者。伊恩·瓦特还发现,"对下层社会,尤其是学徒和家庭佣人,特别是其中的男仆和女仆的日渐增多的闲暇、奢华和文学要求。……他们构成了一个相当之大而且非常引人注目的阶层"③。这为小说市场准备了广大的读者,而各种报刊如雨后春笋般地出现,也培养了一大批小说的读者。更重要的原因是,由于工商业和贸易的发展,大规模新兴的中产

---

① 侯维瑞、李维屏:《英国小说史》,南京:译林出版社2005年版,第30页。
② 伊恩·瓦特:《小说的兴起》,第43页。
③ 同上书,第45页。

阶级中比较富裕的农场主、店主和小商人,都有经济能力和闲暇购买报刊和小说来阅读。"或许,这个中产阶级中发生的变化说明了18世纪读者大众增多的主要原因。"① 这有助于城市阅读阶层的形成。为了适应这一阶层的阅读需求,原来以宗教读物为主的阅读市场,也越来越趋向世俗化和平民化。其中尤其是小说类的文学性读物,备受中下层平民大众的青睐;而廉价的非法翻印的盗版书刊,则满足了并不太富裕的中产阶级和广大劳苦大众的阅读需求。笛福的著作,包括他的政论小册子和小说,就经常被翻印盗版。为此,笛福发现自己的文章被盗印后,亲自编辑出版了两部政治讽刺诗和政论文作品集《〈真正的英国人〉作者正版文集》(两卷)(*A True Collection of the Writings of the Author of "The True-Born Englishman"*, 1703; *A Second Volume of the Writings of the Author of "The True-Born Englishman"*, 1705),并在封面上表明:集子作者就是"《真正的英国人》的作者"。

笛福在《评论报》(第6卷)的一篇文章中,把社会分为6个阶层:1)达官贵人:生活奢侈;2)富人:生活富足;3)中产阶层:生活富裕;4)勤劳的匠人:工作努力,生活满足;5)乡下人,农民:生活一般;6)穷人:生活节衣缩食,甚至难以维持温饱。笛福的小说关注的是第三和第四阶层的人,而他的读者也是这两个阶层的人。前两个阶层的人,不会对传奇这样的非正统文学感兴趣;而最后两个阶层的人大部分是文盲。笛福关心商人(中产阶层)和匠人,因为他自己是商人,重视贸易和商人的作用。

18世纪小说的兴起的另一个重要物质因素是印刷业的发展。1476年,英国第一位印刷家威廉·卡克斯顿(William Caxton,1415或1422—1492)将印刷术引进伦敦,在威斯敏斯特(Westminster)建立了第一家印刷厂,在后来的十几年中印刷了80种书。到1724年,伦敦的印刷机数量已增加到70台,而到1757年,则估测有150到200台。② 因此,印刷技术的应用为英国小说的形成和发展,奠定了必要的物质基础。

印刷商出现的同时,随之产生了大批的书商,他们对读者和作者有巨大的影响,文学变成了一种单纯的市场商品。笛福在1725年最简洁地表明了这种观点:"写作——变成了英国商业的一个相当大的

---

① 伊恩·瓦特:《小说的兴起》,第39页。
② 同上书,第35页。

分支,书商是总制造商或雇主。若干文学家、作家、撰稿人、业余作家和其他所有以笔墨为生的人,都是所谓的总制造商雇用的劳动者。"①

综上所述,18世纪英国经济社会、文化教育、科学技术的巨大进步和人民生活水平的改善和文化水平的提高,都是促进小说兴起的重要原因。

2. 丹尼尔·笛福:现实主义小说的先驱

西方文学中的"小说"(novel)这一文学样式,到18世纪后期才正式定名;因此,在18世纪上半叶的笛福时代,还没有"小说"这一术语。笛福时代和此前的"散文虚构故事"(fiction),具有各种各样的名称,如"历史"或"真实史"、"秘史"、"艳史",还有"浪漫史"(传奇故事)、"传"、"回忆录"、"生平"、"沉浮录"、"书信集"、"记述"、"历险记"、"远征记"、"航行记"(包括"发现"、"游记"、"旅行记")等等,而这些散文故事的形式,正是当时流行的形式,也是广受读者大众喜爱的形式。因此,笛福常常用上述名称作为自己小说的原文标题,这样,他的小说在当时才会有市场。例如,《鲁滨孙飘流记》,其原文标题是 The Life and Surprising Adventures of Robinson Crusoe。直译这一标题应该为《鲁滨孙·克鲁索生平与历险记》;《摩尔·弗兰德斯》的原文标题是 The Fortunes and Misfortunes of the Famous Moll Flanders。如果直译成中文,可以是《赫赫有名的摩尔·弗兰德斯沉浮录》;而《罗克珊娜》的小说原文标题是 The Fortunate Mistress,直译成中文是《幸运的情妇》,具有"艳史"的味道。笛福其他几部小说的标题,都是如此,如《一位保皇党人的回忆录》(Memoirs of a Cavalier);《辛格顿船长》的原文标题是 The Life, Adventures and Pyracies of the Famous Captain Singleton,直译应为《闻名遐迩的辛格顿船长的一生及其海盗生涯和历险记》;《瘟疫年纪事》(The Journal of the Plague Year),"journal"一词则有"纪实"的意思;《杰克上校》的原文标题为:The History and Remarkable life of the Truly Honourable Col. Jacque,直译成中文是《正直可敬的杰克上校的历史和杰出的一生》,其中就包含有"history"(历史)和"life"(生平)的字样。笛福的最后一部小说《新环球航

---

① 伊恩·瓦特:《小说的兴起》,第52页。

行记》,原文标题是 A New Voyage Round the World,既有"纪实"的意思,又有"远征记"的意味。

正如弗吉尼亚·吴尔夫所说:"当时,小说要证明自己的存在权利,就得说出一个真实的故事、讲出一条正确的教训。"①因此,"笛福总是把他的小说伪装成真正的自传,……(他)专注于创作伪历史"②。

而"小说"(novel)这个术语的确立,标志了这种新的文学样式从形成到发展的历史。

英国著名小说家、散文家和文学评论家爱德华·摩根·福斯特(Edward Morgan Forster,1879—1970)在他的《小说面面观》(Aspects of the Novel,1927)的演讲中,引用法国批评家 M. 阿比尔·谢括利(M. Abel Chevalley,1868—1934)关于小说的定义:"小说是用散文写成的具有一定长度的虚构故事。"然后,他补充说,"一定长度应不少于五万字"③。

然而,这一泛泛的定义,还不能说明笛福小说与英国16世纪和17世纪的那些小说之间有什么根本区别。前面已经提到,英国小说的形成可追溯到16世纪末的文艺复兴时期,至17世纪,其间出现了不少可以称之为"小说家"的作家,他们的作品也可称之为"小说"。而班扬的《天路历程》,甚至被誉为英国现实主义小说的先驱。而关于究竟谁写了英国第一部小说,西方评论家也众说纷纭。有人说是塞缪尔·理查逊的书信体小说《帕米拉》(Pamela:Or, Virtue Rewarded,1740);有人说是班扬的《天路历程》(1678);更多的人说是丹尼尔·笛福的冒险小说《鲁滨孙飘流记》(1719)。那么,为什么历来大部分评论家认为笛福是"英国小说之父"呢?

问题的分歧在于评论家们对"什么是小说"的看法不同,对笛福小说的看法不同。如果从小说的结构看,传统的看法认为笛福小说的缺点是"结构单薄、情节随意性、道德观欠缺、小说形式或模式不足"。在这方面,理查逊完善了小说的结构,他才是小说的奠基人。

---

① 弗吉尼亚·吴尔夫:《普通读者》,刘炳善译,北京:北京十月文艺出版社2005年版。
② 伊恩·P.瓦特:《小说的兴起》,第117页。
③ 爱·摩·福斯特:《小说面面观》,苏炳文译,广州:花城出版社1984年版,第3页。所有以下引文均引自此译本,个别译文笔者根据原文 Aspects of the Novel (Harcourt, Brace & World INC,1955)版本略作修改。需要说明的一点是:这里所说的小说,如原文标题所示,指的是"长篇小说"(novel),而不是"短篇小说"(story)。

甚至20世纪,伊恩·瓦特还抱有这样的看法:

> 笛福是一个出色的幻想家,这几乎使他成为这种新形式的奠基人。几乎,但不完全是。因为,只有当现实主义的叙述方式——既保持了笛福的栩栩如生,又具有内在的一致性——被组织进情节之中时,只有当小说家的目光集中在人物和人际关系上,并将其视为整个结构中的基本因素,而非仅仅视为增强所描述情节的逼真的次要工具时,只有当所有这一切都与支配性的道德意图相结合时,小说才能得到真正的确立。向前迈出了这些步子的是理查逊,这也正是通常被认为是英国小说奠基人的是理查逊,而不是笛福的根本原因。①

因此,我们可以从两个方面来证明,为什么笛福无愧于"英国小说之父"的称号。一是对小说定义的看法;二是笛福小说的结构是否有完整性。

首先看一下小说的定义。西方评论家一般认为,开创小说这一文学样式(或形式)的英国作家是笛福、理查逊和菲尔丁(Henry Fielding,1707—1754)。"理查逊和菲尔丁都自视为一种新文体的创立者,而且他们也都认为自己的创作含有与古旧过时的传奇文学决裂的意向。"②笛福虽然没有这么说,但他的创作开创了这种新的风格——新的文学样式,这就是区别于以往传奇文学的现实主义小说。这里点明了小说的两个特点:

一是"新"。小说的英语原文 novel,其原义就是"新颖的、新奇的"之意。笛福一反以往从神话、历史、传说中取材的传统;他不是采用从先前的文学作品中获取情节的写作手段,而是以现实的普通个体的独特经历作为叙述的对象。伊恩·瓦特认为,正是"这种转变似乎构成了小说兴起的总体文化背景的一个重要组成部分"③。按照伊恩·瓦特的说法,"小说是最充分地反映了这种个人主义的、富于革新性的重定方向的文学形式,……小说的基本标准对个人经验而言

---

① 伊恩·P.瓦特:《小说的兴起》,第143页。
② 同上书,第2页。
③ 同上书,第7页。

是真实的——个人经验总是独特的,因此也是新鲜的。"①而笛福认为人的命运变化无常;他的这种看法融入到小说中去,描述了男、女主人翁运用"欺诈和伪装"手段赖以生存的一生经历。他深刻地意识到每个人的独特命运,正是这种对个人独特经历的认识,成就了笛福的小说,成就了笛福这位小说家。《鲁滨孙飘流记》编者的话一开始,就表明了笛福对小说的看法:

  如果世界上真有什么普通人的冒险经历值得公之于众,并在发表后会受到公众欢迎的话,那么,编者认为,这部自述便是这样的一部历险记。

  这里,笛福强调的是"普通人"独特的"冒险经历",完全符合伊恩·瓦特关于小说的定义。笛福所有的小说,都是描写普通人"不普通"的经历!

  二是"现实主义",这主要是指创作手法。瓦特强调:"小说的现实主义还并不在于它表现的是什么生活,而在于它用什么方法来表现生活。"②由此,瓦特把现实主义与小说紧密地联系起来,以区别于过去的"虚构故事"。"新鲜"是小说的题材,而"现实主义"是"叙事手法"或者说是"艺术手段"。

  《鲁滨孙飘流记》中个人的独特经验及其描写的现实主义手法,一致公认是最具有代表性的。因此,《鲁滨孙飘流记》正是第一部符合这一"文学形式"和"标准"的虚构故事,是第一部给人以真实感的、叙述普通人独特经验的虚构散文故事。这也是为什么大部分评论家认为《鲁滨孙飘流记》是英国乃至整个欧洲第一部现代意义上的长篇小说,并把笛福誉为"小说之父"的理由。因此,更确切地说,笛福是"现实主义小说之父",他开创了真正意义上的现实主义小说。在1719年《鲁滨孙飘流记》出版之前,严格地说,英国没有现实主义小说。班扬的《天路历程》(1678)和阿弗拉·贝恩夫人(Mrs. Aphra Behn, 1640—1689)的《奥隆诺科,或高贵的奴隶》(*Oroonoko, or the True History of the Royal Slave*, 1688),与笛福的叙事手法相比,都不能算是现实主义的小说。因为,在他们的作品中,尽管有"许多小说的

---

① 伊恩·P. 瓦特:《小说的兴起》,第6页。
② 同上书,第3页。

要素:简洁的语言、对人物和环境的现实主义描写、对普通人道德的严肃描述等。但是,人物和他们的行动的重要意义,很大程度上是依赖于一种对事物的先验的设计上——说人物是寓言性的,也就是说他们的尘世的现实生活,并不是作家主要描写的对象,作家更希望我们通过他们看到更为广阔的不可见的超越于时空之外的现实。"①而笛福作品主要的描写对象是我们居住的现实世界及居住其中的那些普通人的日常生活,并且其叙事艺术的特点是细节描写特别逼真,因而创造了令人信服的"真实"的虚构世界。

笛福的小说是观察世界的窗口,读者阅读他的小说,不会感觉是在阅读虚构的故事,因此我们得不断提醒自己,我们是在阅读小说,一个虚构的故事,因为小说中的虚构世界就像我们生活中的现实世界一样,而这正是笛福虚构世界的本质。因此,阅读笛福的小说,读者好像亲自看到主人翁的冒险经历,甚至感觉自己也在与主人翁一起历险。

前面提到,笛福同时代和早期的一些评论家竭力贬低笛福小说的艺术性,说他的小说充其量只能算是新闻报道。但这种看法,恰恰从反面说明了笛福小说突出鲜明的现实主义特征。

其次,关于笛福小说的结构问题,我们将在第 4 节"笛福长篇小说的艺术成就"中作详细的分析,以证明笛福无愧于"英国小说之父"的称号。在第 4 节中,我们除了分析笛福小说的故事情节结构外,还将对他的现实主义叙事手法、人物塑造和语言特色等方面,作详细的评说。

3. 笛福长篇小说概论

概说

如前所述,笛福同时代的人,主要把笛福看做政治讽刺诗、政论小册子作家、办报人和记者。事实上,笛福出版的所有小说,当时在封面上都没有署上笛福的大名。由于沃尔特·司各特、塞缪尔·泰勒·柯尔律治和查尔斯·兰姆对笛福小说的推崇,直到 19 世纪,人们才开始注意到笛福的小说创作生涯,而对笛福小说严肃的学术研

---

① 伊恩·P.瓦特:《小说的兴起》,第 83 页。

究,则直到20世纪中叶才真正开始。

笛福研究的传统,却恰恰始自对小说《鲁滨孙飘流记》的研究。在早期的笛福研究中,尤其在法国,小说《鲁滨孙飘流记》本身的名声超过了作者,并被看成是一位匿名作者的杰作,甚至猜测作者是讽刺作家约翰·阿巴思诺特(John Arbuthnot,1667—1735),或是理查德·斯蒂尔,或是笛福的保护人罗伯特·哈利。后来,研究逐渐扩大到他的其他6部长篇小说,包括《一位保皇党人的回忆录》(1720)、《辛格顿船长》(1720)、《摩尔·弗兰德斯》(1722)、《瘟疫年纪事》(1722)、《杰克上校》(1722)和《罗克珊娜》(1724)。尽管笛福其他长篇小说的影响和意义不如《鲁滨孙飘流记》,但这些小说都具有两大特点:原创和活力,而这两大特点都来自新颖人物的塑造和现实主义的叙事手法。

笛福小说创作的才华,是经过长期积累日趋成熟的。笛福长期的报刊生涯和撰写道德教育著作的经验,为其晚年的小说创作准备了条件,使他在叙事的艺术、逼真的细节描写和语言的锤炼上得到了极好的锻炼。笛福还有一个习惯,如果有一位知名人士、奇人异士或臭名昭彰的歹徒、窃贼去世了,他就会立即撰写这些人的传记或小说。这个习惯即使在他开始小说写作之后也一直保持着。这里特别要提一下他1706年发表的短篇小说《维尔太太显灵记》(*A True Relation of the Apparition of one Mrs. Veal, the next day after her death, to one Mrs. Bargrave at Canterbury*)。

J.R.哈蒙德(J. R. Hammond)在《笛福手册》(*A Companion to Defoe*,1993)中认为,笛福的这个短篇完全符合埃德加·爱伦·坡对短篇小说下过的一个定义:"整篇作品中没有一个与预设的意向无关的词,不管是直接的或间接的意向。"这篇小说约4000字,故事情节很简单:一个名叫维尔太太的女人死了一天后,她的鬼魂访问了她的好朋友巴格雷夫太太。后者不知道她在前一天就死了,关于维尔太太的死讯她是后来才得知的,并了解到,维尔太太来拜访她的时候,穿的就是她去世那一天的衣服等等。

哈蒙德认为,这个短篇小说作为第一个现代鬼故事,在英国文学史上占有重要的地位,也是笛福最早的、真正可算得上是小说的作品。小说具有笛福独特的、生动的新闻报道风格——详尽的细节描写,从而使作品有一种真实感。小说结构完整,用尽手段让读者相信故事的真实性。小说开始描述了巴格雷夫太太，并简单地回顾了维尔太太的一生：一个30来岁的贵妇人，虔诚的教徒，多年来受癫痫病折磨。接着叙述了两人之间多年的友谊。在这个故事的引子之后，就是小说的核心部分：详细描写了维尔太太的鬼魂访问巴格雷夫太太的情景及其余波。小说结尾强调巴格雷夫太太叙述的可靠性和可信性。这一结构成为这类短篇小说的典范，后来的作家都竞相模仿。如埃德加·爱伦·坡的《凹凸山的传说》(*A Tale of the Ragged Mountains*, 1844)和《金甲虫》(*The Gold-Bug*, 1843)、威尔斯的《普拉特纳的故事》(*The Plattner Story*, 1896)和《布朗洛报纸的奇怪故事》(*The Queer Story of Brownlow's Newspaper*, 1932)。这4个短篇小说运用相似的技巧取得了作者预设的效果：故事叙述者以旁观者冷静、现实的态度叙述一个怪诞的故事；详尽的细节描写；故事节奏安排的成熟技巧和流畅的新闻报道风格。哈蒙德指出，笛福一反用第一人称叙述的习惯，在这篇小说里用了第三人称来叙述——与巴格雷夫太太相识的一位治安官给伦敦的一位朋友写信的方法来叙述故事，其可信度在这儿甚至比巴格雷夫太太自己叙述更高。小说也被认为是把超自然现象写成逼真可信故事的典范。一直以来，人们都认为，这个短篇小说不是笛福杜撰的，这个故事早就在坎特伯雷和多佛的百姓中广泛流传。

大多数笛福研究专家认为，这个短篇小说是笛福的作品，在W.R.欧文斯与P.N.弗班编纂的《笛福文献评述》(*A Critical Bibliography of Daniel Defoe*, 1998)中也列入了这部著作。但有些学者对此提出了怀疑。例如乔治·斯塔尔。他是W.R.欧文斯与P.N.弗班为总编的《笛福作品集》(*Works of Daniel Defoe*, 2000—2008)小说分卷和讽刺、幻想与超自然现象分卷的主编之一，但他认为这篇作品可能不是笛福的作品。理由是根据笛福的著作《论幽灵的历史与现实》(*An Essay on the History and Reality of Apparitions*, 1727)一书，认为笛福相信幽灵(apparition)和魔鬼(devil)，但不相信鬼(ghost)。笛福认为，人死后灵魂也马上永远消失了。它们不会再出现，也不再关心生命的事情。笛福说："好的灵魂能现形却不愿现形；坏的灵魂想现形却不能现形。"我们在这儿提一下斯塔尔的论点，主要还是想说明搞清笛福真作的复杂性。对确定笛福的作品，专家们还在继续争论，可能会增加,也可能会减少,但可能永远都不能达成共识。①

此外,1719年笛福还出版了《哑巴哲学家,或迪克里·克朗克》(*The Dumb Philosopher or, Dickory Cronke*)。这也是一个真人真事的故事,讲的是康沃尔郡(Cornwall County)一个锡匠的儿子生下来就是个哑巴,活到58岁,突然有一天开口说话了。故事记述了此人的一生,直到他过世的情景。迪克里·克朗克由于疾病与世隔绝,故此书被誉为《小鲁滨孙·克鲁索》。其他类似纪实性传记还有《海盗王埃弗里船长》(*Captain Avery, the King of Pirates*, 1719)、讲述一位伦敦聋哑预言家的《邓肯·坎贝尔》(*The history of the life and adventures of Mr. Duncan Campbell*, 1719)②、《约翰·谢泼德非凡的一生》(*History of the Remarkable Life of John Sheppard*, 1724)和《约翰·谢泼德抢劫、逃亡的真实记述》(*A Narrative of Robberies, Escapes, etc. of John Sheppard*, 1724),记述的是当时英国著名大盗、年仅28岁的约翰·谢泼德的强盗生涯及其多次从守卫森严的监狱中逃跑的真实事迹。因此,卡尔·霍利迪把笛福的创作分为三个阶段:1)真实环境中的真实人物;2)真实环境下的虚构人物;3)虚拟环境下的虚构人物。③ 这就是明托所说的:"写真实人物的传记,离写小说只是一步之遥。"④在写作大量自传体作品的过程中,笛福懂得和学会了确切的叙述和细节描述的重要性和技巧;而正是这些看似无足轻重的细节描写,使笛福的作品具有令人信服的真实感。因此,笛福的这些作品中,已经具有许多小说创作的技巧和特征。

笛福有一种讲故事的"本能"。不像斯威夫特和爱迪生,笛福描写的是真实的人物。尤其是鲁滨孙·克鲁索,这是对一个普通人日常生活的描写,他在生活中需要什么,就做什么。

对笛福每部小说的主题,评论家和著名作家都有不同看法。但总的来说,生活沉浮起落的不安定性,贯穿了笛福所有小说的主题。正

---

① Starr, George (2003),"*Why Defoe Probably Did Not Write The Apparition of Mrs Veal*," *Eighteenth-Century Fiction*: Vol. 15: Iss. 3, Article 14. Available at: http://digitalcommons.mcmaster.ca/ecf/vol15/iss3/14.

② 有的专家认为,此书是威廉·邦德(William Bond,1700—1732)写的,或可能是邦德帮助笛福一起写的。

③ Carl Holliday: English Fiction from the Fifth to the Twentieth Century, New York: Century Co. 1912, p. 205.

④ 援引自 Carl Holliday: English Fiction from the Fifth to the Twentieth Century, New York: Century Co. 1912, from Minto, William: *Life of Defoe*, p. 134.

如伊恩·贝尔（Ian A. Bell）在《笛福的小说》（*Defoe's Fiction*，1985）中所指出的："笛福几部重要作品都是探索'危险与安全'的主题，这一点与他的生活经历有关。"①笛福非国教徒的家庭背景，使他一生一直有一种受迫害的感觉。他许多小说的模式是，开始主人翁逃脱危险的境地，然后慢慢取得成功，只有《罗克珊娜》除外。笛福在《鲁滨孙·克鲁索沉思录》中也暗示，克鲁索的遭遇象征自己被监禁、逮捕、获救的跌宕沉浮的一生。当然，这种危险、逃避和生存的主题确实与他自己对个人生活经历的体悟有关，但更主要的是笛福认为，这是人生的普遍经历，小说的主题只是用艺术的形式表达了他的人生观和人性观而已。因此，要理解笛福的小说，我们不能不了解笛福的出身和社会地位，他的非国教徒背景和清教思想，他的政治、社会和伦理观点，他的政治活动和商业活动的经历，他所受的教育对他一生的影响，他小心谨慎与鲁莽冒险的复杂性格，他撰写政论小册子、政治讽刺诗、道德行为教育等著作的职业作家的生涯，他的新闻工作和创办报刊的经历等对其小说创作的影响。此外，现代世界的发展、贸易和金融的兴起、社会问题、城市问题和扩大海外殖民、冒险与道德问题等，都是笛福小说所要表现的主题。

就小说的题材而言，笛福的几部主要小说可以分为两大系列：历险小说系列，包括《鲁滨孙飘流记》三部、《一位保皇党人的回忆录》、《辛格顿船长》、《瘟疫年纪事》和罪犯小说系列，包括《摩尔·弗兰德斯》、《罗克珊娜》、《杰克上校》和《新环球航行记》。而就小说类型和主题而言，《鲁滨孙飘流记》是孤独与生存的小说；《一位保皇党人的回忆录》是军事纪事小说；《辛格顿船长》是去未知世界的旅行小说；《摩尔·弗兰德斯》是社会小说；《瘟疫年纪事》是灾难小说；《杰克上校》是教育小说；《罗克珊娜》则属于心理小说。

《鲁滨孙飘流记》是发现和冒险的小说，与《格利佛游记》和《远大前程》这些小说一样出色。克鲁索形单影只，在逆境中战胜自己，战胜一切困难，最后成为一位更智慧、更宽容的人。从这个意义上来说，克鲁索就像是班扬《天路历程》中的朝圣者一样，经历了一个心路历程。小说也继承了班扬开创的17世纪和18世纪非常流行的清教讽喻作品的传统。

---

① Bell, Ian. *Defoe's Fiction*. Barnes & Noble Books, Totowa, New Jersey, 1985.

笛福的犯罪小说,也有宗教自我救赎的主题。底层社会的生活,与上流社会一样"丰富多彩",而且更为复杂多样。一般人对窃贼、强盗、妓女、海盗的生活都有一种好奇心。与叙述一本正经的正人君子的小说相比,人们似乎更喜欢读臭名昭彰的大罪犯的故事。大部分作家把罪犯描写成英雄,谈及他们的罪行显得轻率尖刻。但笛福犯罪小说的写法却不一样。他要告诉读者,那些大发横财的坏蛋如何罪恶滔天;他告诫人们,与其让不义之财堆积如山,还不如在贫困中勉强度日。同时,笛福告诉我们,光靠罪犯自己改造是不够的,整个国家都得改造。他认为,像英国这样的基督教民族,与其维护法律制造更多的罪犯,使罪恶蔓延开来,还不如废除法律,把国家管理得更好,清除犯罪的土壤。在他的犯罪小说里,他确实把罪行丑恶的原始状态呈现在读者的面前,但没有表现出任何伤感的情绪。他小说中的坏蛋,也遭到了惩罚。但笛福能理解他们,感受他们的内心世界。在他描写的最凶恶、最残忍的坏人的性格中,也有好的一面。他用假名命名他书中罪犯的主角,不让他们上绞架,而是让他们忏悔,改过自新,然后安享晚年。另外,他写的这些犯罪小说,绝不是什么低俗的作品,这连他的政敌也不得不承认,尽管他们唯恐在他的作品中找不出漏洞。

毫无疑问,他能写出这些犯罪小说,得益于他自己在新门监狱的经历。尽管他是个政治犯,不会与那些刑事犯关在一起,但像笛福这样对任何事情都要探个究竟、对一切都有好奇心的作家,是决不会放弃与知名罪犯交谈的机会的。而且笛福有这样的习惯,他往往把积累的资料,甚至写好的作品,放上一年、两年,甚至更多年再拿出来发表。笛福也从阿普尔比先生那儿获得了许多罪犯的材料。在笛福为《阿普尔比周刊》工作的6年里,阿普尔比先生一直与新门监狱有联系。他可能是官方指定的印刷商,专门为新门监狱牧师出版罪犯的忏悔记录。这些材料记录了罪犯在牧师教诲下的行为,他们的忏悔,临刑前的遗言等等。这些材料在罪犯行刑前就印刷了,在行刑后就立即出版发行。此外,笛福在躲债时曾在伦敦怀特弗里亚区(Whitefriars)待过,那里是无力偿付债务的人避难的特区,国王的法令在那里不起作用。可以想见,笛福会与小偷、妓女等接触。这也可能是笛福获得犯罪小说创作材料的渠道之一。

吴尔夫也指出,笛福的长篇小说有一个显著的特点,这就是在他每部重要小说的开头几页,总是把他的男女主人公放在一种孤立无援的悲惨状况之中,他们的生活注定是一场持续不断的斗争,就连他们能否生存下去也得看命运和他们自己奋斗的结果而定。摩尔·弗兰德斯是她那犯了罪的母亲在新门监狱里生下来的;辛格顿船长小时候就被人拐走,卖给了吉卜赛人;杰克上校,虽然"生在绅士之家",但却被送人抚养,后来做了一个扒手的小徒弟;罗克萨娜一开始处境还好,但她15岁出嫁后,眼睁睁看着自己的丈夫破了产,给她撇下五个孩子,从此就"处于一种言语无法形容的极其可悲的状况之中"。"这些少男少女,每个人都是这样开始了自己的生活道路,为自己的生存而奋斗。这样形成的处境正好投合笛福的脾胃。他们当中顶顶出名的人物当数摩尔·弗兰德斯了。"①

笛福在《鲁滨孙飘流记》中,表现了乐观向上的人生观,但在随后的犯罪小说《辛格顿船长》、《摩尔·弗兰德斯》和《杰克上校》中,却描写了下层社会的人物:海盗、妓女和窃贼,他们是罪犯,但他们犯罪的根源是不公正的社会。他们既是犯罪者,又是受害者。他们从小不是被遗弃,就是被领养。他们靠欺诈和伪装从赤贫变成巨富,即使到死也不能暴露自己的真实身份。笛福在这些小说中的生活观是灰色的。在最后的《罗克珊娜》中,笛福几乎是悲观了。这是笛福唯一的一部悲剧小说。像克鲁索一样,罗克珊娜出身于中产阶级。但遭遇了开初的不幸后,她逐渐积聚了财富,甚至成了达官贵人的情妇。然而,小说的结局是阴暗的。她的女儿找到她要认母后,就发生了一系列的灾难。

笛福在《家庭教师》中强调父母与子女的责任和义务。他的小说也一直在探索这一主题。克鲁索是个少年浪子,他不听父命和母亲的劝告而受到上天的惩罚。他对父母的态度与星期五对父亲的挚爱是一个明显的对照。后来的一些小说,主人翁都是不公正社会的受害者;这个不公正的社会正是笛福在政论小册子中主张要改革的社会。笛福小说中的父母都是不尽责的,更由于没有足够的学校和慈善机构,因而未能防止许多不幸的孩子堕落(《杰克上校》的序言)。孩提时的摩尔不知母亲所踪,结果与自己同母异父的弟弟结婚生子。摩尔几次遗弃自己的孩子。这种现象笛福在政论小册子和《评论报》

---

① 弗吉尼亚·吴尔夫:《普通读者》。

的文章中多次予以谴责。到了《罗克珊娜》里,主人翁是个浪荡母亲。罗克珊娜是一个不负责任的母亲,她的女儿苏珊后来成了她家的女仆,最后她承认苏珊是自己的女儿。因为罗克珊娜认为苏珊的出现是对她的报复,因而经常暴怒,艾米就设计想谋害苏珊。罗克珊娜为自己与艾米企图合谋杀死女儿而受到良心的谴责。这些都说明,笛福对18世纪20年代之后越来越腐败堕落的社会十分悲观失望。

大部分作家对笛福的小说,尤其是《鲁滨孙飘流记》赞扬备至,把他视为自己优秀的同行,并极为赞赏笛福的一些写作手法。但也有一些作家提出了自己的评判标准,认为笛福的小说,充其量只不过是将新闻报道充作小说罢了,而且认为,像《摩尔·弗兰德斯》和《罗克珊娜》这些作品粗卑、庸俗、败坏道德。在不同的时代,也经常有人认为笛福的艺术视野狭隘。因此,笛福的作品直至20世纪中叶后才开始能进入英美大、中学校的教科书。

其实,笛福的长篇小说融合了各种文学样式,包括游记、地理学专著、贸易论文、军事回忆录、社会学论著、家庭伦理教育书籍、罪犯传记、冒险故事及超自然现象记载等,再加上他自己的观察和丰富的社会经验。他在小说中利用各种材料,实现各种目的。阿瑟·威尔斯利·西科德(Arthur Wellesley Secord,1891—1957)在《笛福叙事方法研究》(*Studies in the Narrative Method of Defoe*,1924)一书中也指出,笛福不是把虚构的事件置于他书中读到的情景或他所观察到的场景,他小说中的场景和事件,都来源于他所掌握的大量资料。① 这个过程与其说是虚构,还不如说是编写和重组。②

笛福名声得以恢复,始于1785年查默斯出版的笛福简传。③ 但直到18世纪末,一直没有人编纂过笛福著作的目录。重振笛福声誉的人物中,影响最大的是沃尔特·司各特。1808年,司各特写了一篇

---

① Secord, Arthur Wellesley: *Studies in the Narrative Method of Defoe*. Urbana, Illinois: University of Illinois Press, 1924, p. 234.
② McKillop, Alan D. *The Early Masters of English Fiction*. Lawrence, KS: University of Kansas Press, 1975, p. 9.
③ Chalmers, George. *The Life of Daniel Defoe*. London, 1785; second edition, p. 179.

热情洋溢的序言,劝说出版商康斯特布尔①重印《卡尔顿上尉回忆录》(The Memoirs of Captain Carleton,1728)。② 1809—1810年,巴兰坦出版社(The Ballantyne Press,1796—1908)出版了司各特编纂的《笛福小说集》(The Novels of De Foe)。这是第一次把笛福的小说结集出版,引起了学界和出版家对笛福小说的重视。从19世纪30年代开始,不少学者开始编辑各种版本的笛福小说集,这些集子都由笛福研究专家做了详细的注释并撰写评论性的序言。③ 本世纪出版的笛福小说集,当推W. R. 欧文斯与P. N. 弗班作为总编的《笛福作品集》50卷中的10卷《笛福小说集》(The Novels of Daniel Defoe,2007—2008)。现今,笛福小说不仅进入了英美大、中、小学的课堂,也成了文学硕士和博士论文的重要研究课题之一。不仅如此,近300年后的今天,各国普通的小说读者,仍然在阅读笛福的小说。

笛福的小说,在当时虽然为学者和文人所轻视,但却赢得了大众的欢迎。这是一大批新的读者群,他们渴望读到冒险故事和犯罪故事,他们喜欢读到普通人的真实故事,读到真实可信、叙述生动、通俗易懂的故事。由于文化的普及,印刷技术的改进和大众期刊的广泛发行,这一切为笛福的叙事小说创造了广大的读者群和良好的阅读氛围。尤其是城市阶层的形成和成长,他们有闲暇和能力阅读他们感兴趣的书,尤其是描写像他们自己一样的普通人物的故事。所有这些促进了18世纪小说的形成和发展,而笛福成了这一发展趋势的先驱!因此,笛福的小说受到许多同行作家和学者的赞扬。

伊恩·瓦特在其专著《小说的兴起》中说:"笛福的小说是虚构故事史上的里程碑,这主要因为他的这些小说是第一批体现了形式现实主义(formal realism)所有要素的重要的叙事作品。"④

司各特对笛福小说十分赞赏。他认为,除了《鲁滨孙飘流记》外,

---

① 康斯特布尔(Archibald David Constable,1774—1827),先是做一位爱丁堡书商的学徒。1795年,自己独立开办书店,专营珍版古书。并开始以自己的名字出版书籍,成为著名的独立出版家。出版社经过几代传承之后,1999年与尼克·鲁滨孙(Nick Robinson)1983年创办的鲁滨孙出版社(Robinson Publishing)合并,成立康斯特布尔—鲁滨孙出版社(Constable & Robinson Ltd.),成为重要的独立出版社,直至今天。该出版社还获得2012年度独立出版社奖。
② 此书一直被认为是笛福的作品,也有人认为是斯威夫特的作品。后来有人考证,卡尔顿上尉此人确实存在,此书应是他自己写的回忆录。因众说纷纭,我们没有把此书纳入笛福著作年表中。
③ 见附录《笛福著作年表》中的Editions and Collections部分。
④ 伊恩·P. 瓦特:《小说的兴起》,第113页。

《杰克上校》、《摩尔·弗兰德斯》和《罗克珊娜》"都包含着天才的深刻标记"①。

塞缪尔·约翰逊博士(Dr. Samuel Johnson,1709—1784)说:"尽管笛福生来就是一个商人,但他有许多长处,他文笔生动流畅。"②

英国诗人和评论家塞缪尔·泰勒·柯勒律治认为:"阅读笛福的作品,使人忘记自己所处的阶级和环境,忘记自己的性格,从而提升了自己成为一个完人。"他还说:"没有一个撒克逊作家能胜过约翰·阿斯吉尔(John Asgill,1659—1738,小册子作家),我们认为,他和笛福的讽刺风格胜过斯威夫特。"③

英国小说家和游记作家乔治·亨利·伯罗(George Henry Burrow,1803—1881)在他著名的自传体小说《词语大师》(*Lavengro: The Scholar, The Gypsy, The Priest*,1851)中写道:"啊!笛福的英灵,我向你致敬!我这凡夫俗子该多么感谢你啊!英国有远比希腊和罗马更好的诗人,但我会很快忘了他们,却怎么也忘不了笛福!"④

英国散文家查尔斯·兰姆认为,除了《鲁滨孙飘流记》之外,笛福的《罗克珊娜》、《辛格顿船长》、《摩尔·弗兰德斯》和《杰克上校》不亚于《鲁滨孙飘流记》,也都是天才的杰作。⑤ 在给传记作家沃尔特·威尔逊的信中说,"笛福永远是我喜欢的作家"⑥。威尔逊自己也撰写了一部3卷本的笛福传记《笛福生平与时代回忆录》(*Memoirs of the Life Times of Daniel Defoe*, 3 Vols. London, 1830.)

詹姆斯·乔伊斯(James Joyce,1882—1941)的朋友英国画家弗兰克·巴德根(Frank Budgen,1882—1971)在他的著作《乔伊斯与尤利西斯等作品的创作》(*James Joyce and the Making of Ulysses, and Other Writings*,1970)中谈道,乔伊斯是笛福的崇拜者。他有笛福的全部著作,也读了笛福的每一部作品。乔伊斯说,对他来说,只有其他三位

---

① Backscheider, Paula R. *A Journal of the Plague Year*: A Norton Critical Edition. New York: W. W. Norton, 1992, p. 268.

② Kelly, Edward, ed. *Moll Flanders*: A Norton Critical Edition. New York: W. W. Norton, 1973, p. 325.

③ Ibid.

④ Shingael, Michael, ed. *Robinson Crusoe*: A Norton Critical Edition (second edition). New York: W. W. Norton, 1994, p. 293.

⑤ Kelly, Edward, ed. *Moll Flanders*: A Norton Critical Edition. New York: W. W. Norton, 1973, p. 326.

⑥ 援引自托 Thomas Wright: *Life of Daniel Defoe* 的扉页题词, CASSELL AND COMPANY, LIMITED: LONDON, PARIS & MELUOUKM, 1894.

作家享有这种资格:福楼拜、本·琼森和易卜生。他把《鲁滨孙飘流记》称之为英国的《尤利西斯》。①

伊恩·瓦特指出:"几乎没有几位作家既能为自己创造一种新的主题,又为体现它而创造一种新的文学形式,笛福两项兼而得之。"②

笛福最成功的小说当推《鲁滨孙飘流记》、《摩尔·弗兰德斯》和《罗克珊娜》。对这三部小说我们将作重点介绍和分析,其他几部小说我们也将作简略的评说。

《鲁滨孙飘流记》(*The Life and Strange Surprising Adventures of Robinson Crusoe*),1719 年 4 月 25 日

鲁滨孙是英国文学和世界文学中最不朽的形象。1985 年初,美国《生活》杂志公布了它在数以百万计的读者中征询的意见,评选出"人类有史以来的最佳书籍",《鲁滨孙飘流记》名列《堂吉诃德》之后荣获亚军。如果从版次来看,早在一个世纪以前该书印刷即已达到 700 多版次,从而创造了世界纪录。时间跨越了又一个世纪,鲁滨孙飘流荒岛创造的乐园魅力,依然不可抵挡。这本雅俗共赏、老少咸宜的小说,使它的作者丹尼尔·笛福在世界文学史上占有重要的地位。

苏格兰小说家、诗人沃尔特·司各特爵士说:"作为《鲁滨孙飘流记》的作者,只要英语还存在,他的名声也将流传下去。"③他还说:"《鲁滨孙飘流记》是读者最多的一本书,且常读不厌。"④

苏格兰小说家、诗人和游记作家,《金银岛》和《化身博士》作者罗伯特·路易斯·斯蒂文森(Robert Louis Stevenson,1850—1894)在他《闲谈传奇故事》(*A Gossip in Romance*)的著名论文中,对《鲁滨孙飘流记》赞扬有加:

> 这是一个水手遭遇海难的小故事,此人谈不上高雅,更无多少智慧,……却一次又一次地再版,永远拥有读者,而塞缪尔·理查逊的《克拉丽莎》(*Clarissa*,1747—1748)却躺在书架上

---

① Budgen, Frank. *James Joyce and the Making of Ulysses, and Other Writings*, Oxford University Press, 1972.
② 伊恩·P. 瓦特:《小说的兴起》,第 147 页。
③ Backscheider, Paula R. *A Journal of the Plague Year*: A Norton Critical Edition. New York: W. W. Norton, 1992, p. 267.
④ Ballantyne, John. *The Prose Works of Sir Walter Scott*, Edinburgh and London, 1834.

无人阅读。①

约翰逊博士说:"《堂吉诃德》、《天路历程》和《鲁滨孙飘流记》,是读者唯一读完了还不能尽兴而想继续读下去的三部小说。"②他又说:"仅《鲁滨孙飘流记》一书,笛福就足以成名了。"③

爱尔兰牧师和英国文学史作家斯托普福德·奥古斯塔斯·布鲁克(Stopford Augustus Brooke,1832—1916)说:"《鲁滨孙飘流记》在描写的真实性方面可与《格利佛游记》比美,但在小说的创意方面,远胜《格利佛游记》。"④

笛福著名传记作家乔治·查默斯说:"很少有书(能像《鲁滨孙飘流记》那样)这么自然地把娱乐和教育融合在一起。小说叙事简练,情节多变。……(阅读此书)年轻人受到教育,老年人获得娱乐。"⑤

法国历史学家和作家让·弗朗索瓦·马蒙泰尔(Jean-François Marmontel 1723—1799)说:"《鲁滨孙飘流记》是我阅读的第一本使我获得极大乐趣的书。我相信欧洲的每一个男孩都会这样说。"⑥

法国19世纪现实主义小说家、名著《最后一课》的作者阿尔丰斯·都德(Alphonse Daudet,1840—1897)把笛福放在英国小说家的首位,称他为英国的爱国作家。他甚至认为:"即使是莎士比亚也没有创造出像笛福的鲁滨孙这样最卓越、最典型的英国人形象——喜欢冒险、爱好旅行、对大海的深情、对宗教的虔诚,以及对经商和实际事务的精明。在《鲁滨孙飘流记》中,鲁滨孙发现沙滩上脚印时那种惊恐万状的情景,他回到孤岛上送去的那些实用的礼物,都给人留下深刻的印象!"他又说:"如果我犯罪而被监禁,并且只能带一本书的话,

---

① Reprinted in *Memories and Portraits*, Chatto and Windus, London, 1887;《克拉丽莎》(*Clarissa*, 1747—1748)。

② Hester Lynch Piozzi: *Anecdotes of the Late Samuel Johnson, L. L. D. during the Last Twenty Years of His Life*, London: T. Cadell, p. 281)

③ James Boswell: *The Life of Samuel Johnson*, 1791, ed. R. W. Chapman (Oxford: Oxford University Press, 1980; first published 1904.

④ Brooke, Stopford Augustus. *English Literature* [Literature Primers, ed. John Richard Green, MA] (London & NY: Macmillan & Co. 1876, p. 189.

⑤ Chalmers, George. *The Life of Daniel Defoe*. London, second edition, 1790.

⑥ Marmontel, Jean-François. *Memoirs of Marmontel*, written by himself, Philadelphia: Printed by Abel Dickinson, for S. F. Bradford, 1807.

我就选《鲁滨孙飘流记》。这是少数几部不朽的小说之一。"①

英国散文家查尔斯·兰姆在给传记作家沃尔特·威尔逊的信中说:"笛福永远是我喜欢的作家。"他还说:"他(笛福)的小说是厨娘们的一等读物,但同样也值得放在最富有的人和最有学问的学者们书房的书架上。"②

罗伯特·迈耶(Robert Mayer)认为:"克鲁索是西方文明最重要的教科书。"③

法国伟大的启蒙思想家、哲学家、教育家、文学家让—雅克·卢梭(Jean Jacques Rousseau,1712—1778)在小说《爱弥儿,或谈教育》(*Emile, or On Education*,1762)中,认为《鲁滨孙飘流记》是一部"自然科学大全"教科书,是爱弥儿首先应该读的书。他说:"使一个人摆脱庸俗的偏见,并对事物之间的真实关系做出判断,最恰当的方法就是使自己成为像鲁滨孙·克鲁索一样的孤独的冒险者,并在这种孤独的环境中,按照事物实际的用途判断自己周围的一切。"④

高尔基把《鲁滨孙飘流记》称之为"不可征服者的《圣经》"⑤。

在法国和德国的文学传统中,更多地把《鲁滨孙飘流记》看做是儿童文学作品。事实上,在世界各国一般读者的眼里,至今都把《鲁滨孙飘流记》看做是儿童文学。在中国,教育部把此书列入中学生课外读物的推荐书目也源于此。即使把《鲁滨孙飘流记》仅仅看做儿童文学作品,它能在近三个世纪的时间里愉悦全世界的儿童,也是一个了不起的成就啊!

瓦特认为:"《鲁滨孙飘流记》极自然地应归于西方文化中的伟大神话一类,归于《浮士德》、《唐璜》和《堂吉诃德》一类,而不是归类于其他的小说。上述几部作品都因其基本情节、不朽形象和一个具有

---

① Wright, Thomas, *The Life of Daniel Defoe*, Cassel and Company, Ltd. London, Paris & Meluoukm, 1894.;C. J. Farncombe & Sons Ltd. ,London,1931, p.239.
② Shingael, Michael, ed. Robinson Crusoe: A Norton Critical Edition (second edition). New York:W. W. Norton, 1994, p.290.
③ Mayer, Robert. History and the Early English Novel: Masters from Bacon to Defoe. Cambridge: Cambridge University Press,1997.
④ Shingael, Michael, ed. Robinson Crusoe: A Norton Critical Edition (second edition). New York:W. W. Norton, 1994, p.282.
⑤ 援引自 Mary (Tennesse). Review of Cliffs Notes "Robinson Crusoe'-Crusoe and the Triumph Over Nature. Amazon. com. Customer; www. amazon. com/Defoe-Robinson.../0822011506。

西方人的独特欲求的主人翁,从而表现了一种执著的追求。"①

《鲁滨孙飘流记》获得的赞誉,很少有其他小说能与之相比。

笛福自己确实说过,《鲁滨孙飘流记》是他自己一生的象征。但托马斯·赖特在他的《丹尼尔·笛福传》第一版中,首先肯定乔治·阿瑟顿·艾特肯②提供的笛福确切的出生年份是1659年,而不是以前人们所推断的1660年或1661年。然后以1659年为准,加上27年,是1686年。在这个基础上,赖特追溯和考证了笛福生平与鲁滨孙遭遇一一相对应的日期和事件。赖特在1931年的《丹尼尔·笛福传》第二版中,根据新发现的资料,基本确定笛福生于1660年夏季或秋季,从而基本推翻了他以前推定的那些对应日期和事件,但他还是认为,《鲁滨孙飘流记》在一定程度上是笛福的自传,并还试图找出他认为两者对应的地方。

我们的看法是,这种考证近似于我国《红楼梦》研究中的"索隐派"。而笛福说此书是自己一生的象征,只不过是从总体而言——他的一生也像鲁滨孙一样,是一个跌宕起伏的冒险经历。他在商业上或政治上,独自在伦敦奋斗,有成功,也有失败,甚至数度入狱,但始终努力不息,从不向困难低头! 笛福在《鲁滨孙·克鲁索沉思录》中也谈到,《鲁滨孙飘流记》是关于自己的一个寓言。瓦特也说:"笛福本人就是时代中一个分离、孤独的形象;他在为1706年的一个小册子《对一个题名为〈哈弗沙姆勋爵为其言论所作辩护〉的小册子的答复……》(A Reply to a Pamphlet, entitled the L d Haversham's Vindication of his Speech, &c. By the Author of the Review)所写的序言中提供了他的生活概况,在书中他抱怨道:

> 我在这个世界上多么孤立呵,那些承认我竭诚为之服务过的人抛弃了我;…… 无论怎样…… 我除了自己的勤奋没有其他的帮助,我是怎样与不幸搏斗的呵,除了已经了结的债务,我把债务从一万七千英镑减少到不足五千英镑;在监狱中,在逃债的避难区里,在各种各样的困境中,在没有朋友和亲人的援助下,我

---

① 伊恩·P. 瓦特:《小说的兴起》,第89页。
② 乔治·阿瑟顿·艾特肯(G. A. Aitken, 1860—1917),维多利亚时期的政府公职人员,长于安妮王后时期的英国文学研究,为《英国传记词典》撰稿人。著名作品包括:《约翰·阿巴思诺特生平与著作》(1892)和《理查德·斯蒂尔传》(1889)等;编辑了笛福的小说《辛格顿船长》。

是怎样使自己坚持下来的呵。"

大家一定都知道，鲁滨孙·克鲁索的原型，是一个名叫塞尔扣克的苏格兰水手。他被放逐到一个荒岛上，独自生活了四年半之久。获救回家后，一时在英格兰成了轰动的事件。众多人访问了他，并报道了他荒岛生活的故事。救他的船长伍兹·罗杰斯也在他的《环球巡航记》中记述了塞尔扣克的经历。至于笛福本人有否亲自访问过塞尔扣克，传记作家中有不同的看法，主要是笛福自己从未在任何文章中谈起过，因而没有确凿的证据。仅有一位传记作家托马斯·赖特在他的笛福传记中十分肯定地认为，笛福本人访问过塞尔扣克，并讲述了确切的地点和大致的日期。现把赖特《丹尼尔·笛福传》中的这一小段引述如下作为存疑：

> 笛福生性对奇闻轶事感兴趣。大约在1711年下半年或1712年上半年，笛福专程从伦敦去英格兰西部港口城市布里斯托尔访问塞尔扣克。他们是在笛福一位朋友达玛丽斯·丹尼尔夫人（Mrs. Damaris Daniel）家会面的。他家的房子坐落在布里斯托尔市圣詹姆斯广场的一个街角处，原来是在广场巴顿进口处对面。广场里有很多典型的安妮王后时代建筑风格的房子，是富人聚居区。广场始建于1707年。笛福这位朋友家的房子，可能在当时还是一栋新建筑。访谈的结果是，塞尔扣克把所有的材料都交给了笛福。这一情况后来塞尔扣克本人多次与达玛丽斯·丹尼尔夫人谈起过。
>
> 后来有人认为笛福私自侵吞了塞尔扣克的材料，但没有确切的证据。他们之间纯粹是一桩交易。笛福似乎也没有花多少钱，既没有利用这些材料与别人做什么交易，也没有从中得到其他什么好处。只是8年之后，才成了他创作《鲁滨孙飘流记》的灵感和素材而已。

但笛福肯定在伦敦读到过伍兹·罗杰斯的《环球巡航记》和理查德·斯蒂尔发表在《英国人》（*Englishman*, 1713）杂志上关于塞尔扣克在费尔南德斯孤岛上四年半孤独生活的叙述。这一点应该是毫无疑问的。罗杰斯的书一出版就成了畅销书，并译成法文、荷兰文和德文出版。而斯蒂尔写的故事，占了1713年12月份《英国人》杂志第1期至第3期的全部版面。当时其他有关记述塞尔扣克的书还有公爵夫人号的船长爱德华·库克（Edward Cooke）写的《南海贸易与环球航行记》(*A Voyage to the South-Sea Trade, and round the World*, 1712)，其中有塞尔扣克故事的叙述，但此书没有罗杰斯的书成功。后来，就有不少关于塞尔扣克历险故事的书出版，如约翰·豪厄尔（John Howell）的《亚历山大·塞尔扣克生平和历险记》(*The Life and Adventures of Alexander Selkirk*, 1829)，对塞尔扣克的家乡拉戈渔村、他的家庭背景和少年生活等有较详细的记述。本世纪初还有两本相当好的书出版。一本是2001年黛安娜·苏哈米（Diana Souhami）写的《塞尔扣克的小岛：真正的鲁滨孙·克鲁索的真实历险记》(*Selkirk's Island: The True and Strange Adventures of the Real Robinson Crusoe*, 2001)；另一本是2005年罗伯特·克拉斯克（Robert Kraske）写的《被放逐到孤岛上的人：真正的鲁滨孙·克鲁索——亚历山大·塞尔扣克真实的历险记》(*Marooned: the Strange but True Adventures of Alexander Selkirk*, 2005)。

笛福没有提及塞尔扣克是主人翁鲁滨孙的原型。但在《鲁滨孙·克鲁索沉思录》的序言中，笛福提到：

> 现在有一个人还活着，而且非常有名。他的生活遭遇是我这本书的主题。我书中全部或大部分的故事来自他的生活经历。这是本书事实的依据，因此，今天我在书上署上我的名字。

笛福写书的笔记，今天在伦敦市政厅图书馆（Guildhall Library）里仍能找到："山羊很多，鱼也很多，剖开腌制……小海豹的脂肪，像橄榄油一样好吃。"

笔记中也提到，他访问了东印度公司的一位船长托马斯·鲍里（Thomas Bowry）。后者给他看了费尔南德斯岛的地图。

但笛福也从其他历险记中吸取素材和灵感。在笛福时代，水手遇难和被流放在海岛上的故事是很多的。西科德先生的《笛福叙事方法研究》一书中，对《鲁滨孙飘流记》的原始材料，有过深入的研究。他认为，塞尔扣克的故事，为《鲁滨孙飘流记》提供了克鲁索荒岛生活的一个框架，但英国商人和海员罗伯特·诺克斯（Robert Knox，

1641—1720)的《锡兰岛的历史关系》(*A Historical Relation of Island Ceylon*,1681)、威廉·丹皮尔(William Dampier,1651—1715)的《新环球航行记》(*A New Voyage Round the World*,1697—1709),以及其他材料,尤其是英国作家理查德·哈克卢特(Richard Hakluyt,1552 or 1553—1616)的《英国主要的航海、旅行、交通和发现》(*The Principal Nevigations, Voyages, Traffiques, and Discoveries of the English Nation*,1589)、英国游记作家塞缪尔·珀切斯(Samuel Purchas,1575? —1626)的《哈克卢特遗作》(*Hakluytus Posthumus, or Purchas his Pilgrimes*,1625)和法国作家、旅行家马克西米利安·米松(Maximillien Misson,1650? —1722)的《弗朗索瓦·勒盖航行记》(*The Voyages of François Leguat*,1708)等都为笛福的小说提供了具体的材料和描写的素材。①

2011年,传记作家凯瑟琳·弗兰克(Katherine Frank)出版了《克鲁索:丹尼尔·笛福、罗伯特·诺克斯与一个神话的创造》(*Crusoe: Daniel Defoe, Robert Knox, and the Creation of a Myth*,2011),认为克鲁索的原型不是塞尔扣克,而是罗伯特·诺克斯。他的父亲是东印度公司安妮号船的船长。14岁时他父亲带他出海。在1660年的一次海难中,安妮号严重受损,靠在锡兰岛东部的一个港口修船,结果船员都被当地土著抓起来。他们受到土著村民的款待,为他们提供食品。唯一的条件是不准船员离开他们的领地,也不能逃跑。随着岁月的流逝,船员们像土著一样生活,有的娶了当地的女子为妻。1661年2月9日,诺克斯的父亲去世,诺克斯一个人把父亲的尸体拖到森林里埋了。过了几年之后,他换了居住的地方,新的土著村民不再为他提供食物,诺克斯只能靠编帽子出售为生。"安妮号"海难22年之后,诺克斯设法逃了出来,在回英国的船上,他写了《锡兰岛的历史关系》一书,记述了他被困岛上的遭遇和当地的风土民情。该书在科学家罗伯特·胡克(Robert Hooke,1635—1703)和著名建筑学家克里斯托弗·雷恩(Christopher Wren,1632—1723)为会长的皇家学会支持下,于1681年9月出版了。1680年诺克斯回伦敦不久,又出海做生意去了。这次他成了船长,回到伦敦时已是一位有名望的作家了。后来第二次出海,这次在马达加斯加(Madagascar)遭遇船员哗变,开

---

① 弗朗索瓦·勒盖(François Leguat,1637/1639—1735),法国探险家和自然学家。

船逃跑,把他一人丢在岛上险些又被抓了。诺克斯于1720年6月19日在伦敦逝世,正好是笛福的《鲁滨孙飘流记》出版一年之后。

尽管凯瑟琳·弗兰克列举了克鲁索和诺克斯历险的许多相似之处,但大部分评论家不同意她关于诺克斯是鲁滨孙原型的看法。虽然《鲁滨孙飘流记》出版时,诺克斯也正好在伦敦,但不论是笛福,还是诺克斯,都没有提到他们互相认识。西科德的书中也提到,詹姆斯·瑞安(James Ryan)在《诺克斯作品集》(*Knox's Collected Writings*)的序言中提到笛福认识诺克斯,在创作《鲁滨孙飘流记》时还采纳了不少诺克斯的建议。对此说法西科德并不完全认同。但笛福读过诺克斯的《锡兰岛的历史关系》一书,在写《鲁滨孙飘流记》时也多少有所借鉴,这一推断西科德认为是毫无疑问的。尽管诺克斯在锡兰囚禁20年的经历与笛福在荒岛上的经历有很大的不同,但他们的活动确有不少相似之处;另外,诺克斯的性格比塞尔扣克更接近克鲁索。此外,在《辛格顿船长》中,笛福借鉴诺克斯的地方较多,有些片断甚至抄袭了诺克斯的这部著作,并提到了诺克斯的名字。

我们这里提出弗兰克2011年这部半传记、半小说性质的著作,并不是同意她的观点,而是想证明:笛福留下的"荒岛神话"至今将近300年了,但仍能一如既往地吸引学者和读者的的兴趣,实在是一件非常了不起的事情。

也有人认为,其他人也可能是鲁滨孙的原型。第一个可能的人物是彼得·塞拉索(Peter Serrano)。加西拉索(Garcilasso,1539—1616)在《秘鲁历史》(*History of Peru, Part I*, 1609; *Part II*, 1616)中讲述了此人的经历。此书由保尔·里考特(Sir Paul Rycaut)译成英文于1688年出版,比《鲁滨孙飘流记》早了约20年。但 W. T. 林恩先生(Mr. W. T. Lynn)在1888年10月13日出版的杂志《笔记与询问》(*Notes & Enquiry*)中作了如下的评论:

> 说实在的,很难把《鲁滨孙飘流记》与彼得·塞拉索的经历联系起来。两者之间唯一相同的是船只失事。塞拉索居住的小岛,后来以他的名字命名,在加勒比海西部,位于牙买加与大陆之间,远离南美北部的奥里诺科河。根据加西拉索的描写,岛上缺水,没有森林与草地,与鲁滨孙居住的小岛大不相同。如果加西拉索的叙述正确的话,塞拉索在岛上生活了七年——其中三年

单独一个人,四年与另一位海难后流落到岛上的人一起生活。

在《笔记与询问》(I.M.P.,1888年3月31日)中,另一位作家还提出了德国小说家格里梅尔斯豪森(Grimmelshausen)一部小说中的主角:

> 格里梅尔斯豪森写的故事没有笛福那么具体详细,但在许多方面预示了笛福的作品。两者之间的相同之处令人颇感兴趣。
> 格里梅尔斯豪森写故事的主人翁遭遇海难,流落到一个热带地区无人的荒岛上,岛上植被丰富,气候温暖,也有雨季。他自己建造了一间房子,此外,也有一个洞穴可供居住。他用企鹅和其他鸟类的皮做衣服,在一根棍棒上刻痕记录时间。他也经历了一场地震。他对获得的钱币,也发了一通伦理道德的感叹。其间也有土著划着小船上岛,甚至把他俘虏带走。后来有一艘航船在岛上停靠,船长答应把他带走。故事中宗教色彩也非常浓厚。
> 但有一个不同之处却非常明显:格里梅尔斯豪森谈了许多超自然现象,这在笛福的著作中是没有的。

还有法国作家皮埃尔·德马里奥(Pieere de Marivaus,1688—1763)在1713年写的关于一位欧洲水手流落在荒岛的故事也可能对笛福有所启发。[①]

我们罗列了这么多专家追溯了这么多著作,试图找出鲁滨孙·克鲁索的原型,主要想说明笛福这部小说的影响之大,克鲁索留给人们的印象之深刻!

笛福经商失败破产,债主上门逼债,他需要赚一大笔钱才能摆脱困境。加上当时女儿玛丽亚出嫁也要用钱。这时,他记起了罗杰斯和斯蒂尔关于塞尔扣克被放逐孤岛的叙述。这正是他所需要的故事——一个平民百姓独自在无人的孤岛上生存下来的故事。不少人也认为,笛福转而写小说《鲁滨孙飘流记》的动机之一,就是为了挣稿费还债。该书的畅销和不断再版,出乎笛福自己和出版商的意外,因此也确实帮助笛福还清了很大一部分债务。

[①] 见 *Les Effets surprenants de la sympathie*,1713—1714。

笛福的主意好是好,却有一个问题。在18世纪早期,出版的书几乎都是非小说类的作品——历史、传记和游记是当时受人欢迎的题材。几乎没有长篇小说出版,当时的阅读风尚是,人们一般不喜欢读虚构的故事。

笛福当然不愿放弃这个好主意。他与他的出版商W. T. 泰勒(W. T. Taylor)谈他的主意。他们达成共识:一个水手被放逐在热带的一个孤岛上的书也许会受欢迎,但必需读起来像是真人真事,不能像是一个虚构的故事。

怎么能做到这一点呢?笛福想出了一个聪明的办法,故事主人翁应该自己叙述自己的故事,这样让人读起来像是真人真事。

笛福只用了几个月的时间,完成了《鲁滨孙飘流记》的创作。1719年4月25日,小说在伦敦的书店里上架了。这本8开364页的小说,装帧一般,封面上并没有署作者笛福的名字,只是写上:"由鲁滨孙自己撰写的约克郡水手鲁滨孙·克鲁索的一生及其惊奇的历险记。"

当时,读者相信鲁滨孙的故事是真实的。在序言中,笛福写道:"本书所记述的一切都是事实,没有任何虚构的痕迹。"

1719年4月,泰勒第一次印刷了1500本《鲁滨孙飘流记》,售价是5先令。在当时应该说是价格不菲的。但新书深受大众欢迎,一个月后马上重印,6月、8月再次重印,年底前伦敦还出现了两个盗印版本,都柏林一个盗印版本,可谓"盛况空前"!当年10月份,小说在《伦敦邮报》(Original London Post)连载65个星期。这在当时也是难以想象的。《鲁滨孙飘流记》也是历史上报纸专栏副刊连载的第一部长篇小说。连笛福的政敌查尔斯·吉尔顿都不得不承认,小说风靡全伦敦:只要有钱买书,没有一个老妇人不买一本,并与《天路历程》等书作为遗产传给后代。

后来,此书不断被改写、简写、缩略、删节,以致盗版;在历史上,也只有很少的书比《鲁滨孙飘流记》有更多的盗版本,以至于泰勒与有些盗版商对簿公堂。小说一直以来还不断被改编成剧本、拍成多部电影。现在《鲁滨孙飘流记》已成为世界经典名著,在1863年时,编入了《先令休闲系列丛书》;1869年,玛丽·戈多尔芬(Mary Godolphin)全部用英语单音节词改写了小说,并配上彩色插图。1900年开始,小说放在杂货铺里出售。小说引发了无数的评论、画册、立体图片书、连环画册、木偶戏和童话剧等。总之,鲁滨孙成了普通大众都熟悉的形象。

一年之内,《鲁滨孙飘流记》译成了法文、德文和荷兰文出版。小说一开始,克鲁索说自己父亲是德国不来梅(Bremen)市人。20世纪30年代,在该市的Bottcherstrasse大街建造了一幢"鲁滨孙楼"(Robinson-Crusoe-Haus),以兹纪念。现该楼为英—德文学俱乐部所在地,里面有一个很不错的图书馆。18世纪60年代该书又被译成俄文出版。

有意思的是,1765年,该书在西班牙被列为禁书,或许因为该书对有些西班牙殖民者的描写形象不佳,当局感到不舒服。还可能是该书在伦敦刚出版时,被苛评为"文理不通,结构松散,文风极差",西班牙政府文化部门大概也持同样的看法。1769年的法文版缩略本却署上了斯蒂尔的名字。18世纪70年代,小说被印成廉价本,由印刷商雇用小贩沿街叫卖。

中文版最早的译本是1898年翻译、1902年出版的浙江人沈祖芬的译本《绝岛漂流记》。林纾的译本(与曾宗巩合译)《鲁滨孙飘流记》由商务印书馆于1905年出版,从此,此书的中文译名基本定型,后来的译者大多沿用林纾的译名。从20世纪初到今天,中国出版了无数的《鲁滨孙飘流记》的译本,但其中鱼龙混杂,翻译质量参差不齐,有的甚至有抄袭之嫌。例如,我看到有些译本,连译注都照抄。注释一事,仁者见仁,智者见智。且注释条目的出典,各人也可能有不同的参考依据,不可能条条相同。一般认为,除林纾译本外,较有影响的译本有:1937年商务印书馆出版的徐霞村译本,1979年又以方原的笔名由人民文学出版社出了修订版;1996年译林出版社郭建中的译本(2006年出了第二版修订本)和1997年上海译文出版社的黄杲炘的译本。这些版本都一直在不断重印中。

对书名的翻译,读者经常发出疑问:是"鲁滨孙",还是"鲁宾逊"?是"漂流记",还是"飘流记"?

按新华通讯社译名资料组编的《英语姓名译名手册》(第二次修订本),Robinson应译成"鲁宾逊"。现今大部分译本均用此名。但我根据翻译中"约定俗成"的原则,尊重习惯,沿用"鲁滨孙"的译名。在许多评论文章和英国文学史著作中,大部分也用"鲁滨孙"的译名,恐怕也是遵循翻译中的"约定俗成"的习惯吧。

现今书名绝大部分译本用"漂流记",故大部分译本的书名是《鲁宾逊漂流记》。但我在为译林出版社翻译这部名著时,仍沿用传统的译名"飘流记"。这倒不是我不知道"漂流"与"飘流"通义。这在汉语词典上都是标明的。但"飘"字除具有"漂"的一些意义外,还有"随风摇动或飞扬"之意。杜甫《赠李白》诗有"秋来相顾尚飘篷"和曹植有"清风飘我衣"之句。故 Gone with the Wind 译成"飘",而今出版时也没有改成"漂"。傅东华先生在《〈飘〉译序》中解释道:"'飘'的本义为'回风',就是'暴风',原名 wind 本属广义,这里分明是指暴风而说的;'飘'又有'飘扬'、'飘逝'之义……"鲁滨孙被暴风雨刮到荒岛上,故"飘"比"漂"更能体现原意。故我的译本的书名为:《鲁滨孙飘流记》。

黄杲炘先生认为,书名不应该译为《鲁宾逊漂流记》或《鲁宾孙飘流记》,因为主人翁没有"漂流",而应按原著书名译成《鲁滨孙历险记》。我们认为,自从林纾在上世纪 30 年代把该书书名译成《鲁滨孙飘流记》以来,已经广为流传,并几乎成了约定俗成的译名,故没有必要更改译名;而我不用"漂流",而用"飘流"也含有此意。为此,我的译本在作者序言(郭译"弁言")后面和全文开始前,加了一页,书上"鲁滨孙·克鲁索的一生及其历险",以补充译出笛福原文的书名。

今天,《鲁滨孙飘流记》一书,几乎翻译成世界上所有的语言出版了。据说,除了《圣经》之外,《鲁滨孙飘流记》是再版最多的一本书。

由于小说内容丰富,涉及社会政治、经济、人类活动和人性等各个方面:社会与阶级、人与自然、法律与秩序、家庭人员的义务与责任,还有种族、奴隶买卖、主人与奴隶的关系、文明与野蛮、异族文化,以及宗教、战争、贸易、殖民、财富、勤劳、坚毅等等,几乎可以说无所不包。但最基本和最重要的主题是:生存——在荒凉的自然环境中一个人孤立无援地寻求生存,寻求自我! 19 世纪英国著名浪漫主义诗人威廉·华兹华斯(William Wordsworth,1770—1850)也有同样的看法。他认为,一般人都把《鲁滨孙飘流记》的魅力归功于自然的叙事技巧。笛福确实对冒险者的处境有非凡的、近乎现实的想象,并做出图画一般的真实写真,对场景的出色的描绘,及其在劳动中所展现的人类的知识,都是小说成功不可忽略的因素。但是,华兹华斯更认为,小说对读者所产生的强烈兴趣,主要来自主人翁在逆境下所表现的克服困难的活力和智慧,来自在意想不到的自然环境下普通人也可能会有同样的表现。主人翁的巨大喜悦来自于取得的成功;他的运气来自于自己非凡的优良素质。①

因此,小说问世以来,不同时代的政治家、经济学家、宗教人士、历史学家、文学史家、文艺批评家和作家,从各个不同的角度解读《鲁滨孙飘流记》。卢梭将其推荐为受教育者的必读书;马克思以此书来解释他的劳动价值理论及资产阶级的原始积累与发展。当代的文学评论家又用新的文艺理论,如结构主义、解构主义、女性主义、后殖民主义等理论,来分析和评论这部小说。但普通读者,不论是青少年或中老年,都只是把其作为一部冒险小说来阅读。在当时,它相当于我们现在所谓的通俗"畅销小说"。小说出版快三百年了,而至今能保持畅销,究其原因,我想不外乎两点:一是故事情节引人入胜;二是叙事语言通俗易懂。

对小说的解读,完全是个人的行为。由于每个人的社会背景和生活经历不同,甚至同一个人在不同的年龄段因不同的阅历和不同的心情,对同一部小说都会有不同的体悟和理解,这些都是非常自然的事情。但我们也不太赞成过度的解读,而用一些新的理论过度解读文学作品似乎是目前文学评论中一个普遍的倾向。

塞尔扣克是否读过《鲁滨孙飘流记》?有可能。1719 年小说出版时,他正好在伦敦。他几乎每天在伦敦的街头闲逛,有时也去书店看看。我们不知道他是否会拿起《鲁滨孙飘流记》翻阅,回忆起自己在荒岛上度过的天堂般的岁月。

小说结尾,笛福安排克鲁索重返他生活了 28 年的小岛。但我们知道,这仅仅是虚构的情节。亚历山大·塞尔扣克,这位真实的鲁滨孙,从未回到他所生活的那个荒岛之家。

随着时间的消逝,塞尔扣克变成了鲁滨孙的形象。塞尔扣克的名字和实际历险经历被人们淡忘了;他的真实故事变成了虚构的小说。塞尔扣克是谁,他到底有什么历险经历,这一切都不再重要了,重要的是鲁滨孙和他的历险经历。

托马斯·赖特还认为,如果没有塞尔扣克事件的发生,笛福也完全可能成为讲故事的高手,但是否能成为最伟大的作家之一就很难说了。而笛福在谈及莫顿学院的同学中,有一位名叫蒂莫西·克鲁

---

① Shingael, Michael, ed. *Robinson Crusoe: A Norton Critical Edition* (second edition). New York: W. W. Norton, 1994, p.291.

索(Timothy Cruso)①的。此人后来成了有名的非国教派牧师。还有,在伦敦皇家交易所旁边的圣巴塞洛缪教堂的记录里,1654年前后住着一个名叫克鲁索(Crusoe)的人,他的住所在思罗葛莫顿街上(Throgmorton Street),附近还住着一个叫鲁滨孙(Robinson)的人。这些,也许都使笛福在给《鲁滨孙飘流记》中的主人翁取名时有所联想吧。这当然是一些爱好考证的传记作家的一种推断而已。

笛福在自己经商早期,曾航海到过西班牙和葡萄牙沿海,遇到的葡萄牙人和西班牙人,其中有好人也有坏人。这些经历,也成了他小说的素材,并在《鲁滨孙飘流记》和《辛格顿船长》等小说中都有所反映。这些人物包括救了克鲁索和佐利的好心的葡萄牙船长和克鲁索留在自己岛上的17位西班牙人等等。另外,辛格顿谈到他第一次航海时共处的那些葡萄牙水手,"盗窃、哄骗、赌咒、假发誓,结合着恶劣之至的淫乱,这就是船上水手们一成不变的惯技。还有,他们把自己的勇敢,吹嘘得不堪入耳,而一般说来,他们却是我所碰见过的十足的懦夫。"②辛格顿一生对葡萄牙人的罪恶行径恨之入骨,对他来说,葡萄牙人等同于魔鬼。葡萄牙人有好有坏,这些也都是笛福自己的印象。

《鲁滨孙飘流记》也许是迄今为止最著名的历险记,开创了"荒岛文学"的文学样式,成了"荒岛文学"的原型,而鲁滨孙·克鲁索也成了世界文学中不朽的形象。一个人与世隔绝孤独生活的题材,给人以无限的遐想和想象力驰骋的空间,也可以想象争取生存的各种可能性。《鲁滨孙飘流记》前半部分叙述的那种自力更生的精神、人的聪明才智的充分发挥,以及人对环境的适应能力,都充分展示了小说的魅力。此后,有许多模仿笛福"荒岛神话"的著作出现在世界各地,并产生了一个新词Robinsonnade,意为"鲁滨孙式的历险故事"。据估计,小说出版后的40年间就有40多个不同的鲁滨孙出现,此外还有15种用不同的书名出版的模仿之作。哈蒙德在《笛福手册》附录中列出下面最著名的8部著作:

1812年,约翰·戴维·怀斯(Johann David Wyss,1743—1818)《瑞士鲁滨孙一家飘流记》(*The Swiss Family Robinson*)。怀斯说是受

---

① 18世纪英语的拼写是比较混乱的,一个单词可能有不同的拼法。笛福自己的名字,也有好几种写法。

② 译文引自《海盗船长》,张培均、陈明锦译,南宁:广西人民出版社1980年版。

到笛福《鲁滨孙飘流记》的启发才写此书的。他是作为父亲想教育自己的孩子而写这本书的。小说讲述了瑞士一位牧师和妻子、四个儿子一家遭遇海难流落荒岛的故事。此书 1812 年出版后过了几年就译成了英文。此后一直是大众欢迎的通俗读物。

1857 年,苏格兰儿童文学作家罗伯特·迈克尔·巴兰坦(Robert Michael Ballantyne,1825—1894)的《珊瑚岛》(The Coral Island)。这部小说在 2006 年国际世界宽带网第 15 届年会上被选为 20 部苏格兰最佳小说之一。小说讲述三个男孩在遭遇船难后流落到太平洋的一个荒岛上后的种种历险故事。

1883 年,苏格兰小说家、诗人和游记作家罗伯特·路易斯·斯蒂文森的成名作《金银岛》(Treasure Island)。讲的是在西印度群岛寻宝的故事。其主人翁本·冈恩(Ben Gunn)流落到小岛上的故事,部分受《鲁滨孙飘流记》的启发和影响。

1896 年,赫伯特·乔治·威尔斯(Herbert George Wells,1866—1946)的《莫洛博士岛》(The Island of Dr. Moreau)。讲述一位活体解剖学者在太平洋的一个孤岛上进行实验的故事。当他和他的助手死后,故事叙述者成了海岛上唯一的幸存者。

1928 年,英国作家悉尼·福勒·赖特(Sydney Fowler Wright,1874—1965)的《斯帕罗船长的海岛》(The Island of Captain Sparrow)。讲述的是斯帕罗船长遇难后流落到太平洋遥远海岛上的冒险故事。

1954 年,英国作家、诺贝尔文学奖得主威廉·戈尔丁(William Golding,1911—1993)的小说《蝇王》(Lord of the Flies)。故事讲述一群男学生乘坐的飞机坠落在一个荒岛上的故事。

1967 年,法国作家米夏埃尔·图尼耶(Michael Tournier,1924—)的《星期五,或另一个岛》(Friday, or the Other Island)。重述了克鲁索的故事。一个年轻人是海难唯一的幸存者,漂流至太平洋的一个荒岛上,小说被赋予了哲学思考。

《鲁滨孙飘流记》也启发了斯威夫特的《格利佛游记》(Gulliver's Travels,1726),也成了后来科幻小说和幻想小说取之不竭的题材源泉。甚至在美国诗人和哲学家亨利·戴维·梭罗(Henry David Thoreau,1817—1862)的《瓦尔登湖》(Walden,1854)一书中,也可以见到深受克鲁索在自然环境中简朴生活的影响。

笛福的"荒岛神话"还启发了不少当代作家的灵感,对他们也有很大的影响。我们这里仅举两位现代作家为例。

圣卢西亚诗人、剧作家、作家德里克·奥尔顿·沃尔科特(Derek Alton Walcott,1930—),1992年被授予诺贝尔文学奖。约瑟夫·布罗斯基称他是"当代英语文学中最好的诗人"[①]。在其作品中,他探索和沉思加勒比海的历史、政治、民俗和风景,表现了强烈的历史感。他早期诗作大多描写个人的孤独和与当地生活习俗的不协调,宗教和灵魂一直贯穿了他作品的主题。在谈到西印度群岛文化的发展时,他说:"我们这一代的西印度群岛作家能第一次描写我们自己的土地和人民,感到无比高兴;同时,我们有笛福、狄更斯、理查逊等作家的优秀传统,告诉我们可以写得多好。"

南非著名小说家约翰·马克斯维尔·库切是2003年诺贝尔文学奖得主。他的小说以南非种族隔离为背景,但又被置于没有时限的原小说的形式之中,往往表达了双重意义。他的小说《福》(Foe,1986;一译《敌人》),是对笛福经典之作《鲁滨孙飘流记》的质疑、解构和颠覆,与后者有很强的互文性。故事讲的是一个叫苏珊·巴顿的女人流落到鲁滨孙·克鲁索和星期五居住的荒岛上。"船出事了,丢下我一个人。"她告诉克鲁索,却没有得到克鲁索的一丝同情。克鲁索是他那小小帝国的残暴君主。后来,他们三人都得救了。苏珊遇到了丹尼尔·福,并给了他创作《鲁滨孙飘流记》的素材和灵感。然而丹尼尔·福却在书中忘了提到苏珊。星期五仍是个哑巴,因为他的舌头被割掉了,而且鲁滨孙也不容许他讲述自己的故事。评论家对《福》有各种不同的解读。有人认为《福》是"南非状况"的寓言;也有的学者从女权主义角度对其进行解读。不少批评家认为,笛福的《鲁滨孙飘流记》是男人的小说,小说中没有女人的合法位置。在库切的《福》中,主人翁是一位名叫苏珊·巴顿的女子。她对笛福没有在《鲁滨孙飘流记》中给她应有的位置而提出了质疑。因此,我们认为,这是库切对上述批评的回应。在《福》中,鲁滨孙的形象也完全不同:一个冷漠、毫无作为、没有生活激情的鲁滨孙替代了积极向上、

[①] 约瑟夫·布罗斯基(Josef Brodsky,1940—1996)美籍俄国诗人,1972年离开苏联,用英文和俄文写作,是迄今为止诺贝尔文学奖最年轻的获奖作家。他的诗把俄罗斯抒情诗的传统和西方现代诗歌融为一体,内在张力极强,题材常涉及宗教、神话、历史和现实等方面的内容。布罗斯基的作品甚丰,获诺贝尔文学奖之前已受到西方文学界的注意和推崇,其散文、评论集《小于一》首获1986年美国国家图书评论奖。

足智多谋、勤劳致富的鲁滨孙;一个不敬上帝的鲁滨孙,替代了虔诚信奉上帝的鲁滨孙。这是对笛福小说的反拨。库切对《鲁滨孙飘流记》的解构,还表现在小说的叙述手法上。他的《福》将同一故事从不同的角度讲了很多遍,展现了由无数作者创作的,或者又可以说是在无作者的情况下创作的小说,从而彻底否定了作者的权威性。[1]

鲁滨孙·克鲁索原型:塞尔扣克的故事

《鲁滨孙飘流记》的故事梗概,我相信大家都熟悉,因此没有必要在此赘述。鲁滨孙的原型主要取自苏格兰水手塞尔扣克被遗弃在一个荒岛上的故事,这一点绝大部分专家的意见是一致的。虽然大部分读者对塞尔扣克的故事略知一二,但故事来龙去脉的详情可能不怎么清楚。因此,这倒是我们在这儿需要交代一下的。我们根据上面提到的几部有关记述塞尔扣克历险的记述,作个较为详细的介绍。

1701年至1714年,发生了西班牙王位继承战。那时,英国、澳大利亚和荷兰为一方,西班牙、法国和普鲁士为另一方。原因是西班牙国王查理二世驾崩,双方为谁继承王位的问题发生了争执。

在伦敦圣詹姆斯广场的一所房子里,有两个人在商谈发财的事。一个是托马斯·埃斯考特(Thomas Estcourt),一位有钱的绅士和冒险家,一心想发财;另一位是威廉·丹皮尔,有"海盗老狗"之称。丹皮尔极力劝说埃斯考特出资,找一条武装商船,并配备水手,去南美洲作一次劫掠财富的航行。

尽管埃斯考特担心失败,但巨大财富的诱惑终于使他动了心。他出资4000英镑,装备一艘200吨的海船,船名为纳扎雷斯(Nazareth),并把其改装成私掠船。这是一种私人拥有的武装商船,与政府签约,在战争期间特许其攻击敌方的商船,劫掠敌国沿海的殖民地城镇。掠得的财富,五分之一上交政府,其余由出资人和船员分享。他们把船名改为圣乔治(St. George),雇用威廉·丹皮尔为船长。

丹皮尔有着丰富的航海经验,经历过各种恶劣的航行,自称是"从不为困难吓倒的无畏的人"。西班牙人听到他的名字就会闻风丧胆。1676年他还出版了《环球航行记》。其中记述了他"辉煌的劫掠战绩"。

---

[1] 王敬慧:《〈福〉与〈鲁滨孙漂流记〉的互文性》,见J. M. 库切:《福》,王敬慧译,杭州:浙江文艺出版社2007年版。

圣乔治号于1703年4月30日从伦敦出航了。在爱尔兰南部集市城镇科克市（Cork）的金塞尔港（Kinsale），等待一艘名为辛格朴次号（Cingue Ports Galley）的船到来。该船于8月6日到达，是一艘130吨的小船，船上有大炮，90名船员。船长查尔斯·皮克林（Charles Pickering）也是该船的股东之一。亚历山大·塞尔扣克是船上的领航长。

塞尔扣克1680年（一说是1676年）生于苏格兰东部法夫（Fife）城的内瑟拉戈（Nether Largo）面对拉戈海湾的一个小渔村。他是家里的第七个孩子。塞尔扣克家是苏格兰基督教长老会派的成员，不满英国的殖民统治。年轻时的亚历山大脾气暴躁，在家里经常对兄弟拳脚相加。他还常在教堂捣乱，因而在1695年15岁那年，曾受到教会的训斥。就在这一年，他离家出走，成了水手，开始了航海生涯。虽常遇险，但他幸存下来，并学到了航海技术，成为一名经验丰富的领航员。

圣乔治号和辛格朴次号于1703年9月11日离开金塞尔港，11月2日穿过赤道。接着，连日大风大浪，加之热病在船员中传播，辛格朴次号的船长皮克林也病倒了，由其副手托马斯·斯特拉德林（Thomas Stradling）替代船长一职。斯特拉德林时年21岁，是位绅士海员。塞尔扣克不喜欢他，因为他对船员施行高压手段。11月24日，他们停留在巴西海外的勒格兰德（Le Grande）补充给养。但船况已很差，并开始渗水。接着，船长皮克林死了，斯特拉德林正式接替了辛格朴次号船长的职位。

在圣乔治号上，船长丹皮尔与其副手发生争执。22名水手与副手离开了圣乔治号。丹皮尔认为这是哗变。

此后，两艘船向南面的好望角（Cape Horn）航行，船况越来越坏。丹皮尔整天喝得醉醺醺的，且脾气火爆。1704年1月4日晚上，在接近好望角时遭遇强风暴，两艘船被吹散，相互失去了联系。辛格朴次号在塞尔扣克的引航下，于2月4日到达了南美智利西面的胡安·费尔南德斯岛（Juan Fernandez）。原来的90名船员，现在只剩42人了。存活下来的船员情况也很糟糕。他们迁怒于船长斯特拉德林，塞尔扣克更是公开表达了对船长的不满。斯特拉德林失去了对辛格朴次号的控制，船停在离岸一英里的海外，船员们乘小船上了岸，留下船长斯特拉德林一人在船上。丹皮尔迷失了方向，圣乔治号驶过了胡安·费南德斯岛,一直向北驶去。过了三天,才发觉不对,重新回头,终于到达了该岛。

丹皮尔到达后,发现情况异常,就与辛格朴次号的船员谈判,答应给他们种种好处,并同意修船和让船员们在岛上休整。他们在该岛待了4个星期。2月29日中午,他们发现有一艘船开过。丹皮尔命令圣乔治号立即启航攻击该船。丹皮尔以为是条西班牙船,结果发现是一条法国船。在战斗中,丹皮尔躲在船舱里,而不是指挥战斗。后来辛格朴次号也赶来加入战斗,因船小,不堪一击。攻击失败,还损失了两条小船。两艘船于是返回胡安·费尔南德斯岛。

船员们对丹皮尔和斯特拉德林两位船长十分不满和失望。当两艘船向北驶向秘鲁海岸时,哗变已在酝酿中了。

两艘船停在秘鲁首都利马(Lima)外的卡亚俄港口(Callao),准备伏击过往的商船。第二天早上,他们劫掠了一艘驶出港口的西班牙商船,颇有收获,但本应把整艘船抢过来的,丹皮尔却把俘获的船放走了。船员们大为不满,认为丹皮尔收受了贿赂。第二天清晨,又成功伏击了另一艘船,缴获颇丰,但丹皮尔又一次把船放走了。后来又攻击了一条西班牙小船。接着,丹皮尔计划偷袭西班牙殖民地小镇圣玛丽亚(Santa Maria),结果"偷鸡不成反蚀一把米"。

离开圣玛丽亚后,他们向巴拿马和多巴哥岛驶去,途中又成功劫掠了一艘商船。丹皮尔把掠夺得来的金银财宝统统装进圣乔治号。他的种种恶劣行径连辛格朴次号的船长斯特拉德林都忍无可忍了,因此与丹皮尔翻了脸,并决定与他分道扬镳。船员可以选择跟丹皮尔或斯特拉德林。塞尔扣克决定跟斯特拉德林上辛格朴次号。

1704年5月19日,丹皮尔驶回秘鲁,斯特拉德林向南往墨西哥沿海驶去。这时,辛格朴次号只有40名船员,且装备较差,没有圣乔治号的保护,是很困难的。船上的食品越来越少了,抢劫发财的希望也越来越渺茫了。斯特拉德林与塞尔扣克发生了激烈的争吵,他把塞尔扣克关在储藏室里,并把领航的任务派给一位低级水手。船开始渗水,食品日益稀少。斯特拉德林决定驶回胡安·费尔南德斯岛修船。1704年9月,辛格朴次号进入该岛大海湾开始修船。

费尔南德斯岛是西班牙所属小岛,西班牙私掠船随时都会上岸。斯特拉德林怕遇上西班牙私掠船,待船装满淡水、食品和略加修理后就要启航离岛,但航海经验丰富的塞尔扣克坚持船要大修。塞尔扣克扬言,他宁愿留在岛上,也不愿随船冒险航行葬身鱼腹。他号召其他船员与他一起留在岛上。在这关键时刻,原来支持他反对船长的那些水手,却不愿留在岛上。斯特拉德林见到摆脱反叛水手的机会,立即命令把塞尔扣克的水手箱及衣物等私人用品放上小船,并把他丢到小船上,命令几位水手把船摇上岛。尽管塞尔扣克开始求情,但斯特拉德林不为所动,硬是把塞尔扣克放逐到荒岛上。几小时后,大船启航了。本来塞尔扣克认为他们是吓唬吓唬他而已,几小时之后,或一两天之后,他们会回来把他带走的。可是几天过去了,根本没有辛格朴次号的影子。塞尔扣克彻底绝望了。他为他的坏脾气和大话付出了沉重的代价。

带到小岛上的食品吃完后,他捉海蟹、挖淡菜、找蛤蜊生吃,也抓到大龙虾,大的长达3英尺。生吃海鲜生了病,他后来钻木取火,就能煮着吃了。

几周之后,他只得听任命运的摆布,决定设法在小岛上长期安顿下来。他在沿岸的山腰上找到了一个适于居住的岩洞,从岩洞口还可瞭望海上来往的船只。岛上有海龟、鸟蛋、山羊、海狮和各种植物,温饱不成问题。最可怕的是形单影只,寂寞难当。

1705年五六月份,塞尔扣克意识到可能会在这座小岛上呆几年甚至一辈子。他只好作长期准备,决定搭个小屋子,从岩洞中搬出来住得舒服些。他建造了两间茅屋,然后环游小岛。令他欣慰的是,小岛生活资源丰富,不愁吃喝。他虽被禁闭在小岛上,但也是这个岛的主人,岛上的资源任自己支配享用。日子长了,生活舒适,反而自得其乐。伴随着他的还有一本《圣经》,阅读《圣经》使他获得精神上的安慰和安宁,也陶冶了他的性格,脾气也慢慢好起来了。

这样一天一天日子过得也很快,到最后,他几乎爱上了岛上宁静的生活。但有时还不禁会陷入沉思,让他感到忧伤。英国诗人威廉·库珀(William Cowper, 1731—1800)的诗歌对此作了很好的描绘:

我是君王,极目所至是我疆土,
我是权威,世上无人能够挑战;
从岛中心,到周围的礁石大海,
我是君王,管辖一切飞禽走兽,

而孤独感时常会袭来：

> 哦！孤独啊，智者在你的脸上
> 看到的魅力在哪里啊？
> 我宁愿身处喧嚣的闹市，
> 也不想统治这可怕的地方。
> ——库珀：《亚历山大·塞尔扣克可能写的诗》(1782)

有一次，一艘西班牙船进入港湾，他几乎被西班牙人抓住，要不是他跑得快的话。他现在能跑得比山羊还快，能追上山羊徒手把它们抓住。

1709年1月31日晚上，塞尔扣克像往常一样准备睡觉。突然，他发现，在渐渐暗下来的海面上，两艘大船向港湾驶来。他在望远镜里看到，船上挂着英国国旗！他立即冲到岸边，在一根棍棒上放上自己的一顶山羊皮做的帽子拼命挥舞。大船上放下了一只小船，八个水手划船上岸。他们看到了一个奇形怪状的人——身穿山羊皮，胡子长得齐腰，像个原始人，几乎不会言语，含含糊糊地听到他嘴里咕哝着"被放逐……"

塞尔扣克被带到大船上，船长伍兹·罗杰斯好生招待他。其中的一位水手，原来是在丹皮尔手下的，认出了塞尔扣克。他说，塞尔扣克是辛格朴次号上最好的水手。至此，塞尔扣克在荒岛上独自生活了四年零四个月。

两艘船共有225位水手，几乎一半人患了坏血病。现在知道，这是因为船上缺乏新鲜蔬菜，船员缺少维生素C引起的疾病。塞尔扣克让船员上岸，给他们煮岛上可食用的野菜和山羊肉吃。不久，患病的船员恢复了健康，船长罗杰斯甚为高兴。

罗杰斯带领了公爵号(Duke)和公爵夫人号(Duchess)两艘私掠船。他们于1708年8月2日离开英国西部的港口城市布里斯托尔。他们来到岛上后先修船，同时补充淡水和食物。这一切都得到了塞尔扣克极大的帮助。罗杰斯还任命他为公爵号的二副。2月12日，两艘私掠船从小岛的港湾启航，向西班牙南美殖民地西海岸进发。1709年3月16日，他们成功地俘获了一艘小型商船。船长告诉他们，四年前他们发现了一艘沉船的残骸，船名是辛格朴次号。附近村民告诉他们,船上的船员大部分葬身鱼腹,船长和六位水手乘小船逃生。上岸后被西班牙人抓获,送入当地牢狱,后又转至秘鲁首都利马,最后可能送至西班牙,以后就再也没有他们的消息了。塞尔扣克听了既震惊,又深感庆幸!

现在三艘船一起航行,途中又劫掠了三艘小商船。罗杰斯把其中一艘船命名为英克里斯号(Increase),专门收容生病的水手,并任命塞尔扣克为船长。

4月2日,他们靠近一艘西班牙大型商船阿森松号(Ascension),没有开始进攻就把西班牙人吓坏了。西班牙船长投降了,这是罗杰斯他们的第一次大收获。几天后又缴获一艘大商船。这时,罗杰斯的船队已有5艘船了。途中又劫掠了厄瓜多尔沿岸瓜亚基尔(Guayaquil)海湾上一个富裕的港口小镇,抢得了大量的财富。

但他们的最终目标是西班牙人的马尼拉大帆船;这是指1565年以来每年6月从菲律宾首都和主要港口马尼拉出发去墨西哥太平洋沿岸南部港市阿卡普尔科(Acapulco)的船只。这些船上装满从印度、中国和日本掠夺得来的黄金和各种珍奇异宝。这些船在阿卡普尔科卸货,随后从陆路运往墨西哥湾的港口,再从那儿装船运往西班牙。这种马尼拉大帆船,船坚炮利,是当时欧洲建造的最强大、最坚固的武装商船。

罗杰斯的船队一直在墨西哥下加利福尼亚州(Baja California)沿岸巡游,由塞尔扣克为船长的英克里斯号担任瞭望,等待马尼拉大帆船的到来。12月21日,大帆船出现了。罗杰斯以极佳的战略,用公爵号和公爵夫人号两艘船进行攻击。经过三个小时的激战后,大帆船降下旗帜投降了。罗杰斯本人被子弹击中下巴,削掉了上腭的一大部分。但这次缴获的巨大财富,大大出于他们的意料。罗杰斯他们先把缴获的西班牙大帆船拖至塞古拉港(Port Segura),然后决定立即回英国。这19 000英里的航程,由塞尔扣克担任领航。1710年1月11日,四艘船——公爵号和公爵夫人号与其他两艘缴获的侯爵号(Marquiss)和巴彻勒号(Batchelor),一起离开塞古拉港,往西横穿太平洋。罗杰斯把缴获的两艘小船约瑟号(Joseph)和英克里斯号给了西班牙俘虏,让他们驶往阿卡普尔科港。

这次长途航程十分艰苦,途中死了不少水手,还不得不卖掉了侯爵号。在南非西南部港口开普敦(Cape Town),他们加入了一组25

艘商船组成的荷兰船队,于1711年6月23日到达荷兰港口泰塞尔岛(Texel)。在那儿等了三个月,最后由四艘英国军舰护送他们安全回国。1711年10月14日11点钟,他们与四艘护航军舰到达伦敦下锚,结束了艰难的长途航行,也结束了塞尔扣克的冒险历程。

塞尔扣克离开伦敦时是一个穷光蛋,八年后回来,已是一个富人了,他获得了800英镑,相当于伦敦一个银行家或大商人的年收入。塞尔扣克在伦敦住了两年半,过着优裕的生活。他整日在伦敦街头游荡,坐咖啡馆和酒吧,偶尔也逛逛书店。但他冒险的性格并不能使他感到快乐。他常去伦敦码头,看着商船进进出出,装货卸货,作为经验丰富的海员,他渴望出海。

1712年罗杰斯出版了《环球航行记》,其中记叙了塞尔扣克在胡安·费尔南德斯岛被放逐的生活经历和劫掠马尼拉大帆船的"光辉"业绩。

该书一炮走红,成为当年的畅销书,并很快译成法文、荷兰文和德文出版。塞尔扣克顿时成了名人。罗杰斯带他去见有钱的朋友,并经常被邀请赴宴。在与这些富人绅士和太太小姐的聚会上,大家一次又一次地请他讲述荒岛上的生活,并从中逗乐。但大家很快失去了兴趣,他只是成了个逗乐的工具和茶余饭后的谈资而已。大家更感兴趣的是劫掠马尼拉大帆船的经过和所获得的巨额财宝。塞尔扣克也无法融入富人们的生活,反而感到在闹市中的孤独,并向往荒岛接近大自然的生活。

后来,罗杰斯把塞尔扣克介绍给帮他写书的记者理查德·斯蒂尔,后者请他详细讲述荒岛上的生活经历,并在1713年12月分三期连载在《英国人》杂志上。但斯蒂尔很快发现塞尔扣克并不快乐。他本人也对记者说:"我已是一个有800英镑身价的富人了,但再也不会像先前一文不名时那样快乐了!"斯蒂尔写道:"在遥远的荒岛上,生活无比快乐。他不愁穿,不愁吃,晚上睡得安宁,白天劳动,生活节制,每天像赴宴一样快乐。"

1714年春天,塞尔扣克离开伦敦回苏格兰家乡拉戈小渔村。他已有10年,也可能11年没有见过父母了。他们还活着吗?

回到家乡,港口、小村一如从前,看不出有什么变化。塞尔扣克穿着绅士的服装,走上了渔村的街头。那天正好是星期天,家里空无一人。原来他们都去教堂做礼拜了。他来到教堂,立即引起了轰动。

最后,他母亲第一个认出了他,接着是拥抱亲吻。家人、亲戚、邻居和小时候的玩伴立即涌向塞尔扣克家里,问长问短。但对塞尔扣克来说,回家的快乐没有持续多少天。他天天去港口,与渔夫交谈,有时就自己一人在港口僻静处沉思默想。小小的渔村,当然容不了他这个闯荡世界、见过世面的人。为减轻他对荒岛生活的思念,他甚至在小山坡上挖了一个岩洞住在里面。这令亲人和村民们难以理解,也非常为他担忧。但塞尔扣克流着眼泪说:"我也希望我永远不要离开你们。但我现在已不是从前的那个塞尔扣克了,我怕我也不可能回到从前那样子了。"

1716年末或1717年初,他参加了皇家海军,在企业号(H. M. S. Enterprise)运输舰服役。1720年,塞尔扣克升为大副,海军上尉,级别仅次于船长,是船上的第二把手。

新任上尉在普利茅斯港(Plymouth)上了韦茅斯号(H. M. S. Weymouth)服役,与斯沃洛号(H. M. S. Swallow)战舰一起出发去西非抓捕海盗和贩卖黑奴的船只。1721年6月,塞尔扣克派出一只小船去冈比亚河(Gambia River)上游取淡水,结果被土著人抓住。然后派出了救援船。但冈比亚丛林蚊子成灾,救援人员回到大船也带来了蚊子。很快许多船员感染了疟疾和黄热病,每天都有人死去。大约11月或12月份,塞尔扣克也病倒了,医生回天乏力,1721年12月13日晚上8点,塞尔扣克离开了人世。第二天早上,船员为他举行了海葬,尸体沉入了非洲某地的海底。

今天,在胡安·费尔南德斯岛的高山上,树立了一块铜碑,名为塞尔扣克的瞭望哨。铜碑是1863年英国战舰托巴扎号(H. M. S. Topaze)树立的。铜碑上的碑文如下:

> 纪念苏格兰法夫郡(Fife County)人亚历山大·塞尔扣克水手。他在这个小岛上孤孤单单独居四年零四个月。他是在1704年从辛格朴次号96吨的大艇上被放逐到该岛上的,公元1709年2月12日被公爵号带离该岛。他死于公元1728年,享年47岁,英国皇家海军韦茅斯号战舰的海军上尉。

碑文上塞尔扣克死亡的日子不正确。根据韦茅斯号上的航海日志记载,塞尔扣克死于1721年,享年41岁。

胡安·费尔南德斯岛的今天

今天的费尔南德斯岛与当年塞尔扣克的费尔南德斯岛是不可同日而语了。1966年智利政府把该岛改名为"鲁滨孙岛"。改名目的当然是希望吸引更多的游客。100英里外的另一个小岛,被命名为"亚历山大·塞尔扣克岛",但塞尔扣克从未上过这个小岛。

现在,鲁滨孙岛上有500个居民,但在塞尔扣克时代,这只是一个无人居住的荒岛。在夏季,渔夫会上岛捕捉龙虾。今天的龙虾,比塞尔扣克捕捉到的3英尺大的龙虾要小得多了。

坎伯兰湾上的圣胡安包蒂斯塔(San Juan Bautsta on Cumberland Bay,在塞尔扣克时代是个大海湾)是一个普通的村庄,家家户户的院子里,玫瑰、向日葵、天竺葵等各种花卉盛开。这儿有一个邮局,三家旅馆,几家出售克鲁索和塞尔扣克纪念品的商店。但没有医院、药店和银行——这儿也不收税。大部分男人一早就去海湾照料捕龙虾的笼子。

1986年,鲁滨孙岛上开始有了电视,1993年通了电话。每月一次,从智利360英里外的瓦尔帕莱索(Valparaiso),有定期货船为小岛供货。船上装载着新鲜蔬菜、建筑材料、供渔船和少数汽车用的汽油等物品。

在夏季,货船也去塞尔扣克岛供货,并收购那儿捕获的龙虾供应大陆上的饭馆。

鲁滨孙岛上有一所学校,有学生120名,从幼儿园到八年级。九年级学生就得去瓦尔帕莱索上学了。智利海军的一艘船每年3月把学生送去大陆,圣诞节时接学生回岛。

该岛的大部分地方被划为智利国家公园。岛上有60%的植物——其中20种蕨类植物和131种苔类植物在世界上是绝无仅有的。珍禽中有红砖色的火红冠毛蜂鸟。

原来塞尔扣克游荡的森林已经变成了草场,绵羊、山羊和奶牛在草场上吃草。云盖山(El Yunque—"the Anvil")海拔3002英尺,山顶终年云雾环绕。

去该岛游览,需从智利首都圣地亚哥(Santiago)坐三小时的飞机。飞机降落在红泥跑道上——是这个多山的小岛上唯一的一块平地。然后坐船航行六英里到达圣胡安包蒂斯塔。

岛上有木牌标识,指向塞尔扣克的山洞和他的瞭望点——高山腰上这位水手瞭望船只的地方。还有一块石碑,是英国战舰托巴扎号在1863年树立的。在海湾前面陡峭山岩下的海滩上,现在还可以看到晒太阳的海豹。

《鲁滨孙飘流记》与塞尔扣克历险叙述的比较

相似之处:

塞尔扣克像鲁滨孙一样建造了两个住所;

塞尔扣克和鲁滨孙都以阅读《圣经》、唱圣歌、祈祷来消磨时间,并都成了更虔诚的基督徒;

塞尔扣克在树上刻痕,记录在岛上的时间;鲁滨孙竖立了一根柱子刻痕;

塞尔扣克像鲁滨孙一样为猫群所困扰,但他驯养了几只;

塞尔扣克与鲁滨孙一样用羊皮做衣服和帽子;

在鲁滨孙的小岛上和塞尔扣克的小岛上都没有毒蛇和凶猛的野兽;除了山羊,也没有其他野兽;

在罗杰斯的船上,大家坚持叫塞尔扣克"总督";鲁滨孙岛上的英国人也叫鲁滨孙"总督";

笛福以塞尔扣克为原型,创作了鲁滨孙·克鲁索这一人物,而且从他的故事和罗杰斯的记述中,创造了"星期五"这一人物:

> 丹皮尔船长罗杰斯说:"谈到一个瓦特林船长仆人 Moskito 印第安人(威廉)。当他在树林里打猎时,船长找不到他,就离开了,把他一人留在岛上。这个印第安人独自一人在岛上生活了三年,直到1684年丹皮尔船长来到岛上把他带走。他的经历与塞尔扣克差不多。可不管怎么说,塞尔扣克的事迹是真实的。"

不同之处:

塞尔扣克的小岛是在南美洲西岸的太平洋上;鲁滨孙的小岛在南美洲东海岸的加勒比海上;

塞尔扣克是被放逐到岛上的;鲁滨孙是遭遇船难而流落到岛上的;

塞尔扣克的岛上有可作蔬菜食用的棕榈,这是大自然对他的最大恩惠；鲁滨孙的小岛上没有；

塞尔扣克上岛不久就以海龟为食；鲁滨孙过了好久，基本上已经解决了食物问题之后，才发现和开始食用海龟；

塞尔扣克上岛时带了铺盖、一把滑膛枪、一磅火药、大量的子弹、一块打火石、一把刀、几磅烟草、一把斧头、一把小刀、一把水壶、一本《圣经》和其他几本书，还有他自己的计算工具；鲁滨孙从沉船上取下了不少武器，弹药充足，工具种类也较多；

塞尔扣克没有受到土著的骚扰，他也没有"星期五"这样的土著仆人；

塞尔扣克在岛上生活了四年半；而克鲁索单独生活了28年。

这些不同之处显然是笛福有意安排的。

《鲁滨孙飘流记续集》（*The Further Adventures of Robison Crusoe*），1719年8月20日

第一本克鲁索故事大获成功后，笛福又写了两本鲁滨孙的历险故事：《鲁滨孙飘流记续集》(1719年8月20日)。过了一年后，即1720年8月6日又出版了《鲁滨孙·克鲁索沉思录》。但这两本书没有像第一本那样引起轰动。《鲁滨孙飘流记续集》还在出版，但读的人不多；而《沉思录》则几乎很快被人忘了。

《续集》标题的全文是："鲁滨孙·克鲁索新历险记；他亲笔撰写的一生第二次也是最后一次在世界三个地区旅行的冒险经历，附有世界地图一幅，图上标明了鲁滨孙·克鲁索旅行的线路。"

由于《续集》并没有像第一部那么成功，加之书中充斥着对中国和中国人的歧视、偏见和傲慢，因此《续集》在中国翻译不多。目前较新的译本是黄杲炘先生翻译的《鲁滨孙历险记》(上海译文出版社，1997年)一书中，包含了第二部(即《续集》)。《续集》情节简单介绍如下：

小说以克鲁索结婚开始，并在英格兰安顿下来。因为爱妻不同意他再次出海冒险，因此，克鲁索在贝德福德郡(Bedford)买下了一个农场，决心在那儿生活一辈子。尽管如此，他居住过的那个小岛和他留在岛上的那些人，时常让他魂牵梦萦。他们一家与仆人星期五一起幸福地生活了七年，并育有三个孩子：两个儿子和一个女儿。但正当他沉浸在幸福之中时，爱妻撒手西归。他在英格兰再也没有什么挂牵了，61岁这年他又出海了。

1693年初,克鲁索让自己的侄子当上了船长。1694年1月8日,他与星期五在英格兰东南沿海肯特郡(Kent)多佛海峡(the Strait of Dover)的唐斯(Downs)港口小镇上了他侄子的船,准备重返小岛。在航行途中,他们救起了一艘法国沉船的船员,其中一位法国牧师后来一直跟随克鲁索旅行。

到达鲁滨孙的小岛后,他发现10年前留在岛上的那些哗变的英国船员本性难移,在岛上继续横行霸道,寻事挑衅。但当小岛遭到土著攻击时,岛上各派总算团结起来,一致对外。克鲁索采取一系列措施,巩固自己的领导地位。为确保留在岛上的人过上文明的生活,他把从英国带去的大量农具和各种物品分给大家,让同居的男女正式结婚成家,并帮助岛上建立法治的秩序。

克鲁索一行在岛上停留的25天,只是整个历险经历的一个小插曲。离开小岛前往大陆途中,克鲁索他们又遭到土著的攻击。星期五前往谈判时身中三箭,一命呜呼!但船员们最终战胜了土著。

为星期五举行了海葬后,克鲁索他们向巴西航行。在巴西呆了好长一段时间,就直奔好望角。在马达加斯加登陆后,一个船员从树林中带走了一位土著姑娘。此举被土著发觉后,立即有300多人追杀他们一行9人。那个船员被土著吊死,他们杀了32个土人,烧了他们的房子,克鲁索一直反对这些残杀行为,引起大部分船员的不满,坚决要求他离开。侄儿怕船员哗变,没有办法,只得把克鲁索留在孟加拉湾,并给他留下了属于他自己的物品和不少钱,另外还派了两个人供克鲁索使唤。所以,他们就不得不在当地定居了很长一段时间。

最后,克鲁索买了一条船,却发现这条船是偷来的。因为怕被发现招来麻烦,他们就航行到柬埔寨和交趾支那(即现在的越南地区)东京湾一带,最后到达北纬22°30′的地方,在"福摩萨"(16世纪葡萄牙殖民主义者对中国台湾省的称呼)登陆。然后,他们就来到中国东南沿海,访问了南京,又向南航行,进入一个叫金昌的港口。有个葡萄牙老领航员建议他们去宁波,那儿有一条运河穿过中国内陆腹地,船只可通过无数闸门,航行270英里后,直抵北京。到达北京后又经过长城和一些城市,最后抵达中俄边境。在俄国境内,又经过西伯利亚无数城市和村庄后,抵达白海港口城市阿尔汉格尔斯克,于1704年9月坐船到达德国汉堡,再去荷兰海牙。1705年1月从海牙回到伦敦。整个历程费了10年零9个月。

当克鲁索让西班牙人、英国海盗和加勒比人定居在自己的小岛上之后，小说就失去了吸引读者的魅力。尽管《续集》没有第一集那么好，但小说情节的跌宕起伏和文字风格一如其前，其逼真的描述，并不亚于第一集。如坏蛋威尔·艾特金斯，吊死他也不冤枉。如若在一般作家笔下，一定不得好死。但在笛福笔下，他在环境的逼迫下，改过自新，重新做人。再如，岛上那些英国人和西班牙人挑选妻子时，第一个人挑选的不是年轻或漂亮的女人，而是一个丑陋的老妇人。但最终证明这是最好的选择。因为在那样的环境下，干活治家是第一要务。再如途中遇到的种种危险和转危为安，也颇引人入胜。此外，在《续集》中也不乏精彩的论述。如英国商人对克鲁索谈到懒惰和勤奋的一段话，可谓是金玉良言：

"如果你出一千英镑，加上我一千英镑，我们看到合适的船就可以租下来。你做船长，我做商人，我们就一起去中国做生意。我们老待在这儿干吗呢？整个世界都在运动，旋转不停。上帝所创造的一切，不论是天上的星体，还是地上的生灵，都在忙忙碌碌，勤勉不懈，为什么我们要无所事事呢？世界上只有人会偷懒，我们为什么要做懒汉呢？"

根据西科德先生的《笛福叙事方法研究》一书，笛福描写的从孟加拉湾到中国的航行，参考了威廉·丹比尔的《新环球航行记》。笛福从未到过中国，他关于中国的描写，是参考了法国传教士李明（Louise Le Comte，又名 Louis-Daniel Lecomte，1655—1728）撰写的《李明回忆录与观察报道》(Memoirs and Observation of Louise Le Comte)，此书在1697年译成英语出版。从北京到阿尔汉格尔斯克（Archangelsk）的旅程，笛福参考的是埃弗特·伊斯布兰特·伊德斯（Evert Ysbrant Ides）写的《从莫斯科到中国横跨大陆的三年旅行》(Three Years Travels from Moscow Overland to China，1706)。这是一本荷兰文著作，译成英语在伦敦出版。

笛福对中国的描述，充满了对中国和中国人的歧视、轻蔑、偏见和傲慢。他把在中国的所见所闻，处处与欧洲相比，说中国的那些建筑与欧洲的宫殿和皇家建筑相比，根本算不了什么；整个中国的贸易量，不及伦敦一个城市；英国、荷兰或法国的一艘战舰可以与整个中国舰队较量；说一支精锐的法国骑兵队或只穿上半身盔甲的德国骑兵，就能抵挡中国所有的骑兵；说中国的长城大而无当，毫无防御作用，一支配备了足够炮兵的欧洲军队或两个连的工兵，就能把长城攻垮。又说中国人愚昧、无知、肮脏、落后、贫穷、野蛮、鄙俗、粗暴，官员贪污腐化、糜败堕落等等，不一而足。笛福为中国和中国人感到悲哀，明显地表现了欧洲中心主义、东方主义和殖民主义思想。因为笛福没有到过中国，这些描述，只能说是他对中国看法的物化或妖魔化。他的这些看法与当时欧洲的中国热，正好大唱反调，也与他自己1705年出版的《联合号飞船》(*The Consolidator*)一书中说"中国人远古、聪明、礼貌，最有创造精神"的观点大相径庭。《联合号飞船》讲述的是乘坐联合号飞船在中国和月球之间来回做生意的幻想故事，其主题是讽刺英格兰议会。

鲁滨孙·克鲁索是笛福综合了许多遭遇海难流落荒岛的海员和海盗的记述所创造的不朽形象。故事的叙述也充分运用了我们上面所列举的那些航海、旅行和冒险叙事。笛福的高明之处在于他在这些原始资料之间自由游骋，把无数人的经历集中在一个人身上，毫无斧凿的痕迹。因此，从某种程度上来说，笛福的创作都基于一些真实的记述，他的贡献是把记述中认为对一般读者感兴趣的某些事件或仅仅是一些提示，予以具体化；其艺术手法是通过想象进行细节的描写来创造情节和刻画人物形象的。例如，克鲁索把山羊圈在栏中和驯养山羊的情节，出自诺克斯的亲身经验；克鲁索用船上偶尔留下的种子种麦和其他作物的情节，是对弗朗索瓦·勒盖记述中的一个片断的扩写；克鲁索建造房子和独木舟的方法，来自丹皮尔的记述。

伊德斯写的《从莫斯科到中国横跨大陆的三年旅行》中，仅仅提及从北京去西伯利亚途中的沙漠地带有蒙古鞑靼强盗出没。在《鲁滨孙飘流记》续集中，笛福把抽象的陈述变成了具体的事件，绘声绘色地描述了克鲁索及其商队遇到强盗的惊险情景，充分体现了笛福成熟巧妙的叙事艺术。

英国演员、剧作家和作家西奥菲勒斯·西伯（Theophilus Cibber，1703—1758）在谈到《鲁滨孙飘流记》的巨大成功时，特别提到了笛福的想象力：

他[笛福]的想象丰富、清晰和生动，这可以从他的许多依靠想象创作的作品中得到证明。尤其是《鲁滨孙飘流记》一书,写得那么自然,描写的事件又极有可能发生。因此,小说发表后的相当一段时间,大部分人都认为这是一个真实的故事。可以说,这是一种全新的写作形式,从小说多次再版和所赚的那么多钱,就足可说明其所获得的成功和好评。①

《鲁滨孙·克鲁索沉思录》(*Serious Reflections during the Life and Surprising Adventures of Robison Crusoe*),1720年8月6日

尽管《鲁滨孙飘流记续集》不如第一部受欢迎,但还是获得了不少好评。因此促使笛福写了第三部《鲁滨孙·克鲁索沉思录》。这第三部书的标题全文是"鲁滨孙·克鲁索亲笔记录的在飘流期间的沉思:他对天国的思考"。

笛福以鲁滨孙·克鲁索的名义写了一个前言,其中大部分内容是对查尔斯·吉尔顿对他前两部《鲁滨孙飘流记》攻击的回答。出版人泰勒也写了一篇序言,意思是说,前两部《鲁滨孙飘流记》获得的成功已有目共睹,这第三部也肯定能一样成功。读者在欣赏其寓言故事的同时,对其道德教育的论述也一定会喜欢。这三部著作,统称为"鲁滨孙三部曲"。

"鲁滨孙三部曲"问世的经过如下:

1719年4月25日,《鲁滨孙飘流记》第一部出版;

1719年8月5日,考克斯的缩略盗版本出版;

1719年8月20日,《鲁滨孙飘流记》第二部出版;

1719年9月28日,吉尔顿的批评小册子出版;

1720年8月6日,《鲁滨孙·克鲁索沉思录》第三部出版。

第三部《鲁滨孙·克鲁索沉思录》,实际上不能算是小说,而是谈论各种问题的散文;加上鲁滨孙·克鲁索的名字,只不过是借助前两部小说畅销的知名度,以引起读者的兴趣而已。这部《沉思录》一般读者不会有什么兴趣,但研究笛福的学者和对笛福特别有兴趣的人,也许会喜欢。因为通过此书,比阅读作者的其他著作更能使人了解笛福的内心世界。该书主要是克鲁索在遇难期间对上帝的沉思和关于诚实行为重要性的说教。但其中对我们来说最重要的一点是,笛

---

① Shingael, Michael, ed. Robinson Crusoe: A Norton Critical Edition (second edition). New York: W. W. Norton, 1994, p.282.

福明白声称,《鲁滨孙飘流记》是关于自己的一个寓言。在书中有这么一段:

> 《鲁滨孙飘流记》是一个人28年生活的真实经历。这28年他到处漂泊,凄凉孤独,受尽折磨。这种种人生曲折没有其他人经历过,而我却过着这种不平凡的生活,暴风雨不断地摧残我,与最残忍的野蛮人和吃人的人战斗;有些奇迹简直难以诉说,比《圣经》中乌鸦给逃难中的先知伊利亚早晚送去饼和肉更神奇(《圣经·列王记 17:1—5》)。我遭受过各种暴力和迫害、中伤和责难、世人的轻蔑、恶魔的攻击。上天纠正我的错误,世间却对我进行反抗;我曾经享受过无数的荣华富贵,又遭受过无数的困苦赤贫。我曾为奴役身,比土耳其人还不如;我也经过精密的计划得以脱身,就像《鲁滨孙飘流记》中克鲁索和佐立从萨利驾船逃跑一样。我也曾出海航行,几次沉浮,经历过的辉煌和苦难,比任何人都多;我经常遭遇船难,在陆上的次数比海上更多。总之,《鲁滨孙飘流记》中那些虚构的鲁滨孙·克鲁索的生活,在我的实际生活中都可找到一一对应的时段和事件。

有人问他,既然如此,为什么不把自己的生活经历直接写出来呢?笛福回答说,他那样写的目的,是为了警世,是要告诉世人,"在人生最糟糕的时候,忍耐能战胜一切;在最没有希望的时候,要不屈不挠,坚持努力,下定决心,坚定意志"。他认为,用其他方法来写,绝对不能达到更好的效果。

自从小说出版以来,人们从各种角度进行解读和探讨:从小说发展史的角度来看待它,或结合笛福的生平来分析它。吴尔夫在评论《鲁滨孙飘流记》的一篇文章中,提出了一个分析视角,即"从作家的透视角度去分析"。她指出,"我们的首要任务在于掌握作者的透视角度……我们必须了解小说家究竟怎样安排他自己的世界,尽管这个任务常常是非常艰巨的"。吴尔夫认为,小说家的不同之处就在于各自的透视角度。凡属杰作——即那些观点明确、条理清晰的作品——作者无不严格要求我们从他自己的透视角度去看待一切,《鲁宾逊漂流记》可能就是一个恰当的例子。它是一部杰作,而它之所以称得上是一部杰作,主要就是因为笛福在书中自始至终一直保持着自己的透视比例之感。小说中占支配地位的全是现实、实际、财产。主人翁的透视视角就是三大基本方位——上帝、人类、大自然。①

尽管小说匿名出版,但大众很快猜测到是笛福的手笔。一本如此广受欢迎的小说,会遭到同行的妒忌是不言而喻的事。因此,小说刚出版时,受到文人学者的苛评,其中最为尖酸刻薄的攻击来自查尔斯·吉尔顿(Gildon, Charles. 1665—1724)。他原来是罗马天主教徒,后成为一个虔诚的新教徒。他也是一位有才华的作家。他在《鲁滨孙飘流记》中找到了笛福一些明显的疏忽和缺陷。1719 年 9 月 28 日,他出版了《伦敦袜商 D—De F—先生历险记》(The Life and Strange Surprizing Adventures of Mr. D—De F—, of London, Hosier, 1719)。标题全文为"伦敦袜商 D—De F—先生历险记,此人在不列颠北部和南部生活了 50 多年。他有多种身份,为其祖国做出不少有益的发现。他、鲁滨孙·克鲁索与仆人星期五之间的谈话。对克鲁索一生严肃而有趣的评说"。在这本小册子中,标题和对话占了 19 页,致笛福的一封信占了 29 页,有关《续集》的附言占了 19 页。

吉尔顿问,既然克鲁索从搁浅的船上拿下了大量的物品,怎么会没有衣穿呢?克鲁索又怎么能在漆黑的岩洞内看出那是老山羊的眼睛?那些西班牙人既没有纸张,也没有墨水,又怎能同意写信让星期五的父亲带到大陆去?如此等等。我们认为,这些疏漏及其他一些错误,是应该指出的,而且也不是什么大不了的问题,再版时是很容易纠正的。事实上,笛福也接受了吉尔顿所指出的一些"硬伤",在再版时作了修改。当然,我们也不必指责批评者的吹毛求疵。吉尔顿也正确地指出,笛福不应该让那个叫佐立的摩尔小孩说蹩脚的英语,而应该让克鲁索自己说蹩脚的阿拉伯语才对,因为,在那样的环境下,佐立没有必要学说英语,倒是克鲁索自己应该学点阿拉伯语。但吉尔顿指出《鲁滨孙飘流记》最致命的问题是把出海航行看做是不好的事情,或者说是一种十分愚蠢的行为。吉尔顿说:

> 我国的海员是我们国家的骄傲,而这个笛福却用尽一切花言巧语,劝大家不要去航海,或阻止大家去航海。我吉尔顿不禁要问,约克郡的一位律师与一位海员相比,究竟谁对人类更无辜?

---

① 弗吉尼亚·吴尔夫:《普通读者》。

谁对人类的贡献更大?

　　说到对父母的责任,这一点也没有错。但是,盲目服从父命,不管对错,不管有理无理,就会使孩子成为父母的奴隶,失去了自由的意志。克鲁索已经18岁了,完全可以自己作主。

　　吉尔顿还非常正确地指出:"风暴不应阻止人们去航海,……我们去几内亚也不是为了通过旅行去见识世界,看看黑人。"吉尔顿还说,笛福的《鲁滨孙飘流记》是一个寓言。这倒确实是十分有意思的,因为吉尔顿的批评早于《鲁滨孙·克鲁索沉思录》出版,笛福在《沉思录》中才谈到克鲁索的故事是关于自己的一个寓言。看来吉尔顿确实有相当敏锐的感觉。

　　赖特指出,吉尔顿以上的批评与他所指出的其他一些问题,是有一定道理的,但他完全不必以轻蔑的口气发泄出来。而且,他的不少指责也完全是不必要的。例如,克鲁索对一位法国神父大加赞扬。吉尔顿认为,这种赞美之词出于新教徒之口,是很不合适的。还有,他关于笛福谈论"魔鬼"的挑剔等。但赖特说,我们不必因为喜欢《鲁滨孙飘流记》,而对吉尔顿指出的问题视而不见,尽管他的批评带有恶意。相反,赖特认为,如果把他的这本小册子与《鲁滨孙飘流记》放在一起阅读,则是十分有意思的。应该说,吉尔顿是一位出色的评论家。

　　有人说,在《鲁滨孙飘流记》中没有妇女的形象。这一说法反倒从另一角度说明了小说的成功。一般小说,尤其是当时流行的传奇和浪漫故事,都缺不了爱情故事,唯独《鲁滨孙飘流记》例外,然而小说照样引人入胜,尤其是克鲁索在荒岛上的故事。当然,在《鲁滨孙飘流记续集》中就有了妇女的形象。克鲁索有关他妻子过世的叙述,是十分感人的。

　　还有人说,在笛福的小说中,除了以女性为主角的小说《摩尔·弗兰德斯》和《罗克珊娜》外,在其他小说中都没有女性的形象,包括《一位保皇党人的回忆录》、《瘟疫年纪事》和《辛格顿船长》。即使在《杰克上校》这部小说中,尽管杰克结过五次婚,也没有女人的形象。其实,《杰克上校》中,对杰克四位妻子的描写,也是十分生动、可爱的。应该说,笛福对妇女还是比较尊重的,这在他的许多著作和文章中都有体现。他对女性的品格赞美有加,特别是他提倡妇女教育等;即使是在一些讽刺文章中,提到妇女他也总是用一些温和的语言。

《摩尔·弗兰德斯》(*Moll Flanders*),1722年1月27日

著名英国小说家、散文家和评论家弗吉尼亚·吴尔夫在她的文学评论随笔集《普通读者》中谈道,由于《鲁滨孙飘流记》太有名了,一方面掩盖了作者笛福的名声,另一方面也掩盖了笛福其他小说的成就,尤其是他在小说艺术上更为成熟的作品《摩尔·弗兰德斯》和《罗克珊娜》。她对1870年英国青少年捐款新建的墓碑只写上《鲁滨孙飘流记》而没有写上《摩尔·弗兰德斯》和《罗克珊娜》还感到愤愤不平!在一篇纪念笛福《鲁滨孙飘流记》发表两百周年的文章中,她没有多谈《鲁滨孙飘流记》一书(因为她此前撰写过《鲁滨孙飘流记》一文专谈此书),却用大量的笔墨谈论《摩尔·弗兰德斯》和《罗克珊娜》这两部作品,并认为"它们属于少数几部无可争辩的英国小说巨著之列"①。事实也是这样,尽管《鲁滨孙飘流记》是笛福最有力量、最不朽的作品,而且肯定是他最受读者欢迎的作品,但就笛福的小说艺术成就和在小说史上的地位而言,《摩尔·弗兰德斯》无疑是更杰出的一部作品。② 20世纪下半叶,《摩尔·弗兰德斯》引起了评论家们的关注。他们从罪犯传记、经济、清教徒的精神传记和自传、英国社会和政治历史等各个角度看待这部小说。在60年代和70年代之间,评论家们就《摩尔·弗兰德斯》的反讽问题,展开了激烈的辩论。随着女性主义批评理论的出现,又兴起了摩尔·弗兰德斯是女性主义者还是反女性主义者的辩论。但不管评论家从何种角度去看待这部小说,对广大普通读者来说,小说的魅力始终不减。

当然,在评论家眼里,《摩尔·弗兰德斯》是笛福更成熟的一部小说,其小说的艺术价值也高于《鲁滨孙飘流记》。笛福的这部长篇小说《摩尔·弗兰德斯》,出版至今正好280年了。在这段漫长的岁月中,多少代的作家、批评家和学者,对这部作品或推崇备至,或极力贬低。但一如其主人翁摩尔·弗兰德斯那样——她熬过了诞生于新门监狱和重被投入新门监狱的折磨和在社会上跌打滚爬的艰难岁月——这部小说也幸存下来了,并成为英国文学史上少数几部经典著

---

① 弗吉尼亚·吴尔夫:《普通读者》,刘炳善译,北京十月文艺出版社2005年版。
② 伊恩·P.瓦特:《小说的兴起》,高原、董红钧译,三联书店1992年版,第102页。

作之一。推崇者如约翰·皮尔·毕肖普(John Peale Bishop, 1892—1944)认为,《摩尔·弗兰德斯》是"一部伟大的小说,也许是最伟大的英国小说"①。贬之者认为,笛福的这类作品只会受到像厨娘或引车卖浆者流的欢迎,绝不能登上大雅之堂。更有甚者,威廉·赫兹里特认为《摩尔·弗兰德斯》"是一部毫无价值的、令人厌恶的作品"②。乔纳森·斯威夫特则说"简直难以容忍"③。约·盖伊说"只值得随便翻翻而已"④。

英国著名作家、文学史家和批评家乔治·爱德华·贝特曼·斯坦茨伯里(George Edward Bateman Saintsbury, 1845—1933),称《摩尔·弗兰德斯》是"纯正的文学现实主义的杰作"⑤;英国散文家查尔斯·兰姆认为,"与《鲁滨孙飘流记》相比毫不逊色"⑥。而阿瑟·宾厄姆·沃克利(Arthur Bingham Walkley, 1855—1926)更认为,这部小说比《鲁滨孙飘流记》更好,因为"(它)更精细复杂"⑦。

但大家普遍认为,这是一部无可媲美的现实主义小说,还因为其大部分材料来自现实的社会生活,小说有其直接的社会背景。当时伦敦的犯罪率尤高,乡间拦路抢劫的强盗也特别多,因此,政府对罪犯的惩罚也变得特别严厉起来。这在小说中也有所反映。例如,摩尔的母亲被放逐到弗吉尼亚,"只是犯了一点小偷小摸的勾当,却被判了大罪。……只不过顺手牵羊拿了三块上好的荷兰亚麻布而已";摩尔自己按刑法要判处绞刑,最后被放逐到弗吉尼亚,而她只是偷了"两块织锦缎丝绸"。笛福本人经历颠沛流离,饱经沧桑,加之多次入狱,所以在《摩尔·弗兰德斯》里,对事件和人物的描述十分精确生动,读起来好像真的是主人翁自己的回忆。

由于有的评论家认为《摩尔·弗兰德斯》粗鄙、庸俗和淫荡,因而小说受到了不少非议。他们认为,笛福关于摩尔罪行的细节描写,是

---

① 伊恩·P. 瓦特:《小说的兴起》,第128页。
② "Wilson's *Life and Times of Daniel Defoe*", *Edinburgh Review* (1830).
③ *A Letter. . . Concerning the Sacramental Test* (1708).
④ *The Present State of Wit* (1711).
⑤ George Edward Bateman Saintsbury: *The English Novel*. Reprint Services Corporation, 2011.
⑥ Kelly, Edward, ed. *Moll Flanders: A Norton Critical Edition*. New York: W. W. Norton, 1973, p. 326.
⑦ Wright, Thomas, *The Life of Daniel Defoe*, Cassel and Company, Ltd. London, Paris & Meluoukm, 1894. ; C. J. Farncombe & Sons Ltd. , London, 1931, p. 279.

病态的,令人厌恶的,摩尔的忏悔,也是肤浅表面的,根本没有触及灵魂。因此,传记作家赖特提到,这些书"都是不宜放在客厅桌子上的作品"。(这里的"这些书"还包括《罗克珊娜》)事实也确实是这样,直到故事结束,摩尔回到英国,她的忏悔才真正是真诚的,而且,笛福也不能不让摩尔在最后做出真诚的忏悔;否则,这部小说真的会成为有些批评家所指责的"淫秽小说"了。

但即使对此书持批评态度的人,也不得不承认,小说中有不少出色的描写,如摩尔从旅舍门口牵走一匹马而又无法处置的情景;在新门监狱里她既悔恨又顽固的矛盾心理等。而笛福关于摩尔童年生活的描写和新门监狱的描写,则是小说中最精彩、最感人的部分。以笛福描写新门监狱中的一小段为例:

> 我问其中一个女人,她呆在这里有多久了?她回答说已经四个月了。我又问,她刚到这里的时候,有什么感觉?她说,与我现在的感觉一个样。很可怕,很恐怖。她感到,她真的是进了地狱。"我现在还是这样认为,"她说。"不过,我现在对这里也已习惯了。我不再心烦意乱,终日不安了。……整日悲悲切切又有什么用呢?假如我上绞刑架,也倒一了百了啦!"说完,她又唱又跳地走开了。她唱的是新门监狱之歌:
> 假如我吊在绳子上摇摆,
> 我将听到教堂的钟声。
> 可怜的珍妮啊,
> 就此了结了一生。

在绞死犯人的那天,附近的教堂都会打钟。新门监狱附近的教堂是圣塞普尔彻(St. Sepulchre)教堂,那钟声显然来自这所教堂。在绞死犯人的当天,教堂的钟声从早上六点一直响到十点。读了这一段描写,我们就像听到了新门监狱中罪犯们的谈话和教堂的钟声。这当然得益于笛福在新门监狱的亲身经历。

笛福也深知自己这部小说触到了社会道德的敏感问题。因此,在序言中,他一再声明:

> 编者希望,与故事本身相比,读者会更喜欢故事的教育意义;

与书中的叙述相比,读者会更喜欢宗教教义的身体力行;与作者的犯罪生涯相比,读者会更喜欢作者写作本书的目的。

但是,"一个人忏悔自己的罪恶生涯时当然不能不如实叙述自己的罪行和邪恶,这样才能使自己的忏悔显得更真诚可信"。笛福认为,如果不照实叙述摩尔的犯罪生涯,就不能忠于社会和人物的现实。也正是忠于现实,《摩尔·弗兰德斯》才被不少评论家称为"第一部现实主义小说"。《摩尔·弗兰德斯》的成功,在于笛福使读者相信,这一切真的是摩尔的自述。

尽管此书在西方已颇享盛誉,但在中国,不要说普通读者知道的不多,读过的人就更少。此书由著名作家和翻译家梁遇春翻译成《荡妇自传》,1931年由北新书局出版;再版时由王仲英先生作了修订,改名为《摩尔·弗兰德斯》,1958年由人民文学出版社重排出版。20世纪30年代,梁遇春先生用了《荡妇自传》的书名,可能是出于吸引读者促进销售的原因吧。但这一改,违背了小说的主题和笛福的初衷。因此,50年代王仲英先生修订重版时,把书名改回了原文的书名。2003年11月,译林出版社出版了郭建中的重译本《摩尔·弗兰德斯》。这是近来最新的一个译本,也是唯一的新译本。

笛福的这部小说一出版,虽没有像《鲁滨孙飘流记》那样轰动,但从当时不断再版的情况来看,还是受到了大众的热烈欢迎。仅在1722年和1723年这两年,小说就再版了五次:1722年1月27日,第一版;1722年7月23日,第二版;1722年12月21日,第三版(缩写袖珍版);1723年7月13日,第四版;1723年11月2日,重印第三版。

故事的叙述者是一个70岁的老妇人,一个改过自新的罪犯。她以忏悔的心情,回顾自己的一生。

故事开始发生的地点是科尔切斯特,这是笛福非常熟悉的一座城市。

摩尔·弗兰德斯生在新门监狱里,母亲是盗窃犯,即将被流放到弗吉尼亚。摩尔对自己的身世一无所知。富有同情心的科尔切斯特市长太太收养了这个被遗弃的女孩子,在家中与自己的几个女儿一起长大,并受到良好的教育。摩尔15岁时,遭家中的大儿子诱奸,但是她后来还是体面地与家中的第二个儿子结了婚,生了两个孩子。

可是五年后,丈夫就去世了。后来她嫁给科尔切斯特市一位颇具绅士风度的布商,一度过着奢侈豪华的生活。后来,这位布商破产逃跑了,摩尔只得搬到伦敦的铸币街,①自称弗兰德斯夫人隐居起来。由于她假装是个富婆,且相貌妩媚,不久就与一位船长结了婚,婚后一起去北美弗吉尼亚。这是她第三次嫁人了。在弗吉尼亚,她找到了自己的母亲,结果发现她现在的船长丈夫是她的弟弟,或者更确切地说,是她同母异父的弟弟。这令她万分惊恐,而对她的母亲,也似是一个晴天霹雳。摩尔在把这一残酷的事实告诉她丈夫之前,这样对他警告说:

"你将听到的事,对任何家庭来说,都是不可思议的,也是不可想象的!因此,我要求你答应我,你听了我讲的事,一定要冷静,要理智!"

"我一定尽力而为,"他说。"可是,你不要再吞吞吐吐了,我的心都给你吊起来了。你说了那么多条件,真把我吓坏了。"

然后,摩尔把事情真相告诉了她的丈夫,或者说是她的同胞弟弟。他听了摩尔的话之后,脸色变得煞白,情绪十分激动。

之后,摩尔回到了英国。经过一番算计,在度假胜地巴思,结识了一位北方来的"绅士"。他谎称自己在北方家乡有庄园,其实,他是带着追求财富的目的来巴思的。摩尔第四次结了婚。后来,这位北方来的"绅士"发现摩尔其实并不富裕,就重操旧业——拦路抢劫。摩尔只能伤心地逃回伦敦。她又嫁给了一位银行职员,这是摩尔第五次结婚了。她与这位银行职员的婚姻生活还算美满,直至丈夫过世,摩尔又一次陷入了贫困。在过了一段极端穷困的生活后,她竟成了一个非常高明的扒手。这种偷窃生活过了12年,最后终究还是被抓住了,并和她母亲一样,被投入了新门监狱。在狱中,她遇到了一位被宣判有罪的拦路抢劫犯詹姆斯。这人正是那位北方来的"绅士"——拦路抢劫的强盗,也是她最喜爱的一位前夫。通过走门路,他俩都避免了绞刑,被发配到弗吉尼亚。他们设法带去了所有的不

---

① 设在大伦敦南沃克自治镇的铸币街,是负债人庇护所,专收留无偿还债务能力的负债人或破产者。铸币街和邻近的几条街道是罪犯流窜出没之地。1723年,负债人庇护所被取缔。

义之财。到了弗吉尼亚,摩尔发现自己还从母亲那里继承了一个种植园。从此她和詹姆斯在发家致富和痛改前非的气氛中度过余生,最后在她70岁的时候回到了英国;后来她丈夫处理完弗吉尼亚种植园的事务后,也回英国与她团聚,安享晚年。小说最后是这样结束的:

于是,我们决定在英国这块故土上度过我们的余生,并以最虔诚的态度忏悔我们过去的罪恶生涯。

笛福在这部小说中表现的对人性和社会的观点,较为灰色:人与人之间相互欺骗,"欺骗者也往往被欺骗",尤其是在婚姻问题上,男男女女更是极尽欺诈之能事。小说想告诉我们:人大多是伪君子,把自己伪装起来,根本不能相信任何人。读到最后我们也不知道摩尔·弗兰德斯的真名!摩尔生活的社会比克鲁索生活的孤岛更为危险,她随时都可能被关进监狱,并有丧命的危险;她不能像克鲁索那样自由自在地生活。

关于摩尔·弗兰德斯的原型,可追溯到一个名叫摩尔·霍金斯(Moll Hawkins)的店铺扒手。此女子出现在亚历山大·史密斯(Alexander Smith)的畅销书《五十多年来臭名昭彰的男女强盗、孩童小偷、白闯、店铺扒手和骗子等生平劣迹》(The History of the Lives of the Most Noted Highway-Men, Foot-pads, House-breakers, Shop-lifts, and Cheats of both Sexes... for above fifty Years last past, 2nd ed., London, 1714)。到1719年,这本畅销书(标题略有改动)已出到第5版了。作者亚历山大·史密斯也许是一个化名。有人认为此书也出于笛福的手笔,但没有令人信服的依据。书里记载的有关女犯人,包括女扒手安妮·霍兰(Anne Holland),女骗子、女贼和任意遗弃情人的女子玛丽·卡尔顿(Mary Carleton),"白闯"摩尔·雷比(Moll Raby)、扒手和拦路抢劫的女强盗玛丽·弗里思(Mary Frith),人称"窃包贼摩尔"(Moll Cutpurse)。前面我们也提到,笛福从1720年6月至1726年5月,是《阿普尔比周刊》主要撰稿人,并在一定程度上影响了这本期刊。阿普尔比也专门出版新门监狱中罪犯在牧师教诲下的忏悔记录和临刑前的遗言等等。笛福有时也会收到来自监狱死刑犯的信。例如,一位自称为"旧衣市场的摩尔"的女子临刑前曾给笛福写信,叙述和忏悔了自己罪恶的一生。另外,当时的新闻报道中提到一个专门在教堂里扒窃女士腰间挂的金表的著名女扒手摩尔·金(Moll King)等等。所有这些记载加上笛福自己在新门监狱的经历,都为摩尔·弗兰德斯提供了原型人物。

那么谁是摩尔的兰开夏丈夫强盗詹姆斯的原型呢?在亚历山大·史密斯的书里,记载着几位赫赫有名的强盗,他们中有"金农民"威廉·戴维斯(William Davis)、屠夫惠特尼(Whitney the Butcher)、上尉詹姆斯·欣德(Capt. James Hind)。这些人物都可能是笛福塑造摩尔兰开夏丈夫的原型。

有意思的是,1730年在伦敦和都柏林同时出版了一本书,书名为:人各有命,命运无常——本书包括三个部分:第一部分,摩尔·弗兰德斯的一生和去世……;第二部分,摩尔的"保姆"简·哈克鲍特的一生……;第三部分,摩尔的兰开夏丈夫詹姆斯·麦克—福尔的一生;他生于爱尔兰,来到英格兰,成为绅士、赌徒和强盗,被发配弗吉尼亚,最后回到戈尔韦定居并过世。(Fortune's Fickle Distribution: In Three Parts Containing, First, The Life and Death of Moll Flanders... Part II. The Life of Jane Hackabout, her governess... Part III. The Life of James Mac-Faul, Moll Flanders's Lancashire Husband; who was born in Ireland; came into England; turn'd Gentleman, Gamester, Highwayman; transported to Virginia; his Return to Galway in Island, Settlement and Death)。这是根据里德的缩写本改编的。此书编写的目的,肯定是为了满足读者关于摩尔和她丈夫詹姆斯的好奇心。

关于摩尔·弗兰德斯的名字,专家们也有有趣的考证。在《牛津英语词典》中,"摩尔"(Moll)是17世纪和18世纪普通的女性教名,有两个意思,一是"妓女";二是"职业小偷的女性伴侣",其实也就是"职业小偷"之意。此名直指摩尔的两个职业生涯。在今天美国警匪电影中,还有用"摩尔"为女性窃贼取名的。"摩尔"还有另一层意思,意为"名声扫地的女人"或"小偷"。我们上面提到,17世纪上半叶,英国出现了一位臭名昭彰的女扒手,她的绰号叫"窃包贼摩尔"(Moll Cut-purse);Cut-purse一词始于14世纪,意为"扒手"(pickpocket)。摩尔·弗兰德斯还颇为自己的名字自豪呢!而摩尔的姓"弗兰德斯"出于西欧的一个历史地名,泛指古代尼德兰南部地区,位于西欧低地西南部、北海沿岸,包括今比利时的东佛兰德省和西佛兰德省、法国的加来海峡省和北方省、荷兰的泽兰省,该地区以出产花边和花边贸易著称。在小说中,摩尔的第二个丈夫是布商,也经营花边。摩尔做小偷时,也曾偷窃过佛兰德斯花边,有一次竟然偷到了价值300英镑的佛兰德斯花边。因此,赖特推测,笛福由此联想而取名。如果这样的话,我们或许可以进一步推测,笛福自己也曾是布商,也可能经营过佛兰德斯花边。而笛福家祖籍就在佛兰德斯(Flanders,今比利时一带。"佛"与"弗"只是翻译问题),后迁至英格兰中部北安普敦郡(Northamptonshire)一个只有百来人的小村庄。所以,他必定对此地名有更多的联想。

威尔斯在他的小说《托诺邦吉》(*Tono Bungay*,1909)中说:"英国人是怎样的一个民族啊!他们竟然能一直保持着伪装,这实在太不可思议了!"这句话可以看成是《摩尔·弗兰德斯》小说的主题。整篇小说从头至尾是掩盖和伪装:摩尔的名字、身份和她的贫困、社会地位和本性等。摩尔整个的一生都包裹在各种伪装之中,犹如一条"变色龙"。

今天,我们可以比较客观地看一下《摩尔·弗兰德斯》的成就和不足了。这部小说的成就是多方面的。这里,我们不想作全面的评述,只是提出这部小说三个主要的特征,即思想的现代性、主题的现实性和叙述的真实性。

首先是思想的现代性。从笛福发表的大量政论文章和小册子看,他的思想在许多方面都走在了他的时代前面。在经济上,他反对垄断,主张自由贸易,尽管他主张由政府控制;他也竭力宣扬宗教自由,反对对不从国教者的迫害;他鼓吹妇女教育,提高妇女地位等。这些思想也反映在《摩尔·弗兰德斯》中。例如,小说一开始,就谈到了对罪犯子女处置的这一社会问题。笛福赞扬了"一个邻国"(指法国)的做法,即由"政府照管"罪犯的子女,同时批判了当时英国的制度。摩尔说:"如果我们自己的国家也实行这一制度的话,我小时候就不至于那么孤苦伶仃了。"小说也揭露了妇女在婚姻中的地位。当时英国的婚姻风尚,男人是为了获得女方的财产而结婚的。正如摩尔寄养家的一位小姐(后来成了她的小姑)所说:"如果一位年轻的姑娘长得标致漂亮,出身高贵,有教养,聪明灵巧,通情达理,举止得体,礼貌周全,即使她拥有这一切,要是没有财产,她就无足轻重,什么也不是。她所有的一切优点都毫无用处。只有财产,才会使女人值钱!男人娶女人,就是看中女人手里的财产。"摩尔一生的几次婚姻是这些话最好的注解。在提倡妇女教育的论文中,笛福对妇女的能力有很高的评价,对社会对待妇女的不公,进行过猛烈的抨击。

　　但在小说里,笛福借用摩尔的口,说出了他非常现代的思想。按照摩尔的说法,女人需要的是勇气,是坚持自己立场的能力。她以邻居家女孩子的婚姻证实了这一点。

　　其次是主题的现实性。摩尔·弗兰德斯的时代,正是英国18世纪初期,资本主义发展处于上升期。小说反映了当时英国社会的种种形态和真实状况,"书里有一整个伦敦下层社会,带着它的诸色人等的憧憧黑影,它的街道、市场、商店、家宅,它的叫卖声和在笛福笔下永远充满生气的人物对话"①,形象地帮助我们认识人类社会发展到某一历史阶段的一些特征。小说塑造了那个时期一个下层妇女的悲惨遭遇。这个典型人物不是王公贵族或贵妇小姐,而是英国下层社会千千万万妇女中的一员;她是英国资本主义发展初期的社会产物。

　　笛福用一种自传体的方式来写长篇小说。主人翁摩尔·弗兰德斯并非生来有罪。摩尔善良、真诚,对生活充满了幻想。她生于新门监狱,母亲是盗窃犯,被流放弗吉尼亚。这个被遗弃的女孩子,孩提时期为人收养,但她自小希望自立,用诚实的劳动争取在社会上生存的权利。这就是她要做"贵妇人"的朴实理想。但她很小就做了女仆,在15岁时遭主人家大少爷诱奸,后嫁给小少爷为妻。此后,她做了12年的妓女,先后嫁过5次,几次嫁给有妇之夫(其中一次竟嫁给了自己同母异父的兄弟),并为钱财与各种人私通;又做了12年的贼,成了有名的扒手,最终被捕,并像她母亲一样被投入新门监狱,后也被发配到弗吉尼亚过了8年的流放生活。"在当时的英国社会,有千千万万的贫穷弱女子有同样悲惨的身世。"②约翰·罗伯特·穆尔指出:"笛福往往以社会历史学家的眼光来看待人生的经历。在他看来,处理邪恶和犯罪的题材,不应用鄙视手法去描述,也不应作为取乐的对象对待,而是应以同情心去处理。原罪往往正是社会本身所

---

①　王佐良:《英国散文的流变》,北京:商务印书馆1998年版。
②　同上。

造成的。"①

笛福小说的主要情节和主题,都是逃避危险,并极力争取生存,最后获得成功。在描述危险、逃避、生活的颠沛流离和获得成功的过程中,笛福把自身的经历普遍化了。他的小说保持着一种模式:即自由与被困。这与读者的经历会产生共鸣。众所周知,逃避现实的作品历来受大众的欢迎。而笛福在描写主人翁的经历时,既能接近大众,又能保持一定的距离;既迎合了笛福同时代读者原有的幻想,又为他们提供了一种不同的、有特色的生活经历,因而适应了当时文化大背景的需要。在一个阶级分明的社会里,人们渴望改变地位。资产阶级和工薪阶层,乃至社会底层的人,都想摆脱自己原有的地位往上挤。摩尔·弗兰德斯最后成为一个诚实的妇人,过着富裕满足的生活,并在死前真诚忏悔自己从前的罪恶生涯。摩尔的这一结局,恰满足了读者的这种想象和愿望。

《摩尔·弗兰德斯》还有一个重要的家庭伦理主题,即父母与子女、丈夫与妻子,以及兄弟姐妹之间的关系。如前所述,笛福认为,社会秩序是建立在家庭基础之上的。由于家庭关系混乱,由于父母的失责和不合法的婚姻等等,导致摩尔卖淫和偷窃,也成了整个社会不稳定的因素。

第三是叙述的真实性。17世纪最后的几十年中,文学语言逐渐接近于普通读者讲话的习惯和理解能力。笛福的语言在大众化和通俗化方面,在当时达到了一个新的阶段,也达到了叙事语言的新高峰。笛福认为,语言的美主要在于使用易解、明了和习用的文字,使每个听众或读者都能正确地理解原意。笛福被誉为英国小说之父,《摩尔·弗兰德斯》是第一部真正意义上的长篇小说。(有人认为《鲁滨孙飘流记》是英国文学史上的第一部长篇小说;有的评论家认为,《鲁滨孙飘流记》是介于传奇与长篇小说之间的一部过渡性的作品。)作为长篇小说,《摩尔·弗兰德斯》的艺术性高于《鲁滨孙飘流记》。不管怎么说,笛福是英国长篇小说这一文学样式的奠基人。他的作品语言通俗流畅,朴素平易;故事叙述平铺直叙,自然生动;描写细致严密,不惜重复、插话和冗长,十分贴近实际生活。他那详尽的细节描写,合情合理,有根有据,但故事本身又是一个传奇,从而使读者能

---

① Moore, J. R. *Daniel Defoe: Citizen of the Modern World*. Chicago: University of Chicago Press, 1958.

联系或构想自己的经历。在写作中,笛福宁可取工匠、乡下人和商人的语言,而不用才子和学者的语言。此外,他的散文独具风格,节奏迅捷,不加修饰,很少用比喻;讲话方式自然直率,措词明确清晰。笛福最大的才能显示在他作品的可读性上。《摩尔·弗兰德斯》是一部现实主义的作品,给人以真实感。他的小说一出版,往往能立即风行,特别在水手、士兵、小商贩、小工匠、小业主之中颇受欢迎。1729年3月1日的《飞行邮报》上曾载有一位匿名作者的一首讽刺诗,其意在极力贬低笛福的作品,但我们却反而看到了其深受大众欢迎的程度。这首诗中有两行是这样写的:

　　那里在厨房中,狄克与多尔,
　　在读杰克上校和弗兰德斯·摩尔。

其中的狄克和多尔是当时佣人最常用的名字,说明笛福的作品在劳动人民中非常流行。英国小说家和游记作家乔治·亨利·博罗(George Henry Borrow,1803—1881)在他的传记小说《词语大师》(Lavegro,1851)一书中谈到,一次他在伦敦桥上碰到一位卖苹果的老妇人,这位干瘪的丑老太婆把摩尔·弗兰德斯当作偶像崇拜,称其为"我们可敬的玛丽·弗兰德斯"①。

威尔士诗人和作家威廉·亨利·戴维斯(William Henry Davies or W. H. Davies,1871—1940)在回忆他第一次阅读《摩尔·弗兰德斯》时这样说:

除了《圣经》,我从来没有读到一本书有如此真实的描写。……像许多作家一样,笛福从不离开自己在讲的故事。写到摩尔·弗兰德斯在屋子里所发生的事,笛福没写什么房子和家具是新是旧,或描写房子建筑和家具的布置;写到她在户外的活动时,没有风、雪、晴、雨的描写。笛福只注重人性的刻画,很少旁及其他。……《摩尔·弗兰德斯》的每一页中,都有不少段落典型地体现了清晰、简练的叙述之美。②

---

① Wright, Thomas, *The Life of Daniel Defoe*, Cassel and Company, Ltd. London, Paris & Meluoukm, 1894.;C. J. Farncombe & Sons Ltd., London, 1931, p.280.
② Davies, W. H. *Review of Moll Flanders*, *New Statesman*, 23 June, 1923, p.330.

王佐良先生也指出,在《摩尔·弗兰德斯》中,"细节的描写不是一般的真实,而是真实之中还有深度"。"除了笛福,谁能写出摩尔在靠行窃谋生的时候所用的各种方法,使得书的一部分可以称为《偷窃大全》呢?"因此,读者在阅读这部小说时,好像听到摩尔向笛福吐露她记得的所有行窃技术。同时,读者还会有这样一种感觉:自己既是观察者,又是参与者,因为笛福的描写是从底层来表现现实,而不是从生活的外部观察来表现现实。关于笛福叙述的真实性和逼真的细节描写,我们将在下一节作详细的分析。

笛福在《摩尔·弗兰德斯》中的创造性,不仅在于他对摩尔扒窃行为的逼真描写,也不仅在于他对摩尔在弗吉尼亚新生活的生动描写,更在于对摩尔踏上犯罪道路之前那个纯真美丽的小姑娘的描述。威廉·黑兹利特也说:"小说最好的部分是弗兰德斯太太对她童年优美而感人的叙述;新门监狱中悔恨和不想悔改的思想斗争;还有从旅店门口偷了马又不知如何处置的描写。这简直是把对偷窃的爱好描写到了极致——偷窃不再是为了经济利益,而已经成了一种机械的行为。"①

当然,《摩尔·弗兰德斯》在艺术上也是有一定缺陷的。这一方面由于笛福把写小说当做赚钱的手段。他主观上倒并非想写一部什么惊世骇俗的名著而一举成为名作家。因此,他对自己写的东西很少修改,因而小说结构松散,叙述上有不少重复之处;另一方面,《摩尔·弗兰德斯》是英国现实主义小说发展初期的作品,也是第一部长篇小说,或者说是长篇小说发展史上的先驱,所以在小说情节结构的艺术性方面还不是很成熟。尽管如此,《摩尔·弗兰德斯》在世界文学史上的地位,已经不可动摇,并还将在世界各地拥有一代又一代的读者。

关于《摩尔·弗兰德斯》的续集

在中外文学史上,一些大众喜爱的文学名著,不少都有作者自己或别人写续集的现象。中国古典名著《红楼梦》、《水浒传》和《西游记》等都有后人写的续集。续集的出现是为了满足读者读了正集后余兴未尽的阅读期望。正如我们前面所引的约翰逊博士在谈到《堂吉诃德》、《天路历程》和《鲁滨孙飘流记》时说的,是因为这类小说

---

① Kelly, Edward, ed. *Moll Flanders: A Norton Critical Edition.* New York: W. W. Norton, 1973, p.329.

"读者读完了还不能尽兴而想继续读下去……"甚至不止有一种续集,以满足不同读者不同的阅读期望;不同时代也会出现不同的续集,因为随着时间的流逝,读者的阅读期望也会有所变化。

笛福自己为《鲁滨孙飘流记》写了续集,而《摩尔·弗兰德斯》和《罗克珊娜》的续集,则是别人在笛福过世后不久为之撰写的,并且都出现了不同版本的续集。这从另一个侧面说明了这两部著作如吴尔夫所说的,"是属于少数几部无可争辩的英国小说巨著之列"。

《摩尔·弗兰德斯》第一版问世后,很快就有印成廉价小册子的缩写版出现。那是书商为了节约成本所为。其中1723年出版的T.里德(T. Read)的一个缩写版影响较大,值得一提。此缩写版的标题是:《摩尔·弗兰德斯的一生和活动》(*The Life and Actions of Moll Flanders*, 1723)。与笛福小说的结尾不同的是,里德写了摩尔最后的岁月,直至摩尔的去世和安葬。里面说,摩尔70岁时卖掉了弗吉尼亚的种植园之后,与丈夫一起回到了爱尔兰戈尔韦(Galway),那是她丈夫的出生地。续集中还说,丈夫的真实姓名是帕特里克·卡罗尔(Patrick Carrol),她自己的真实姓名是伊丽莎白·阿特金斯(Elizabeth Atkins)。他们在那里买了个庄园,过着幸福诚实的生活。两年后,丈夫去世,摩尔又成了寡妇。她更加虔诚地忏悔自己过去的罪行,一天祈祷三四次。她经常去教堂,并经常救济穷苦的孩子和老人。她立下遗嘱,把庄园和大部分的财产送给丈夫的兄弟。她后来病了9个月,其间常有牧师和亲戚乡邻陪伴。她死于1722年,享年75岁;她葬在丈夫的同一个墓穴中,墓前竖着一块大理石墓碑。葬礼十分隆重,一百多人参加了她的葬礼,包括地方官员、教区牧师、亲戚乡邻,还有许多穷人。她的墓碑上镌刻了如下的碑文:

> 从今之后,人们都会
> 阅读她犯罪的故事,
> 既惊讶,更钦佩;
> 曾经犯了这么多罪恶,
> 后来又这么虔诚正直,
> 做妻子,贤惠而忠诚。
> 她真诚的悔恨,
> 成了虔诚的忏悔者。

这样的结局，也许符合了大众的阅读期望，后来的许多缩写本大多采用了里德的版本，但有的缩写本让她安葬在弗吉尼亚。

里德为了体现故事的真实性，说摩尔的真名是伊丽莎白·阿特金斯，小名是贝蒂（Betty）。阿特金斯是个普通的姓氏，贝蒂更是女佣常用的名字。而她丈夫詹姆斯也是一个极普通的名字。

《罗克珊娜》(*Roxana*: *the Fortunate Mistress*)，1724 年 3 月 14 日

《摩尔·弗兰德斯》、《罗克珊娜》和《杰克上校》属于笛福的罪犯小说系列，其中《罗克珊娜》更被看做《摩尔·弗兰德斯》的姐妹篇。在《摩尔·弗兰德斯》中，笛福描写了妓女与中产阶级交往的情况，而在《罗克珊娜》中，则描写了妓女与贵族阶层交往的情况。但《罗克珊娜》比《摩尔·弗兰德斯》更胜一筹的是对罗克珊娜内心世界的描写和对道德崩溃的探索，尽管两部小说的宗旨是一样的：刻画原始的人性，并与应有的人性进行了比较。这部小说标题的全文是"罗克珊娜：幸运的情妇，或德贝洛太太，后在德国被称为伯爵夫人的历史与遇到种种幸运的一生，在查理二世时代以罗克珊娜的名字闻名于世"。就我所知，中文版《罗克珊娜》有两个译本：一个由定九、天一翻译，百花文艺出版社 1998 年出版；另一个由张咏翻译，内蒙古少年儿童出版社 2001 年出版。

这部 18 世纪启蒙主义小说，是 19 世纪批判现实主义小说之先声。正因为如此，对这部小说的评价，一直以来有较大的分歧。首先它受到英国资产阶级评论家的抨击，被视为有伤风化之作，并被列为禁书。在美国，此书也直到 1930 年才解禁。

也正因为如此，这部小说相当长时期以来一直为评论家和读者所忽视。例如，伊恩·瓦特在《小说的兴起》中也承认，"……尽管《杰克上校》、《罗克珊娜》和《大疫年的日记》在其他方面也都有着某些无可匹敌的长处"，但他认为，"就笛福作为小说家的方法和他在小说传统中的地位而言，《摩尔·弗兰德斯》还是最杰出的一部作品"[①]。因此，他把评论重点放在《鲁滨孙飘流记》和《摩尔·弗兰德斯》两部著作上，也没有对《罗克珊娜》这部作品"无可匹敌的长处"作任何分析。只是到上世纪 60 年代对笛福小说开始有更全面的认识之后，《罗克珊娜》才受到评论界的重视。哈蒙德在《笛福手册》中认为，在

---

① 伊恩·P.瓦特：《小说的兴起》，高原、董红军译，三联书店 1992 年版，第 120 页。

小说艺术上,《罗克珊娜》是笛福最成功的一部小说,是狄更斯和哈代小说艺术的先驱。

评论家一致认为,就小说组织和结构的完整性而言,《罗克珊娜》是笛福最成熟的一部小说,堪称一部杰作。小说中经常运用倒叙手法,结构也非常对称。传记作家沃尔特·威尔逊在他的《笛福生活与时代回忆录》一书中,谈到此书时给予了极高的评价:"这是天才偶尔照亮世界的不多的成功作品之一,使沉闷单调的世界充满光彩。"他尤其推崇笛福"描写丰满自然,语言简洁,又使人感到哀婉凄楚而引起读者的怜悯与同情。这是一个令人印象深刻的故事。"

笛福在这部小说中,展现了其小说艺术创作的顶峰,书中有不少动人的篇章,引人入胜,而把虚构的故事写得犹如真实发生过的事情一样,则归功于笛福逼真的细节描写,在这方面几乎无人能及。我们对罗克珊娜和她的女佣人艾米,真是又爱又恨,但这正是笛福所希望取得的效果。我们既震惊于她们的罪恶生涯,又对她们善良的本性充满同情。其中的艾米也是笛福刻画得最成功的人物形象之一。

小说的大致情节如下:罗克珊娜是法国一位有钱的新教徒的女儿,为了逃避宗教迫害随父母来到英国伦敦。罗克珊娜在英国长大,健康美丽,精明能干;她幽默风趣,善于交际;她能歌善舞,多才多艺。她说一口纯正英语,口齿伶俐。她15岁时以2000英镑的嫁妆,嫁给了一位伦敦"有钱的知名酿酒商"的儿子,因他长得特别英俊。仅以罗克珊娜嫁妆的资产,这一家子也可无忧无虑地度过一生。他们过了八年的时尚生活,并生了五个孩子。但她的丈夫是个傻瓜,既无经营才能,又挥霍无度,终日沉湎于打猎、酗酒和嫖妓,所以花光了父亲的积蓄和妻子的嫁妆后破产了。破产之后,他就远走高飞,一走了之,丢下妻子和五个子女无以为生。罗克珊娜在聪明能干、足智多谋的女仆艾米的帮助下,费尽心机把五个孩子送到丈夫几个有钱的亲戚家里抚养,自己却一贫如洗。但她还年轻漂亮,又爱虚荣,对自己的美貌十分自负。她那有钱的房东很快俘获了她,后来他们就结了婚,还有了孩子。这位绅士房东是做珠宝生意的。后因生意关系,他们一起去了巴黎。一次,绅士外出谈生意,路遇拦路抢劫的强盗被杀死了。尽管罗克珊娜也爱他,她的悲伤也是真诚的,但她很快在一位名叫德克莱拉的巴黎王子身上得到了安慰。他们一起享尽荣华富贵。但几年后,这位王子对自己的不轨行为深受良心的谴责,就断绝了与她的联系。在与王子相处期间,罗克珊娜积累了一笔财富,她听从一位在巴黎经商的荷兰商人的劝告,离开了法国。这位商人给了罗克珊娜很多帮助。在荷兰海外,她与艾米遇到了一场强暴风——这是书中描写最生动的场景之一。在阿姆斯特丹,她又遇到了那位巴黎的荷兰商人。商人对罗克珊娜爱得死去活来,并向她求婚。但罗克珊娜宁愿要自由,拒绝了这桩婚事。然后她来到英国,找了一幢体面的寓所定居下来。在自己的住所,她经常邀请达官贵人举行豪华的宴会和化装舞会,客人中包括查理二世国王、蒙茅斯公爵等。她穿着奢华的土耳其服装跳舞,更是倾倒了所有的客人。与此同时,她的财富又增加了不少。过了这样一段丰富多彩的生活,离开了豪华的寓所之后,她在一位女贵格会教徒在伦敦迈诺里斯大街的一个公寓里安顿了下来。随着财富的增加,她的野心也更大了。她甚至希望自己成为公主,做国王的情妇。当愿望不能实现时,又哭又闹。最后,荷兰商人追寻她来到了伦敦,她终于嫁给了他。结果发现,这位荷兰商人非常富有。他用钱买了一个爵位,并称她为伯爵夫人。有那么几年,她过得非常幸福。但她也一直受到自己良心的谴责。后来她的女儿苏珊找到她来认母,使她遭到了一系列不幸,生活重新陷入贫困的境地。女仆艾米提议杀了姑娘以灭口,罗克珊娜哪里忍心下手。之后他们不知用什么方法摆脱了女儿的纠缠,故事就这样突然结束了。罗克珊娜遇到的几个情人,都不是什么坏人;他们也没有想利用罗克珊娜这个被遗弃的寡妇并从中得到什么好处。因此,小说的副标题用了"幸运的情妇"。

小说表达了两个中心主题:婚姻与欺骗。罗克珊娜的名字来源有两种说法:一说是当时不少女演员喜欢取"罗克珊娜"作艺名;另一说是土耳其国王亚历山大大帝(Alexander the Great, 356—323 B.C.)一个妃子的名字。这位妃子的名字对笛福时代的读者来说并不陌生,他们可能知道英国戏剧家纳撒尼尔·李(Nathaniel Lee, 1653—1692)的戏剧《争风吃醋的王后们》(The Rival Queens, 1677),中间就有罗克珊娜王后。因此,在小说中笛福特地安排了一个十分亮丽的情节:罗克珊娜穿了土耳其女人的裙子跳舞而在舞会上引起轰动。这个情节给读者留下深刻的印象,是小说中众多精彩段落之一。

不到半小时,我穿了一套土耳其公主的服装回来了。这身衣服我是从意大利的里窝那(Leghorn)搞来的。……衣服确实特别漂亮……那长袍是用波斯或是印度的细缎做的,白底上嵌着蓝花、金花,拖裙有五码长;里面是一件同样料子做的背心,背心上绣着金花纹,还镶了一些珍珠和绿宝石;背心外面系一条约五英寸宽的土耳其式的腰带;扣接腰带的两端,都镶了八英寸长的钻石,不过并不是真的钻石。这个就只有我一个人知道了。

头巾(或者说头饰)的顶端有个不到五英寸高的小尖塔,上面挂了一块薄纱绸,脑门的上方戴了一颗大宝石。这是我自己加上去的。

……

然后我把侍女叫到我跟前,吩咐她如何如何对乐队去说,这一来大家就知道我亲自要给他们跳舞了,整个屋子立刻轰动了起来。为了表示欢迎,大家都由于地方太挤而纷纷往后退,给我腾出位置。……我迈步走到屋子中间。于是他们又重新开始奏乐,我就跳起了在法国学的一种舞蹈……这种舞蹈确实非常优美,是巴黎一位著名舞蹈家发明的,一种男女都可跳的单人舞。但这里还没人跳过,因此大伙高兴极了,都以为这是土耳其舞。

舞毕,大家鼓掌拍手,几乎喊了起来。一位先生高喊着,罗克珊娜!罗克珊娜!——唉,由于这场蠢事,我就此获得罗克珊娜这个名字。这个名字传遍了朝廷,传遍了全城,好像我受洗礼时就给我取的是罗克珊娜这个名字。那天晚上,我搞得人人都兴高采烈。那一个星期里,我的舞会,特别是我的服装,成了全城谈论的话题。在朝廷上下,罗克珊娜成为被举杯庆祝的人;大家再也不为健康干杯了。

这一段落对服装的细节描写,对罗克珊娜舞蹈引起的轰动,都给读者留下难忘的印象。同时,这也是全书关键的一个段落,因为这里交代了"罗克珊娜"这个名字的来历。

小说中还有一些非常精彩的段落。例如,罗克珊娜浪荡的酒商丈夫出走后,她发表了一通关于婚姻的长篇"高论":

……我要冒昧地对我的同类——这个国家的青年女子们进

一言:假如你们关心未来的幸福,想以后跟丈夫一起愉快地生活,希望保持你们的幸运;或者遭到什么灾难后重交好运,那么,女士们,千万不要嫁给一个傻瓜,什么样的丈夫也比傻瓜强。跟了别的男人你可能会不幸,但跟了一个傻瓜,你就必定不幸无疑。……要是一个女人把一个英俊、漂亮的丈夫带到交际场中,听到他一开口,就不得不为他脸红;别的绅士讲起话来头头是道,而他什么话都不会谈,看上去活像个傻瓜;或者更糟,听他胡说八道,被人家当做傻瓜笑,还有比这更叫人受不了的吗?

在这部小说中,反映了笛福对社会和人性最悲观的看法。在《鲁滨孙飘流记》(1719)与《罗克珊娜》(1724)之间发表的那些小说,反映的笛福看法是:尽管社会世风日下,人性日益堕落,但忏悔和救赎是可能的。但在《罗克珊娜》中,主人翁忏悔和救赎的可能性就很小了。小说的结尾反映了主人翁沮丧的看法,实际也是笛福自己的观点:"我的忏悔只带来了我的不幸,而我的不幸只带来了我的罪恶。"

笛福在这部小说中,对他所处时代社会的道德腐败进行了全方位的攻击,包括上层社会的王室宫廷、达官贵人和社会底层的妓女强盗。他的这些观点在他的政论文中有更淋漓尽致的表现。笛福把小说的背景放在查理二世时代,因为他认为,他现在所处的乔治一世时代与查理二世时代一样,道德败坏,世风日下,且有过之而无不及。其中对化装舞会的描述是一个突出的例子。化装舞会在乔治一世时代引入英国,社会上层趋之若鹜,王室宫廷亦热衷此道,集中反映了上层社会的穷奢极侈和腐化堕落。

笛福通过罗克珊娜一生的故事,展现了18世纪英国上层社会追逐名利、淫乱糜烂的生活画面,揭示了在黑暗的社会环境中,清白的弱女子为了生计,如何一步步走向堕落。由于对金钱的贪婪欲望,一个善良的女子又如何走上了犯罪的道路。小说也涉及了家庭伦理和社会秩序的主题。如果说《鲁滨孙飘流记》谴责了不孝儿子,那么,《罗克珊娜》则谴责了不尽责的母亲。而罗克珊娜与艾米的关系,则主不像主,仆不像仆。这些都违反了笛福一贯的看法:混乱的家庭关系,导致了混乱的社会秩序——良好的家庭秩序和关系是社会稳定的基石。

笛福丰富的生活阅历使他广泛和深入地接触了他那个社会的邪

恶和虚伪,他锐利的眼睛细致入微地观察到他笔下主人翁的艰难处境。他如实地再现了他们的苦难、理想与为实现理想的奋斗。笛福对这些妇女抱有深切的同情,她们的犯罪是出于贫困和求生存的本能,因此在描写她们犯罪生涯的同时,处处表露她们善良、多情的本性。罗克珊娜也奋斗了,在社会上也争得了立足之地。但她用的是不正当手段,所以不得不时时反省自己不光彩的历史。笛福以他的小说生动地说明了自己的信念:贫穷是犯罪的根源;为物质利益进行利己的斗争是人类生存的规律。

摩尔和罗克珊娜的遭遇反映了18世纪英国社会底层妇女生活的真实情景。可以说,这部18世纪现实主义的小说,开启了19世纪批判现实主义的先河!

像笛福的许多其他小说一样,《罗克珊娜》中也有不少疏忽的地方。例如,小说开始后不久,她的那位酒商丈夫丢下她和五个孩子出走了。罗克珊娜说后来就再也没有见过他。但是在小说后半部,她在巴黎又十分吃惊地看到这位窝囊丈夫走在法国骑兵的队伍里。又如,1685年查理二世驾崩,罗克珊娜才12岁。但她已结了两次婚,还有其他一些风流韵事,还与查理二世一起跳舞。这些都是情节上的漏洞。英国作家、文学史家和文学批评家乔治·圣茨伯里(George Saintsbury,1845—1933)是这样评论这部小说的:

> 总的来说,《罗克珊娜》是笛福二流小说中写得最差的一部小说,尽管里面也还有一些好的地方。这也是一部最令人困惑的小说。小说的标题表明,主人翁在查理二世时代以"罗克珊娜"的名字闻名于世。其中有些段落直接提到了国王和蒙茅斯公爵。但故事开始提到她1683年才来到英国,后面又提到当时她仅10岁。小说的后半部分又有大段大段与此相矛盾和离题的叙述。罗克珊娜是个冷血动物,是笛福塑造的最令人厌恶的主人翁,是最没有人性的人;而正是自然的人性,拯救了摩尔的灵魂。而且,她比摩尔有更多的阴谋诡计。[①]

但圣茨伯里在比较《摩尔·弗兰德斯》和《罗克珊娜》两部小说

---

① Wright, Thomas, *The Life of Daniel Defoe*, Cassel and Company, Ltd. London, Paris & Meluoukm, 1894.;C. J. Farncombe & Sons Ltd. ,London,1931, p.301.

时,对后者不乏赞赏:

> 两部小说都是成功之作。小说的主人翁都是不道德的人物,但都显示了笛福处理这类题材极佳的艺术手法。……两部小说艺术性都很强,而《罗克珊娜》中关于她女儿苏珊的情节更显示了笛福极高的艺术造诣。①

不少评论家认为,小说的后半部分由于过多的离题或者说是插叙,几乎不可萃读。结尾则太仓促不自然,也无戏剧性可言。查尔斯·兰姆也认为,书中写得最好的部分是有关她女儿苏珊的叙述。②但由于笛福的朋友剧作家托马斯·萨瑟恩(Thomas Southerne,1660—1746)"愚蠢的苛评",第二版就被笛福删除了。萨瑟恩认为,小说中罗克珊娜不认自己的孩子太违反人性了。但后来的版本,都恢复了这个"书中写得最好的部分"③。

如果说笛福其他小说的主人翁都有颐养天年的结尾,《罗克珊娜》中的主人翁则遭遇了一个悲惨的结局。如不少评论家所指出的:《摩尔·弗兰德斯》的主题是犯罪和拯救,《罗克珊娜》的主题则是犯罪和惩罚。笛福对《罗克珊娜》整部小说的构思也是这样的,故事情节的进程预示着悲剧性的结尾。如果笛福给予主人翁圆满的结局,就违反了整部小说的逻辑结构。

但小说仓促的结尾一直为评论家所诟病。小说没有告诉读者艾米是否杀死了苏珊,也没有告诉读者罗克珊娜和艾米后来的生活。小说结尾罗克珊娜和丈夫在荷兰:

> 在这里,我过了几年表面荣盛、看上去快快活活的日子。后来,我和艾米遭受了一连串可怕的灾难;我们的日子正好和以前的好日子翻了个面。我们两人伤害了可怜的姑娘后,上天的惩罚就接踵而来了,我又一次成了下等人,我的忏悔只带来了我的不幸,而我的不幸只带来了我的罪恶。

---

① Wright, Thomas, *The Life of Daniel Defoe*, Cassel and Company, Ltd. London, Paris & Meluoukm, 1894.; C. J. Farncombe & Sons Ltd., London, 1931, p.301.
② Ibid.
③ Ibid.

哈蒙德对小说仓促结束的分析是，笛福决定让小说以悲剧结束，似乎无法再以第一人称叙述下去了；要不，主人翁就得详细描述自己道德崩溃的过程。因此，笛福认为，与其那样做，还不如用暗示结局的办法更好。哈蒙德认为，尽管结局如此，《罗克珊娜》还是一部十分成功的小说。

关于《罗克珊娜》的续集

笛福去世九年之后，英国散文家和批评家小威廉·黑兹利特编辑的《笛福作品集》（*The Works of Daniel De Foe with a Memoir of His Life and Writings*, 1840），重印了据他说是《罗克珊娜》1745 年的续篇。在笛福小说《罗克珊娜》的结尾后，黑兹利特有一个脚注：

> 笛福 1724 年出版的原著是这样结尾的。后面关于罗克珊娜生活的续篇第一次出现在 1745 年，还附有关于作者的长篇说明。由于过了这么长的时间，现在就很难确定是谁写了这个续篇，但续篇很像是笛福的风格。

这在当时被认为是最早的一个续集版本，此后，博恩版（the Bohn）、蒂格版（the Tegg）、艾特肯版（the Aitken）和直至 1903 年梅纳迪版（the Maynadier）都有这个续篇，并都重复了上述的脚注。

黑兹利特在他的序言中，还加了一段评论：

> 在第二版中，笛福听从了他的剧作家朋友托马斯·萨瑟恩的劝告，删除了关于罗克珊娜女儿苏珊的部分。苏珊怀疑自己与罗克珊娜的母女关系，想尽计谋要她母亲认女，并最终获得成功，但也毁了她母亲。萨瑟恩反对这个故事，确实有点匪夷所思，但他认为，苏珊的故事是想象虚构的，而故事的其他部分是有事实根据的。不管这个传统的说法有何根据，后来的版本还是保留了苏珊的故事，而且，这是书中写得最好的部分。

续篇很长，几乎有全书四分之一的篇幅。在上述的原书结尾后，续篇接着讲述了罗克珊娜与荷兰商人来到荷兰后的生活，直至去世。女儿苏珊追到荷兰，罗克珊娜的历史被公之于众，她那个荷兰商人丈夫，发现妻子的骗局,不久就抑郁而死了,只给罗克珊娜留下了一小笔钱;罗克珊娜负债入狱,并在忏悔中死去。著名的《牛津英国文学词典》(*The Oxford Companion to English Literature*)也作了这样的介绍。

但根据 P.N.弗班与 W.R.欧文斯的考证,18 世纪至少出现了六个《罗克珊娜》的续篇,而最早的不是 1745 年,而是 1740 年伊丽莎白·阿普尔比(Elizabeth Applebee)的版本。而真正的 1745 年续编的版本直到 1975 年左右才在芝加哥的纽伯里图书馆(Newberry Library)找到,与小威廉·黑兹利特编辑重印的版本有不少差别。六个续篇中最好的是 1765 年库克(J. Cooke)的版本,标题是"罗克珊娜生平和历险,幸运的情妇和最不幸的妻子"(*The Life and Adventures of Roxana, the Fortunate Mistress; and Most Unhappy Wife*)。后来,库克又出了这个版本的两卷本。这个两卷本版本一度为沃尔特·威尔逊所有,后藏于苏格兰国家图书馆。而小黑兹利特 1840 年编辑出版的《笛福作品集》用的正是 1765 年库克的这个版本,而不是 1745 年续编的版本。因此,他的注释和序言中的说明都是错误的。①

其他小说

《一位保皇党人的回忆录》(*Memoirs of a Cavalier*),1720 年 5 月 21 日

这部小说的出版获得了各方面的好评,大家一致认为,这是一部生动的、激动人心的小说。有人认为,就历史小说而言,很难再超越这部著作,其中一些关于战役和小规模战斗的描写,笔力精细独到,精彩纷呈,其他类似著作很难与之相比。笛福传记作家威廉·李说:"这是世界上迄今为止最好的军事回忆录。"

在 1714 年的《苏格兰民族与联合辩》(*The Scots Nation and Union Vindicated*)一书中,笛福暗示自己手头有一份关于瑞典国王古斯塔夫·阿道夫(Gustavus Adolphus)的手稿。1720 年第一版《一位保皇党人的回忆录》标题页上,笛福说他用了 60 年前一位英国绅士的手稿,该绅士曾在古斯塔夫·阿道夫国王麾下服役……后又在查理一世军队中服役。在该书的序言中,笛福又说,手稿是在一位议员的一堆战争劫掠物品中找到的。这位议员可能在伍斯特战役中或战役后

---

① P. N. Furbank & W. R. Owens: The 'Lost' Continuation of Defoe's Roxana, Eighteenth Century Fiction, Volume 9, Issue 3, 4-1-1997.

获得了这些战利品。笛福就参阅这个手稿,写了这部小说。用笛福自己的话来说,他非常喜欢翻阅古老的记录。所有这些,像他后来许多小说所写的序言那样,力图向读者表明这部回忆录的真实性。但笛福也借此小说歌颂了他心目中的英雄古斯塔夫·阿道夫国王,并生动地记述了一些重要的历史事件。

小说分成两部分。第一部分是安德鲁上校加入奥地利统帅的天主教军队后,参加了历史上著名的"三十年战争";后又效力于瑞典国王古斯塔夫·阿道夫麾下,在欧洲大陆参加了多次著名战役的战斗,时间跨度是在1631—1641年之间;第二部分是他回到英国,在英国国王查理一世领导下的军队中,参加对苏格兰作战的冒险经历,时间跨度是1642—1648年之间。

小说以第一人称叙述这位保皇党人亲历的战役和战斗,给读者以历史的真实感。笛福试图从一个普通士兵的角度,直接报道战争的情况。就这一点而言,应该说笛福是成功的。

第一人称叙事手法的优点是给读者一种亲临其境的真实感。下面有关奥地利莱希战役开始之前的叙述,是笛福在本书中常用的叙述手法:

> 关于莱希战役,我的叙述要长一些。因为,在那时,这次战役或说是围攻,是一次重大的战役;尤其是一位英勇的老将军蒂莉的牺牲,使这场战役更出名。我亲自参与了这次战役的每一阶段,因此,我要多做些叙述。

但第一人称叙述手法也有其局限性,那就是为了叙述某个事件,笛福只能对有些材料加以改动,有些事件因叙述者无法在场就无法叙述。

这位叙述者认为,战争是复杂而没有理性的,唯有军事策略和指挥官的军事才能才是最重要的。

很显然,笛福不仅使用了手稿中大量的材料,而且他也必定参考了其他资料,包括爱德华·海德,克拉伦登伯爵一世(Edward Hyde, 1st Earl of Clarendon, 1609—1674)的《英格兰叛乱与内战史》(The History of Rebellion and Civil War in England, 1717)、威廉·沃茨(William Watts, 1590?—1649)《瑞典情报员》(The Swedish Intelligencer,

1632）和布尔斯特罗德·怀特洛克（Bulstrode Whitelocke, 1605—1675）的《英格兰事务》（Memorials of English Affairs, 1682）等。但笛福以其独特的风格和丰富的想象进行了再创作，成为一位事件亲历者的回忆录。从这部回忆录中，我们可以了解到在1631年和1648年之间欧洲大陆与英国士兵的生活战斗的情况、各种混乱纷扰的事件、人们轻易改换效忠的对象、为生存必须的狡谲与计谋、士兵的艰苦生活、君主和军官的欺诈与虚伪等。

当然，像笛福的其他小说一样，也有评论家对这部小说有负面的看法，认为这部回忆录不能算是小说，只是"虚构的历史"，而当小说描述真实事件时，也只能说是"虚构的传记"。《回忆录》甚至没有提及这个士兵的名字，也没有我们通常能在小说中发现的主题、情节、人物形象和人物的心理描写，作品也写得很仓促，重复很多，等等。所以，这类作品是介于历史与小说之间的作品，或至多只能算是一部成功的报告文学作品而已。但不管这部作品有多大的缺陷，笛福还是成功地创造了一种真实的幻觉。例如，这位保皇党人参加内战的感受，描写得非常真切动人：

> 现在，我已深受国王恩宠，参与军事会议；我父亲因病一直缺席。我开始考虑这场战争的动因，尤其是有关这场战争的重大问题。我是说，我开始考虑了。因为，在此之前，我很难说我对这些事情有多少思考。尽管我对流血、死亡、洗劫城市和掠夺乡村已习以为常。但那是在德国，在外国人中间；而现在是在自己的国土上看到这一切，我内心有一种难以言说的悲伤。即使我们打败了敌人，我还是禁不住心头的悲痛：在战斗中看到敌人被打死，听到他们用英语哀嚎乞求怜悯。所有这些，唤起我以前从未有过的同情；不止如此，有时感到好像自己人被打败了。当我听到有人喊着："啊，上帝，我中枪了！"我回头去看我们中哪一个人被打中了。我觉得正是我自己割断了我那些朋友的喉头，有的可能是我自己的亲属。

笛福传记作家詹姆斯·萨瑟兰也谈到，笛福有一个特长，就是他能把大量的资料通过想象转化为自传性质的叙事作品，对事实做出生动的、令人信服的描绘。

《辛格顿船长》(The Life, Adventures and Piracies of the Famous Captain Singleton),1720年12月20日

一般评论家把这部小说归于笛福的犯罪小说系列,但从另一个角度看,《辛格顿船长》也像《鲁滨孙飘流记》一样,是讲述主人翁在海外的冒险经历。小说标题的全文是"闻名遐迩的辛格顿船长的一生及其海盗生涯和历险记"。

哈蒙德指出,小说以航海做比喻,其寓意是人生犹如一次旅行,人的一生中充满"人生向何处去"的困扰,并需要不断地用"指南针"定向。不论在海上或陆地上,辛格顿一生在问:我们在什么地方?我们走哪条路?我们的目的地在哪里?因此,哈蒙德认为,我们可以从多个层次来解读辛格顿船长这部小说。这不仅是一次在非洲大陆的历险和充满冒险的海上航行,也是一次从孤独到依赖的情感旅行,一次从无知到智慧的精神旅行,一次充满恐惧和痛苦的象征性的人生旅行。

小说分两大部分:第一部分主要内容是辛格顿带领伙伴横穿非洲大陆的惊险历程。小说开始时,一个名叫波勃·辛格顿的小孩在伦敦郊外被拐骗,卖给了一个吉卜赛人,从此就混迹于乞丐和吉普赛人之中。后来收养他的吉普赛女人遭到了绞刑,他被教区收留进了教区学校。可能对他养母的最后地址有争议吧,他常常从一个市镇给迁徙到另一个市镇。最后在南安普敦(Southampton)附近的布斯莱敦(Bussleton),一位船主看中了他。12岁时船主就带他出海来到纽芬兰,结果他与船员们一起被阿尔及利亚人劫走。后来,经历了一连串的冒险经历,他上了一艘驶往里斯本的葡萄牙航船。他的主人在里斯本死了,他就上了一艘驶往印度的葡萄牙航船。在船上他是个仆人。尽管身份低卑,船员们的恶劣行径令他震惊。在果阿(Gao),一个随船天主教神父把他教化成天主教徒。当这艘私掠船到达马达加斯加时,船员中发生了哗变,辛格顿也参加了。后来,27个参加哗变的船员被放逐到美洲大陆的无人荒岸上。他们经过种种艰难困苦,到达了巴拉圭,从那儿转道到达非洲大陆。然后,这伙人开始了一次最大胆的举动——横穿非洲大陆,从莫桑比克到安哥拉或几内亚,行程至少有1500英里。辛格顿被推为首领,正式被称为船长。关于这一段旅程,笛福主要依据的是当时出版的地图和报纸上的一些有关报道。辛格顿他们从给罗阿河口出发(此河显然就是现在坦桑尼亚

境内的鲁菲吉河），经过无数的大河和广袤的沙漠地区，最后到达西海岸。在那儿，辛格顿与大伙分道扬镳，在黄金海岸的海角堡（Cape Coast Castle）上船，带着无数的金银财宝回到了英国，结束了第一次历险。评论家一般认为，此书中横穿非洲大陆的叙述是全书最精彩的部分。

第二部分叙述的是辛格顿的海盗生涯。在英国，他结识了一些坏蛋，很快花掉了全部财物，就乘船前往加的斯，在那里碰到伙伴，成了海盗。他们选举维尔莫脱为船长。出海后不久俘获了一艘西班牙单桅帆船，辛格顿被任命指挥这条船。接下来是一系列成功的攻击、劫掠，获得了大量的财富。两年后，他们卖掉了这艘单桅帆船，上了装有38门大炮的西班牙快速帆船。从此船坚炮利，劫掠获得了更大的收获。期间他们俘获了一位来自宾夕法尼亚的外科医生，他是一位贵格会教徒，名叫威廉·沃尔特斯。在此后的故事中，此人成了重要的角色。对许多读者来说，直到威廉这个角色出现之后，故事才更有吸引力。因为此人让笛福展现他惯常的机智、巧妙和俏皮的幽默。

后来，辛格顿与维尔莫斯之间发生了争执，他们就分道扬镳。维尔莫斯带走了全部财富，辛格顿另起炉灶。他指挥装备有44门大炮的快速帆船，带领400余人，重上私掠征途，贵格会教徒威廉与他同行。辛格顿福运高照，再次暴富。这样过了一段海盗生活，由于与贵格会教徒威廉的多次深入交谈，辛格顿良心发现，决心洗心革面，做个好人。他广散钱财，决心以行动补偿自己过去的罪恶。故事结束时，他与一位贵格会女教徒结婚成家，后者是威廉的妹妹，一位性格温和可亲的寡妇。

《辛格顿船长》在一定程度上反映了历史的真实。爱德华·加尼特（Edward Garnett）在他为此书写的序中说："这部小说是笛福以敏锐深入的卓识，对当时人们生活的真实写照。"小说虽然只写了社会生活的一角，实际上反映了当时整个资本主义国家海外殖民扩张、种族主义残酷迫害和社会内部的尔虞我诈、弱肉强食的情景。因此，有些批评家认为，这部作品是现实主义的杰作。小说故事情节曲折离奇，可读性很强，在当时拥有不少读者。

还是在《笛福叙事方法研究》一书中，西科德先生认为，关于辛格顿在马达加斯加的历险故事，笛福参阅了两部著作：一部是约翰·阿尔贝·德曼德尔斯洛（John Albert de Mandelslo, 1616—1644）的《约翰·阿尔贝·德曼德尔斯洛游记》(*The Voyages and Travels of J. Albert de Mandelslo*, 1662); 另一部是马克西米利安·米松(Maximillien Misson, 1650—1722)的《弗朗索瓦·勒盖航行记》(*The Voyage of Francois Leguat*, 1708)。辛格顿的海盗生涯,基本上是以笛福自己写的《海盗王》(*The King of Pirates*, 1719)中的埃弗里船长(Avery)为原型,也参照了威廉·丹皮尔船长的《新环球航行记》、诺克斯的《锡兰岛的历史关系》和亚历山德拉·埃克凯梅林(Alexadre Exquemelin, 1645—1707)的《美洲海盗》(*Bucaniers of America*, 1678)。所有上述这些著作除记述航海经历外,也都有关于海盗生涯的记述。至于横跨非洲大陆的旅程,在笛福时代还没有人进行过,因此他也没有什么专门资料可资参考,但他肯定参阅了不少当时已经绘制出来的非洲地图和有关资料,尽管非洲的内陆在当时的地图上还是一片空白,或者只是地图绘制者推测的一些大湖、河流和山峦走向。书中叙述到的土著的风土人情,也只是当时流行的游记中的普通记载而已。

西科德指出,尽管笛福参考了这么多资料,但《辛格顿船长》也像《鲁滨孙飘流记》一样,绝非是各种材料的拼凑之作,而是一部完整统一的著作。关于笛福的想象力和艺术手法,我们这里可以再举几个西科德考证的例子:笛福在《德曼德尔斯洛游记》里读到,马达加斯加的土著把铜和锡视为比金、银更值钱的东西,殖民者用黄铜小饰品可买到牛和其他土产品;他们还有一个银匠会做金属钉子和其他日用品;丹皮尔的航行记中,记述了他们有个随队刀匠,其工作就是制造各种金属小饰品以与土著作贸易之用。根据上述三个提示,在辛格顿的团队中,有一个银匠,有时也叫他艺术家或刀具匠,就像勒盖尔的银匠一样,也制作各种小饰品和钉子一类的东西。在丹皮尔的航行记中,笛福读到一个关于塔斯马尼亚北岸土著的描述。这是一个非常狡诈阴险的民族,只要有欧洲人落入他们手中,立即格杀勿论。笛福就以其丰富的想象力,描述了与塔斯马尼亚土著遭遇战的情节。这些土著把巨树的空洞作为城堡,攻守自如。辛格顿的人用了炸药才战胜了土著。类似这样的情节完全是笛福根据真实记载中的一些提示所做出的"创造发明"。

《瘟疫年纪事》(The Journal of the Plague Year),1722年3月17日

《摩尔·弗兰德斯》发表后不到两个月,笛福又推出了一部重要作品《瘟疫年纪事》。其间还发表了一部重要的宗教小册子《宗教与婚姻》(1722年2月20日)。虽然托马斯·赖特把《瘟疫年纪事》归入笛福的二流小说,但我们认为,这部小说不论就其艺术价值,还是社会意义而言,都属于笛福最佳小说之列。就艺术价值而言,《瘟疫年纪事》这部小说既是真实的历史叙述,又是想象艺术的典范,一般被归入"历史小说"的范畴,可以说这是第一部英语历史小说。笛福的这部小说,与新闻报道《暴风雨》(1704)和三卷《英伦三岛游记》(1724、1725、1726)等一起,创造了一种特殊的纪实文体。如同《一位保皇党人的回忆录》和他早期的报道文学作品《暴风雨》一样,这部小说也生动地记述了重大的历史事件,那些枯燥乏味和可怕的历史事实,通过叙述者 H.F. 的讲述,传达了叙述者的亲身经历,从而使读者更容易理解和接受。小说里充满了各种事实的记载、统计数字、图标等,而在这些一般事实的叙述中,插入个别事例的描述。例如,在引用了教区公布的每周死亡数字后,就有关于个别事例的具体描写,包括染病者的痛苦和死亡、亲人朋友及其他人的焦虑和悲痛反应等。笛福就这样把叙述和描写这两者融为一体,使纪事又真实,又生动。因此,司各特甚至说"即使笛福没有写《鲁滨孙飘流记》,他在这两部作品(《瘟疫年纪事》和《一位保皇党人的回忆录》)中所展现的天才,也会使他不朽。"①《瘟疫年纪事》诺顿评注版的编辑葆拉·R.巴克沙伊德在序言中说:"《瘟疫年纪事》一直被认为是笛福艺术性最强的小说之一,也是英语世界中的常年畅销书之一。"②

《瘟疫年纪事》小说的标题全文是"瘟疫年纪事:大众和个人对发生在1665年伦敦大瘟疫这一重大事件的观察和回忆录。由一位瘟疫期间一直留在伦敦的市民撰写"。此书的中文版译成《伦敦大瘟疫亲历记》,由谢萍、张量翻译,内蒙古人民出版社2003年出版。就社会意义而言,这部灾难小说对于我们今天的社会在人性、道德和精神世界等方面,还有十分重要的启示作用。因为瘟疫对社会而言,既是

---

① Backscheider, Paula R. *A Journal of the Plague Year*: A Norton Critical Edition. New York: W. W. Norton, 1992, p.269.
② Ibid, p. x.

生物灾难,更是道德危机,瘟疫中突出了人际关系,任何人都无法置身其外。对小说叙述者 H.F.而言——实际上也是对笛福而言,最大的感受不是人们在瘟疫中的忏悔,而是瘟疫导致的整个社会道德的崩溃。在小说中,有一个情节是两兄弟和一个朋友一起逃亡,H.F.暗示:"他们故事的每个部分都充满了道德教育的意义。"因此,加缪在小说《鼠疫》中说:"(瘟疫中)已不再有个人的命运,而是瘟疫造成的集体的命运,每一个人都会有相同的情感。"

在笛福发表这部小说之前的 1719 年,法国南部又爆发了瘟疫,并有蔓延跨越英吉利海峡之势。伦敦的报纸杂志,广泛刊登有关欧洲大陆爆发瘟疫的报道。1720 年,即《瘟疫年纪事》发表之前两年,仅在法国马赛,瘟疫就造成了 40 000 至 60 000 人的死亡。笛福当时至少与九家报刊有关系,其中有其自己掌握的,也有他为主要撰稿人的。从 1720 年开始,笛福就在包括《阿普尔比周报》、《飞行邮报》、《每日新闻》、《米斯特周报》和《伦敦公报》等报刊上,撰文报道了法国瘟疫蔓延的情况。笛福是第一批报道欧洲大陆瘟疫的英国新闻记者之一。1722 年 2 月 8 日,笛福就推出了《对瘟疫应作充分的准备》(*Due Preparations for the Plague*,1722)一书,提醒当局及时做好预防工作,并提出了如何做好防范工作的建议;书中谈及应对灾难的政策、法律和宗教等方面的问题,充分体现了笛福的社会公正观念和对灾难的忧虑。有人甚至认为,此书是笛福最好的作品之一,比《瘟疫年纪事》写得还好。这当然是就其在当时对社会的影响而言的。紧接着在 3 月 17 日,笛福就发表了这部历史小说《瘟疫年纪事》,详细记述了发生于 1665 年的伦敦大瘟疫的情况,以引起英国人的警觉。可以想象,这两本书的写作笛福是同时进行的。在这两本书出版之前,他已在各种报刊上发表了多篇文章。但他觉得还不够,写了整整一本书《对瘟疫应作充分的准备》。此前他已出版了《鲁滨孙飘流记》(1719)、《一位保皇党人的回忆录》(1720)、《辛格顿船长》(1720)等小说,这年 1 月,刚出版了《摩尔·弗兰德斯》;12 月 20 日,又出版了《杰克上校》。笛福深感小说传播思想的力量和对人民大众的影响。因此他感到仅仅发表《对瘟疫应作充分的准备》一书还不够,尽管此书形式上是叙事作品,但实际上是一本防范瘟疫的指南,里面讨论了瘟疫来临时人们应有的道德态度、宗教行为和实际措施。因此他也同时创作了《瘟疫年纪事》这样一部历史小说,用以记述伦敦 1665 年的瘟疫灾难,提醒政府和国民发生在欧洲大陆的新瘟疫可能袭击英国,应该提前做好准备。两部著作互为补充,相得益彰。笛福忧国忧民、济世救民的意图,表露无遗!仅从这一点看,笛福也是一位真诚的爱国者。

小说对1665年发生的伦敦大瘟疫作了精确的记述,其中也融合了笛福对瘟疫的一般研究和对伦敦瘟疫这一事件的专门研究。在书中,笛福描写了牧师、医生、政府官员及普通百姓在瘟疫期间采取的应对措施和行为,这只是一幅理想的图画,目的是告诉大家做好相应的准备。

1665年伦敦大瘟疫发生之时,笛福大约五六岁左右,也许不可能有太多的记忆。但他必定从亲历瘟疫的家人和亲朋好友口中,获知那时在伦敦发生的恐怖情景。他在《对瘟疫应作充分的准备》的前言中说:"我特别记得1665年在我国爆发的瘟疫。我有机会与当时一直留在伦敦的许多人交谈过。"这些谈话必定给幼年的笛福留下难以磨灭的印象。瘟疫消除三年后,笛福正好9岁,在伦敦大火后重建城市的过程中,在笛福家附近的毕晓普斯盖特街(Bishopsgate St.),挖出的瘟疫罹难者的尸体,头上的头发还清晰可见。这对富于想象力的孩提时代的笛福,肯定到晚年还历历在目,记忆犹新。在他的这部杰作中,也必定融入了这些难忘的记忆。

在这次大瘟疫中,伦敦死亡人数超过10万人,相当于当时伦敦人口的五分之一。该次疾病后来被确认为是淋巴腺鼠疫,一种由鼠疫杆菌造成并以跳蚤为载体的细菌感染。伦敦大瘟疫是英国本土最后一次大型的鼠疫传播,此前在1625年和1636年发生过的两次,则分别夺去了35 000和10 000人的性命。当时英国的鼠疫爆发被认为是由荷兰带入的,因为该地从1599年起就多次出现鼠疫疫情,最初进入英国的病源很可能便是那些从阿姆斯特丹开出的运输棉花的商船,而阿姆斯特丹本身在1663年至1664年亦同样受鼠疫蹂躏,死亡民众不少于50 000人。伦敦外围的码头地区以及圣吉斯(St. Giles)教区首先遭殃,在这两处生活的穷困工人成为鼠疫肆虐的第一批牺牲者,因此人们也把瘟疫称之为"穷人的瘟疫"。由于社会最下阶层的患者都没有被关注和记录,因此伦敦大瘟疫的首宗正式个案是在1665年4月12日被确诊的女子丽贝卡·安德鲁斯(Rebecca Andrews)。同年7月,疫病已经进入伦敦内城区,时任英王查理二世连忙带王室家人和宫廷人员逃到牛津郡避难。虽然如此,伦敦市市府参事(the aldermen,地位仅次于市长)和其他当局主要官员都选择了坚守岗位,伦敦市长劳伦斯爵士(Sir John Lawrence)本人亦决定继续留守在城中。当时伦敦市面上的绝大多数商业活动都陷入瘫痪状态,因为富商们和各行各业的在职人员都已经纷纷撤离;只有少数品格高尚的牧师、医生和药剂师愿意留下来,在疫症肆虐的整个夏天里协助其他民众生活。决意留下来与城市共患难的民众还包括了日记作者塞缪尔·佩皮斯(Samuel Pepys,1633—1703)①以及住在东伦敦的马鞍匠亨利·福(Henry Foe):佩皮斯在他的日记里记下大瘟疫时期伦敦生活的点点滴滴;而亨利恰巧是笛福的叔叔。因此,《瘟疫年纪事》便很可能源自当时亲历其境的亨利的手稿,而小说就是以亨利·福(H.F.)的名义记述的。笛福从大量的资料中,挑选出重大事件和逸闻轶事,通过想象组织成有连贯叙述的文学创作,而不仅仅是纪实报道。但小说所创造的真实气氛,能唤起读者对处于灾难中城市的深切同情。作为历史,小说充满着历史的氛围;作为回忆录,小说又是一部自传。其中的历史事实是为了支撑小说的真实性,但《瘟疫年纪事》基本上是一部想象的虚构之作,是通过个人的叙述对大量事实重新进行组织。正因为小说的叙述高度地集中在叙述者 H.F. 这位虚构的人物的身上,才使《瘟疫年纪事》成为一部小说,而不是一部历史或一本17世纪的宗教说教读本。也正因为叙述集中在叙述者身上,才使小说有了一个完整统一的结构,同时在一定程度上刻画了叙述者这个人物复杂的精神世界,让读者了解叙述者也是一个普通的、活生生的人,一个充满人性和同情心的人。诺瓦克评论说:"在此之前的现实主义的散文叙事作品中,我还没有看到像 H.F. 这样的叙述者对人类的状况有如此普遍的同情。我在笛福那些受到流浪汉传奇影响的小说中,没有发现这种同情心。在《摩尔·弗兰德斯》和《杰克上校》中,主要都是关心自己和个人的命运,而没有像在 H.F. 身上所体现出来的那种同情心和客观观察紧密结合的叙述。"②

---

① 塞缪尔·佩皮斯(Samuel Pepys,1633—1703),是查尔斯二世和詹姆斯二世时期的英国海军部大臣和议会议员。他以其十年日记(1660—1669)而闻名于世。该日记是英国复辟时期最重要的原始资料,日记记载了这十年佩皮斯亲历的重大事件,包括伦敦大瘟疫(1665)、第二次英荷战争(1665—67)和伦敦大火(1666)等。

② Backscheider, Paula R. *A Journal of the Plague Year*: A Norton Critical Edition. New York: W. W. Norton, 1992, p.318.

《瘟疫年纪事》又一次显示了笛福艺术创作的才华:他能把大量的历史事实有机地组织起来,并掺入自己丰富的想象,创作出令人信服的历史小说,其中想象占了主导地位。

英国作家和评论家安东尼·伯吉斯(Anthony Burgess,1917—1993)说:"笛福的小说写得太像小说了,结果是读起来反而不像小说,而像是真实的生活记载。"他还说:"他的艺术技巧掩盖得使人难以发觉,以至人们不重视他的技巧。"①与笛福的其他小说一样,《瘟疫年纪事》也是一部人类求生存的小说,是人类在自然灾难中求生存的小说。这部小说普遍被认为是世界文学中最扣人心弦的灾难小说,并对后来的"生存小说"和"灾难小说"产生深远的影响。

像对笛福所有的小说一样,人们可以从其他各种不同的角度解读《瘟疫年纪事》。这部小说也可以说是伦敦的故事。普林斯顿大学路易斯·A.兰达(Louis A. Landa,1908—1989)教授说:"1665年的灾难,是伦敦的悲剧,这个大都会对笛福而言有着永恒的魅力。笛福对这个城市的每一方面,都有着极大的热情——它的旅舍、街道、市场、建筑,它的美与丑。只要笛福写到伦敦,在他的散文中就会焕发出一种诗意的活力。如果说狄更斯是19世纪的桂冠小说家,那么,笛福就是18世纪的桂冠小说家。"②在《瘟疫年纪事》中,我们看到的伦敦,不再是一个丰富多彩、熙熙攘攘、生气勃勃的城市,一个复杂多变、景观壮丽恢弘的城市,而是一个活力尽失、街道冷清的城市,一个阴郁凄凉、满目苍凉、正在死亡的城市。但正如诺瓦克说的,《瘟疫年纪事》也是伦敦"生命战胜死亡"的历史。③

在《瘟疫年纪事》中,笛福也探讨了宗教信仰的问题。对叙事者H.F.来说,瘟疫不仅仅是一种自然现象,更是一种精神的体验。甚至在17世纪和18世纪,人们把瘟疫这样的灾难看做是上帝对人们罪恶的惩罚。而对笛福这样一个虔诚的新教徒来说,当然也不会例外。他通过小说叙述者H.F.重复表达了这一观点。但作为受到启蒙思想深刻影响的人,他也不得不探讨灾难发生的自然和科学的原因及应采取的实际防治措施。因此,在小说中,表现了笛福传统的观点和

---

① Hammond, J. R., *A Defoe Companion*, Basingstoke: Macmillian, 1993. p.107.
② Backscheider, Paula R. *A Journal of the Plague Year*: A Norton Critical Edition. New York: W. W. Norton, 1992, p.272.
③ Ibid, p.xi.. Ibid, p.277.

现代的观点这两种不同思想的冲突和矛盾。但他不敢,也可能不愿否定传统的观点,因此,在《对瘟疫应作充分的准备》一书中说:"这(第二个自然和科学的原因)并不否认上帝的作用。"①

由于这场瘟疫传播非常之快,人们不得不将患病者所住的房子连人都隔离起来,在紧闭的大门外涂上红十字,上面写上"上帝保佑"的字样,严禁任何人出入。每天只是在限定的时间,由专人从窗口送进食物和水。成千上万的病人就是在这种恶劣的情况下凄惨地死去,最多时一周死去的就不下万人。时至9月上旬,原来熙熙攘攘的伦敦城人迹罕见,几乎变成了一座寂静的死城。所有的店铺关了门,街上燃烧死者的衣物用品;用鹅卵石铺设的街道的石缝之间和路旁杂草丛生。城内唯一能够不时打破沉寂的工作,便是收垃圾的人拿着铁耙,走街穿巷吹着喇叭的声音。每到夜晚,马车在空荡荡的街道上转悠,运尸车"咕隆,咕隆!"的车轮声和那哀婉的车铃声,以及运尸工人"把你家的尸体扔出来"的叫喊声,都让人听了毛骨悚然。最初,这项掩埋工作只是在深夜进行,后来死的人数量实在太多了,不得已只能昼夜不停地进行了。死者的尸体被横七竖八地装到运尸车上,运到各处的埋尸坑去埋葬。在那里,负责埋尸的工人们往往蒙面捂嘴,摇着铃,口中念着:"安息吧!"匆匆把尸体倒入坑内,掩上薄土后,就匆忙离开。这些痛苦和死亡的情景、染病者惨痛的号叫等描述,正是小说令人印象最深刻的地方。

在瘟疫高峰之时,鼠疫医师(plague doctors)每日都自发地穿街过巷为患病者诊断,尽管他们中许多人都欠缺医生公会的执业资格。另外,多项关于公众健康的措施都被英国政府陆续尝试过,其中有些对日后公共医疗机构的成立颇有借鉴价值,但好多却只是病笃乱投医的盲目之举,印证了当时的疫情其实已经到了刻不容缓、等不了仔细分析利弊的危急存亡的关头。

在上面提及的措施中,首先,市政府开始聘用公立医生为大众服务,官方亦有组织地处理尸体埋葬事宜以防止疫症扩散。然而恐慌情绪仍然在整座城市的民间挥之不去,由于市民害怕直接接触而受感染,尸体往往只会被草率地丢在马路旁边,然后运到挤满尸体的大坑仓促掩埋了事。其次,市议会严格下令捕杀所有猫、狗(其时仍未

---

① Backscheider, Paula R. *A Journal of the Plague Year*: A Norton Critical Edition. New York: W. W. Norton, 1992, p.337.

弄清病源),这个愚蠢的决定后来被证实是徒劳无益的,因为真正的罪魁祸首——老鼠的数量反而因为天敌猫、狗不在而变得更加不受控制。第三,当局发出指示要夜以继日地在城区内燃烧大火,企图借此令空气变得洁净。第四,官方同时在街头焚烧各种具有强烈气味的物质,如辣椒、啤酒花和乳香,并且强烈敦促市民吸食烟草以吐出烟雾,希望凭这些物质抵御细菌在市内散播。

当局的有关措施收效并不明显,根据记录显示,伦敦的死亡人数仍旧在不断攀升,从每星期1,000人上升到每星期2,000人。到了1665年9月以后,每周更有7,000人死于疫病之中。情况一直到冬季来临才有转变,死亡人数开始逐步减少。翌年2月,国王查理二世认为首都的疫情已经得到控制,于是便与一众随行人员返回伦敦。不过,由于英国在瘟疫期间并没有放弃外贸,没有中断与欧洲大陆的商务来往,使得法国在接下来的冬天马上遭殃,爆发出新一轮的鼠疫。

虽说疫情主要集中在伦敦市,但亦渐渐影响到英国的其他区域,最有名的例子包括德比郡(Derby)的小镇亚姆(Eyam)。有争论认为,瘟疫是在1665年8月跟着来自伦敦的衣料商人抵达当地的。也有说1665年9月初,村里的裁缝收到了一包从伦敦寄来的布料,4天后他就死了。月底又有5人死亡,村民们醒悟到那包布料已将黑死病从伦敦带到了这个小村庄。在瘟疫袭来的恐慌中,本地教区长说服村民作出了一个勇气惊人的决定:与外界断绝来往,以免疫病扩散。此举无异于自杀。由于这一做法收效良好,最终鼠疫的传播迹象在亚姆的周边地区开始减缓,没有再进一步向北侵袭。可惜的是亚姆本身却付出了惨重的代价。结果,村内75%左右的居民死于该场瘟疫。一年后首次有外人来到此地,他们本以为会看到一座鬼村,却惊讶地发现,尽管全村350名居民有260人被瘟疫夺去了生命,毕竟还有一小部分人活了下来。

伦敦地区的鼠疫个案也没完全停下来,而是继续零星地出现。直至1666年9月2日的伦敦大火摧毁了伦敦市中心的大部分地方,持续了四日四夜的漫天大火连伦敦地标圣保罗大教堂也被烧毁,大约在同一时间,鼠疫疫情亦告彻底消失。但现在普遍认为这只是一个偶发的巧合,鼠疫的灭绝与那场大火并没有直接的关系,因为它在火灾前就已经有绝迹的趋势;而且持续的零星个案都发生在伦敦郊区,与受火灾影响的市中心位置并不吻合。

　　笛福的这部小说重现了1665年在伦敦发生的大瘟疫,令人同情而又深感震撼。小说作者以冷静的观察力,用现实主义的手法,精细入微地描述了这次历史大事件,写得惊心动魄,有声有色。就像早先发表的《鲁滨孙飘流记》成为"荒岛小说"的原型一样,《瘟疫年纪事》则成了历史小说的原型,是纪实小说的经典之作。小说既是对处在灾难中普通人的人性的探索,也是对处于灾难中的社会现象的研究。小说的严肃性并没有给读者一种沉重的感觉。《瘟疫年纪事》结构独特,感情真挚而富有人性,表现了对穷苦百姓遭遇的深切同情,也表现了笛福对人性和社会的严肃分析与思考。因为,在灾难面前,人性能得到最真实的流露。笛福在这部小说里对这种流露做到了淋漓尽致的记述和描写。笛福不但描绘了灾难悲惨的景象,更描写了灾难对人的精神所产生的无法估量的影响。笛福把不同的人面对瘟疫时的不同态度演绎得高潮迭起:有人发疯,有人绝望,有人"今朝有酒今朝醉",有人"无礼地"质问上帝,有的人甚至人性尽失,亲手杀死染病的亲生孩子! 小说叙述者H.F.对灾难显然抱着当时清教徒的典型态度,认为这是上帝对复辟时期罪恶的伦敦的惩罚。

　　当然,对《瘟疫年纪事》到底是怎样的一部小说,人们有不同的看法。如上所述,大部分评论家把它归之于"历史小说"。但有的人把它看做一部真实的历史记载,如沃森·尼科尔森(Watson Nicholson,1866—1951)甚至认为是1665年伦敦大瘟疫最可靠的、最全面的记录。因此,在有的图书馆的分类目录中,把这部小说归入了历史类著作;沃尔特·G.贝尔(Walter G. Bell)和西科德把它看做纯粹"虚构的小说";司各特把它看做"历史与小说相结合的作品";更有人把它看做"非虚构小说"(non-fictional novel),如扎瓦尔扎德(Mas'ud Zavarzadeh)。但不管怎么分类,大家一致认为,《瘟疫年纪事》是笛福的一部杰作。① 法国小说家、1957年诺贝尔文学奖获得者阿尔贝·加缪(Albert Camus, 1913—1960)的获奖小说《鼠疫》(*The Plague*, 1947)深受其影响。他在小说前面有一个题记,引用了笛福的话:

---

　　① 谢萍、张量:《伦敦大瘟疫亲历记·后记》,内蒙古人民出版社2003年版,第319页。

> 用另一种囚禁生活来描绘某一种囚禁生活,用虚构的故事来陈述真实事件,两者都可取。
>
> ——丹尼尔·笛福

《伦敦大瘟疫亲历记》的译者谢萍、张量在他们的《后记》中指出:"加缪的开篇就引用笛福的话,实际上就是告诉人们,他和笛福进行的是相同的探讨。而这个主题即使在今天仍然具有很大的意义。当人们再一次面临灾难的时候,我们不能不想:千年前我们曾经面临过,如今要如何生活。"① 事实上,我们在不久前的 2003 年,就经历了"非典"的灾难。我们的小说家也探讨了人们在灾难面前的心理状态和表现,例如毕淑敏的心理小说《花冠病毒》。

《瘟疫年纪事》是一部成功的历史小说,其历史感极强,涉及这个事件的宗教、经济、政治、道德等各个方面,因此具有相当的现实意义。也有评论认为,《瘟疫年纪事》的影响,仅次于《鲁滨孙飘流记》。"就描写瘟疫而言,无论是广度还是深度,笛福的《伦敦大瘟疫亲历记》所达到的高度在几百年内都没有被超越。"

《瘟疫年纪事》作为灾难小说的原型,对后世诸多作家的作品影响深远,除了加缪的《鼠疫》外,还有威尔斯的《星球大战》(*The War of Worlds*, 1898),杰克·伦敦(Jack London, 1876—1916)的《红死病》(*The Red Plague*, 1915),英国科幻作家约翰·温德姆(John Wyndham, 1903—1969)的《三尖树时代》(又译《三叶草在行动》,*The Day of the Triffids*, 1951),刚过世的英国科幻作家约翰·克里斯托弗(John Christopher, 1922—2012)的《草之死》(*The Death of Grass*, 1956)和出生在印度的英国小说家、散文作家乔治·奥威尔的《通往威根码头之路》(*The Road to Wigan Pier*)。这些小说都描述了个人或群体为了生存与面临的灾难作斗争的故事。

1937 年奥威尔发表的反映下层工人生活实况的报告文学《通往威根码头之路》,与笛福的这部《瘟疫年纪事》一样也是反映了英国历史上的一个危机时期。两部作品对英国生活都进行全景式的描写,呈现了日常生活的生动画面。两部作品不仅仅是历史事实的记录,而且是把一般情景的描写与个别具体的人物结合起来,反映了普通

---

① 谢萍、张量:《伦敦大瘟疫亲历记·后记》,呼和浩特:内蒙古人民出版社 2003 年版,第 318 页。

人在灾难中的所作所为和各种各样的态度。奥威尔在论述查尔斯·狄更斯的文章中说:"当你读到任何有关个人的深刻描写时,你就会感觉看到隐藏在书页后面什么地方的那张脸。"关于这一点,他特别对阅读斯威夫特、笛福、菲尔丁和狄更斯的作品有强烈的感觉。他特别提到笛福是一位别具个性的作家,这种个性给他的小说赋予了生命。

《杰克上校》(*The History And Remarkable Life Of The Truly Honorable Colonel Jacque, Commonly Called Colonel Jack*),1722年12月20日这部小说的题目是《诚实可敬的杰克上校的历史和杰出的一生》,一般简称为《杰克上校》。标题页还加上了下面的话:"绅士出身,被安排做了一个扒手的徒弟,有四个妻子,五个是妓女;他做了26年的小偷,后来被劫持到弗吉尼亚,回英国时已是一位商人。后来参加战争,英勇作战,获得提升,成为上校团长。后与一位查理一世的支持者出逃,继续在海外闯荡,决心成为将军。"仅从标题页明显的错误,就可以看出笛福写作这部小说是如何的匆促。因此,在1723年的第二版,就改为"结婚五次,四任妻子是妓女"。

如果说在《摩尔·弗兰德斯》中,笛福描绘了一个女罪犯,那么,在这部小说中,笛福描绘了一个男罪犯。像前一部小说一样,在描写主人翁犯罪行径的同时,充满了宗教和道德说教。小说希望能唤醒罪大恶极的罪犯的良心,让他们改过自新,重新做人。这部小说在许多方面可以说是男性版的《摩尔·弗兰德斯》。从某种程度上来说,这也可算是一部"教育小说"。对这一点,笛福自己也毫不回避。他希望大家与其把这部小说当做真实的故事来阅读,还不如当做寓言故事来阅读。这一点在小说的序言中就说得非常明白。他首先说明这部小说的教育意义:

> 他(杰克)在世上,命运无数次地转折,构成了一片令人赏心悦目的田野,读者尽可以游荡其间。这也是一个花园,里面没有杂草和毒草,读者尽可在园中采集有益健康的药草。

序言以下面几句话作结:

> ……因此,读者不必询问,杰克上校讲的自己的故事是真是

假;他讲的故事是历史还是寓言。因为不管属于哪一种情况,故事都同样有益和有教育意义。也正因为是这样,故事本身就能说明问题,所以我也就不必多说什么推荐的话了。

    小说叙述了杰克从无知到成熟的人生旅程,其中的一个主题是堕落的人努力要成为绅士,并最后成功;小说也确实围绕着杰克决心成为绅士的过程展开的,并让主人翁最终掌握了自己的命运。其中的另一个主题就是对道德价值的追求。但具有讽刺意味的是,成为绅士的手段还是靠欺骗与伪装。因此,后者是一个更大的主题。

    之所以说通过欺骗与伪装成为绅士的主题具有讽刺意味,与小说主人翁的取名有关。布卢伊特(David Blewett,1940—)在《笛福的小说艺术》(*Defoe's Art of Fiction*,1979)一书中指出,小说的标题中,用了"诚实可敬的杰克上校",故事讲述了主人翁成为绅士的一生经历,从而证明他小时候获得"杰克上校"的名字是完全有道理的。"诚实可敬"在标题中本身就具有讽刺性;而 Jacque(杰克)据说是法文,相当于英语 Jack,其实是英语的拼写错误,暗示了杰克绅士的社会地位是虚假的,就像摩尔和罗克珊娜的社会地位一样是伪装的结果。①

    Jack 一词在 18 世纪的英语词典里有四个意思,暗示了主人翁在小说中四种不同的角色。1)小说开始,主人翁称自己是"可怜的孩子杰克"和"旧衣市场里三个杰克之一"。小时候的"杰克"之意,相当于《牛津英语词典》里的第二个意思:"普通老百姓;小孩;小伙子;小家伙,指出身低微、没有礼貌的人,或无赖、恶棍之流。"这时候他的"职业"是一个小偷。主人翁为自己的社会地位感到羞耻,从而增强了他成为绅士的决心,却又因缺少教育成了他向上爬的障碍,但也暗示了他通过努力最后获得的成功;2)Jack 一词还含有"假的,假装的"意思。在弗吉尼亚他成了种植园主,并发家致富,成了"绅士杰克"(Jack-gentleman),回到了欧洲。a Jack-gentleman 在《牛津英语词典》里的意思是"出身低微的绅士,或是行为举止矫揉造作冒充绅士的人;傲慢无礼、目中无人的人;新贵、暴发户"。杰克回到伦敦后正是这样的人,他冒充自己是一位法国绅士;3)他为老僭君作战时,把 Jack 变成了 Jacque,真的成了上校,并第四次结婚。这时,Jack 一词

---

① Blewett, David. *Defoe's Art of Fiction*. Toronto: University of Toronto Press,1979.

又有了 Jacobite(詹姆斯二世党人)的含义。1722 年的读者都会有这种联想。这险些毁了他假绅士的身份。后来靠着自己的伪装,他才得以逃避追捕;4) Jack 一词还有"商人"之意。他重新回到弗吉尼亚,怕自己被认出是詹姆斯二世党人,就与在古巴和墨西哥的西班牙人做生意,成了个商人。

在这里,小说还隐含着反詹姆斯二世党人企图复辟的主题。笛福反詹姆斯二世党人的态度在他的政论文和讽刺诗中是非常明确的。他认为这些保皇党人的事业,是注定要失败的。法国路易十四支持他们,并非是认为他们能复辟,而是想扰乱英国的政治和经济,给英国制造点不稳定因素。由于杰克的天真,上了保皇党人的"贼船"。小说通过杰克的经历,也讲述了保皇党人复辟企图的幻灭。

小说还有一个感恩主题。乔治一世发布了赦免詹姆斯二世党人的赦免令,杰克知恩图报,成了忠诚的臣民。

小说开始与《摩尔·弗兰德斯》和《辛格顿船长》一样,主人翁杰克不知道自己父母的身世。有一个女人收受了一大笔钱,从杰克父母那儿收养了小杰克。此女子虽然表面上似乎自甘堕落,但对杰克颇有爱心。杰克十岁时,这个女人死了。然后,如标题页所示,杰克被训练成一个小偷,不久就成了大偷,但他是一个有良心的窃贼。在肯特郡的一个镇上抢劫了一个贫穷妇女 26 先令 6 便士之后,他的良心一直受到煎熬。一年之后他把钱还给了那位贫苦妇女。在整个犯罪生涯中,他一直记住养母的话:他出生于一个绅士家庭,因此,应该永远像个绅士。即使后来被绑架后带到弗吉尼亚成为奴隶,做一个绅士的愿望也从未在他的心里泯灭过。他很幸运,深得主人的赏识。不久他在那儿独立创业,成了种植园主,经商发家致富后决定回到英国。但当他所乘坐的船接近英吉利海峡口的时候,被一艘法国私掠船劫持,成了战俘,被迫在法国波尔多(Bordeaux)呆了一年多时间。因此,他能说流利的法语。战后,英法交换俘虏,他回到了英国。他在法国声名狼藉的行径渐渐淡化。然后,他非常精明地把自己伪装成法国人,出入时髦的加尔文教派的法国教堂,尽可能多讲法语,雇了一个法国仆人。大家叫他杰克先生(Monsieur Jacque)或杰克上校(Colonel Jacque)。法语的 Jacque 在意义上相当于英语的 James,但发音相当于英语的 Jack,因此,在英国大家都叫他"杰克上校"。他的婚姻很不幸,因此离婚后就回到了法国。那年正好是 1701 年,正是西班牙王位继承战开始的一年。他买下一个连队,为法国人打仗他感到很满意,认为从来没有像现在一样像一个真正的绅士。而且,他发现自己是一个有魄力的、勇敢的军人。后来,他在1701年克雷莫纳(Cremona)战役中的英勇行为传到了法王路易十四的耳朵里,被授予中校军衔。这样,他在法国军队中成了名副其实的校官,也实现了他养母的预言:他将成为一名军官。

他一生结婚五次,其中四任妻子是妓女。

他的第一个老婆是伦敦人,住在他家的对面。她"巧言令色,巧舌如簧"。因为她欺骗了他,他与她离了婚。第二个老婆是肯特郡一位市民的女儿,"脾气特好",因此娶了她。后来,她跟一位法国侯爵走了。第三位老婆他是在公共马车上遇到的。他请她吃饭,起先她不想进食,但最后却吃了"两只鹧鸪,一盘炖牡蛎,一条牛舌,一大块火腿也所剩无几"。幸福似乎就在他的眼前,因为她长着"一张世上最美丽的脸蛋,她举手投足简直就是美的化身,犹如天仙下凡,言语无法形容"。他与这个女人生活得非常幸福满足。后来,她开始酗酒,失去了往日漂亮的脸庞、美好的身材和高雅的举止,最后,甚至失去了她的美德。她成为妓女一年半之后就死了。他的第四个老婆,也是倒数第二个老婆,是个可爱的没有头脑的小姑娘。杰克这回希望能娶个诚实的妻子,以照顾自己的几个孩子。他叫这位妻子为莫吉。他们幸福的婚姻生活在书中有很动人的描写。不幸的是,四年后,莫吉死于一次事故。然后他回到了弗吉尼亚,在那儿他碰到了他的第一任妻子。她已经改过自新。笛福书中对他们复合后的婚姻生活有最动人的描写。

小说的前半部分被认为是笛福小说艺术最成功、最精彩的表现之一。杰克在伦敦街头的扒窃经历及种种心态可以与狄更斯的《雾都孤儿》相媲美。但后半部分头绪繁杂、叙述拖拉、缺乏中心,显得疲沓无力,故小说《杰克上校》的影响远不及《摩尔·弗兰德斯》。①

小说出版初期也不断再版,可见其受读者欢迎的程度。我们可以看一下当时再版的次数就可见一斑:

1722年12月20日,第一版;1723年1月19日,第二版;

---

① 侯维瑞、李维屏:《英国小说史》,南京:译林出版社2005年版,第94页。

1724年,第三版;1738年,第四版

在这部小说中,有许多优美动人的精彩片段,是笛福所有小说中最好的篇章。

下面是杰克与第一个妻子分手时的心情:

> 我必须承认,这确实是我生活中非常悲伤的时刻,如果她不故意继续激怒我,辱骂我,我真不愿意下这么大的决心与她分手。我是真心爱她的,只要不做乞丐,不戴"绿帽子",我什么都愿意。但如真的要把这些强加在我的身上,对我来说就太屈辱、太下流了,那是我怎么也无法忍受的。

这一番描述,充分表现了杰克又悲伤又留恋的复杂心情。尽管他决心与妻子分手,但又意识到自己还是深深地爱着她的矛盾心理。这一段描写也为他俩后来在弗吉尼亚重归于好埋下了伏笔,因而也令人信服。

哈蒙德认为,笛福是英语小说家中最早创作情感小说的作家之一,无论是《摩尔·弗兰德斯》、《罗克珊娜》或这部《杰克上校》,都描写了不幸婚姻及其对夫妻双方造成的心灵上的伤痛。

杰克经历了犯罪、贸易、旅行、海盗、当兵等各种生活;从这一角度看,《杰克上校》是集上述各类小说之大成者。在《摩尔·弗兰德斯》中,有伦敦下层社会的罪恶和积累财富的叙述;在《辛格顿船长》中,有海外旅行和海盗生涯的描写;在《一位保皇党人的回忆录》中,有士兵生活的描述;在《瘟疫年纪事》中,有重大历史事件的回忆和社会情况的叙述——所有这些,在《杰克上校》中都有反映。还有,就是那贯穿笛福所有这些小说的主题:人是经济动物,为了战胜和适应环境,必须发挥自己所有的聪明才智。

笛福传记作家约翰·罗伯特·穆尔教授指出,由于笛福对环境和时间有丰富的想象力和洞察力,他"一不小心"进入了历史小说的领域。在讨论一个抽象的话题时,他一定会插入掌故逸事或具体实例加以说明;他进行叙述时,往往时不时地引出一个高潮;有时在叙述中插入叙述者的动作,有点像剧本中的舞台提示一样。①

《新环球航行记》(*A New Voyage Round the World by a Course Never Sailed Before*),1725 年 5 月 8 日

这是笛福最后一部长篇小说,从题目上看像是纪实的游记,但这是一部想象的游记,故被归入小说类。小说标题的全文是"新环球航行记,几位商人的航行,开辟了新航线,就是他们这些人后来建议在弗兰德斯成立了东印度公司"。

笛福的冒险小说,如《辛格顿船长》和这部《新环球航行记》,都还有一些类似于游记的记叙文字。在这类作品中,人物刻画让位于地理景色和风土人情的描述,甚至像这部小说中没有任何真正的人物塑造,是一本没有主角的叙事作品。

因此在学者中,对这部作品的评价分歧较大。笛福传记作家威廉·李称其为笛福写得最好并最有教益的虚构游记著作。他认为关于太平洋航行的部分是最引人入胜的,而在南美安第斯的旅行描写,则是非常有创造性的。另一位笛福的传记作家诺瓦克也认为,关于安第斯旅行的描述"十分出色"。简·杰克(Jane Jack)称赞小说写得"有序"、"简练"。英国作家、文学史家和批评家乔治·爱德华·贝特曼·圣茨伯里认为,"小说充满了具体的细节描写,同时像乔治·安森(George Anson)和丹皮尔的环球航行记一样引人入胜,但作品风格更胜于后者"。经济学家彼得·厄尔(Peter Earle,1937—)在他的《笛福的世界》(*The World of Defoe*,1977)中承认这是笛福最好的一部游记,但不认为这是一部小说。美国教育家和作家威拉德·哈勒姆·邦纳(Willard Hallam Bonner,1899—1980)则不认为这是笛福最好的小说,相反,"只是一部一般的作品而已"。托马斯·赖特认为,小说非常枯燥乏味,其中也没有让人感兴趣的人物;小说中地理知识太多,人性描写太少。小孩子是绝对不会感兴趣的,但对陆地和大海风景感兴趣的人,肯定会喜欢此书。

这部小说的编者约翰·麦克维说,他不能苟同那些对小说负面的评价。他在前言中指出,这部小说有三个特点:第一,不像笛福以前的几部小说那样结构松散,而是相当紧凑,紧紧围绕贸易和殖民两个

---

① Alan Dugald McKillop: *The Early Masters of English Fiction*, The University Press of Kansas, Lawrence and London,1956, p.9.

主题展开;第二,小说中对所有的描写,包括海盗行为,都进行了道德和政治的分析。他通过道德的镜头反映了冒险经历,因而使这部小说成为富有思想性和哲理性的小说;第三,笛福讲述这次航行的故事,充满了机敏的讽刺口吻,胜过其他所有的游记著作,因而其风格特具魅力和错综复杂。①

笛福说,他的这部《新环球航行记》,不想重复前人专注于描述惊险的冒险事件,而主要集中于描述人类所关注的事物及其与当代的关系。他的这部小说,不只是访问了一些新的地方和新的民族,并且也叙述了旅行本身对旅行者的压力和船上生活的政治问题。尤其是,小说展示了人们处于非同寻常的、极其艰苦的航行生活中贪婪与道德的矛盾,权力关系强弱的改变与转移。小说中没有用很多航海术语,因为,笛福认为,小说的对象是普通读者,他们感兴趣的是他们所生活的世界,包括那些他们没有到过的地方。因此,在小说中,笛福的重点不是描述事情的过程,而是讨论事情的意义以及对未来的影响。

小说探讨了加强太平洋探险的必要性和在南美建立英国殖民地的重要性。另外,笛福强调探险与发现的问题,只有开辟新的航线,才能有新的发现,走老路不会有多少新的、有价值的发现。

小说的这个主题:贸易、殖民、发现,表现了英国征服世界、获取最大利益的野心,还表现了笛福那种改善物质生活的强烈欲望,尤其突出的是其中的商业与帝国野心,注重知识和发现。可以说,笛福最后的这部小说,是贸易和殖民的宣传书,同时,也表达了他关于政府应如何治理和建设国家、维护社会稳定的理念。

笛福显然读了许多游记和航海探险的著作,包括描述海盗的私掠船的冒险故事。笛福虽然有过到葡萄牙和西班牙的航海经历,但没有进行过环球航行。然而,笛福就是有这个本领,他把想象中的航行,写得像亲身经历过的一样,实在很了不起。这证明他的叙事技巧——逼真的细节描写和丰富的地理知识,说他是天才的作家一点也不为过!最后,也是最重要的,笛福写此书的目的,是为了让读者获得阅读的乐趣。

---

① Defoe, Daniel. *A New Voyage Round the World*. Ed. McVeagh, John. In *The Works of Daniel Defoe*, 50 Vols. General Editors: Owens W. R. & Furbank P. N. London: Pickering & Chatto, 2000—2008.

尽管不少评论家们认为,笛福小说的情节结构不够统一和完整,人物刻画也往往不够完满,道德说教也太多,但有一点大家的意见是一致的:笛福是叙事艺术的大师!

西科德从追溯笛福小说素材的源头出发,研究了笛福的叙事艺术,得出了这样的结论:

> 笛福的小说正在受到越来越多的关注。他的三四部小说文学研究者会有兴趣;还有一些小说广大普通读者会有兴趣;其中的一部小说则属于文学杰作之列,为世界各民族人民所珍爱!

4. 笛福长篇小说的艺术成就

概说

在笛福的小说中,究竟多少是真实的,多少是虚构的?笛福在小说中究竟表现了多大的想象力?笛福小说中所使用的素材来自何处?他如何选择这些材料?又如何使用这些材料?对这些问题,我们在上一节"笛福长篇小说概论"中,讨论西科德先生的著作《笛福叙事方法研究》一书时已作了简略的探讨。这一节我们探讨笛福的创作手法和叙事方法的艺术性,主要围绕笛福小说中叙事的真实性问题展开。

笛福写作生涯中的一个转折点,始于两部《家庭教师》(1715;1718)的发表。此前他主要精力花在写政论小册子和政治讽刺诗上。《家庭教师》属于道德教育书籍。但笛福的这部"道德指南"与同时代的同类书籍有明显的不同,那就是当时的道德教育书籍主要用大量的篇幅来进行抽象的劝诫,而笛福的《家庭教师》中穿插了一些寓言故事和对话,用具体的例子阐明道理。笛福通过这些寓言故事和对话进行说教。我们知道,故事和对话在长篇小说中都是不可或缺的因素。他在后来的长篇小说中,故事情节有起伏和高潮,紧张引人;对话也较生动活泼,其中虽也有说教,但淡化多了,而且穿插在故事之中,较为自然。一般是主人翁有负罪感时的一些忏悔或祈祷之类的心理描写。这样,笛福巧妙地把故事和寓意融合起来,创作出成功的小说。但笛福在小说的许多前言中,一再强调要把他的小说作为寓言故事来阅读。

笛福小女儿索菲娅的丈夫博物学家亨利·贝克,在1728年发行了一本新的期刊《大众观察周刊》(*Universal Spectator and Weekly Journal*,1728—1746)。第1期出版时,笛福应邀撰文(后来就一直没有再为这本杂志写过稿)。在这篇文章里,笛福谈了自己关于好作家的看法:

> 一个好作家的特点是:不管他写什么,他能愉悦读者,同时要使读者感到满意。作家应尽力使读者获益,他写作的目的就是满足读者的需求,同时用艺术手段,不知不觉地吸引读者,并使读者感到愉悦。他用通俗的语言表达真理,赞颂德行。即使他进行谴责,也用一种委婉的语言,但却具有讽刺的力量而无刺激性。他不知不觉地使读者对他产生好感,因而他的作品受到读者的尊重,读者也就会买他的著作。

在讨论笛福的小说之前,我们不要忘记一个前提,那就是:在笛福时代,他的小说属于通俗小说,或今天我们所说的畅销小说之列。我在1996年翻译的《鲁滨孙飘流记》第一版的《译序》中就说过:

> 尽管不同时代的政治家、经济学家、宗教人士、文学史家和文艺评论家,可以从各个角度解读《鲁滨孙飘流记》,但一般读者,不论是青少年或中老年,都只把其作为一部冒险小说来阅读消遣而已。这部小说之所以风靡当时而又历久不衰,并不是因为历代评论家的种种褒扬,而是因为在世界各地拥有一代又一代的读者。……今天,该书被誉为英国文学史上的第一部长篇小说,成了世界文学宝库中一部不朽的名著。但在当时,它只是一部畅销的通俗小说,连粗通文化的厨娘也人手一册。究其原因,我想不外乎两点:一是故事情节引人入胜;二是叙事语言通俗易懂。

"故事情节引人入胜"和"叙事语言通俗易懂"正是通俗畅销小说的特点。笛福小说创作的主要目的,就是为读者提供娱乐和消遣。尽管他也谈到小说的教育作用。这从他各部小说的"编者的话"或"序言"中可以得到证明。

《鲁滨孙飘流记》的序言中说：

> 读者阅读这类故事，一般也只是浏览一下而已，因而编者认为无须对原作加以润色，因为那样做对读者在教育和消遣方面也没什么两样。

这里谈到，读者阅读这类故事，一般也只是"浏览一下而已"，这无疑是消遣阅读的方式。下面谈到编者无须对原作加以润色，是因为对读者在教育和消遣方面的作用没有什么两样。笛福其实主要强调的是小说的消遣作用。当然，我们也不否定他提的教育作用，因为我们前面提到，他的小女儿索菲娅说笛福不让他的子女读传奇和戏剧，因为这些东西没有教育作用。

在《摩尔·弗兰德斯》的序言中，笛福提供了故事的大致情节，以吸引读者。虽然笛福一再强调小说的教育作用，他也不忘提醒读者此书的娱乐性：

> 一个人忏悔自己的罪恶生涯时当然不能不如实叙述自己的罪行和邪恶，这样才能使自己的忏悔显得更真诚可信。而如果书中主人翁忏悔的部分，能写得像犯罪和邪恶的那部分同样精彩生动，那么，这应该是本书最精华的部分。
>
> 但一般认为，书中忏悔的部分，也许没有犯罪的部分叙述得那么生动精彩。如果真是这样的话，那么，我得说，那是因为读者的阅读品味差异。
>
> ……因此，编者希望，与故事本身相比，读者会更喜欢故事的教育意义；与书中的叙述相比，读者会更喜欢宗教教义的身体力行；与作者的犯罪生涯相比，读者会更喜欢作者写作本书的目的。
>
> 书中的许多故事，读起来兴味盎然，……本书内容丰富，故事生动，……

尽管笛福大谈本书的教育意义，但强调这种教育意义需要读者自己的领会；字里行间更多的暗示是故事的生动性和趣味性。

在《杰克上校》的序言中，笛福更进一步强调了小说的娱乐消遣作用：

> 与以前几部作品相比,本书不需要写什么长篇序言。书中消遣和娱乐部分自不待言,而有益的教育部分太多,要是写出来就太长了,需要另写一本书才能说清各方面的教育意义。

一般认为,通俗小说主要的作用是休闲娱乐,有的也有普及教育的作用,却似乎缺乏所谓"严肃文学"的艺术性。但世界文学史都证明了这样的一个事实:有些作品在当时是通俗的畅销书,后来成为经典名著;有些作品在当时被排斥在所谓"正统文学"之外,但后来不仅被纳入文学经典之列,并且被认为具有较高的文学成就;有些作品虽然一直被认为是经典名著,但一直只是在知识界流传;而有些"通俗畅销书"成为经典名著,历经数百年照样畅销,拥有大量的读者。例如我国的"四大古典名著"就是这样的作品。笛福的不少小说,尤其是《鲁滨孙飘流记》,也是这样的作品。但《鲁滨孙飘流记》更胜一筹。如果说像我国的"四大古典名著"只是在国内被广泛阅读的话,那么笛福的《鲁滨孙飘流记》则是在世界范围内被广泛阅读。这样的作品一定有其内在的魅力——思想上的和艺术上的——才能吸引一代又一代的读者。因此,笛福作品过去和现在都成为畅销书和后来成为世界经典名著的事实,更值得我们探讨和研究:为什么他的作品在他的时代被排斥和贬损,而后来被认为是文学经典?是什么思想上和艺术上的魅力使他的小说永远畅销、长盛不衰?

在笛福时代,读者大众只是把笛福的小说作为通俗散文故事来阅读。如把《鲁滨孙飘流记》和《辛格顿船长》看做一般的"游记"或"历险记",把《摩尔·弗兰德斯》和《杰克上校》看做一般的罪犯自传,把《罗克珊娜》看做一般的绯闻纪事或色情罗曼史。然而,这些小说比所有的其他"游记"、"罪犯自传"或"色情罗曼史"更畅销,并能历久不衰,则一定有其超出一般这类通俗文学的特点。从《鲁滨孙飘流记》到《罗克珊娜》,笛福越来越注重人物性格的刻画、叙述者的语言和小说情节结构的安排,从而使自己从"通俗文学"的领域进入了所谓"高雅文学"或曰"严肃文学"的领域。

同时,我们也知道,笛福确实希望通过小说这一形式,宣传他关于政治、经济、社会的主张和进行道德教育的目的。但要达到宣传和教育的目的,首先要有人读他的小说。这就要求小说要有"趣味性",用现在的话来说,就是要"寓教于乐"。可以说,笛福的小说把"趣味性"和"教育性"自然地融合起来,既达到了他写小说的经济目的,也实现了他写小说宣传和教育的理想。

笛福在文学史上的地位,在20世纪上半叶,学者、专家和同行作家们的看法还有较大的分歧。

英国小说家、散文家和评论家弗吉尼亚·吴尔夫在1925年出版的随笔文学评论集《普通读者》里,关于笛福写了两篇文章:《鲁滨孙飘流记》和《笛福》。在后一篇文章中她说:

> 它们(指《摩尔·弗兰德斯》和《罗克珊娜》)属于少数几部无可争辩的英国小说巨著之列。①

但英国文学评论家和散文家奎妮·多萝西·利维斯(Queenie Dorothy Leavis, 1906—1981)在《小说与阅读大众》(*Fiction and the Reading Public*, 1932)中,把笛福排除在作品具有艺术性的文学家行列之外。她写道:

> 当代的评论家倾向于把笛福看做一位具有艺术才能的作家。但他不是一个艺术家,作为报刊编辑和撰稿人,他力图让读者把他的小说看成是事实。对我们来说,他撰写报刊文章的艺术是幼稚而狡诈的,文章明白,但时好时坏,而不像我们当代的新闻体那样含蓄,并能产生心理上的影响。②

但我们很难同意她的看法,因为我们无法解释为什么到今天,笛福的小说在世界各地仍旧拥有大量的读者。现在,在英语世界,笛福的10部小说或单独出版,或出全集,并有多种版本,各种版本都由不同的笛福研究专家写了序言或导言加以介绍和评论,还作了详细注释。在我国,《鲁滨孙飘流记》的翻译,从沈祖芬1902年第一次翻译出版至今,至少有20个以上的译者和几十个译本。如果笛福的小说仅仅是新闻报道的话,不可能流传至今,也不可能有那么多读者。他的作品现在不仅大、中、小学生都阅读,而且一般读者也阅读。

---

① 弗吉尼亚·吴尔夫:《普通读者》。
② Leavis, Queenie Dorothy: *Fiction and the Reading Public*, 1932, (London: Peregrine Books, 1979).

尽管20世纪上半叶开始对笛福小说评论的主流是,至少把笛福的小说看做小说(novel),而不再认为是传奇(romance)或虚构故事(fiction)。但在好长一段时期,对笛福的负面评价还是多于正面肯定,评论家们的意见更倾向于利维斯的看法,而不是倾向于吴尔夫的意见。例如,美国出生的英国小说家、批评家亨利·詹姆斯(Henry James,1843—1916)认为,"《鲁滨孙飘流记》根本不能算是小说",其第一人称的叙事手法"既没有权威性,也没有说服力和可信度——对现实和事实的把握力不强,且索然无味"[1]。有影响的英国文学批评家弗兰克·雷蒙德·利维斯(Frank Raymond Leavis,1895—1978)在其英国文学史名著《伟大的传统》(*The Great Tradition*,1848)一书中,干脆把笛福排除在伟大的英国文学传统之外。[2] 有的评论家认为,笛福的《鲁滨孙飘流记》与其说是对长篇小说艺术本身的贡献,还不如说是对长篇小说史和社会史的贡献。

从20世纪下半叶开始,对笛福的评价出现了转折点。这要归功于三部有影响的专著的出版。一部是美国赖斯大学著名英语教授艾伦·杜格尔·麦基洛普(Alan Dugald McKillop,1892—1974)的《早期英国小说大师》(*Early Masters of English Fiction*,1956);第二部是文学评论家、文学史家、美国斯丹福大学英语教授伊恩·瓦特(Ian Watt,1917—1999)的《小说的兴起》(*The Rise of the Novel*,1957);第三部是美国笛福传记作家和笛福著作文献学家约翰·罗伯特·穆尔的《笛福:近代世界的公民》(*Daniel Defoe*:*Citizen of the Modern World*,1958),这部传记被视为笛福的标准传记。这三部著作对笛福的小说创作艺术给予高度的评价,标志着把笛福作为一个具有创造性的小说艺术家展开严肃认真研究的开始。

笛福在文学史上地位的确立,经历了近两个半世纪的漫长过程。这里面的原因是多方面的。首先,笛福的小说,从《鲁滨孙飘流记》、《摩尔·弗兰德斯》、《罗克珊娜》到《辛格顿船长》、《瘟疫年纪事》和《杰克上校》等,在当时都算是通俗的、娱乐消闲性质的畅销书,而一般文学评论家是不屑于评论这类"非主流"小说的。因此,笛福小说的艺术成就并不会引起正统文学评论界的关注。其次,笛福著作太庞杂,人们不知道应该把他归入哪一类作家;而在他自己的那个时

---

[1] Hammond, J. R.: *A Defoe Companion*, Basingstoke: Macmillan, 1993, p.18.
[2] Ibid.

代,他的大量政治讽刺诗、政论小册子和报刊文章又掩盖了他小说创作的成就,更何况他直到晚年才开始从事小说创作。第三,笛福作品的质量参差不齐,《鲁滨孙飘流记》、《摩尔·弗兰德斯》和《罗克珊娜》等确实是笛福小说的杰作,而《瘟疫年纪事》和《英伦三岛游记》等是开创了纪实文体的典范,那么《鲁滨孙·克鲁索沉思录》和《魔鬼政治史》等,也确实难以令人恭维。这也让不少学者认为,笛福可以写任何文体的东西,只不过是一个"平庸的作家",是为了赚钱而卖文的劣等艺术家而已。最后一个原因是,由于笛福写作速度极快,而且很少有反复修改的习惯,因此,即使是他的那些杰作,也有不少疏忽和漏洞而为人所诟病。如果他写得少一些,精一些,质量稳定一些,也许情况就不至于如此。

对笛福小说艺术性的评价,戴维·布卢伊特在他的专著《笛福的小说艺术》的序言中作了很好的概括。① 他认为,对笛福小说的艺术性评价可分为新、老两种观点。老的观点认为,笛福无意间闯入了小说创作的领域,他自己并没有意识到自己在小说领域中所扮演的角色。笛福写作非常匆忙,非常随便,对自己发现或创造的这一文学样式的叙事方法和结构基本上没有多少认识。因此,我们不必在笛福的小说中寻找结构的完整性。笛福小说的力度寓于对事件逼真的描述。这种老观点植根于文学史中,并在文学史中得以确立。而伊恩·瓦特在20世纪50年代出版的《小说的兴起》进一步强化了这一观点。前面我们已经提到,笛福的小说,是对为数还不多、但正处在上升期的中产阶级精神生活和闲暇生活的回应。这类小说声称是记述普通百姓真人真事的。笛福是瓦特称之为"形式现实主义"的代表人物,他的小说是生活的真实写照,因此,真实性是第一位的,艺术性服从于真实性。

至于笛福的叙事方法,瓦特认为:"他只是根据他自己觉得主人翁下一步可能会如何行动,就顺其自然地安排叙述顺序。在此过程中,笛福始创了虚构故事中一种重要的新倾向:情节安排完全服从于自传体回忆录形式。这种强调小说中的个人经验应占首要地位的主张,如同哲学上笛卡儿的'我思故我在'一样富于挑战性。"② 瓦特的观点,强化了阿瑟·W.西科德的观点。后者在追溯《鲁滨孙飘流记》

---

① David Blewett: *Defoe's Art of Fiction*, Univ. of Toronto Press, 1979, pp. ix—xi.
② 伊恩·瓦特:《小说的兴起》,第8页。

的原始资料时,得出笛福的小说"只是模仿生活,结构混乱"的结论。关于笛福小说评论的一些老观点,我们将在下面分门别类的分析中进一步论述。

上述观点受到了对笛福小说重新评价的挑战,从而形成了对笛福小说评价的新观点。这种新的观点由马克西米利安·E.诺瓦克的两部笛福研究专著奠定了基础。一部是1962年出版的《经济与丹尼尔·笛福的小说》(Economics and the Fiction of Daniel Defoe);一部是1963年出版的《笛福与人性》(Defoe and the Nature of Man)。在他2001年出版的笛福传记《丹尼尔·笛福:小说大师》(Daniel Defoe: Master of Fiction)中,对自己的观点作了更为有力的分析和论证。诺瓦克的研究表明,笛福的小说反映了他的经济观点和道德观点,并揭示了17世纪后期清教精神的著作,尤其是自传与笛福小说形式之间的关系。紧接着有G. A. 斯塔尔的《笛福与精神自传》(Defoe and Spiritual Autobiography, 1965)和保罗·亨特(Pual Hunter)的《勉强的朝圣者》(The Reluctant Pilgrim, 1966)研究了清教精神著作对小说形式形成的影响,并指出笛福的《鲁滨孙飘流记》在主题思想与结构上的前后连贯性。而约翰·里奇蒂的《笛福的叙事:情景与结构》(Daniel Defoe's Narrative: Situations and Structures, 1975)一书认为,笛福的小说在结构上有内在的一致性;埃弗里特·齐默尔曼(Everett Zimmerman)的《笛福与小说》(Defoe and the Novel, 1975)与诺瓦克有相似的观点,认为笛福是一位有经验的作家,他知道自己在做什么,因而他在小说创作过程中自觉地探索小说写作的技巧。戴维·布卢伊特在《笛福的小说艺术》一书中则强调了笛福的想象力与小说艺术的关系——形式是想象力的表现。他通过对笛福小说技巧的分析,进一步显示了笛福把自己在非小说类文章中表达的世界观和人生观——对人生、对社会、对人性和对自然的观点,转变成了小说的艺术和小说的主题;布卢伊特力图通过自己的研究,证明笛福小说在主题和结构上的连贯性、观点与语言的有效运用及对完善小说艺术高度的自觉性。他对从《鲁滨孙飘流记》到《罗克珊娜》的小说写作技巧的变化进行了考察,指出笛福小说艺术的发展和成就及其对后世小说发展方向的影响。

笛福是否自觉意识到自己小说家的角色,也是评论家一直有分歧的一个问题。这个问题直接影响到对笛福小说艺术的评价。前面提到对笛福评价的老观点认为笛福并不自觉意识到自己小说家的角色,因此对他的小说艺术负面的评价较多。伊恩·贝尔就认为,笛福写小说,只是因为在 18 世纪,他发现了从商的一个新的市场——小说市场;他写小说就像进入了商业中的另一个新兴市场一样,不见得他对小说创作有什么特别的秉性或认为是比其他商业活动更重要。他的文学事业只是他商业活动的延伸。因此,他只有创作通俗小说,才能占有广阔的阅读市场。

但新的观点则认为,笛福至少在一定程度上逐渐认识到自己小说家的角色,因而在小说艺术上也不断完善。布卢伊特在《笛福的小说艺术》中,考察了笛福从《鲁滨孙飘流记》到《罗克珊娜》中的"序言"或"编者的话",认为笛福对故事的所谓"真实性"的强调,有一个逐渐淡化的过程。

在《鲁滨孙飘流记》的"编者的话"中,笛福强调:

> 编者相信,本书所记述的一切都是事实,没有任何虚构的痕迹。……故事主人翁以朴实严肃的态度,叙述自己的亲身经历,并像所有明智的人一样,把其遭遇的每件事情都与宗教信仰联系起来,用现身说法的方式教导别人。

在《鲁滨孙飘流记续集》的序言中,笛福第一次用了他一直回避的 invention 这个词。此词在这儿相当于 fiction,即"虚构故事"或"小说",因为小说的定义就是"虚构故事"。笛福在序言中说:

> 每一个事件(与道德说教)的恰当联系,从(故事的)每一部分中引发的宗教和有益的教训,证明公开出版此书完全是出于良好的目的,也证明书中被认为是虚构的部分(Invention),或称之为寓言故事的部分(Parable),也完全是可以容许的。

他抱怨有些人盗版他的小说,删除了书中"反省"的部分,实际上删除了最有价值的部分。他接着说了一段模棱两可的话,"犹抱琵琶半遮面"地承认,故事是虚构的。他说:

> 如果有人认为作者的故事是虚构的,但承认虚构的故事对读

者有益,那么,编者更要向明智和善良的读者推荐这些虚构的故事。

这段话似乎表明,一方面编者试图否认故事是虚构的;另一方面又想为自己的虚构故事提供合理的理由。

在《鲁滨孙·克鲁索沉思录》的序言中,笛福更进一步表明了自己的立场:为了道德和宗教教育的目的虚构故事是有其正当的理由的。序言一开始就说:

这部《沉思录》不仅仅是前面两部作品的终结产品,而且更应该说,前面两部作品产生于这部《沉思录》。创作寓言的目的是为道德教育,而不是道德教育为了寓言创作。

在《摩尔·弗兰德斯》的序言中,笛福干脆让读者自己去判断故事的真实性了:

近年来,大家都喜欢读小说和传奇。对自传都不太相信是记述真人真事的作品,更何况自传主人翁隐瞒了真实姓名及其身世。因此,下面的记述是真是假,我们只能让读者在读后做出自己的判断了。

而且,笛福承认,在《摩尔·弗兰德斯》这部作品中,编者做了不少修改,而不像在《鲁滨孙飘流记》中那样强调编者对原作几乎没什么改动:

当然,编者对她的自述作了一些编辑加工。……修改这部作品,编者颇费心力。编者要使整个作品适于读者阅读,也要使叙述的语言较为正经。……一个人忏悔自己的罪恶生涯时当然不能不如实叙述自己的罪行和邪恶,这样才能使自己的忏悔显得更真诚可信。……总而言之,现在读者手里的这部自传是一个洁本。

"编者要使整个作品适于读者阅读"这句话原文是一个比喻: to

put it into a dress fit to be seen（给作品穿上适于大家观赏的衣服）。笛福明显地说明对作品动了"手术"。

《杰克上校》的编者提出，"希望邪恶的读者读了本书之后能改邪归正"。这里，编者已不在乎故事是真是假了：

> 如果本书能抑恶扬善，……那就根本不必去问上校讲的关于自己的故事是真是假了；不管他说的是自己真实的历史，或者是他编造了一个虚构的故事，本书同样有教益和有意义；因此，作品本身就能说明问题，用不着编辑再作任何其他的介绍。

《罗克珊娜》的编者在对待"真实的历史"与"虚构的故事"之间的差别时，其态度就更明确了。《鲁滨孙飘流记》有一个"编者"，但他基本上没有做什么，只是一个出版者而已；后来的一些小说，也都有一个"编者"，但他们都或多或少对原作进行了加工，以便让"真实的历史"更宜于为大众阅读，并承认，"真实的历史"可能是个寓言故事，而不是历史。而《罗克珊娜》没有编者，只有一个"叙述者"。这位"叙述者"像作者一样，说要对作品中存在的问题负责：

> 如果故事没有讲得如罗克珊娜太太本人好的话，如果故事不能满足读者愉悦的要求的话，如果有些消遣部分没能很好地与道德教育联系的话，那责任全在叙述者没有把故事讲好，给故事穿上了比太太原来给故事穿的衣服差——她讲的故事就是要让大家听的。

这里，像在《摩尔·弗兰德斯》的序言中一样，笛福又用了"穿衣服"的比喻。在《摩尔·弗兰德斯》中，编者主要是修改了语言，使其宜于出版。语言是作品的外表。在《罗克珊娜》的序言中，叙述者说罗克珊娜的故事自己已经"穿好了衣服"，以宜于大家看到；而"叙述者"又给故事"穿上了他自己的衣服"，尽管笛福下面接着又强调，"故事是基于事实基础之上的"，并有其道德教育的意义。但其强调的程度，已远远不如《鲁滨孙飘流记》中的编者了。这就是说，笛福一方面承认自己写的是小说，一方面提出了正当的理由为自己写小说进行辩护。

在对以上各部小说中的"序言"或"编者的话"比较后，布卢伊特认为，笛福的小说观不是一种很简单的看法，也不是一定要强调"真实"。他关于小说的观念尽管初步形成，却是比较深刻的，其中包含了"创造性"和"艺术性"的成分；而且更为重要的是，他两次使用"穿衣服"的比喻，就有"创作"和"艺术"的意思。笛福关于小说的概念并不十分成熟，但他在一定程度上认识到，他写的小说，可以用语言和形象把生活的素材变成小说的艺术。

比较一致的看法是，他开创了一种崭新的、独特的现代散文文风：自然、清晰、简朴、通俗，描写客观真实，尤其是细节描写逼真，被称之为新现实主义，而伊恩·瓦特则称之为"形式现实主义"，并认为这是"小说赖以体现其详尽的生活观的叙事方法"。他给"形式现实主义"所下的定义是："形式现实主义……是叙述方式具体表现的前提……这个前提就是：小说是人类经验充分的、真实的记录。"①在他的这部专著中，不但对笛福小说的现实意义和历史影响有高度的评价，而且另辟专章论述《摩尔·弗兰德斯》（第四章：作为小说家的笛福与《摩尔·弗兰德斯》）并指出，他"这里所说到的关于笛福对情节、人物和总体文学结构的处理方法，适用于他的所有的小说和它们与个人主义精神实质的基本关系"②。

关于小说的定义：英国著名小说家、散文家和文学评论家爱德华·摩根·福斯特（Edward Morgan Forster，1879—1970）在他的《小说面面观》（Aspects of the Novel，1927）的演讲中，引用了法国批评家M.阿比尔·谢括利（M. Abel Chevalley，1868—1934）关于小说的定义："小说是用散文写成的具有一定长度的虚构故事。"然后，福斯特补充说，"一定长度应不少于五万字"③。

关于笛福小说创作的艺术成就，我们选择小说主要的几个"面"（Aspects of the Novel）或小说主要的几个"要素"（Elements of Fiction），做一些探讨：情节结构、人物塑造、叙事手法和语言风格。

情节结构

福斯特认为，小说就是讲故事，故事是小说基本面，没有故事就

---

① 伊恩·瓦特：《小说的兴起》，第27页。
② 同上书，第104—105页。
③ 爱德华·摩根·福斯特：《小说面面观》，第3页。

不成为小说了。但故事必须要有悬念。因此,福斯特给故事下的定义是:故事就是对一些按照时间顺序排列的事件的叙述……就故事而言,它只有一个优点,就是使读者想知道以后将会发生什么。但福斯特还对小说加了一个"价值"因素。他认为,故事只叙述"时间生活",好的小说还应包括"价值生活"——这就是故事与小说的区别。所谓"情节",按照福斯特的说法,就是叙事的"因果关系"。如果说,故事与情节有什么不同的话,那就是故事按时间顺序叙事,情节则强调叙事的因果关系。福斯特说:"虽然情节中也有时间关系,但却被因果关系所掩盖。"①因为两者难分难舍,所以一般往往把两者连在一起,俗称"故事情节",但小说还有一个重要的因素是情节结构,即小说如何安排情节。因此,我们这里把故事、情节和结构放在一起讨论。

笛福的小说情节结构几乎都有一个模式:主人翁命运突然转折,接着是一段相对平静的生活(一般都发生在童年),主人翁进入了一种新的生活方式,由于他们的能力或某些特别的素质,通过多年的隐蔽和伪装的手段,逐渐取得了成功。当然,在此期间,主人翁的生活靠的是机遇,具有许多不确定性。例如,就以四部主要小说而言,克鲁索在孤岛上被困28年;摩尔做了12年的妓女和12年的小偷;杰克上校做了26年的窃贼;罗克珊娜过了26年的罪恶生活。当然,这个模式在每部小说中表现的形式不尽相同,但小说的基本结构是:遭遇灾难——逐渐取得成功。小说主人翁命运沉浮起伏的模式,在一定程度上反映了笛福自己一生的际遇和人生沧桑,他肯定感到了人生之无常。他对人类和人的命运的看法是悲观的。每当谈到人性的时候,他总是强调,人对自己最重要的利益一无所知。他1704年在《评论报》上发表的从拉丁文意译的几行诗,表明他对人生命运的看法:

  人都短视、愚蠢、可怜,他们不知道
  自己在做何事,又要去何方;
  他们徒劳地想方设法,结果
  被自己搬起的石头,砸得粉身碎骨。

---

① 伊恩·瓦特:《小说的兴起》,第22—37页。

当有读者问他此诗作何解时,笛福回答说:"如君同意我仓促的意译,我非常感谢;如果有人命运并非如此,那我告诉他,我的命运就是如此。"①

所谓"通过多年的隐蔽和伪装的手段"这一主题,与笛福的身世、政治与宗教观点、商业与政治活动、政治讽刺诗与政论小册子的写作都有着千丝万缕的联系。首先,与笛福清教徒受迫害的背景有关。为了生存和追求宗教信仰自由,不从国教者经常只能到处流亡,通过"隐蔽"和"伪装"进行宗教活动;其次,也与笛福喜欢为政府做间谍工作有关,这一工作正需要"隐蔽"和"伪装";第三,经商破产,债台高筑,他只能"隐蔽"和"伪装"躲避债主;第四,写过不少文章得罪政府当局或权贵而几度被捕入狱,出狱后经常有一段时期的"隐蔽"和"伪装";第五,笛福大部分的政治讽刺诗和政论小册子,或匿名或用假名发表,习惯于"隐蔽"和"伪装"。而他受雇于托利党办报,实际又为辉格党服务,同时为托利党和辉格党报刊写稿。在为《米斯特周报》和《阿普尔比周报》工作期间,笛福的这种"隐蔽"和"伪装",达到了登峰造极的地步。因此,如我们所知,笛福小说的主人翁——摩尔和罗克珊娜,杰克上校和辛格顿船长,都是隐蔽和伪装的能手。正是通过隐蔽和伪装,他们才得以生存,从而也形成了笛福小说的一个主题。

笛福也强调人性的堕落需要理性和宗教来控制它。在第二卷《家庭教师》中他写道:"人性被败坏了,并感染上了各种毛病……人人都有做坏事的强力的自然倾向;这种倾向不受理性力量和宗教意识的制约,反而是它控制了我们,并迫使我们做出无可避免的愚蠢行为。"在《夫妻淫荡》一书中,笛福指责人们没有遵守社会上高尚的行为准则,也没有遵守自然法则。他说,正是社会的行为准则和自然法则,才能使人比动物优越,而不遵循行为准则和自然法则生活,人就会沉湎于色欲,变得夫妻淫荡。笛福这些人性观,在他所有的小说中都有强烈的显露。

大家一致公认,笛福是讲故事的能手。这也是他创作长篇小说的基础。笛福也善于安排小说的情节。不论是《鲁滨孙漂流记》、《摩尔·弗兰德斯》或是他的其他小说,我们总是看到小说悬念迭起,形

---

① Blewett, David. *Defoe's Art of Fiction*. Toronto: University of Toronto Press, 1979, p. 4.

成一个又一个的高潮,而高潮之间有时又有"风平浪静"的插曲,有效地协调读者的阅读情绪和阅读期望。笛福安排情节的艺术手法是:当对一个冒险事件叙述相对较长之后,立即插入另一个事件,让小说向另一个方向发展。这样就能把许多看似毫无联系的事件连接了起来。

例如,克鲁索在克服了一个又一个的困难后,生活有了着落,然后过了十多年的平静生活。突然有一天,在沙滩上发现了一个人的大脚印,打破了生活的平静,故事情节骤然紧张起来,从而引出了一个又一个的高潮。这是所有文学作品中最著名的情节。一般读者往往以为是星期五的脚印。其实不是,星期五是后来才出现的。从后面的故事来看,这应该是星期五部落中一个土著人的脚印。这一细节描写,令人印象深刻!接着,克鲁索又平静地过了两年,直到发现岸上的土著食人后留下的人骨遗骸,故事至此又掀起了另一个高潮。

而克鲁索获得星期五的情节,也令人难忘!这一情节在小说中也至为关键。一方面,克鲁索已习惯于孤独生活,对自己也越来越有信心;另一方面,他耐心地与另一个人建立友谊。他既是星期五的"老师",也是星期五的"学生"。本来,克鲁索是一个"囚犯",上帝是他唯一的"朋友"。但上帝和上帝的意志是那样地难以捉摸。在这些章节里,笛福描写了克鲁索与人类和文明隔绝的恐惧和焦躁。现在,有了星期五,克鲁索渴望自己重新成为人类中的一员,成为一个文明人,而不是一个土著。同时,笛福通过克鲁索救出星期五的情节,向我们表明,他的主人翁是一个人道主义者,尽管为了救一个人,他需要杀死更多的人。这类矛盾在克鲁索身上经常会出现。

再如,克鲁索在星期五的帮助下,终于打造了一只很大的独木舟。本来,笛福可以安排他俩驾舟离开孤岛。但是笛福没有这样做。当他们正要准备下水出航时,星期五发现有几个土著上岛,其中两个人是俘虏,还有生命危险。这样就使故事又产生了悬念,把情节推向了又一个高潮,吊住了读者的胃口。笛福的这种手法,使读者一直保持高度的紧张。这就是为什么约翰逊博士说:"《堂吉诃德》、《天路历程》和《鲁滨孙飘流记》,是读者唯一读完了还不能尽兴而想继续读下去的三部小说。"[①]

[①] Shingael, Michael, ed. *Robinson Crusoe*: A Norton Critical Edition (Second Edition), p.283.

以《鲁滨孙飘流记》的故事情节结构为例。小说开始,有几个克鲁索鲁莽的冒险故事,确实有以往传奇故事的痕迹;怪不得有的评论家认为,《鲁滨孙飘流记》是介于传奇故事和小说之间的过渡性作品,《摩尔·弗兰德斯》才是笛福第一部真正意义上的长篇小说。但是,不久之后,故事情节就突破了传奇故事的框框。克鲁索开始设法在荒岛上安顿下来:他建造居所,捕捉和驯养山羊,晒葡萄干等等。总之,开始仅仅是为了生存,后来发展为改善生活——从过原始生活过渡到过文明生活。尽管克鲁索在荒岛上没有干什么惊天动地的大事,从事的只是日常生活中一些细小的事务,但让人为他的每一个行动或遭遇牵肠挂肚。我们为他的成功感到高兴,为他的失败感到叹息。看到沙滩上的脚印、他开始环岛巡航而几乎被冲向大海的惊险遭遇,我们一直为他提心吊胆,担惊受怕。……而笛福之所以能用情节吸引住读者,还是靠他现实主义的细节叙事艺术。看似平铺直叙的简单情节,却高潮迭起,一浪又一浪地向前推进,实际上包含了复杂的情节结构。

但有的评论家认为,笛福小说结构散乱,情节是由一系列互不相关的事件连接起来的,其中又插入不少无关的插叙,安排不够紧凑;这也确实是笛福小说结构的特点。有评论家甚至认为,从严格意义上来说,笛福小说没有情节安排,或者说,笛福根本不重视小说的情节结构,也就是说没有我们通常意义上所理解的小说首尾一致的结构。在这方面,一位匿名评论家的话颇有代表性:

> 所有笛福的小说都很长,但都是与一个人物有关的互不相关的事件串连起来的。其中没有一个事件与故事结局有关系。事件既无神秘性可言,也没有高潮。这些事件一个接着一个(往往节奏迅捷,其中不乏戏剧性的场景),直到作者自己感到写得够长了,于是就用一页半页的篇幅结束故事:"此后他们一直生活得很幸福。"其中还掺杂着一些笨拙的道德说教,意在为小说冗长和松散的结构道歉。①

伊恩·瓦特也认为:

---

① Kelly, Edward, ed. *Moll Flanders*: A Norton Critical Edition. New York: W. W. Norton, 1973, p.330.

笛福小说既缺乏许多二流作家尚能注意到的细节内容的一致性,也缺乏只有在最伟大的文学作品中才能发现的更完整的连贯性。①

我们认为,事实并非如此。他们没有看到笛福小说的两大特点:一是故事情节安排以人物为中心;二是事件的叙述与详细的细节描写紧密结合。

首先,无论是《鲁滨孙飘流记》,还是《摩尔·弗兰德斯》、《罗克珊娜》和《辛格顿船长》等,笛福的这些小说,都是以人物为中心的自传体小说,时间叙述的顺序只能按主人翁生活中的实际事件发生的顺序来确定,这样,小说成了按年代顺序排列全部事件的松散的联合体;他们所能具有的唯一的一致之处是:这一切事件都发生在同一个人的身上。这与以事件为中心展开情节的小说是完全不同的。另外,笛福平铺直叙的叙事手法掩盖了他对故事情节的安排。还是以《鲁滨孙飘流记》为例,小说可分为三大部分:第一部分是铺垫,讲述了鲁滨孙的三次航海,并在巴西买下了种植园的经历;第二部分是小说的主体与精华,详细地描述了鲁滨孙在孤岛上战天斗地的不平凡经历;第三部分则叙述了从孤岛回国后鲁滨孙的其他一些历险故事。② 小说的第二部分是读者最欣赏的部分。克鲁索为了生存,不得不以其才智和坚毅与大自然搏斗。这是一种求生存的本能。根据心理学家的说法,是人类最基本、最强烈的本能。因此,关于克鲁索如何在荒岛上求生的描写,是最吸引读者的部分,也是小说最有意义的部分。其中的各种细节描写,包括如何从船上把货物搬运到岛上等等,也是小说最精彩的部分。

笛福所有的小说,在情节安排上都有上述特点。再以《摩尔·弗兰德斯》为例,主人翁的命运一波三折,时好时坏。好的时候不愁吃穿,幸福无比;坏的时候,难以为继,走投无路。小说的结构特点是,整部作品按照人物生活的变化所产生的一系列事件,断断续续一个接一个地发生,其间很少有过渡,或几乎没有什么过渡。孤立发生的事件似乎任意地连在一起。笛福常用的事件连接手法是:"一句话,我们结婚了……";"长话短说,我们同意去弗吉尼亚……";"总而言

---

① 伊恩·瓦特:《小说的兴起》,第142—143页。
② 侯维瑞、李维屏:《英国小说史》,第85页。

之,船长夫人向我灌输了这个计划……";"简言之,我避免了签订婚约……";"我得补充一下前面还没有交代的事……";"现在我再回过来说说他弟弟的事……";"现在,我把这件事情尽可能简单地叙述一下吧……"等等。

瓦特谈到这一问题时说,一般小说都综合运用两种叙述方法:一是对场景作相对充分的描写,在特定的时间或地点,对人物的活动总是有或多或少的较充分的描写;二是有些段落仅仅是一些概要式的不很详细的概括,或作为背景材料,或提供一个必要的连接框架。瓦特指出,大部分作家注重前一种方法,尽可能对场景作充分的描写,尽可能少用第二种概述的方法。"但笛福的做法却并非如此。他所讲的故事中,有一百多个逼真的场景描写,每个场景描写平均不超过两页;而那些急匆匆的、敷衍概括性的连接性段落的数量却同样多。"①他认为,这样做的效果是明显的,几乎每一页都让我们保持高度的紧张,以适应从场景充分描写的段落到概括性的连接段落的过渡。

其实《摩尔·弗兰德斯》的故事,也不是以事件的逻辑发展连接起来的,而是根据人物的思想感情的变化和性格发展的逻辑来安排的。因此,如果我们把《摩尔·弗兰德斯》看做主人翁的精神自传,则这是一部叙述主人翁一生精神从罪恶到净化的变化过程的小说。从精神自传体的角度来看故事情节的连贯性,就会得出另外的结论。笛福的这种技巧,其目的正是为了创作一种真实人物的自传体作品。笛福力图使读者相信:《摩尔·弗兰德斯》是一部翔实可信的自传。

偶然事件的发生,在小说中起了重要的作用。摩尔恰巧看到药店的柜台上放着一个包裹,从而开始了行窃生涯;摩尔的产婆后来做了她的"保姆",而且还是当铺的老板娘,非常容易地把摩尔偷来的赃物换成现金,两人各得其所;摩尔被捕投入新门监狱时,她从前的强盗丈夫也刚好被抓住关入新门监狱。分别多年后两人又在监狱里相会。最后,两人都被发配到北美殖民地弗吉尼亚,而且乘的是同一条船。小说的自传体手法让读者通过摩尔自己的叙述,看到了摩尔一生的沉浮经历。

其次是笛福小说细节描写的特点。一般作家在刚从事小说创作

---

① 伊恩·瓦特:《小说的兴起》,第109页。

时，往往都注重情节的安排以吸引读者。但笛福一般在叙述一个事件时，接着马上对事件或人物的心理状态进行细致的描述，为事件的叙述增添色彩，使事件的叙述更为生动，并给人以更深刻的印象。例如，克鲁索刚上岛时，对所看到的岛上自然环境和自己的心情进行了仔细描绘，对小岛上发生的地震和克鲁索的恐惧心理，笛福也都有详细的细节描写。这样的例子在笛福的小说中俯拾皆是，体现了笛福不仅是描写细节的高手，也是塑造人物的能手，而这正是笛福现实主义小说艺术的特点。我们将在下面对这两个特点作详细的分析。

尽管大部分评论家对笛福小说的结构都持负面的看法，但大家都认为，《摩尔·弗兰德斯》是比《鲁滨孙飘流记》在艺术上更为成熟的一部小说，这是因为后世的作家和评论家一般都以现在的所谓小说的几个主要要素为标准来评论一部作品的得失成败，其中一个要素就是要求小说的结构应该有前后一致的连贯性。笛福的小说之所以为评论家所诟病，就是因为我们前面谈到的没有我们通常意义上所理解的小说首尾一致的结构。但《摩尔·弗兰德斯》的结构，则有一定的内在连贯性，而且首尾呼应。对此，瓦特有极为精辟的分析。

小说的故事情节可分两大部分：第一部分是摩尔的妓女生涯，由五个主要事件组成，叙述了摩尔作为五任丈夫的妻子的生活，每个事件都以一位丈夫的死亡或离去而结束。其中还插入了两个次要事件：一个是与在巴思的有妇之夫夭折的风流韵事；一个是摩尔设下阴谋诡计，为自己的寡妇朋友雷德里夫找到了一个丈夫。

其中的三个主要事件并不完全孤立。在第一次婚姻中，摩尔为改善自己的经济状况与被寄养家的大少爷诱奸这两件事，有着密切的联系。这段叙述构成了整部小说令人满意且具有象征性的序幕，尽管与后来的情节并无联系。第三次婚姻，是与她的同母异父兄弟结合，使她发现了自己出生的秘密，因此与摩尔生活的开端及在弗吉尼亚最后的场面联系了起来；在弗吉尼亚她与同母异父兄弟和儿子重逢了。第四次婚姻，丈夫是江洋大盗詹姆斯，也叫杰米，那个爱尔兰人或称兰开夏丈夫。这次婚姻与后来摩尔在中央刑事法庭（Old Baily）受审以后的内容有联系。另一方面，尽管第一部分中的有些情节彼此相关，但这种联系并不十分紧密，因而在相隔相当长的时间之后，完全被淹没在摩尔其他活动的细节描写之中，难以唤起读者对这些情节相互关联的联想。

第二部分是摩尔的犯罪生涯,也是小说的重点部分和读者最感兴趣的部分,叙述了摩尔的犯罪活动和最后的结果。她从小偷小摸到大偷大盗,终于被捕关进她的出生地新门监狱。最后她与第四任丈夫双双被发配到弗吉尼亚,醒悟后的摩尔决心痛改前非,后来又从母亲那儿继承了一个种植园。回到伦敦后,晚年在忏悔中过着幸福的生活。这部分与小说其他情节的联系仅仅是:先是导致摩尔的被捕;然后是与詹姆斯在狱中的重逢,最后是她回到弗吉尼亚。这样,摩尔的犯罪冒险最终与小说第一部分的两个主要事件重新联系起来——与同母异父兄弟的婚姻和与强盗詹姆斯的婚姻联系起来,从而使小说总算有一个相当完整的结局。

瓦特接着指出,这种连贯程度是基于女主人翁、她的母亲、同母异父兄弟、她最喜欢的丈夫和她唯一重要的孩子之间的关系,从而给小说《摩尔·弗兰德斯》在结构上一定程度的一致性,这在笛福的小说中是独一无二的。与此类似的是《罗克珊娜》的情节结构。《罗克珊娜》也有相似的首尾一致的结构,但比《摩尔·弗兰德斯》要简单些。①

所以,一般认为,《罗克珊娜》也是笛福在小说艺术上较为成熟的一部作品,是笛福最好的一部小说。这主要也是从小说的情节安排和结构的连贯性角度做出的评价,因为小说围绕主人翁罗克珊娜的叙述比《摩尔·弗兰德斯》更显得前后连贯,首尾呼应。

此外,笛福对人生有自己的看法:他要展现的是人生经历复杂丰富的多样性,因而他希望描述一切看来无关紧要的细节和插曲,因为人的生活不可能如计划好的那样直线向前的,其间必然有曲折、迂回、转折,甚至倒退。因此,笛福小说中那些看似离题的情节,实际上体现了生活的真实性。

《瘟疫年纪事》的情节结构非常有序、对称和完整。当然,从瘟疫开始到蔓延直至结束,本身就提供了小说的逻辑结构。但笛福把事件与观点、数据以及对具体事件的描述、个人的经历与客观的总结很好地平衡起来。

当然,也不是说笛福在小说情节的安排方面是没有缺点的。例如,在《鲁滨孙飘流记》中,克鲁索在回英国途中,笛福安排了遭遇狼

---

① 伊恩·瓦特:《小说的兴起》,第114—115页。

群和熊的威胁等细节,就有点游离于故事情节的正常发展线索之外了。类似这样情节发展中的枝杈,在笛福的小说中也是随处可见的。另外,笛福小说中情节前后不连贯甚至矛盾的地方也很多。瓦特正确地指出,摩尔谈到有一次在会场门口试图偷一位太太别在腰间的一块金表,但没有得手,反而差点被抓。后来,当她被流放到弗吉尼亚时,她给了儿子一块金表,作为他们重聚的纪念品。"当然,我不会告诉他,这只表是我在伦敦时从一位贵妇人的身上偷来的。"这两个细节显然是矛盾的。笛福接着让摩尔告诉我们,那位贵妇人不应该大喊大叫,"而应该是立即转身,抓住她后面的人"。接下去是说:"我的另一次行窃,很能证明我讲的这些话,可作为后世扒手的参考。"但接下去马上插进了一大段关于她那"保姆"身世的叙述,随后讲到的冒险是摩尔女扮男装,与同伙搭档行窃商行的经过,并没有给"后世的扒手"谈什么教训。查尔斯·吉尔顿在他的著作《伦敦袜商 D—De F—先生历险记》中,历数《鲁滨孙飘流记》中的各种疏漏和问题。例如,克鲁索脱了衣服游水到失事的船上,走到船上的面包房去,"……把饼干装满了自己的衣袋"。吉尔顿问:"克鲁索赤身裸体,何来衣袋?"吉尔顿接着指出:克鲁索从船上拿下来了不少衣服,怎么说他没有衣服穿?岩洞里一片漆黑,克鲁索怎能看到老山羊的眼睛?那些西班牙人怎么写"和约"让星期五的父亲带回大陆,而先前克鲁索说过,纸张和墨水早就用完了?等等。笛福后来也确实改正了一些疏漏。可见笛福写作前,并没有进行整体的构思,也并不注意故事内在的一致性。他写得很匆忙,写完后也没有作任何修改就匆匆付梓出版。

众所周知,当时出版商是以作品的字数付酬的,不少作家在写作时为了经济利益东拉西扯。而我们知道,笛福转而写小说,主要是为了还债,是出于经济的考虑。因此,笛福写小说的主要动机是挣钱;要挣钱就必须高产。"《摩尔·弗兰德斯》问世的那一年,他的写作量超过 1500 印刷页。"① 这在一定程度上影响了笛福小说的质量。因此,有些评论家的意见也不是没有道理的。

当然,我们也应考虑产生上述现象的另一个原因。笛福是现代小说的先驱,近代和当代的评论家一致认为,《鲁滨孙飘流记》是第一部

---

① 伊恩·瓦特:《小说的兴起》,第 108 页。

现实主义小说。在笛福时代,真正意义上的长篇小说,正处于初创阶段,更不要说当时还没有出现所谓"长篇小说"的概念和术语,"小说理论"更无从谈起。因此,我们不应以现在的小说标准来衡量笛福的作品。我们更应该看到笛福的创作在小说发展史上的地位和影响。

人物塑造

笛福小说的主人翁都是"普通人",他们都有着独特的"冒险经历"。对读者来说,这些人既熟悉,又陌生。"熟悉"是因为小说主人翁就是像自己一样的"普通人",而不是自己无缘接触、高不可攀的达官贵人或王室亲王,或英雄好汉。"陌生"是因为这是普通人"独特的冒险经历",一般来说,这种经历读者自己过去没有过,将来也不太可能会有。这也许正是笛福小说吸引读者的地方。

福斯特在《小说面面观》中用了两章的篇幅探讨了小说人物的塑造。他描述了人生的五件大事:出生、饮食、睡眠、爱情和死亡。然后讨论真实人物与小说人物在这五种活动中的差异。这就是:历史家记录,小说家创作。这句话道出了真实人物与小说人物的基本区别。我们一般只能了解真实人物的外在生活,但在小说中人物的内在生活和外在生活都可裸露无遗;而表达人性的这一面正是小说的主要作用之一。小说的一切都体现着人性,认为主宰人的感情是一种现实的存在,而且都是有意识的,热情、犯罪和悲痛都没有例外。①

笛福在小说中用力探索人性。他认为,需要是没有法律的。《鲁滨孙·克鲁索沉思录》中说:"我们认为,我可以举出一种情况,说明世上没有一个人是诚实的,需要超越了人性的力量。上帝让人陷入需要的境地,是让他犯罪。因为人性不具有保卫自己的力量,善良本身也没能使理智免于犯罪。"这就给予小时候的杰克上校做小偷的理由,社会又给了摩尔什么机会?他们都有良心的底线,也有遵守社会规范的基本愿望。但他们的需要战胜了良心的不安。他们一旦进入"游戏",就全力以赴。笛福的主人翁一贯的追求就是利益。因此他们都有双重人性:追求利益是自然的人性,但追求过度就会与道德和宗教的标准发生冲突。

---

① 爱·摩·福斯特:《小说面面观》,第50页。

小说中的虚构成分,并不在故事,而在于那种由思想发展成外在行动的方法,而这种方法在日常生活中从未发生过。福斯特谈道,回忆录是以事实作基础的历史,而小说的基础是事实加 X 或减 X。这个未知数便是小说家的性格。而这个未知数经常具有修饰作用,有时甚至可以把事实完全改变过来。①

鲁滨孙·克鲁索

一个儿童读完《鲁滨孙飘流记》后,对克鲁索会获得怎样的一个印象呢?基本上会是一个冒险者的英雄形象——一个勇敢的开拓者和冷静的征服者。

但在文学评论家、作家、政治学家、社会学家、经济学家、历史学家们眼里,这个形象就复杂多了。他们一致认为,鲁滨孙是世界文学史上一个不朽的形象。这个形象反映了笛福一贯的政治、经济观点,创造了一个新兴资产阶级开拓者的正面形象,一个积极向上、顽强拼搏、聪慧勇敢和坚忍不拔的新兴资产阶级经济个人主义的典型人物形象。克鲁索也是笛福心目中理想的商人,是新兴资产阶级的代表。他们不满于维持现状,而是要求不断地改变现状。克鲁索离家出走,不仅仅是为了航海、冒险和旅行,而是为了比呆在家里获得更多的财富。"获取利润是克鲁索唯一的使命,整个世界都是他的领地。"②克鲁索的物质主义与对财富的追求在小说前半部分就表现出来了。他的第一次生意是成功的,四十英镑的本钱,带来了三百英镑的利润。克鲁索的物质主义在他流落孤岛后与困境搏斗的过程中,更是不断地被强调。即使在荒岛上金钱毫无价值,克鲁索还是把从搁浅的船上搜集到的金钱小心地藏了起来。而克鲁索在孤岛上奋斗,也不仅仅是个人的行为,而具有整个新兴资产阶级乃至全人类的象征意义。克鲁索也象征着人类进步的过程。因此,克鲁索这个形象具有普遍意义。笛福颂扬了普通人,并通过克鲁索这个形象告诉人们,耐心、勤奋和坚定乃成功之本,而在逆境中能勇敢奋斗、吃苦耐劳,就能取得惊人的成就。这是一个勤俭简朴、勤奋努力的中产阶级代表人物在书中发出的肺腑之声。因此,瓦特认为,"作为第一部叙事作品,其中一个普通人的日常生活成为文学的持续不断的关注中心,从这个

---

① 爱·摩·福斯特:《小说面面观》,第39页。
② 伊恩·瓦特:《小说的兴起》,第7页。

意义上说,《鲁滨孙飘流记》无疑是第一部小说"①。

同时,克鲁索对一切物质和人际关系,都以商品价值来衡量。他对自己在岛上的财产如数家珍,用簿记的方式,一一统计,记录在案;连自己上岛获救的利弊,也用簿记的方式一一加以衡量,不失商人本色!他对待与他一起从摩洛哥出逃的小奴隶佐立的态度,也说明了这一点。佐立对他忠心耿耿,克鲁索自己也说要"一直爱他","把他培养成一个大人物"。但当葡萄牙船长出价60西班牙银币要买下佐立时,克鲁索虽有犹豫,但还是把佐立转让给了船长。当后来在岛上感到劳力不足时,他想起了佐立,那是因为在那种境况下,劳力比金钱更有价值。再如,克鲁索对女人,也是从"商品"的角度来考虑的。克鲁索让他岛上的移民为五个女人抽签时,谈到抽得头签的人挑选了一个年纪最大、姿色也最平平的女人:

> 抽到头签的人第一个独自进入放着女人们的小屋,在那些光着身子的可怜的女人中挑了一个走出小屋。值得一提的是,这第一个人挑选的女人,是五个女人中年纪最大、姿色也最差的一个。这让其他人都禁不住笑了起来。……但这家伙考虑得比其他人更周到。因为需要的是在劳动中和家务上最有用的好帮手。事实证明,这个女人是这批货物中最好的妻子。

原文最后一句是"... and she prov'd the best Wife all the parcel."
"parcel"一词,可作"一群(人)"解,也可作"一批(货物)"解。笛福在这里把女人(妻子)看做"货物(商品)",并以她们的使用价值来衡量。

克鲁索的物质主义或是说"资本主义",是评论家们批判的问题,更是马克思批判的对象。但辩证地、历史地来看,克鲁索这个人物,真实地反映了新兴的资产阶级代表人物的形象,也反映了资本主义上升时期的社会现实。资产阶级的产生和资本主义社会的出现,也许是人类社会发展必然经历的一个阶段。从这个意义上来说,笛福的作品形象地描绘了这一阶段人类社会和人物的一幅图画。

郭建中讲

笛福

---

① 伊恩·瓦特:《小说的兴起》,第76页。

笛福是一个虔诚的清教徒，强烈的宗教信仰也体现在克鲁索和摩尔等主人翁身上，宗教信仰也构成了克鲁索性格的重要方面。能使克鲁索度过荒岛上艰苦、孤独岁月的精神力量，是他清教徒的宗教信仰。克鲁索自己有一种"原罪"感。他认识到，违背父命，离家出走，也违背了上帝的意愿。对父亲来说，他是个浪子；对上帝来说，他是个叛徒。他也认识到，流落荒岛，是上帝对他的惩罚。但在长期孤独生活之后，克鲁索开始探索新的生活价值和目标。争取生存是人类的本能。但尽管环境恶劣，克鲁索并不满足于过原始的野蛮生活，他追求一种简单的文明生活。生存问题基本解决之后，人类也会开始追求心理生活和精神生活。这首先体现在关于劳动的观点上。清教徒认为，劳动是高尚的，这也是新兴资产阶级的思想；在前面我们提到，由于清教徒（即不从国教者）不能担任公职，不少人只能去经商。他们通过勤奋努力，发家致富。因此，他们看不起贵族阶级不事生产、荒淫糜烂的懒散生活。其次，在精神生活方面，正是克鲁索的宗教信仰，支撑着他在荒岛上度过艰苦孤独的漫长岁月。在彷徨、痛苦和绝望之后，他从《圣经》中找到了生活的力量和自省的精神。后来读《圣经》成了他每天的"必修课"。在《鲁滨孙飘流记》中，就引用了20节左右的《圣经》原文。而通过自传体的形式，能最好地体现主人翁的内心生活和内省精神。前面我们也提到笛福的宗教著作，笛福通过他的小说，也充分表达了他的清教观点。克鲁索的宗教思考，完全是清教徒的宗教观点。笛福把被动的对宗教的精神生活的追求与主动的对世俗生活的追求很好地结合了起来。他也同时从宗教的观点和世俗的观点，看待他荒岛上的生活。从某种意义上来说，《鲁滨孙飘流记》由两部分内容组成：一是克鲁索在荒岛上的现实生活；一是克鲁索清教徒式内省的精神生活。瓦特认为，在笛福的小说中，"尽管存在着宗教的考虑，但它们并未被给予优先的地位。……笛福常常表明，一个事件是神的意志，或是神的惩罚的一种实际显现，但这种解释很少得到故事中的事实支持"[①]。我们认为，这两者之间的联系并不一定十分直接和紧密，但总体而言，确实是这样：笛福违背父命，离家出走，后来流落荒岛，孤独无援，这是上帝对他最大的惩罚，而其间上帝赐予他的无数恩惠和惩罚，文中也有详细的叙述。笛

[①] 伊恩·瓦特：《小说的兴起》，第86页。

福总是试图把行为结果与宗教信仰联系起来,明确表明他清教徒的道德观。这正是当时流行的海盗传记的主题,也是《鲁滨孙飘流记》深受读者青睐的原因之一。

因此,笛福小说中所有的主人翁,都具有普通人善恶的道德观,克鲁索、摩尔、罗克珊娜,甚至杰克上校,个个如此。尤其是克鲁索,笛福刻意把他描写成一个普通人的典型。

不可否认,作为新兴资产阶级的代表人物,克鲁索也是一个殖民主义者的形象。《鲁滨孙飘流记》是一部反映欧洲早期殖民思想的作品,也是大英帝国第一部殖民小说,反映了英帝国的扩张。克鲁索在经营巴西种植园过程中雇用和贩卖黑奴,表明笛福小说的主人翁和他自己都主张黑奴买卖;事实上,笛福本人也确实投资黑奴买卖。一方面,他反对用"小玩意儿"来换"人类的灵魂";另一方面他又说,奴隶买卖是"我国贸易中最有用、最有利润的商业贸易"。在荒岛上,克鲁索开始了他的殖民活动,进行他的文明构建;同时又以殖民者的眼光看待一切。他与小奴隶佐立的关系,与星期五的关系,都是家长式的关系,或者可以说是奴隶主与奴隶的关系;后来岛上的人多了,他与他们的关系,则是殖民者与被殖民者的关系,是君王与臣民的关系。他在救了星期五的父亲和一个西班牙人后说:

> 现在,我的这个小岛上已经有了居民。我觉得自己已有了不少百姓。我不禁觉得自己犹如一个国王。每当想到这里,心里有一种说不出的喜悦。首先,整个小岛都是我个人的财产,因此我对所属的领土拥有一种毫无异议的主权;其次,我的百姓对我都是绝对的臣服,我是他们的全权统治者和立法者。

后来,克鲁索又救下了英国船长等人,制服了叛乱的船员,他就成了岛上的"总督"。

但不管怎么说,笛福对克鲁索这一人物的塑造是成功的。不像当时的一些作品,只是塑造"好人"和"坏人"的脸谱,而是塑造了一个世俗的普通人,其性格中的正面和负面都有充分的体现。所以,我们下面更关注的是笛福塑造人物形象的艺术手法。

沃尔特·司各特在为1810年出版的《笛福长篇小说集》写的序言中,回顾了笛福的文学生涯,并着重谈到笛福塑造人物形象的非凡

能力。在谈到《鲁滨孙飘流记》时,他说:

> 作者极为确切地描写了鲁滨孙·克鲁索这个人物的思想和行动。在他那样特殊的环境下,像他这样的人,必然会那样思考,那样行动。

这就是说,笛福能使发生的事件合乎逻辑,第二天发生的事,是前一天所发生的事件的逻辑结果。不仅如此,笛福还能把事件与人物密切地结合起来,从而使事件成为人物一个有机的组成部分。

笛福开始写小说已经59岁了,也就是说,已经进入了人生的晚年。由于他丰富的生活阅历和对人生的感悟,加上他广博的知识和对社会生活敏锐细致的观察,笛福塑造的人物就特别有真实感。这些人物的思想感情都是像你我一样的普通人的思想感情,你也可以在你周围的人群中隐隐约约地找到在这方面或那方面类似的人物;而真实、生动的感情描写和分析,正是一切叙事作品成功的要素。

在小说人物描写的分类上,有一种分类法是把人物描写分为"静止的人物"(static)和"动态的人物"(dynamic)。所谓"静止的人物"是在小说中从头到尾都不变的人物,一般小说中的次要人物都属此类;所谓"动态的人物",则是人物随着故事情节的发展处于不断变化之中,包括人物的态度、目的、行为等等。克鲁索显然属于后者。

首先,克鲁索对自己所赖以生存的荒岛的态度发生的变化:始而痛苦万分,继而焦虑气馁,然后是听天由命,再后是心满意足,终而是乐山爱水,离开时真有点恋恋不舍,回故国后还时时想念,最后禁不住思乡之情还重访小岛。开初他把孤岛称之为"绝望之岛",不止一次地把它描绘成"可怕的岛"。然而,当他乘舟环岛航行时,被激流冲向大海,感到可能回不了小岛了,这时他的态度起了极大的变化:

> 现在我感到,我那荒凉的孤岛是世上最可爱的地方,而我现在最大的幸福,就是重新回到我那荒岛上。我怀着热切的心愿向它伸出双手:"幸福荒芜的小岛啊,"我说,"我将永远看不到你了!"……我开始责备自己身在福中不知福的脾气,责备自己不应该抱怨孤独的生活。现在,我愿意付出任何代价,只要能让我重新回到岸上! 可是,我们一般凡夫俗子,不亲自经历更恶劣的

环境,就永远看不到自己原来所处环境的优越性;不落到山穷水尽的地步,就不懂得珍惜自己原来享受的一切,我眼看自己被冲进茫茫的大海,离开我那可爱的小岛有六海里以外——现在我从心底里感到我的小岛确实可爱无比。看到我已没有回岛的希望,内心的惶恐简直难以形容。

他从此就甘心于荒岛的孤独生活,并专注于改善自己的生活,使自己成了全岛的主人。他体会到了自己生活的幸福,也能以豁达的态度看待自己的命运:

> 我获得了前所未有的全新的认识。对我来说,世界是遥远的。我和它已没有任何关系,而且,也没有任何期望。可以说,我与世无求。总之,我与世界已无什么牵连,以后也不会再发生什么关系。……我已学会多看看自己生活中的光明面,少看看生活中的黑暗面;多想想自己所得到的享受,少想想所缺乏的东西。

现在的克鲁索,心态平和,知足感恩,并以宗教徒的虔诚开始追求一种精神生活,与过去的克鲁索判若两人。刚上岛的时候,他是多么的愤愤不平、绝望沮丧啊!

他现在是长了智慧,在人际关系上的处理也更趋成熟了,例如他对待星期五的关心和对以后来到岛上的一些人负责的态度,与故事开始时对待父母的态度,确实不可同日而语了。当初,他不听父命执意离家远航时,他对母亲说:

> 我一心想到外面去见见世面,除此之外我什么事也不想干。

克鲁索流落荒岛的命运,是由他的性格决定的。他把不幸的遭遇,变成了成功。克鲁索年轻时不愿待在家里,不想好好找个工作做做。但在岛上过了多年的孤独生活后,他克服了自己浮躁的心态,以坚忍不拔的精神,从事各种体力劳动。他安下心来,以极大的毅力,充分施展自己的才能,克服了一个又一个困难,改善了自己的生活,也改造了岛上的生存环境。从小说的人物角度而言,其主题也可以说是对克鲁索这一人物性格的探索。阅读整部小说,我们能分享克鲁索内心深处的想法,分享他的精神生活,共同经历各种艰险和恐惧,直到最后他征服了自己。在被迫的孤单生活中,他重新为自己创造了文明的生活环境。在这一过程中,鲁滨孙也终于成长成熟了。我们在阅读这部小说时,不能不时刻联想到笛福本人的人生境遇与勤奋、莽撞和坚毅的性格。如果我们对小说作者的生平略有了解的话,可以说,鲁滨孙也是笛福自己本人的形象。因此笛福说小说是一个寓言,象征着作者自己在人间历尽的沧桑。

在阅读《鲁滨孙飘流记》时,读者会自然而然地联想到《格利佛游记》和《远大前程》:孤胆英雄努力克服种种逆境,从而变得更聪明、更宽容。从这个角度来看,《鲁滨孙飘流记》也是一部精神自传体小说——这是由班扬的《天路历程》开启的传统。这种清教的讽喻传统在17世纪和18世纪十分流行,而笛福继承这一传统是再自然不过的事了。

克鲁索经常沉思冥想自己孤独的处境。有时,他会想到:

> 过去,我所理解的所谓拯救,就是把我从目前的困境中解救出来,因为,虽然我在这里自由自在,但这座荒岛对我来说实在是一座牢狱,而且是世界上最坏的牢狱。

数年后,他又想到自己所处的困境,不知道是祸是福:

> 以前,我觉得,我最大的痛苦是被人类社会所抛弃,孤身一人,被汪洋大海所包围,与人世隔绝,被贬黜而过着寂寞的生活,仿佛上天认定我不足与人类为伍,不足与其他人交往似的。

这里,他被困时所用的语言是"困境"、"牢狱"、"抛弃"、"隔绝"、"贬黜"和"寂寞"等。这与他故事开始离家出走时所使用的语言形成鲜明的对照,如"胡思乱想"、"一心想出洋远游"、"私自出走"和"离家出走"等。在故事里的许多地方,克鲁索都表达了他对自己陷入困境的矛盾心理。尤其是当他在沙滩上发现一个人的脚印时,惊恐万分。他向读者承认:

而现在呢,只要疑心可能会看到人,我就会不寒而栗;只要见到人影,看到人在岛上留下的脚印无声无息地躺在那里,我就恨不得地上有个洞让我钻下去。

有一次,克鲁索准备进行一次环岛航行时,他这么说:

我成为这个岛国的国王已第六年了,或者说,我流落在这个荒岛已第六年了。反正怎么说都可以。在这第六年的十一月六日,我开始了这次环绕小岛的航行。

克鲁索是统治岛国的"国王",还是流落到荒岛的"遇难者",这是个问题。一方面,克鲁索享受26年荒岛寂寞的孤独生活,听天由命,心满意足。另一方面,只要一见到远处的船帆,就充满摆脱孤独生活的希望。荒岛是孤独的象征,而克鲁索是遇难者的代表——这是整个叙事的表层意义。

随着时间的流逝,克鲁索终于认命了,他对孤独生活的态度也起了变化。开始他对自己寂寞的生活悲天悯人:"这儿远离人世,形单影只,使我非常苦恼。"但在荒岛生活两年之后,克鲁索"卑顺地、衷心地感谢上帝,因为上帝使我明白,尽管我目前过着孤单寂寞的生活,但也许比生活在自由快乐的人世间更幸福"。几年后,他更坚信自己的这种看法,说:"每当我抱怨没有人可以交谈时,我便责问自己,同自己的思想交谈,并且,我想我可以说,通过祷告同上帝交谈,不是比世上人类社会中的交际更好吗?"从某种意义上来说,《鲁滨孙飘流记》的主题也是一个关于"与世隔绝"的寓言故事。克鲁索在荒岛上的大部分时间,对自己的生活感到很幸福;他每天"日出而作,日落而息",对自己创造的小小世界也感到无限的满足。对生活中发生的一些不幸和思想上的疑虑,他基本上能平心静气地对待。但当他发现有人来到过他的荒岛之后,问题就产生了。一方面,他渴望获得自由,回到文明社会;另一方面,他又怕被食人的土著发现。克鲁索的这种困境意味着什么呢?这就是:什么是"真正的"文明——是他在孤岛上有序的生活,简单、平和与满足,还是外面的世界,贪婪、暴力和自私?当克鲁索的"王国"被外人"入侵"后,他基本上就没有感到高兴过。他孤独生活的结束之时,也是他内心幸福生活的终结之日。

因此,对克鲁索来说,孤岛既是"牢狱",也是"获得拯救之地"。克鲁索所说的"获得拯救",既是肉身的拯救,更是灵魂的拯救!

对于鲁滨孙这一人物的刻画,专家们也有不同的看法。最有代表性的是卡尔·霍利迪。他在《英国小说:从5世纪至20世纪》(English Fiction from the Fifth to the Twentieth Century,1912)一书中尽管承认,"《鲁滨孙飘流记》作为一个个人的故事,是一部杰作"。但他认为,对克鲁索这个人物尽管有生动的刻画,但人物没有发展。小说只是讲了个故事,克鲁索离开荒岛时与他到达荒岛时是同一个人物,只不过长了点智慧罢了。按照他的说法,克鲁索这个人物形象只能属于福斯特所界定的"平面人物"了,虽然他也说,克鲁索是一位"可爱的人物"。对于霍利迪的这一看法,我们很难苟同。正如我们上面分析所示,这个人物从头到尾,是有很大的变化和发展的。我们这里提及霍利迪的看法,只是向读者提供不同的看法,以便读者做出自己的判断。

还是苏格兰牧师、作家和修辞学家休·布莱尔(Hugh Blair,1718—1800)对《鲁滨孙飘流记》做了比较客观的评价:

在任何语言里,没有一部小说比《鲁滨孙飘流记》更具真实感。表面看来,小说的叙述真实、简单,但对读者的想象力具有极大的吸引力。同时,小说显示了人类在逆境中努力克服困难的力量——这具有十分有益的教育意义。①

摩尔·弗兰德斯

我们再来谈一下笛福创造的第二个重要的人物形象——摩尔·弗兰德斯。

福斯特尽管列举了人生的五件大事,但他认为,小说家应"一心扑在人与人之间的关系上"。他举了《摩尔·弗兰德斯》为例,对主人翁摩尔·弗兰德斯的人物塑造作了较为深刻仔细的探讨。他认为,"《摩尔·弗兰德斯》可以作为人物至上这类小说的一个范例"②。

---

① Shingael, Michael, ed. *Robinson Crusoe*: A Norton Critical Edition (second edition). New York: W. W. Norton, 1994, p. 285.
② 爱·摩·福斯特:《小说面面观》,第54页。

"情节把整个兴趣点都对准了女主人翁,许多读者觉得,她又成功地支撑了情节。"①

福斯特认为,小说中人物的真实性,不在于他们像我们一样(虽然可以像我们一样),而是由于他们令人信服。福斯特说,摩尔这个形象是"屹立在书中的人物,就像屹立在公园中的一棵大树那样。我们可以从各方面目睹她而不受其他交错枝叶所蒙蔽"②。

我们前面说过,笛福将兴趣放在女主角上。伊恩·瓦特认为,"摩尔·弗兰德斯……也是现代个人主义的一个独特的产物"③。他写的这本书正是按照女主角的个性自然地向前发展:一方面,她贪婪、虚荣;另一方面,她又善良、真诚。"她的犯罪与鲁滨孙·克鲁索的旅行一样,根源是经济个人主义这一原动力。"④

先谈谈摩尔的贪婪。正是贪婪使她卖淫,使她偷窃,使她道德沦丧。她从金钱的角度处理人际关系,甚至对待自己的子女也不例外。她把人看做商品,与人的关系是一种交易。尽管她真诚地爱上了寄养家的那个大少爷,但当他给她钱时,她没有多少犹豫就收下了。后来又接受了这位大少爷的贿赂,嫁给了他的弟弟。她把自己的孩子交给丈夫的父母照顾,并为此深感庆幸。她说:"我的两个孩子由我的公婆领去了,这对我来说真是求之不得……"她根据男人的财富和社会地位挑选丈夫。当第一个丈夫过世时,她计算了自己手头的财产:"我答应嫁给他弟弟时,我要他哥哥履行他的条件,他也给了我五百英镑。再加上我积蓄下来他以前给我的钱,还有我丈夫给我差不多数目的钱,一共加起来大约有一千两百英镑。这就是丈夫死后我这个寡妇所有的全部财产。"

为了表现摩尔的贪婪,笛福对摩尔第一次偷窃得到的赃物,作了详细的记录:

> ……我打开包裹一看,发现里面有一套小孩衣服,料子还挺不错的,而且,衣服几乎也是新的,上面镶的花边也非常漂亮。有一只小孩用的银碗,容量大概是一品脱。一只有柄的银杯子和

---

① 伊恩·P.瓦特:《小说的兴起》,第117页。
② 爱·摩·福斯特:《小说面面观》,第49页。
③ 伊恩·P.瓦特:《小说的兴起》,第102页。
④ 同上。

六只调羹。此外,还有一些别的衣料,一件很好的内衣,三条丝手帕。在有柄的银杯里,还有一个小纸包,里面包了十八先令六便士的钱。

再看看她的虚荣。她小时候就有一个强烈的欲望,希望自己成为一个"贵妇人"。当然,在那个时代的英国,阶层等级森严,一个底层社会出身的人想成为"贵妇人"是根本不可能的事。但恰恰是这个虚荣的欲望,引导了摩尔的人生道路,使她陷入一次又一次的不幸。

由于命运阴差阳错的安排,摩尔小时候受到了她这种地位的女孩无法受到的良好教育。这是她的幸运,也是她的不幸。因为她没有掌握一样能维持自己生活的技能。她既不想做工,也不想做佣人。但她很小就意识到,自己很漂亮。这后来成为她生存的资本。正是摩尔的虚荣,决定了小说前半部分摩尔的命运。由于她的虚荣,方便了她寄养家的大少爷对她诱奸。而她的虚荣,也是她五次结婚嫁人和做无数次情妇的根源。到最后,她靠偷窃为生,也是因为她的虚荣心作怪,希望能维持体面的生活。从某种意义上来说,她的一切行动,都与她的虚荣心有关。

其实,摩尔并非秉性淫荡,她厌恶卖淫;也并非她本性邪恶,不知羞耻。她早期一心想嫁个如意郎君,其中一回还嫁给了那个诱奸了她的那个家伙的弟弟罗宾,又有一次嫁给了她同母异父的弟弟。她为人正派,心地善良。她就像笛福刻画的大多数社会底层人物一样,待人友好,乐于助人,富于同情心。笛福在描写她罪恶生涯的同时,仍让这个人物的善良天性充分流露。很明显,因为作者本人在新门监狱也有过一些不平凡的经历,所以同情他们,理解他们。

例如,当她夺取那个刚上完舞蹈课回家途中的女孩的金项链时,她的反应是多么令人信服啊!事情发生在一条小胡同内,当时她萌发了欲置那女孩死地的冲动,但她没有下毒手,因为冲动还比较微弱。然而当她意识到那女孩的危险时,便谴责起她的双亲来,说他们"竟让这羊羔独自回家,以后总有一次会叫他们当心点的"。现在的心理学家要表达这种感情多么费劲啊!既笨拙,又造作。可是,到了笛福笔下,却是如此自然流畅。笛福这样描述,倒不是要我们原谅她的罪行,也不是要我们去谴责小女孩的家长,而是通过这种讽刺性的描写,一方面表现摩尔的善良,但另一方面也表现了摩尔为自己的罪行寻找辩解的理由。摩尔在另一条小胡同里欺骗一个男子的情况也是如此。她欺骗了他以后,又乐于把真相告诉对方。结果,他宽恕了她,这使摩尔心悦诚服,再不忍心去欺骗他了。总之不管她做什么,我们都为她的真诚所感染。

摩尔的贪婪本性,使她难以"金盆洗手"。她一次又一次地偷窃,一次又一次地得手,一次又一次地良心发现。摩尔趁火打劫的一个例子,非常生动地说明了这一点。她从失火的那家女主人手里,骗走了一个包裹。打开一看,她惊呆了:

> 这是我所得到的最值钱的赃物,也是最不道德的赃物。这是名符其实的趁火打劫。我前面提到过,在一般情况下,我已变得心狠手辣,行窃后不再受到良心的责备。但这一次,当我面对这么一大笔财富,想到那可怜的女人,不禁触动了我的心。对她来说,大火造成的惨重损失更不要说了。

摩尔心地的善良,还表现在她对待自己的几个丈夫和情人的态度上。她看来是真心爱上了寄养家的那个大少爷,尽管他诱奸了她,但她也是甘心情愿的。她与他的弟弟罗宾结婚后,可怜的罗宾至死都不知道这个秘密。她的第二个对象是个浪荡子。但摩尔待他很好,并帮助他逃避债主。她的情人或丈夫生病时,摩尔悉心照料;他们身体复原后,她又百般呵护。她对大盗丈夫杰米更是充满爱心和怜悯。当在新门监狱见到杰米时,她更是忘记了自己的不幸,而为杰米的命运担心:

> 我为他感到极大的悲哀,相比之下,我自己的不幸,却显得微不足道了。我为他的不幸而责备自己。我悲叹他的不幸,悲叹他的毁灭。

摩尔是一个具有双重性格的女子。她是个罪犯,但她有感情、心地正直而善良。她犯罪的同时,待人真诚,富有同情心,又不时地受到良心的谴责。她说:"只要可能,我会高兴地从事正当的职业。"

我们再来谈谈摩尔的忏悔。笛福在此书的"序言"中强调,他写此书的目的是为读者提供"道德上的教益、宗教方面的启示,以及生活中的教训"。笛福深知他处理的这个题材十分棘手,因此,在序言里一再强调:"即使书中的叙述会使读者产生其他的想法,编者仍然希望读者能认真对待本书的教育意义。""但本书主要是给那些懂得如何读书的人看的,他们应该知道如何从本书中获得最大的教益,而这也正是编者把此书推荐给读者的目的。因此,编者希望,与故事本身相比,读者会更喜欢故事的教育意义;与书中的叙述相比,读者会更喜欢宗教教义的身体力行;与作者的犯罪生涯相比,读者会更喜欢作者写作本书的目的。"为此,笛福还举例说明:

女主人翁用了许多篇幅,叙述自己早年在科尔切斯特市与主人家大少爷的偷欢生活,揭露了自己的罪行,以告诫遇到同样处境的少女:这种私情是不会有好结果的,而且,对双方来说,都是愚蠢的、可恶的和有失检点的行为。这种教诲足以抵消她对放荡和邪恶行为生动的叙述在读者中所可能产生的负面影响。

她在巴思的情人忏悔自己对女主人翁的薄情,他因遗弃她而突然病倒。这就告诫人们,不应叛变自己最挚爱的亲人,没有上帝的帮助,他们也难以遵守自己的海誓山盟。对有鉴别力的读者来说,这部分与色情部分的描写相比,应该更具魅力。

忏悔的主题贯穿整部小说,也贯穿摩尔的一生。应该说,由于缺乏道德的信念,摩尔的忏悔开始一直只能说是半心半意的,是不真诚的。她的忏悔缺乏道德的力量,因此,只要稍有挫折或引诱,就会屈从于犯罪的邪念。直到故事最后,摩尔回到了英国,才有了真诚的忏悔。

她的第一次忏悔是罗宾向她求婚的时候:"现在,我处于十分可怕的境地。我深深追悔对他的哥哥太放荡不羁了。这倒不是我良心发现,而是我意识到,我本可享受的幸福生活,现在看来是不可能了。我刚刚说过,我没有什么良心不安的问题。但我总还没有无耻到这般地步,既做哥哥的婊子,又做弟弟的妻子。"

摩尔在这里与其说是忏悔,还不如说是后悔和遗憾,因为,如果没有与罗宾哥哥的偷情,这应该是一桩理想的婚姻。

我们之所以说她的忏悔不怎么真诚,是因为自从她被寄养家的大少爷诱奸之后,有点儿"破罐子破摔"的思想;我们不能说她完全是被

"引入歧途",或者说是"误入歧途"。恰恰相反,她对自己今后的人生道路是有自己的设计的。罗宾向她求婚后,摩尔对他的哥哥说:"我现在才感到事态的严重性。在这以前我还没有意识到。经过认真考虑,我决定先去对大少爷说说此事。"

当摩尔意识到自己并不像住在铸币街上的那些人那么坏的时候,她又考虑到自己下面应走的路:"我还没有坏到像他们那样的地步。恰恰相反,我开始认真考虑自己的出路。我考虑了目前的处境,也考虑了我今后的出路。"

当她在巴思的绅士拒绝与她再联系的时候,她说:"对于我将来的生活,我想了种种出路。我开始认真地考虑我今后该怎么办?但一直没有碰到什么好的机会。"

当摩尔的兰开夏丈夫杰米离开了她,她独自一人回到了伦敦,她说:"在这儿,我独自一人,有闲暇坐下来好好回顾一下最近七个月来茫无头绪的生活……"

当她又生下了一个孩子后,收到了那个伦敦银行职员的来信,告诉摩尔他已与妻子离婚的消息,因他的妻子先前已有后悔之心,故听到离婚判决后就自杀了。他希望摩尔早日回伦敦陪伴他。这时摩尔"感到非常震惊,并开始认真考虑自己目前的处境来……"在她与这位银行职员结婚前,摩尔自责起来:"我是一个罪孽多么深重的人啊!我将怎样欺骗这个老实人啊!他怎么也不会想到,他同一个淫妇离了婚,却又投入了另一个淫妇的怀抱!"

然而,摩尔还是与这位银行职员结婚了。这位丈夫死后,摩尔就开始了偷窃生涯。她半心半意的忏悔,换来的是一个又一个偷窃计划,以使自己摆脱贫困的境地。

直到故事快结束时,她在一家布店里,被两个从柜台后面出来的姑娘抓住了,最后被关在新门监狱。

> 然后,我诚心诚意地忏悔我过去的一生。但这种忏悔没有给我丝毫的安慰和安宁。不,一点也不。因为,我想到,我现在忏悔已经迟了。我忏悔,是因为我已被剥夺了犯罪的能力。我悲伤,不是因为我犯了罪,也不是因为我得罪了上帝和邻里;我悲伤,是因为我将受到惩罚。我知道,我现在的忏悔,不是因为我犯了罪,而是因为我将遭殃。这些想法使我失去了忏悔所能给予

我的一切安慰,也失去了忏悔所能给予我的一切希望!

这一段再次显示了摩尔的忏悔并不真诚。她不是为自己罪恶的灵魂而忏悔,而是为自己行将消失的肉体而忏悔。具有讽刺意味的是,她的"保姆"在此境此情下,反而有了真诚的忏悔。

摩尔呆在新门监狱里一直没有真诚的忏悔,直到监狱牧师与她谈话之后,她真的开始担心自己会上绞刑架了。即使在这种情况下,她还是想方设法,取得她的遗产。在她看来,金钱比她的灵魂更重要。

后来她与兰开夏丈夫杰米一起被流放到弗吉尼亚。在故事结束时,他们回到了英国。这时,摩尔似乎才真的忏悔了。她坚定地说:"我们决定在英国这块故土上度过我们的余生,并以最真诚的态度忏悔我们以前的罪恶生涯!"

摩尔给人的印象是不屈不挠、足智多谋、有气魄、有决心,但对金钱和地位的追求到了几乎着迷的地步。她以自我为中心,虚荣心极强,为达到目的她可以肆无忌惮,不择手段。初初看来,摩尔并不是一个多有魅力的人物。她告诉读者,自己是个说谎者、小偷、妓女和小罪犯。但笛福对这个人物的刻画十分生动,她对困境有更大的忍受力,也更讲究实际,因而赢得了读者对她的同情,认同她对幸福的追求,佩服她面对困境时所表现的坚强意志和聪明才智。笛福在描写这一人物上表现了极大的艺术才能,他让读者深入了解摩尔的内心世界——她的感情生活和思想斗争,并且令人信服。她是比辛格顿船长更为丰满的人物,或用福斯特人物分类来说,更符合"圆形人物"的标准,整部小说展示了摩尔·弗兰德斯是一个有独立人格的女子,并不仅仅是一系列惊险故事的主人公。笛福对摩尔的性格刻画有相当的深度。

求生是人的本能。克鲁索在孤岛上为求生与自然搏斗;摩尔在文明世界与社会搏斗。"人往高处走",人都想在生活上或社会上更上一层。克鲁索在解决了基本温饱问题之后,不断改善自己的生活,尽可能过上一个文明人的生活;摩尔在解决了基本生存问题的基础上,力求爬上社会上层,过上更好的生活。这也许是人的本性。在作品中,笛福力求通过主人翁表现普遍的人性。这是因为笛福饱经沧桑的人生阅历、对社会的细致观察和深入了解,对人性有着深刻的认识。他刻画的摩尔这个形象,像所有的人一样,有弱点,会犯错误,容易被诱惑;她既不是个极端的坏人,也不完全是个好人。我们既恨其不成器,也同情其遭遇。这是一个既可恨、又可怜的女人,一个有着普遍人性的女人!在她身上,笛福展现了人生的多样性和人性的复杂性。

笛福通过处理错综复杂的人物关系和人物的心理描写,塑造了摩尔这个丰满的形象,其令人难忘的程度,仅次于鲁滨孙·克鲁索。

罗克珊娜

《罗克珊娜》是笛福最后一部重要的小说,因而在小说艺术上更趋成熟完美,主人翁的经历更为丰富,活动范围更为广阔,足迹遍及法国、英国、意大利、荷兰,接触的是一个封建主义和资本主义转型期的社会。她的心理活动更为复杂,性格也更为独特,其命运比摩尔有更多的波折,而且结局悲惨。

《罗克珊娜》与《摩尔·弗兰德斯》一样,是以人物为中心的一部小说。这两部小说之所以成功,完全有赖于人物形象塑造的成功。罗克珊娜聪明、漂亮而且能干,却遇到种种不幸的遭遇。她在礼仪方面受到很好的训练,但却缺乏道德方面的教育。因为无以为生,只能伪造身世,说谎欺骗,靠自己的天生丽质和伶牙俐齿,结交权贵富商或王亲国戚,或做他们"幸运的情妇",或与他们做"露水夫妻"。她的境况一天好似一天,财产增加了,谋取财富的手段也越来越不正当;她地位提高了,说谎骗人的花招也越来越高明。她生活阔绰了,虚荣心也日益膨胀了。她想做德国亲王的夫人,想充当国王的情妇。可是国王只来参加了她举办的几次化装舞会,德国亲王又在打猎时被野兽抓伤。最后她只好跟一个善良的荷兰富商结了婚。可是,正当她准备与丈夫去荷兰安度余生时,她前夫的女儿找上门来,骗局几乎被揭穿,使她陷入了困境。她既爱自己的亲骨肉,又不得不拒绝认女。善与恶展开了激烈的斗争。忠心耿耿、胆大泼辣的女仆艾米提出要杀死姑娘灭口,罗克珊娜感叹道:"如果我们两人伤害了这个可怜的姑娘,上天的惩罚将接踵而来,我就会又一次成了下等人……"

乔治·圣茨伯里对摩尔·弗兰德斯与罗克珊娜的性格进行了比较:

……两个都是不道德的人物……有时候,人们认为两人的区别是粗俗的罪恶与文雅的罪恶之间的差别。但实质上是道德上的差别,而不是行为上的差别。毫无疑问,摩尔属于社会最底层,尽管她十分堕落,尽管她一直依靠别人生存,但她受到了相当好的教育,接触的人物也一般都有良好的家世。她感情细腻高尚,不像罗克珊娜野心勃勃。摩尔至少是一个有血有肉的人物,即使她的肉体是脆弱的,她的血是炽热的。两位主人翁只有最起码的道德感。但罗克珊娜不论是最初的犯罪或是后来的行为,都只是出于贪婪和自私,再加上她性格上的缺陷,这就更令人厌恶和可憎了。①

罗克珊娜也是一个具有双重性格的人物:她忠于自己身边的人,又因为自己的贪婪而放弃忠诚。一个例子是她对荷兰商人的感情是真诚的,但又一心向往当公主,因而在她的良心和野心之间展开了激烈的思想斗争。罗克珊娜一直处于理性与非理性、道德与不道德、同情与自私、仁义与不仁、善良与狠毒的矛盾之中。她富有了,但并不幸福;她经济上有了保障,内心却非常痛苦。这种矛盾贯穿小说始终。其中的一个例子是她把自己与丈夫作了比较:

他温柔、亲切、真心诚意,我却尽玩虚伪欺骗的把戏,费尽心机隐瞒我过去罪恶的历史。

这种矛盾最后更集中地表现在她对女儿苏珊的态度上,在对女儿的亲情和自己地位的安危之间,展开了前所未有的激烈斗争。自从女儿苏珊出现之后,她就像一个幽灵日日夜夜在罗克珊娜的脑际徘徊。小说对此有长篇细腻的心理描写。

罗克珊娜也承认自己性格中的弱点,坦诚自己的伪装和欺骗;她对自己行为的谴责也非常坦率,说自己"邪恶"、"低贱"等,对自己进行了无情的解剖。因此,《罗克珊娜》的心理描写比之笛福的其他小说更有深度。

《罗克珊娜》出版后,遭到评论家的抨击,并以有伤风化为由被列为禁书。在美国也直到1930年才开禁此书。《罗克珊娜》一书的遭

---

① Wright, Thomas, *The Life of Daniel Defoe*, Cassel and Company, Ltd. London, Paris & Meluoukm, 1894.;C. J. Farncombe & Sons Ltd., London,1931, p.305.

遇,也证明了那些真正优秀的文学作品,经过时间的考验,随着时代的进步,迟早会被人们所认同,并具有永久的魅力!

但笛福在人物刻画方面不是没有缺点的。看一下笛福所有的小说,我们会发现,笛福只对小说主人翁的刻画较为突出,小说中的次要人物就显得非常单薄。他的小说,不论是《摩尔·弗兰德斯》、《辛格顿船长》、《杰克上校》或其他作品,都是以描写和刻画主角为主线展开和叙述故事情节的,或者如福斯特所说的是"人物至上这类小说的一个范例"①。在《摩尔·弗兰德斯》中,摩尔的几任丈夫,要么连名字都没有,要么没有多少鲜明的性格特征,因此没有给读者留下什么深刻的印象。她那位同母异父的弟弟丈夫只是逢场作戏,笛福没费什么笔墨;而她那位唯一合法的丈夫(同她一道到牛津旅游的人)又一去不返。在其他小说中也这样,《罗克珊娜》中的主人翁罗克珊娜形象是那么突出,而她的荷兰商人丈夫就显得毫无生气,像影子一样,不能给人留下什么深刻的印象。唯有女主角摩尔或罗克珊娜十分突出,"宛如一株屹立在开阔空地上的大树"②。或者说,是孤立在开阔空地上的一株大树。笛福对主人翁的描写,可以称之为福斯特所定义的"圆形人物"——有复杂多面的性格特征,人物性格有充分的展示,具有真实性和可信性。我们了解主人翁(像摩尔、罗克珊娜、辛格顿船长等等)的童年、他们所接触的其他人物,他们之间的关系、人物性格和感情的发展,以及人物的成长,直至成熟乃至死亡。我们也了解到人物命运的起伏多变,经济和社会对他们的影响,以及人物的人生观和世界观。而笛福小说中的其他人物只能说是福斯特所定义的"扁平人物"——性格特征不鲜明,用一两句话就能勾画出这个人物。有的甚至一带而过,没有给读者留下什么印象。比如,《摩尔·弗兰德斯》中有将近二百个人物,除了女主人翁,真正能留下深刻印象的人物寥寥无几。

但对其他人物一笔带过的描述,也是这类自传体小说的需要。随着主人翁的活动和成长,原来的那些人物已经在他们的生活中过去了。例如《鲁滨孙飘流记》中的佐立、《鲁滨孙飘流记续集》中的星期五、《摩尔·弗兰德斯》和《罗克珊娜》中前几个丈夫或情人等,后来都不再出现。如果他们一直存在,反而会影响到故事的叙述和情节

---

① 爱·摩·福斯特:《小说面面观》,第54页。
② 同上。

的发展。

笛福在次要人物刻画方面也有例外。例如，在《罗克珊娜》中，对主人翁罗克珊娜的女仆艾米和她俩之间的关系，也用了较多的笔墨。随着小说情节的展开，艾米的作用显得越来越重要。笛福把艾米刻画成一个年轻漂亮、聪明能干的姑娘；她对主人忠实坦率，办事机灵干练。主仆俩的性格起到了互补的作用：艾米凭本能和感情办事，罗克珊娜则理智和长于算计；艾米容易动情，罗克珊娜较为保守和内敛；艾米容易冲动，罗克珊娜较为小心。但与主人罗克珊娜相比，艾米还是感情相当单纯的人。去荷兰的海上遇到大风暴时，艾米的表现和忏悔甚至感动了罗克珊娜，充分表现了艾米的为人和性格。艾米生动的形象，也给读者留下深刻的印象。这是笛福唯一对次要人物性格刻画着墨较多的一部小说。而在《辛格顿船长》的后半部分，虽然对来自宾夕法尼亚的贵格会教徒外科医生威廉·沃尔特斯有较多的描写，甚至有点喧宾夺主的样子，但这个人物就没有什么鲜明的性格和突出的形象，仅仅因为小说需要借助这位贵格教徒为主人翁辛格顿安排一个理想的结局。

辛格顿船长

辛格顿船长是《辛格顿船长》中的主人翁，他的身上既有着不畏艰险、勇于奋斗的精神，更有着不讲道德、自私残忍的品性。但笛福对这一人物形象刻画较为单薄，既没有深度可言，也没有什么细腻的心理活动描写。整部小说中，他只担当了一个故事叙述者的角色。而对小说中的第二号人物贵格会教徒外科医生威廉·沃尔特斯的性格描写更为丰富，而几乎成了后半部小说的主角。尽管辛格顿不能说是一个"静态人物"——他逐渐掌握指挥权，他的态度和行为也有改变，尽管变化是缓慢的，但人物形象就没有克鲁索那样的深度。笛福在这个人的身上，没有充分地展示其人物性格刻画的技巧。

杰克上校

我们再来谈一下另一个人物杰克上校。《杰克上校》这部小说从头至尾集中在杰克上校一个人身上。小说叙述了主人翁从童年到成熟的成长过程。

小说开首第一句，主人翁就告诉读者："我是一个具有双重性格的人，生活经历复杂。"他坦承，现在作为一个老于世故的年长者，可以毫不顾忌地回顾自己不幸的童年和一生。如同笛福早期的那些小说一样，读者能深入人物的内心世界。

杰克说自己原来是一个"天真无邪、思想单纯的孩子（我记得，我的思想是非常好的）"。这两句话告诉我们，叙述者曾经是一个单纯的年轻人，没有什么道德观念，不知是非好坏，但隐隐中他一直受到良心的谴责。同时又凭着他自己的聪明才智，逐渐拯救了自己，最后成了自己的主人，并靠自己努力获得了成功。主人翁性格的发展，完全基于自己要成为一个绅士的强烈愿望，而这也是整部小说展开的线索。杰克一直表明，自己是一个诚实的人，是一个有道德的人。他为了成为一个诚实的绅士而奋斗终生。这是一部"成长小说"类型的作品。

因此，小说主人翁是个积极向上的人。正如小说封面文字所示，他是一个"诚实可敬"的人。这就是说，他把自己看成是个有道德的人。尽管他志存高远，但他也是一个普通人，有着常人所有的喜怒哀乐，容易受诱惑，也容易犯错误。他也有过疑惑、说谎、缺乏自信。后来，他对自己的过去深感悔恨："现在，我对发生的一切有不同的感受，"并接着表示，"对过去的事情，内心有一种恐惧感。"他后来去寻找被他抢劫的女人，并作了赔偿。在叙述这件事的时候，杰克用了"悲痛"、"流泪"、"感动"、"痛哭"等词语，言语间充满了内疚之情。他说："因为这次抢劫，我的良心无数次地谴责我。"所有这些，说明杰克是一个感情非常丰富的人。也正因如此，杰克从失败中获取教训，从成功中获得经验，从而赢得了读者的同情。尽管他由于自身的弱点和认识上的错误，命运有所反复，但最终还是实现了自己成为绅士的理想。

前面我们提到，《杰克上校》可以看做是男性版的《摩尔·弗兰德斯》。两个人都走上犯罪道路，都通过回顾自己过去的罪恶，通过反省和忏悔，在弗吉尼亚找到幸福；也都凭着自己的智慧和勇气，从原来低微的社会阶层，挤进了富裕阶层。但他俩之间有一个明显的差别：摩尔的道德观具有双重性，较为复杂矛盾；相对而言，杰克的道德观较为单纯。他生活的目标就是希望自己成为一个绅士。小说第一页，杰克就告诉我们，他母亲是个贵妇人，他父亲对他的告诫是："记住，我是个绅士！"因此，当他上了盗窃集团的"贼船"后，对自己的犯罪行为深感悔恨。他知道这绝非绅士的生活。摆脱了犯罪生活后,他要成为绅士的决心更大了。这已成为杰克一生坚定的信念。

与笛福的《鲁滨孙飘流记》和其他小说一样,杰克上校也是一个经济个人主义者。克鲁索经常整理、统计和记录自己创造的家产,摩尔和罗克珊娜不时地计算自己积累的财富,杰克上校也一样。请读读下面一段:

> 我现在有了一幢房子、一间马厩、两个仓库和300英亩土地;……我没有斧头或短柄小斧砍树,也没有马或阉公猪或牛耕地,也没有锄头或铲子掘地。我也没有帮手,只能靠我自己去劳动。

杰克是完全靠自己获得经济和社会地位的人。像克鲁索一样,他喜欢贸易,积累财富,勤劳致富。后来他回顾自己的一生时说:"即使是世界上最低贱、最倒霉的人,也有机会获得新生。"这实际上也表达了笛福自己的观点:自己的生存要靠自己,环境再怎么恶劣,都要设法利用一切可以利用的条件改善自己的境遇。

笛福把妓女、海盗、拦路抢劫的强盗、扒手小偷、士兵和冒险家,都表现为普普通通的人,他们是其所处环境的正常产物;只要在相似的处境下,任何人都可能经历相似的跌宕沧桑。所有笛福小说的主人翁,鲁滨孙·克鲁索、摩尔·弗兰德斯、罗克珊娜、杰克上校、辛格顿船长等,都是几乎不需论证的经济个人主义的化身。笛福所有的主人翁都追求金钱,金钱被他独特地称为"世界通用的徽章"①。

概括地说,笛福的小说人物基本上都被置于恶劣的自然环境或社会环境之中,但他们的性格都能适应变化多端的环境,并不为恶劣的自然环境或社会环境所吓倒。他们都一心向上爬,有一种成为绅士或贵妇人的强烈欲望;他们渴望在大自然或社会上立足,拒绝接受命运的安排,力求改变自己的命运;他们的生活态度是积极向上的,为此不惜过罪恶的生活。笛福深知,人的行为有时往往不合情理、违反理智;他们往往在正义与邪恶、善良与残暴、高尚与卑鄙之间有着激烈的思想斗争。由此可见,笛福对人性有着深刻的研究和认识。

---

① 伊恩·P.瓦特:《小说的兴起》,第65页。

叙述手法

笛福小说的现实主义,主要是通过现实主义的叙事手法体现的。司各特在我们上面提到的同一篇序言中,也称赞了笛福的叙事才能。他谈到笛福令人印象深刻的现实主义描写和令人信服的第一人称叙事手法。

英国散文家查尔斯·兰姆也说:"笛福的叙述方法有一种超越其他小说和传奇的自然感。他的小说具有真实故事的风格。读他的小说,你不能不相信是一个真实的人在叙述发生在他身上的真实故事。能产生这种效果主要应归功于笛福朴实的叙述风格。"[1]他还说:"笛福小说中情节和对话的真实感,超过任何我读过的其他小说。这真正是完满的幻觉。作者从未出现在叙述中(因此,我们可以称之为'自传'),但叙述者把我们吸引住了,让我们绝对相信所叙述的一切都是真实的。小说像记录簿一样,记载了所有的细节。作家用心让读者记住日期;用不同的话一遍一遍地重复事实,直到你相信为止。这真像在阅读法庭上的证词。故事的叙述者好像渴望读者了解这些事实。当叙述者告诉我们一件事情或一个目的,隔几行他就会用自己喜欢的语言重复:'我说是如此这般的',尽管此前他已经说得非常清楚了。这是模仿一般人说话的方法,或者说,是主人或主妇叮嘱仆人的口气,不让他们忘记自己的嘱咐。这种叙事方法对抱有现实态度的读者能产生强烈的效果。实际上,笛福的叙事产生的正是这种效果。他的文采十分优美,但又通俗易懂。"[2]

英国著名小说家、剧作家、散文家威廉·萨默塞特·毛姆(William Somerset Maugham,1874—1965)说:"没有一个英国小说家能写得比笛福更逼真了。当你读他的作品时,实在很难让自己觉得读的只是一本小说,反而更像是一份完整无缺的报告。"[3]

埃德加·爱伦·坡谈到笛福的小说艺术时说:"阅读笛福的小说之所以让我们入神,主要在于其逼真的细节描写所产生的巨大魅力。当我们满足地掩卷时,真希望我们自己能像他写得一样引人入胜。"

---

[1] Kelly, Edward, ed. *Moll Flanders*: A Norton Critical Edition. New York: W. W. Norton, 1973, pp.326—327.

[2] Shingael, Michael, ed. *Robinson Crusoe*: A Norton Critical Edition (second edition). New York: W. W. Norton, 1994, pp.289—290.

[3] 毛姆:《书与你》,广州:花城出版社1981年版。

另外，爱伦·坡还补充说："笛福还具有一种与小说主人翁同呼吸、共命运的天赋，他能设身处地站在虚构人物个性的立场上思考和行事。可以想见，笛福写作时完全忘我地沉溺于自己创造的人物的思想言行之中。"①

不论在小说或非小说类作品中，笛福往往用小说主角自己叙述的手法，即采用自传体。另外，小说人物都是普通老百姓，他们都来自大家熟悉的世界，真实可信。笛福的小说创造了一种"想象的现实"。哥伦比亚大学教授威廉·彼得·特伦特高度评价《鲁滨孙飘流记》：

> 笛福表现出一种天赋——把描写变得生动的天赋，尽管他很少表露出他具有这种天赋的迹象。这种进行生动描写的天赋，还不仅仅在于笛福对细节令人信服的描写，或是其他人对笛福的好评所产生的印象；这是一种天才所具有的天赋。……笛福小说的形式是可以模仿的，但小说的典型人物是无法模仿的。正是这个典型，使《鲁滨孙飘流记》进入世界伟大作品的行列，并成为无可争议的现代英国文学经典之作。②

尽管伊恩·瓦特批评笛福的小说缺乏结构的连贯性，但他对笛福的叙事艺术赞扬备至。他说：

> 笛福的强项是才华横溢的插曲。他的想象力一旦抓住了一种环境，他就能以一种大大优越于先前任何虚构故事的完整的逼真将其记录下来。实际上，这种逼真还从未被超越过。③

下面我们将从叙事、心理描写、对话和写景的真实性四个方面，分析笛福的现实主义叙述手法。

---

① Shingael, Michael, ed. *Robinson Crusoe*: A Norton Critical Edition (second edition). New York: W. W. Norton, 1994, pp. 291—292.
② Trent, William Perterfield. *Daniel Defoe*: *How to Know Him*. Indianapolis, Indiana: Bobbs-Merrill, 1916.
③ 伊恩·P. 瓦特：《小说的兴起》，第143页。

叙事的真实性

不论是鲁滨孙种作物和做面包的过程,或是用枝条编制箩筐和用泥土制作陶器罐的过程,还是摩尔任何一次偷窃的过程,笛福都能把那种看似一般的细节与特定行动的细节巧妙地结合起来,把平凡的事实与想象的事实有机地糅合起来,把平淡的细节与不寻常的惊人事件自然地融合起来,从而给人以一种亲历其境的真实感。这正是笛福的叙事天才。笛福的现实主义叙事手法是通过逼真的细节描写实现的。"细节是文学的底蕴。"①

吴尔夫指出,笛福在描写真实方面的天才成就,除了那些擅长描写的散文大师们以外,简直无人可以企及。笛福用平铺直叙的写作手法叙述故事,使得我们看书时把注意力集中在故事情节上;而在细节方面,我们很难发现他会出什么差错,给读者一种现实的真实感。

随便从《鲁滨孙飘流记》中摘一段读读,就可以看到以上的论述不谬。克鲁索先是制成了陶罐,但只能作容器装东西,不能作锅子烧东西。于是他设法制作锅子:

> 于是我开始研究如何控制火力,给自己烧出几只锅子来。我当然不知道怎样搭一个窑,就像那些陶器工人烧陶器用的那种窑;我也不知道怎样用铅去涂上一层釉,虽然铅我还是有一些的。我把三只大泥锅和两三只泥罐一个个堆起来,四面架上木柴,泥锅和泥罐下生了一大堆炭火,然后在四周和顶上点起了火,一直烧到里面的罐子红透为止,而且十分小心不让火把它们烧裂。我看到陶器烧得红透后,又继续保留了五六小时的热度。后来,我看见其中一只虽然没有破裂,但已开始熔化了,这是因为掺在陶土里的沙土被火烧熔了,假如再烧下去,就要成为玻璃了。于是我慢慢减去火力,那些罐子的红色逐渐退去。我整夜守着火堆,不让火力退得太快。到了第二天早晨,我便烧成了三只很好的瓦锅和两只瓦罐,虽然谈不上美观,但很坚硬,其中一只由于沙土被烧熔了,还有一层很好的釉。

① 张梦阳:《细节是文学的底蕴》,《文艺报》2011年1月31日第2版。

这一段落体现了笛福许多特有的叙事方法。这一段的描述运用通常传统的手法,把烧锅子的整个过程以及自己艰辛的劳作,详细地平铺直叙下来,不漏掉任何细节。这种叙述手法似乎十分平淡乏味,但却生动逼真。在英语原文里,笛福在这里用的是动词过去式,但读者仿佛看着克鲁索烧制锅子的整个过程,一切似乎正在自己眼前发生。而且笛福用词非常通俗,没有任何修饰或所谓的"文学描写手段",其效果却是惊人的。这种叙述手法的效果是:1)让读者感到克鲁索的叙述是真实的;2)使读者感受到克鲁索的艰辛劳作和思想感情;3)使读者能充分想象烧制锅子的全过程。而笛福通俗简朴的文风更保证了这种效果。这种文风看来似乎简单,但却是笛福作为记者和办报人几十年写作经验积累的结果。这种简朴的文风非常适合笛福的目的——表达一个普通人在逆境下的思想、感情和行动。

再看《摩尔·弗兰德斯》中的一段叙述。当时,摩尔正好与新婚丈夫待在旅馆里。当她从窗口向外张望时,瞥见了她从前的丈夫杰米,令她十分惊愕:

  我们睡觉的那个大房间是临街的。当时,我的新郎正在楼下,我向房间的一头走去。那是个晴朗温暖的日子。我打开窗子,站在窗边呼吸新鲜空气。这时,我看到三位绅士骑马来到我们对面的一家旅店。

  这三个人中的第二个人,不是别人,正是我在兰开夏的丈夫。这一点是无可回避的,也是不容置疑的。这真把我吓得要死。我一生中从未像现在这样惊惶失措过。我正希望地上有一个洞好让我钻下去。血液在我的血管里变得冰凉。我浑身发抖,好像疟疾发作一样。然而,那是千真万确的。我认出了他的衣服,他的马和他的脸。

这段描写十分真实:"我认出了他的衣服,他的马和他的脸。"笛福不多的几句话,给读者留下了难以磨灭的印象。叙述者说:"然而,那是千真万确的。"这种真实感让读者很难觉得这是在读虚构的故事,而是觉得摩尔和她的兰开夏丈夫是现实中的真实人物,叙述者说的故事是真人真事。

小说接下去有一段关于摩尔偷窃的描述:

我穿上衣服走了出去——我还有几件很漂亮的衣服。我可以肯定地说，当我出门的时候，我脑子里没有任何计划。我既不知道到哪里去，也没有想过要到哪里去，或者出去干什么。但是，既然魔鬼驱使我出去，就已为我投下了鱼饵。他一定会把我带到他下鱼饵的地方去。我自己不知道往哪儿去，也不知道我去干什么。

我就这样毫无目的地在街上东游西荡，也不知道到了哪里。我走过利顿霍尔街的一家药铺，看见柜台前的一只小凳上放着一个白布小包。小凳后面站着一个女仆，背朝着小包，正抬头往店铺里的货架上看。店里的一个人，我想大概是药铺的学徒吧，脚踏在柜台上，背也朝外面，手里拿着一支蜡烛，朝上层的架子上看着，并伸手去取他找到的药品。因此，这两个人的注意力都集中在所找的药品上，店里也没有其他人。

这就是鱼饵。我说过，魔鬼已设好了陷阱，就等我掉进去。魔鬼好像对我说，因为，我记得很清楚，而且永远也不会忘记，好像有一个声音在我背后对我说："快去拿包，快！马上去拿！"我一听这话，就马上走进店里。我背朝那个女仆，好像为了躲避刚路过的一辆马车。我手向后一伸。拿起包来就走。那个女仆和店里的学徒都没有看到我，也没有其他人看到我。

这段描述简朴率真，细节丰富，现实感极强，是笛福小说中常见的叙述手法。段落一开始，叙述者强调自己并没有什么预定的目的："我可以肯定地说，当我出门的时候，我脑子里没有任何计划。我既不知道到哪里去，也没有想到过要到哪里去，或者出去干什么。"接下来详细描述了她来到的地点：街道的名称和什么性质的商店，对店内的一切摆设和店员的活动也有细致的描绘，就像是舞台布景，并能看到舞台上演员的活动——那个女仆、那个学徒。然后，摩尔听到背后有人对她说："快去拿包，快！马上去拿！"读到这里，读者好像也听到了这个声音，并且也感到了这种诱惑。接下去是对摩尔逃跑和忏悔的描写：

我偷包时担惊受怕的心情，真是笔墨难以形容。当我离开的时候，我都没想到要跑，连加快脚步的勇气也没有。我横穿过街道,走到第一个拐角上就转了进去。我想,这条街是通往芬彻奇街的。此后,我又穿过了不知多少大街小巷。我不知道走过了哪些街道,也不知道往哪儿走。我的脚好像不是踏在地上。我越是没有危险,反而走得越快,直到累得喘不过气来。最后,我不得不在一家门口的小凳上坐下来。这时,我头脑有点清醒了。我发现我已进入了比林斯门附近的泰晤士街了。稍稍休息了一会儿,我继续往前走。我的血在我血管里沸腾,我的心怦怦乱跳,好像受到了惊吓。一句话,我是胆战心惊,不知道往哪儿去才好,也不知道干什么才好。

我紧张地走了好一阵子后,人也累了,就开始考虑回家了。晚上大约九点钟的时候,我回到了自己的公寓。

这里,我们又一次读到了笛福生动的描述:"我偷包时担惊受怕的心情,真是笔墨难以形容。""当我离开的时候,我都没想到要跑,连加快脚步的勇气也没有。""我的脚好像不是踏在地上。"读到这些描述,不难想象后来摩尔是跑得上气不接下气,吓得半死。如果用上我国古典小说里的套语,真是"忙忙如丧家之犬,急急如漏网之鱼"。故事叙述者活生生的人物形象跃然纸上! 另一点令人印象深刻的描写是,她拐弯抹角地逃离了现场停下来休息时,认出了自己到达的街道——比林斯门附近的泰晤士街。接着她恢复了神志,"就开始考虑回家了","晚上大约九点钟的时候",平安地回到了家里。这个段落,描述了摩尔偷窃的经过和回家路上担惊受怕的心理,其中的细节描写十分详细:时间、地点那么精确,描述之清晰犹如一幅图画,而且,读者能体会到摩尔紧张、惶恐和急迫的心理,其现实感实在令人叹为观止! 同时,从这段叙述中,摩尔把自己的思想和动机毫无隐瞒地向读者披露,而其叙述的语言则简单直白:"我可以肯定地说,当我出门的时候,我脑子里没有任何计划。""我既不知道到哪里去,也没有想到过要到哪里去,或者出去干什么。""这就是鱼饵。我说过,魔鬼已设好了陷阱,就等我掉进去。"这些语言简直让读者忘记了叙述者的存在,故事自己向前发展,好像人物和事件就发生在你眼前。我们感到,我们好像真的是在读一部真实的自传——这是一个赫赫有名的女犯人自己的叙述。这就是笛福叙事手法的高明之处。他给人一种现实的幻觉,读者得不断地提醒自己:我们是在读小说——一个虚构的故事。

在《罗克珊娜》中,也有许多生动的叙述。一个例子是她住在一位贵格教女教徒的家里。这位女教徒因丈夫出走,遗弃了她和四个孩子,生活十分窘困。这与罗克珊娜早年的命运一模一样,引起罗克珊娜对女教徒深切的同情。女教徒生性善良,对罗克珊娜十分照顾。为了知恩图报,罗克珊娜与荷兰丈夫商量给了女教徒 100 基尼,还有每年 40 英镑的利息,此外还有许多其他礼物。这位女教徒受到如此大的恩惠,不知所措:

我看出来,我跟她说话时,她一直心慌意乱的,这样喜出望外的事情,可叫她受不了啦。她满脸通红,浑身发抖,最后脸色变成灰白,真的差点要晕过去了。她这才急忙按响了叫人的小铃,女仆马上进来了。这时她已说不出话来,便示意女仆给她斟一杯葡萄酒。可她憋住了气,喝不进去,含在嘴里的一口酒差点呛了她。我见她病了,赶忙递过酒精和鼻烟让她闻闻,免得她昏过去。这时,她示意女仆退下去,接着,她一下子哭出了声,这才缓过气来。等到稍微平静了一点,她便向我一下子扑了上来,双臂勾住了我的脖子。"啊!"她说,"你差点要了我的命。"她这样足足抱了我七八分钟,头靠在我的脖子上,一句话也说不出来。只是像个挨了鞭子的小孩一样抽噎着。

这段描述与星期五在鲁滨孙荒岛上见到父亲的情景有异曲同工之妙。

《瘟疫年纪事》发表时,法国正好又一次发生了鼠疫。笛福对发生在 1665 年的伦敦大瘟疫表现得如此淋漓尽致,其描写的精确性和细节的真实性,令人读了毛骨悚然。读者对故事的真实性毫不怀疑,以至到今天,不少图书馆把此书归入"历史类"著作。笛福大量使用一些使人信以为真的短语和句式。例如,"就我所知,有一个不幸的市民……";"在我的记忆中,……";"这对我来说是最令人悲伤和痛苦的事情,我从窗口亲眼目睹了这一切。""每一次行走在街道上,我亲眼看到无数凄凉的情景";"我记得那种凄厉的哭泣声;就是现在我在写的时候,我也感到我能听得到。"读到这些句子,读者犹如耳闻目睹了这一切。叙述者 H.F. 大量运用这种短语和句式,表明自己亲身

经历了这场灾难。小说开始第一句是这样写的:

> 大约是在1664年的9月初,我从邻居们那里听到了关于可怕的瘟疫又在荷兰肆虐的消息。……

小说的这个开头,冷静而有预示性,隐伏着危机的发生和传播。为了显示叙述的真实性,笛福运用了大量的图表和统计数字,让人了解当时瘟疫传播和死亡的情况。但在图表和统计数字之后,马上插入具体事例的叙述,从而避免了枯燥和乏味,可见笛福深谙叙事的艺术。我们来看一段教区墓地挖掘大坑埋葬死人的描写:

> 受好奇心驱使,在9月10日左右,我再次去考察了那个深坑。那里约有400人被埋葬。像以前那样白天的观察我并不满意,因为能看到的只是一些松土,被扔进去的尸体很快就被那些松土掩埋。……于是,我决定在夜间的时候去看那些尸体是如何被扔进去的。……
>
> 最初当我走进墓地的时候,除了那些驾车和搬运尸体的人以外,我没有感觉到有其他人,但当他们接近那个坑时,他们发现了一个在那里徘徊的男人,他身上裹着棕色的斗篷,斗篷下伸出的双手在比划着,看上去是在遭受着巨大的痛苦。……他来回走动但一言不发,有几次忍不住发出低沉的呻吟,他的叹息让人以为他想撕裂自己的心脏。
>
> ……他的妻子和几个孩子都被瘟疫夺走了生命,就躺在他身后的那些运尸车上。他带着沉重的悲伤尾随着那些车子,幽幽哀悼着,那是一种身为男人而不能用泪水来排泄的痛苦,但是却能轻易地察觉出来。他平静地拒绝了运尸工们的好心,并坚持让他一个人呆着,说一定要看到家人的尸体被扔进坑里才走开。于是他们不再强求他。但是大车被翻倒过来,而尸体被杂乱无章地扔进坑里的情景让他震惊,因为他原本以为家人的尸体会被端正地摆放。……当他一看到那幅骇人的情景时,终于控制不住自己而放声大哭。我听不清他说了些什么,但是看见他后退了两三步并且昏厥了过去。……

叙述者最后说:"这真是悲痛欲绝的一幕,自始至终我都深深地被震撼着",而读到如此真实的叙述,我们的心灵也不能不被同样地震撼着!同时,小说对17世纪伦敦的建筑、街道、墓地等的真实描写,以及人们逃离伦敦时对途中经过地方的地理和风貌的描写,都进一步加强了小说的现实感。

小说中笛福对死亡的描写,有力地制造了灾难的恐怖气氛:"每个人的脸上都写满了悲伤与忧愁";"那个时候,死亡渐渐临近,它盘旋在人们的头顶,进入他们的住所房间,窥视着每一个生命";"因为越到后来,人们也就越麻木了,毕竟亲眼所见的死亡太多太多,人们几乎已经没有心力去哀悼好友的逝去,而是想着自己在下一个小时也要受召唤而去。"类似的描写充满整部小说,令人不寒而栗!

这类生动、真实的叙述,在笛福的作品中随处可见。我们最后看一下《杰克上校》中对小时候杰克的描写。小孩杰克刚学会扒窃,他想藏一些"私房钱",就把硬币放到蛀空的树干里,结果树洞太深,硬币掉下去拿不出来了:

> 尽管我年纪还小,但我现在也知道,我以前没有想办法为自己藏一些钱,实在是太傻了。但我竟然把钱放进一个我的手够不到底的树洞里。我把手伸进洞里,直至肘部,就是够不到洞底。我从树上折下一根树枝尽量往里伸进去,但没有用。我就大哭起来,不,简直是大喊起来。我难过极了。然后我就爬下树又爬上去,再把手往洞里伸进去,把手臂都擦破流血了。我又哭得死去活来。接着我想起身上只剩下半个便士,只能买半个便士的一小块面包。我感到肚子也饿了,于是又哭了起来。后来我走开了,边哭边叫,像个挨了鞭子抽打的小孩。然后我又回到树边,爬上爬下,上上下下好几次。

这一段落把一个小孩恼怒、痛苦和绝望的行动和心理活脱脱地呈现在读者的眼前。孩子不仅因失去钱而痛苦,更因为自己的愚蠢而苦恼。

笛福的细节描写还有一个常用手法是,他故意不说明他所描写的物件的名称,只是对其进行细致的描绘。例如,摩尔坐船去弗吉尼亚,在船离开英国时,先到了位于肯特郡东南岸英吉利海峡一处避风的锚地唐斯。停了三天后,趁好风扬帆出发,但后来在爱尔兰海外遇到一阵猛烈的狂风,"就不得不进入一个小河湾,在靠近河的入海口抛了锚。那条河的名字我已记不起来了,但他们说,这条河通往利默里克,是爱尔兰最大的一条河"。

又如,在《鲁滨孙飘流记》中,佐立打到了一只猎物,"他跑近我时,却见他肩上背着个野兔似的动物,但皮色与野兔不一样,腿也比野兔长。"

细节是小说的生命。不论是真实的事物,或是想象中的事物,笛福的细节描写都达到了逼真的程度。

心理描写的真实性

笛福对人物心理活动的刻画,也是十分生动而具真实感的。这说明笛福对人性有深刻的认识。笛福心理描写的一个特点是把人物的心理活动用人物的行动表现出来,从而把抽象的心理活动变成人物具体的姿势和动作。这样的描写不仅避免了枯燥乏味的内心独白,而且让读者更深刻地体会人物的内心世界。

克鲁索在被海浪冲上荒岛的海滩爬上岸时,发现只有他一个人存活。对他的焦虑和痛苦,笛福是这样描写的:

> 我在岸上狂乱地跑来跑去,高举双手,做出千百种古怪的姿势。这时,我全部的身心都在回忆着自己死里逃生的经过……
> 我在岸上胡乱狂奔,又是扭手,又是打自己的头和脸,为自己的不幸大叫大嚷,不断地叫嚷着"我完了,我完了!"

克鲁索形单影只,孤身一人,十分渴望有个伙伴:

> 我多么渴望能有一个人逃出性命啊!"啊,哪怕只有一个人也好啊!"这句话我至少重复了上千次。"啊!哪怕只有一个人也好啊!"我的这种愿望是多么急切,因此,每当我咕哝这句话时,不禁会咬紧牙关,半天也张不开来;同时会紧握双拳,如果手里有什么脆软的东西,一定会被捏得粉碎。

新门监狱中的一个看守告诉摩尔,她会被判处死刑。摩尔伤心

欲绝:

> 我本来因怕死已忧心如焚,他的话无疑给了我致命的一刀。好久好久,我说不出一句话。最后我终于放声大哭。我对他说:"上帝啊!——先生,我该怎么办?"

开庭审判时,法官对她下了死刑的判决:

> 一听到这个判决,我感觉好像自己真的马上要死了。判决书宣读之后,我吓昏了头。我瘫倒了,说不出一句话来。

判决后12天,判处死刑的命令下达了,摩尔的名字在死刑犯的名单中:

> 尽管我忏悔了,但对我还是一个可怕的打击。我彻底绝望了,接连昏倒了两次,一句话都说不出来。

后来牧师走了法院录事的门路,给摩尔搞到了一份死缓令:

> (听到这个消息)我真的晕倒过去了,而且比我听到死刑判决时晕倒的时间更长。过了好久,才恢复过来。

重复和具体的描写,是笛福常用的叙述手段,但并不使读者感到沉闷和累赘,反而有真实之感。

女儿苏珊发现罗克珊娜就是自己的母亲,想方设法寻找罗克珊娜要认母。这等于要毁了罗克珊娜来之不易的富足生活。因此,罗克珊娜千方百计地躲避女儿,艾米甚至提议杀了苏珊。尽管罗克珊娜不认女儿,但女儿总是自己的"心头肉",她内心的痛苦和矛盾可想而知。这段心理描写十分生动和真实:

> 那可怜的姑娘总是出现在我眼前。我白天晚上都看见她;虽说她没有在这房子里游荡,却在我脑子里转悠。她不是这样一种形状,就是那样一种姿态出现在我的想象中;不管我是睡着还是

醒着,她都与我在一起。有时,我好像看见她的喉管给割断了;有时,好像看见她的头给砍掉了,脑浆流了出来;有时,又好像看见她被吊在一根大梁上;有时,又好像看见她在坎伯威尔的大塘里淹死了。这些幻象都可怕极了。

罗克珊娜的这种心理状态,可信、自然、真实。

对话的真实性

笛福的现实主义叙述艺术,不仅表现在叙事和心理描写上,也表现在人物的对话上。

笛福时期的婚姻风气是,男人结婚是为了获取女方的钱财,因此会千方百计寻找有钱的女人,即使是寡妇也没有关系。但对摩尔来说,她需要一个有钱的丈夫,以保证她今后的生活。摩尔第二任丈夫死后不久,她的一位朋友船长太太帮她找到一位她们都以为是有钱的船长。下面是他们新婚不久后夫妻之间的一段对话:

"亲爱的,我们结婚已经两星期了。现在,我是不是应该让你知道,你是娶了一个富老婆呢,还是娶了个穷老婆?"

"这随你的便,亲爱的,"他说,"我只知道,我娶了我所爱的老婆,这就够了。我没有怎么打听你的情况。"

"是的,"我说,"但关于这件事,我感到很为难,真的不知怎么办才好。"

"有什么为难,亲爱的?"他问。

"噢,"我说,"我真有点难过,你可能会更难过。我听说,船长——(是指我朋友的丈夫)对你说,我很有钱,但我自己可从来没有这么说过。我也从来没有要他对你这么说。"

"船长?"他说,"哦,也许他曾经这么对我说过,可这又有什么关系呢?如果你没有那么多财产,那是他在胡说。你确实从来没有对我说过你有多少财产。所以,即使你一无所有,我也没有理由来责怪你。"

"你这么说,"我说,"真是太正直、太大度了。这使我更加难过,因为我就只有这么一点点的财产。"

"你财产越少,亲爱的,"他说,"我们的经济情况就越糟。但我希望,你很难过不是因为你没有多少嫁妆而怕我会待你不好。不,不会的。假如你真的一无所有,就马上告诉我。我可以对船长说,他欺骗了我。但我绝不能说,你欺骗了我。你不是在玻璃窗上写给我看过,你很穷吗?那我就应该相信你确实很穷。"

"啊。亲爱的,"我说,"在我们结婚前,我确实没有骗你。这使我感到心安理得。假如婚后我还瞒着你,那也没有什么大不了。我现在要告诉你,我确实很穷,但还没有到一无所有的地步。"说着,我就拿出几张银行票据给他,一共约一百六十英镑。"这总算是有点财产吧,亲爱的,"我对他说,"当然,这还不是全部。"

这段新婚夫妻之间的对话,充分表露了人性的弱点。通过这段对话,读者非常清楚夫妻双方各自的心思和目的。摩尔确实是想把自己财产的真相告诉丈夫;而丈夫心里也非常想知道自己通过这次婚姻到底能得到多少财产,但表面上装得毫不在乎,并拼命表白自己对新婚妻子的爱情。这段对话,也充分表现了在这种特定情景下人物的真实感情。读者如果设身处地想象一下,自己也许也会说出类似的话。阅读笛福的小说,我们经常会忘记我们阅读的是一个虚构的故事。顺便提一下,摩尔的这位船长丈夫,后来发现就是她同母异父的弟弟。

类似上面的对话在《摩尔·弗兰德斯》中随处可见,可见笛福熟练地掌握了小说中对话写作的艺术。下面一段对话发生在摩尔结识了一位银行职员之后,这位职员的妻子与人私奔了。摩尔直截了当地要求这位银行职员与妻子立即离婚:

"那么,先生,"我说,"你就得与她离婚。如果你能证明你所说的她与人私奔了,你当然可以与她离婚。那样,你就自由了。"

"离婚手续非常繁琐,而且很花钱。"他说。

"这个嘛,"我说,"如果你能让你喜欢的女人相信你的话,我想你的妻子不会来干涉你的自由的。因为,她已享受了你给她的自由了。"

"是啊,"他说,"可是要想让一位清白的女人相信我的话,这可就难了。另一方面,我有她这个淫妇已经够烦了,我可不敢再招惹别的淫妇了。"

这时,我心里在想,"如果你问我相信不相信,我一定真心相信你。"可这只是我在心里对自己说说的。对他我却这样回答:"你为什么把所有清白的女人都拒之门外呢?你这样说,等于是把真心想要与你好的女人都看做坏女人,并认为肯跟你的女人都是不清白的。"

这次谈话后,摩尔向读者吐露:"我玩弄这个求爱者,犹如渔夫玩弄一条鳟鱼。"这里,读者读到的不仅是书中人物之间的交谈,而且我们可以窥到人物没有表达出来的想法——摩尔向读者承认自己表里不一。后来,当这位银行职员提议摩尔在他家过夜时:"我一听这个建议,心里就说'好'。但在他面前,我还得装一会儿伪君子。"从这一描述,我们更充分地认识了摩尔的性格,而这样的人物是完全符合现实社会中真实人物的性格的,也许你或我在同样的情景下会像摩尔一样做出同样的反应。

我们前面谈到《辛格顿船长》一书中笛福在人物刻画方面的欠缺,但这部小说表现了笛福在叙述人物对话方面的艺术日趋成熟,实际上也更好地体现了小说中的人物关系。辛格顿与威廉之间的对话,开始有点生硬和不自然,后来越来越生动活泼,读者读到下面一段对话才察觉到这种变化:

"无论什么话都跟我说吧,威廉,"我说道,"我将欣然接受。"现在我对于他的谈话觉得很有感触。

威廉说(泪如泉涌,流下脸颊):"人活着,像是一直不会死似的,所以许多人还不懂得怎样生活就死掉了。不过,我说这话,我的意思不是指死亡而言,而是说在这样的生活方式之外,还有些事情是可以加以考虑的。"

"那么,威廉,"我问道,"是什么事情呀?"

"就是忏悔。"他说。

"说哪里话?"我说,"你听见过有海盗忏悔的吗?"

他对这句话不禁一怔,便回答道:"在绞刑架上,我知道一个海盗忏悔了的,希望你就是第二个。"

他说这句话情意恳挚,一副担心我的表情。

"好吧,威廉,"我说,"谢谢你,也许我对这些事情并不那么无动于衷,像我表面佯装的样子。来,让我听听你的建议。"

"我的建议是为了你好,"威廉道,"也是为了我自己的好。我们可以把这种生活作一了断,加以忏悔。我想,就在现在这个时候,我们两人的最好机会来了,从前不曾有过,将来也不会有,的确是不能再碰到的。"

"注意,威廉,"我说,"我先要听听你的建议,怎么结束我们现在的营生之道,因为这是摆在我们面前的现实,至于其他,你我以后再谈。我并不那么麻木不仁,不是如你心里所想象的我,不过,首先还是让我们脱离现在所处的这个地狱一样的环境吧。"

"不错,"威廉道,"你这就对啦;我们继续在做海盗的时候,永远不必谈忏悔的话。"

在这儿,笛福笔墨不多,但有力地表现了对话的感情力量。如"现在我对于他的谈话觉得很有感触"、"他说这句话情意恳挚"等描述。可以看出,辛格顿在朋友的劝说下,态度有了很大的转变。威廉说:"人活着,像是一直不会死似的,所以许多人还不懂得怎样生活就死掉了。"这句话极有说服力。读者可以感到,这是使辛格顿转变态度的关键一句。从谈话中,我们也可以体会到这位贵格派的朋友对辛格顿的关心,热切地希望辛格顿改过自新;同时,我们也可以看到辛格顿对朋友的劝告心悦诚服,尽管略有些勉强。威廉对辛格顿既有恳求,又有劝告。他知道自己与辛格顿的关系,但决心让辛格顿走上自省的道路。然而,他实话实说:"我们可以把这种生活作个了断,加以忏悔。"他知道,弄不好会惹辛格顿生气,从而失去他对自己的信任。而辛格顿对威廉越来越尊敬,佩服他的明智和精明。在小说中,两人之间逐渐培养起了感情,相互信任。这是笛福有意安排的,这样才能让主人翁有一个完满的结局。

笛福的《辛格顿船长》发表于1720年6月。前一个月他刚发表了《一位保皇党人的回忆录》。而两年之后的1722年发表了《摩尔·弗兰德斯》、《瘟疫年纪事》和《杰克上校》。从《辛格顿船长》这部小说中,我们可以看到笛福在叙述和描写人际关系方面逐渐成熟,最后写出了像《摩尔·弗兰德斯》和《罗克珊娜》这样的成功杰作。《辛格顿船长》和

《一位保皇党人的回忆录》可以说是笛福小说创作中的过渡性作品。一般认为,《鲁滨孙飘流记》是第一部现实主义的长篇小说,但也有许多评论家认为,《摩尔·弗兰德斯》是真正意义上的第一部现实主义长篇小说,而《鲁滨孙飘流记》、《辛格顿船长》和《一位保皇党人的回忆录》是介于传奇冒险故事和长篇小说间的过渡性作品。可见,笛福小说创作的艺术手法是在实践过程中日趋成熟和完美的。

笛福小说中的对话用语通俗,且常有重复,有时很长,但都能服从于一个目的或一个道德准则。

写景的真实性

笛福的现实主义叙述艺术,还表现在景物的描写上。笛福对克鲁索流落的孤岛的地质、地貌、山川、港湾、森林、草地、溪水、海流、平原、大海、海滩、山岩等都了然于心。在笛福的头脑里,对自己所描写的景物,有一个清晰的图画,把想象中的图景描绘得像真实的景色一样,并能使读者也想象出景物的种种细节。

首先,克鲁索上岛后得找个合适的住所,条件是附近要有淡水、能遮阴、要安全、还要能看到大海:

> 我按上述条件去寻找一个合适的地点,发现在一个小山坡旁,有一片平地。小山靠平地的一边又陡又直,像一堵墙,不论人或野兽都无法从上面下来袭击我。在山岩上,有一块凹进去的地方,看上去好像是一个山洞的进口,但实际上里面并没有山洞。

> 在这山岩凹进去的地方,前面是一片平坦的草地,我决定就在此搭个帐篷。这块平地宽不过一百码,长不到二百码。若把住所搭好,这块平坦的草地犹如一块草坪,从门前起伏连绵向外伸展形成一个缓坡,直至海边的那块低地。这儿正处在小山西北偏北处,日间小山正好挡住阳光,当太阳转向西南方向照到这儿时,也就快要落下去了。

后来,在荒岛上住了十多个月后,克鲁索想对全岛进行一番考察:

> 七月十五日,我开始对这个小岛作更详细的勘察。我先走到那条小河边。这条小河,先前已经提到,是我木排靠岸的地方。

我沿河而上走了约两英里，发现海潮最远只能到达这里。原来这是一条小溪，溪水清澈，口味甚佳。现在适值旱季，溪里有些地方连一滴水也没有；即使有的话，也汇不成水流。

在小溪旁，是一片片可爱的草地，平坦匀净，绿草如茵；在紧靠高地的那些地势较高的地方（显然，这儿是河水泛滥不到的地方），长着许多烟草，绿油油的，茎秆又粗又长。附近还有其他各种各样的植物，可惜我都不认识。这些植物也许各有各的用处，只是我不知道罢了。

……

第二天，十六日，我沿原路走得更远。小溪和草地均已到了尽头，但树木茂盛。在那儿，长着不少水果，地上有各种瓜类，树上有葡萄。葡萄长得很繁茂，葡萄藤爬满树枝，葡萄一串串的，又红又大。……第二天早上，我又继续我的考察。在山谷里，我大约朝北走了四英里，南面和北面是逶迤不绝的山脉。

最后，我来到一片开阔地，地势向西倾斜。一湾清溪从山上流下来，向正东流去。眼前一片清新翠绿，欣欣向荣，一派春天气象，周围景色犹如一个人工花园。

笛福的地理知识非常丰富，那些他从未到过的地方，他也能把景色描写得细致入微，给读者一幅清晰的图画，仿佛让人身临其境。如果不意识到自己在读小说，还以为在读游记呢；而那些他想象中的地方，描写得仿佛真有这样的一个地方一样！《辛格顿船长》中横穿非洲大陆的叙述和描写，也有同样的生动和力度。

辛格顿一伙从莫桑比克出发，穿越非洲大陆，直达安哥拉，从东到西行程1500英里。对于这次决定，辛格顿说是"一个最最鲁莽狂妄、豁出性命的策划。这是世界上任何人或集体从来没有这样策划过的"。但1720年的非洲大陆，对欧洲人来说还是个未知数，直到1860年，欧洲出版的非洲地图中，非洲内陆还是一片空白。到1875年，斯坦利（Henry Morton Stanley, 1841—1904）才绘制了从刚果到大西洋海岸的地图。因此，笛福描写辛格顿他们横穿非洲大陆的经历，完全依赖于18世纪欧洲地图绘制者的推测和他自己的想象。但辛格顿他们过大湖，渡激流，穿越无边无际的森林，跋涉浩瀚无垠的沙漠，一路上狮吼狼嗥，虎豹成群，但象牙遍野，金沙满谷。笛福把这一切

描写得如此生动,把想象的情景描绘得像真实的探险经历一样。我们这儿只举一个写景的例子:

> 我们经过了千辛万苦,才爬上那些山岭。可是一看到山岭外面的一片地区,真叫人世间所创造出来的最顽强的心灵,也要大惊失色。那是一片辽阔的、野兽出没的荒野,看不见一棵树、一条河,或是一点儿绿色的东西。极目所至,浩瀚无垠,不见一物,只有灼热的尘沙,风起处漫卷云烟,可以把人类和野兽一齐席卷而去。我们循着去路向前眺望,只见渺无边际。

为了使读者也能想象非洲这个陌生大陆的情景,笛福常用读者熟悉的事物作比喻:

> 这条河的河道相当宽大,犹如格累夫逊德以下的泰晤士河……
>
> 我们就这样在那条河上泛舟前进。按我们的推算,差不多走了两百英里,然后河身急剧狭窄起来,不见得比温泽尔镇或者该镇附近的泰晤士河宽些。
>
> ……到了那两天的末了,水浅得连伦敦的小艇都不能走了。

格累夫逊德(Gravsend)是肯特郡属下的一个市镇,位于泰晤士河上;这里的"温泽尔镇"是误译,原文是 Windsor,现通译"温莎",是英格兰南部城镇,位于伊顿对面的泰晤士河畔。

再如笛福描写沙尘蔽日的情景:

> 回头一看,却看见一大片黄沙或尘土的广阔的云层,升腾空中,就像我们间或在夏天所见的,尘土很厚的路上有一大群牲口奔过来的样子,不过这里的兽群要大得多。

一次,他们遇到一大群野兽:

> 其余的野兽站立在外面,密密匝匝地像赶到市集去的一群阉牛。

最后我们举《罗克珊娜》中罗克珊娜与艾米坐船从法国去荷兰途中遭遇暴风雨的一个片段,其中综合了人物刻画、心理描写与对暴风雨的描写。这个片段一直被评论家认为是笛福所有小说中最精彩的段落,显示了笛福语言运用独特的风采和小说艺术的最高成就。由于这一片段较长,我们只能以一斑窥全豹的办法,选择几个不同的段落:

这时风刮得更猛了,大海涌起了波浪,一切看去都可怕极了,特别在我们看来,那是太可怕了。因为我们除了看到前面的情景外,别的啥也不知道。总而言之,夜幕降临了,一片黑糊糊的;风又起来了,越刮越猛。……有一次,我站在他们叫做统舱的那个门口朝外一看,可真把我吓坏了。只见一片漆黑,狂风怒吼,海浪高得可怕。荷兰水手们都在急忙奔跑,他们说的话我一句也听不懂,既听不懂他们的诅咒,也听不懂他们的祈祷——我说,这一切加在一起,叫我恐怖极了。总之我心里吓坏了。

……

于是,她(艾米)立刻去了,像我说的那样朝外看了看。这可怜的姑娘惊恐万状地回来了。我从来没有见到过像她那样的一副可怜相。她拧着双手,高声哭喊她完了,她完了!她要淹死了!他们都要死了!她像一个疯子似的在船舱里乱奔乱跑,像在这种情况下人们所能想象的那样,已经完全失去了理智。

……

经过认真地思考,我对自己以前的罪过也深感后悔,并不由自主地喊出声来。我的声音很轻,可也喊了两三遍:"上帝,对我发发慈悲吧。"另外我还好好地下了决心:只要上帝这次饶了我的命,以后我一定要过怎样怎样的生活。我将一个人过活,过一种淑静的生活,把我那些用不正当手段搞来的许多财物都拿去办慈善事业和做好事。

在这种惴惴不安的情况下,我怀着极其轻蔑和厌恶的心情回顾了我过去的生活。我羞愧得脸都红了,自己也奇怪怎么会做出那样的事,怎么会不顾名誉和羞耻,为了几个钱去出卖肉体。我想,假如上帝让我这一次死里逃生的话,我是不会再做原来那样的人了。

上面我们选了描绘海上暴风雨、艾米的恐惧和罗克珊娜的心理活动各一段,以见笛福叙事艺术之一斑。

笛福是一位现实主义小说大师,他经常让小说中的主人翁直接与读者对话,好像把读者当做知心朋友,与读者确立一种亲密的关系。例如,摩尔的谈话习惯是:"告诉你这些就够了","现在我来谈谈我自己","你很清楚看到,这一切都是人的本性","你知道,这正是我所希望的"。这种叙述手法拉近了叙述者与读者的距离,使读者把自己与小说的男、女主人翁联系了起来,同情他们,与他们同呼吸、共命运。读者自己似乎亲自参与了这些主人翁的冒险,与故事叙述者一起经历了种种遭遇。这种叙述手法进一步加强了小说的现实感。

笛福善于把说教穿插在细节描写中,从而不会使说教变得冗长枯燥,而读者也很难发现这些细节描写什么时候变成了虚构的叙述。

笛福的叙述能取得这样的效果,从而把英国的传奇故事改造成以塑造人物形象为中心的长篇小说,成为集中描写人物的性格、态度和思想的自传体小说。笛福把小说放在特定时间和地点的现实背景下,创造了一种现实感,使读者相信,笛福所描写的一切,确实会发生在读者所熟悉的环境里那些活生生的人物身上。笛福是第一个能在整部小说中保持这种现实感的英国作家,他的叙事手法看似平铺直叙,无艺术性可言,其实恰恰是笛福的叙事艺术之真谛!正是这种现实主义的叙事方法,是笛福对小说形成和发展的主要贡献,并对后来的作家,产生了深远的影响。

第一人称叙述手法的得失

笛福所有的小说,都运用第一人称的叙述手法。这种叙事手法,一方面加强了小说的真实性;另一方面,笛福似乎有一种"设身处地"的天赋,他可以把自己想象成小说的主人翁所处的具体境况来叙述故事,对故事发生的环境也有十分确切的描述,给人的印象好像其作品反映的是事实,而不是虚构的故事。这种真实不仅来自观察,更来自想象。例如,摩尔行窃之后逃跑的路线,熟悉当时伦敦迷宫似的街道的人,都能意识到摩尔的狡猾。因此,主人翁和叙述者笛福是一个人,"叙述者和创作者均为一个人的世界"[①]。他可以是克鲁索、摩尔、

---

① 爱·摩·福斯特:《小说面面观》,第55页。

罗克珊娜、辛格顿船长、杰克上校等主人翁。此外,在《瘟疫年纪事》中,用一个伦敦商人作为叙述者;在《一位保皇党人的回忆录》里,用一位士兵对战争的回忆作为叙事者。

用第一人称叙事的好处是,因为"当小说家对人物了如指掌时,人物显得真实"①。因为能窥见人物的内心世界,而在现实社会中,我们很难了解别人的内心世界。所以,福斯特说:"小说比历史更真实,因为它已超越事实。"②从《鲁滨孙飘流记》到《罗克珊娜》,笛福运用第一人称叙述的手法越来越娴熟。他意识到,这种叙述手法不仅可以叙述人物的外在活动,也可叙述人物的心理活动。

笛福从撰写政治讽刺诗和政论小册子到后来办《评论报》时,就惯于用各种身份撰写文章,一会儿是野心勃勃的托利党人,一会儿是辉格党人;今天是贵格会教徒,明天是土耳其间谍;昨天是苏格兰高地联团的士兵,后天是在瑞士服役的苏格兰绅士。因此,当他转而写小说时,以不同的主人翁用第一人称进行叙述就非常得心应手了。

但这种用第一人称塑造人物的手法也有局限性:读者看不到其他人对主人翁的看法。我们只能看到主人翁用自己的话讲述和解释的观点和行动,因此,就很难对主人翁做出客观的评价,因为我们只知道他们自己的观点。我们也只能从主人翁的角度看待世界,看待他周围的人物。这种按照时间顺序安排的自传体小说中,在一段时间内只能看到一种场景、一个人物、一个事件;当对这个场景、人物和事件的描述结束后,就换到另一个场景、人物和事件。因此,当新的人物出现之后,老的人物一般就不会再出现。我们很少看到后来的小说家如狄更斯等所描述的人物互动的、更为广阔的世界。我们不知道《鲁滨孙飘流记》中佐立后来的命运,《摩尔·弗兰德斯》中摩尔的那个保姆以及其他几任丈夫的命运。即使是她的兰开夏丈夫后来也只是用一两句话提一下。我们也不知道《罗克珊娜》中艾米的命运。这也反映了笛福在小说中所表现的极度的孤独感——也是他自己的孤独感!在他的非小说著作中,他也表明了这样一种观点:人类不仅不能依靠大自然,而且也不能信任同类。这正是笛福作为一个小说家的局限性。

但是,这种局限性也是笛福小说的一大特点。笛福的小说力度,

---

① 爱·摩·福斯特:《小说面面观》,第55页。
② 同上书,第56页。

部分地体现在他有限的视野和描写的生动细密。笛福对某一场景高度集中的描写,恰体现了笛福的人生观和人性观,从而使他能把技巧与想象糅合起来。

当然,在用第一人称塑造主人翁形象的时候,笛福也采用了一些补偿手段:他也把主人翁适当地置于与其他人物互动的关系之中。这一部分是通过主人翁对其他人物行动和动机的思考实现的,也有一部分是通过对话实现的。例如,克鲁索与星期五的关系、摩尔与几任丈夫的关系、罗克珊娜与艾米的关系,以及辛格顿与威廉的关系,都是通过主人翁自己的思考和对话表现出来的,从中我们可以看到人物之间相互的影响。

笛福的现实主义叙事艺术对后世作家产生的影响

狄更斯(Charles Dickens,1812—1870)对笛福非常钦佩,他的创作手法深受笛福的影响。也像笛福一样,狄更斯创造的也是一个真实的虚构世界。当大卫·科波菲尔受到其继父虐待时,在不幸中安慰他的是《鲁滨孙飘流记》(见《大卫·科波菲尔》第四章)。

英国著名女作家弗吉尼亚·吴尔夫说:

> (阅读笛福小说时)我们从来不去想想还有笛福这么一个人。倘有人说《鲁滨孙飘流记》是一位作家写出来的,我们听了不是觉得不高兴,就是觉得毫无意义。①

这就是说,笛福创造的"现实世界"的效果是虚构的,一旦说穿了就会使我们的幻觉破灭。知道《鲁滨孙飘流记》只是一个虚构的故事,就破坏了笛福努力想保留的一个神话——这是一个真实的故事。幸运的是,当我们阅读笛福作品时,很少会受到这样的干扰,因为我们已经全身心地投入了笛福所创造的"真实世界",并与这个世界中的人物同命运,共呼吸,这也正是笛福小说的魅力!

苏格兰小说家、诗人和游记作家罗伯特·路易斯·斯蒂文森谈道:

---

① 弗吉尼亚·吴尔夫:《普通读者》。

作者要非常熟悉自己所描写的环境,不论是真实的,还是想象的;距离、范围、太阳升起的地方,月相与时间的关系等,巨细无遗而无可挑剔。①

正是在景物的描写上,斯蒂文森深受笛福现实主义描写手法的影响。《金银岛》(1883)和《落潮》(1894)与《鲁滨孙飘流记》在景物描写上有一个共同点,那就是其细节的真实性,就像是一张张风景照或一幅幅风景画。只要我们对比一下克鲁索刚被海浪冲上海岸时对荒岛的描写和《金银岛》中对金银岛的描写,就可以看出两者之间描写手法和效果的相似之处。像笛福一样,斯蒂文森在头脑中对自己描写的景物,有一幅清晰的图画,包括一切细微之处,因而把想象中的情景写得像真实的一样。斯蒂文森从笛福那儿学到了许多现实主义的描写艺术。

另外,笛福对19世纪美国诗人、小说家和文学评论家埃德加·爱伦·坡和英国科幻小说之父赫伯特·乔治·威尔斯(H. G. Wells, 1866—1946)也有很大的影响。例如,爱伦·坡叙述主人翁海上冒险故事的小说《阿·戈·皮姆的故事》(*The Narrative of Arthur Gordon Pym of Nantucket*, 1838)深受笛福海上冒险故事的影响。笛福对威尔斯的影响更明显。两位作家都通过小说表达他们对政治、社会和人性的观点;在写作技巧上,他俩的小说都不讲究结构的完整性和严密性,叙述故事只是顺着情节的自然发展。两人都认为,小说的形式可灵活多样,包括虚构的自传、纪实、旅游和忏悔录等各种形式。威尔斯宣称,小说"是提出道德问题的有力工具",并认为可以通过小说的形式"讨论道德行为,分析道德行为,提出道德行为和阐明道德行为"。笛福完全具有同样的思想,他的《鲁滨孙飘流记》、《摩尔·弗兰德斯》和《罗克珊娜》就是这样的小说。他俩的小说有许多共同之处,例如,用第一人称叙事、列表说明,使用多种文学形式等。但这些都还是表面上的相似之处。更具意义的是他们的叙事手法:叙述者既是冷静的旁观者,又是积极的参与者;他们在叙事中都善于把两者完满地结合起来。下面的例子足以说明上述的论断:

---

① J. R Hammond: *A Defoe Companion*, p. 25.

这个时候的伦敦几乎已经被泪水淹没了,虽然痛悼死者的人并没有走上街头,虽然也看不见为逝去亲朋穿戴的丧服,但是悲伤的哭泣却真真切切地弥漫在城市的大街小巷。从房子的门窗里不时传出妇女儿童呼天抢地的悲声,那是因为他们最亲近的人即将离开或者已经离开了这个世界。每当穿行在城市的街道里,我就常常能听到这样的哀嚎,那莫可名状的痛苦与悲伤足以打动最冷酷的心肠。在每一间房子里几乎都能看到泪水,听到哀歌,尤其是瘟疫蔓延的开始阶段;因为越到后来,人们也就越麻木了。毕竟眼前所见的死亡太多太多,人们似乎已经没有心力去哀悼好友的逝去,而是想着自己在下一个小时也要受召唤而去。

　　由于生意上的需要,我有时候会去市区的另一端,即使那里疫情非常严重时也不例外。这次瘟疫对于我以及伦敦的每一个市民来说都是一次全新的体验,因此,乍看见原本拥挤不堪的街道变得人烟稀少,还有点惊讶不能适应。街上基本上看不到什么行人,我想倘若我来自外地,在这里迷了路,那么恐怕走完整条街(我说的是侧街),也不一定能找到一个人为我指路,除了一些房子门前的看门人;而这些房子的大门也早就紧闭。关于这一点我马上就会交代。①

　　我完全不顾自身的安危,摇摇晃晃地站在土堆上观望着。我已从那个可恶的废墟中钻出来了。先前待在那里的时候,我只是鼠目寸光地考虑我们眼下的安危,根本不知道外面的世界发生了什么事情,也没有预料到眼前这个陌生的景象。我以为希恩会变成一片废墟,现在我发现四周的景色变得非常怪异,阴森恐怖,令人毛骨悚然,仿佛来到了另一个星球。

　　这个时候,我顿时产生了一种人类所难以体会的感觉,而这种感觉只有可怜的动物受我们人类控制时才能熟知。我觉得就像一只兔子回到了自己的窝里,突然发现十来台挖土机正在摇一座房子的地基时,它的那种感觉可能和我现在的体会一样,一种被逐出家园,剥夺主人地位而沦为动物中的一员,正在火星人的铁蹄下呻吟的感觉油然而生。这种感觉起初还是模模糊糊的,现

---

① 引自笛福:《伦敦大瘟疫亲历记》,谢萍、张量译。

在我头脑已清晰,一连多日使我感到压抑。我和动物没有两样:潜伏、警觉、逃窜、躲藏,人类的恐惧和统治权已荡然无存。"①

从上面两个段落可以看到,两位故事叙述者既是事件的亲历者:"由于生意上的需要,我有时候会去市区的另一端","这次的瘟疫对于我……来说是一次全新的体验","我已从那个可恶的废墟中钻出来了","现在我发现四周的景色变得非常怪异,阴森恐怖,令人毛骨悚然,仿佛来到了另一个星球";同时,他们又都是旁观者,可站在一边冷静地观察整个事件的发展:"这个时候的伦敦几乎已经被泪水淹没了","悲伤的哭泣却真真切切地弥漫在城市的大街小巷","人类的恐惧和统治权已荡然无存"。这种作为事件见证人置身于外的叙述,更让人体会到人类遭遇的巨大灾难。②

5. 笛福的语言风格

笛福早年在莫顿学院学会了用流畅有力、简洁朴素和通俗易懂的英语写作,并形成了自己的政论文和小说鲜明独特的写作风格。笛福的散文充分体现了英国主教托马斯·斯普拉特(Thomas Sprat,1635—1713)著名纲领中的要求:"严密、直率、自然的讲话方式;明确的措词方式;清晰的感觉;朴素平易;尽可能使一切事物接近数学式的明了;宁取工匠、乡下人和商人的语言,而不取才子和学者的语言。"③

笛福的文风还来自幼时熟读《圣经》的影响——朴素的词汇,简洁的表达方式,说教的口气和预言式的句式。

一般认为,笛福的诗歌写得并不太好,但他的散文几乎可称得上是一流的。因为优秀散文的标准是直截了当地、忠实地表达作者的目的、情感、信息和意思,不需多加文饰。笛福的表达能力几乎是完美的,可以说具有艺术家的完美。他用词简练正确,笔精墨妙。他文风口语化,自然、清新、生动,一种没有矫饰的优雅,表现了作者丰富的想象力。

关于自己报刊文章的文风,笛福在 1704 年《评论报》的一篇文章

---

① 引自威尔斯:《星球大战》(第二部),王逢振主编,杨渝南、张贯之译。
② J. R Hammond:*A Defoe Companion*, pp. 26—28.
③ 伊恩·P. 瓦特:《小说的兴起》,第 110 页。

中说：

> 我写有关贸易的文章或各种一般的报道时，写得比较自由，并不太在意语言的节奏和风格的完满。我力求一种明白、易懂、通俗的文风；至于其他的，*Nec Careo, nec Curo*。（拉丁文格言，意为"我没有，我不需要，我不关心"。）

作为一个"普通的商人"，笛福自誉文风不事雕琢，他力避矫揉造作的语言。在《计划论》中，笛福说：

> 至于语言，我一直注意什么样的文章，就用什么样的语言，而不强求文风而作修饰；我根据文章的性质，使用直率的、常用的语言；我不愿故意为了使语言完满，把自己装作语言大师。

笛福的散文简单明确、朴素自然、通俗易懂，使得文学语言大大接近普通读者的讲话习惯和理解能力。他常常依赖于简单的修辞手法——重复和插叙，从而加强了使读者易于理解的效果。

司各特说："他（笛福）自己的语言是纯正的英语，常常是朴实甚至是粗俗的，但特别令人印象深刻；……正是这种粗俗的语言，使其所叙述的事实和感情有一种真实的效果，或是一种有十分可能性的效果。"[①]

前面我们引用了英国散文家查尔斯·兰姆在评论笛福叙事语言特点时，也谈到了笛福的语言特色。他说：

> 各个阶层和各种阶级的人，都会喜欢《鲁滨孙飘流记》。当然，我们一看就知道，笛福特地使用适合于底层大众阅读的用语和措辞，因此特别受到海员、穷苦的孩子和女仆们的欢迎。[②]

古斯塔夫 L. 兰纳特（Gustav L. Lannert）特别就笛福的语言特色作了研究。在他《鲁滨孙飘流记语言研究：与 18 世纪其他著作的比

---

① Backscheider, Paula R. *A Journal of the Plague Year*: A Norton Critical Edition. New York: W. W. Norton, 1992, pp. 267—268.

② Shingael, Michael, ed. *Robinson Crusoe*: A Norton Critical Edition (second edition). New York: W. W. Norton, 1994, p. 290.

较》(An Investigation of the Language of Robinson Crusoe as Compared with That of Other 18th Century Works,1910)的"引言"(Introduction)①中指出,笛福长期的记者和政论小册子作者的职业生涯,形成了他流畅平易的文风。这种文风也成了《鲁滨孙飘流记》的语言特色。由于笛福写作量极大,写作速度极快,根本无暇注意行文的优美,也没有时间关注措辞和考虑句子的长短。他惯于唠叨,喜好长句——有时句子长达十多行——这是笛福行文风格最显著的特点之一。他习惯在已经不短的主句中,插入或长或短的从句或分句,来修饰或扩展主句。许多增加的成分是随写随加的,事先并没有对整个句子的结构有周密的考虑。因此,他常常使用定语从句,例如 and who, and which, from whom, for whom, as... 等句式。在很多场合下,由于句子太长、太复杂而影响句子的衔接,笛福就用 I say, in a word, as... so 等连接手段,或用同样的短语,或用略加变化的短语,重新开始一个句子。例如:I went... I found... and as the few books... lay there too, I took out one of the Bibles... I say, I took it out and.... 这样的长句,作者有时往往无法前后照顾,甚至忘记前面的句子结构而产生不合语法的断句。由于笛福在写作过程中随着自己的想象力驰骋,往往就会游离原来的主题,有时他就不得不把叙述拉回来。这时,他就会用衔接的词语,如:But this is by the Way——But to return to my Journal——But leaving this part, I return to my Journal 等。有时,在叙述一个事件转向另一个事件时,为了清楚表明这一转折,笛福常用另外一些衔接词语。如:But I must first give some little Account of my self——Be pleas'd to take a Sketch of my Figure as follows——But some Adventures that happen'd to us in this tedious and difficult Journey, I must not omit——But now I come to a new Scene of my Life 等。

为了预先引起读者的兴趣,笛福用一些词语先提一下后面要详细叙述的事情。如:what I did... I shall give a full account of in its Place——a Dog and two Cats, of whose eminent History I may have occasion to say something in its Place——as I shall say afterwards in its Order——I shall observe in its Order——as shall be observ'd 等。有时,为

---

① Lennert, Gustaf L. Son. *An Investigation into the Language of Robison Crusoe as Compared with that of other 18th Century works*. Uppsala: Almqist & Wiksells, 1910,"Introduction", pp.1—21.

了提醒读者前面叙述过的事情，或者为了要加强读者的印象，笛福常常用下面一些他喜欢的表达方式。如：But as I said——as I have said——As I said above——as is said above——as before 等。

笛福也常用 in short——viz——that is to say——as it were——as I may call it——as I may say——as it might be said 等词语对前面叙述的事件进行总结或解释，修饰或道歉。

笛福更常用的是一些英语中的"历史现在时"的短语，使叙述更生动，语言更富有色彩。这些短语包括：I go! says I (next line) No, No, says he——he comes and gives. . . says I. . . says he；Friday looks. . . falls a jumping and calls out. . . says he 等。

以上语言特点：超长的句子、松散的句子结构、不断的重复、表达过分的精确性和常用的衔接词语，是平易通俗文风的特色，也是识别笛福作品的标志。尽管笛福有时句子超长，缺乏文法上的层次或连贯性，但照样能保持句子的清晰明白。笛福没有刻意修饰自己的语言，没有用所谓的"文学语言"叙述的习惯；他也没有想要成为今天我们所说的"修辞学家"或"文体家"或"文学艺术家"。他的语言特色是实用的、教育式的，是企业家和商人的语言。他的目的是表达清晰、有说服力；他要把现实感传达给读者；他要使自己使用的语言一针见血，达到自己所要表达的目的。在这一点上，笛福比其他任何英语作家做得都好：自然、实际、简单，犹如日常谈话那样不拘一格，通俗易懂。他用最自然的语言写小说，他的用词连理解力最差的工匠也不会误解，他的语言文化水平不高的读者和学识渊博的学者都能理解，而且都能获得阅读的愉悦。毫无疑问，这也正是《鲁滨孙飘流记》在读者中能保持如此长盛不衰的主要原因。

笛福的散文质朴无华，不甚"高雅"，更接近于"粗鄙的土话"。笛福自己也在《评论报》上告诉他的读者，他"选择的是一种直截了当、简单朴素的语言，在事实上和文体上都要明白易懂"，因为这"对我讲话的大众更有益，也更有利于他们的理解"；他充分认识到，这样做的结果是，教育水平较高的读者会认为他文体臃肿，语言啰嗦；但他坚持认为，"为了明显的、大众的利益，他必须容忍这种赘述"①。

英国作家和记者乔治·奥韦尔在一篇《英国人民》的文章中，这

---

① 伊恩·P.瓦特：《小说的兴起》，第112页。

样谈到英语:

> 语言应该是诗人和体力劳动者共同的创造。在现代英国,已很难让两者接触了。如果他们能再度在一起,像过去封建时代那样——当然方式会不一样——英语现在就可能会更接近莎士比亚和笛福的英语。

奥韦尔与笛福一样,喜欢简单通俗的陈述,不喜欢迂回曲折的表述。他们两人的英语简洁清晰,语气真诚、缓慢、冷静。两人都既写小说,也写新闻报道。笛福在长期的办报生涯中,力求一种简洁通俗的文风。他在《鲁滨孙·克鲁索沉思录》中声称:

> 我们认为,清晰明白的文风和方法有些近似于诚实;这是我们必须孜孜以求的。正是这个缘故,我必须承认,我更喜欢一种通俗明白的写作风格。

笛福在《英国商人大全》中,也谈到文风问题:

> 不管谈什么问题,不管听众或读者的对象是谁,一般来说,浅显、清晰、通俗的语言,就是优美的谈话和优秀的文章。谈话的目的是要使我们相互理解。那么,毫无疑问,最易懂的谈话就是最好的谈话方式。如果有人问我,什么是理想的文风和语言,我的回答是:如果你向五百个人发表演说,他们都是普通人,有着不同的理解水平,但他们都能理解,理解的意思也都一样,而且他们理解的意思,也正是你所要表达的意思,这当然就是最理想的文风了。当然,白痴和疯子例外。

笛福这段话是对商人说的,商人的语言要清晰明了,切忌含糊不清、模棱两可和夸夸其谈。笛福把这种明白清楚的语言,带入了他的小说之中。

为了说明笛福语言的简练、通俗、生动,我们不妨引用一节笛福的原文。这一节叙述的是罗克珊娜从英国去荷兰的海上遇到了大风暴。在暴风雨中罗克珊娜百般忏悔,但一旦安全踏上陆地,她马上又忘掉了自己的恐惧和悔恨。原文如下：

> In about an hour, or something more, we see, to our infinite satisfaction, the open harbour of Harwich, and the vessel standing directly towards it, and in a few minutes more the ship was in smooth water, to our inexpressible comfort; and thus I had, though against my will, and contrary to my true interest, what I wished for, to be driven away to England, though it was by a storm.
>
> Nor did this incident do either Amy or me much service, for the danger being over, the fears of death vanished with it, ay, and our fear of what was beyond death also. Our sense of the life we had lived went off, and with our return to life, our wicked taste of life returned, and we were both the same as before, if not worse. So certain is it, that the repentance which is brought about by the mere apprehensions of death, wears off as those apprehensions wear off; and death-bed repentance, or storm repentance, which is much the same, is seldom true. However, I do not tell you that this was all at once neither; the fright we had at sea lasted a little while afterwards, at least, the impression was not quite blown off as soon as the storm; especially poor Amy, as soon as she set her foot on shore, she fell flat upon the ground and kissed it, and gave God thanks for her deliverance from the sea; and turning to me when she got up, 'I hope, madam,' says she, 'you will never go upon the sea again.'

尽管是18世纪20年代的英语，但这段引文我们读起来却并不陌生。尽管笛福有的句子较长，但句法相当简单，用词也相当浅显；其口语化的文风，显得特别通俗易懂。怪不得当时连粗通文化的厨娘、男仆及小市民都喜欢读笛福的小说。这种口语化的叙述方式，给读者一种幻觉，即正在描述的事情是正在发生的事实，只不过现在诉诸笔端而已。这种文风在很大程度上依赖于感官：日常所见的东西的形状、手感、质地等，包括家具、房间、钱包、硬币、工具等等一切物品。笛福的这种散文风格坦率真诚、直截了当，很少修饰，却明白顺畅。

结语

郭建中讲

对于笛福小说不足之处的非议,我们没有必要作什么辩护。但有一点必须指出:笛福是第一位尝试用现实主义手法创作小说的作家。那时根本没有什么"小说理论"。今天我们熟知的所谓"文学样式"、"情节结构"、"叙事角度"、"小说技巧"等术语,在他那个时代还没有产生。他也是在"摸着石头过河",尝试一种新的、可能是从未有人尝试过的文学形式。因此,从现在的观点来看,他的小说与简·奥斯丁(Jane Austen,1775—1871)和狄更斯的小说相比,相对来说就不那么完满了。但在1719年到1724年这短短五年的小说创作生涯中,笛福创作了十部小说。在这个过程中,他不断完善自己小说创作的艺术。从《鲁滨孙飘流记》近乎冒险故事的情节安排,到《罗克珊娜》近乎复杂的心理小说的完满,从早期小说结构上的松散性到后期小说故事情节叙述的连贯性,都说明笛福小说艺术上的成就。而贯穿笛福所有小说的特点是:逼真的细节描写,精确的地理特征的描绘,生动现实的对话等,都充满了现实主义的叙述。从笛福开始,现代小说更关注人物内心世界和人物的思想和自省,并在小说中越来越强调人是社会的人,是社会的公民这一角色。哈蒙德在《笛福手册》中指出:"现代小说的诞生以两个特点为标志:一是人物的塑造;二是环境的细节描写。"在笛福的小说中,我们可以看到这两者的结合:个人与社会之间关系的详细描述。所有这些都使笛福无愧于"现实主义小说之父"的称号!

参考文献

I. 笛福传记

Backscheider, Paula R. *Daniel Defoe: His Life*. Baltimore and London: John Hopkins University Press, 1989.

Bastain, Frank. *Defoe's Early Life*. New Jersey: Barnes & Noble, 1981.

Chalmers, George. *The Life of Daniel Defoe*. London, Second Edition, 1790.

Frank, Katherine. *Crusoe: Daniel Defoe, Robert Knox, and the Creation of a Myth*. New York: Pegasus Books LLC, 2012.

Furbank, P. N. & Owen, W. R., *A Political Biography of Daniel Defoe*. Pickering & Chatto, London, 2006.

Lee, William. *Daniel Defoe: His Life and Recently Discovered Writings*, 3 Volumes. London, 1869; Reprint New York: B. Franklin, 1696.

Minto, William. *Daniel Defoe*, New York, Harper & Brothers, Publisher, 1900.

Moore, J. R. *Daniel Defoe: Citizen of the Modern World*. Chicago: University of Chicago Press, 1958.

Novak, Maximillian E. *Daniel Defoe: Master of Fictions* (Oxford: Oxford University Press, 2001.

Richetti, John J. *The Life of Daniel Defoe*, Oxford, 2005.

Sutherland, James R. *Defoe*. London: Methuen & Co. 1937.

Trent, William Perterfield. *Daniel Defoe: How to Know Him*. Indianapolis, Indiana: Bobbs-Merrill, 1916.

West, Richard. *Daniel Defoe: The Life and Strange Surprising Adventures*. London: Harper Collins, 1998.

Wilson, Walter. *Memoirs of the Life and Times of Daniel Defoe*. 3 Vols. London: Hurst, Chance, 1830.

Wright, Thomas, *The Life of Daniel Defoe*, Cassel and Company, Ltd. London, Paris & Meluoukm, 1894.; C. J. Farncombe & Sons Ltd., London, 1931.

II. 笛福书目

Moore, J. R. *A Checklist of the Writings of Daniel Defoe*. Bloomington, Indiana: Indiana University Press. 1960.

Owens W. R. & Furbank P. N. *A Critical Bibliography of Daniel Defoe*. London: Pickering & Chatto, 1998.

Owens, W. R. & Furbank, P. N. *Defoe De-Attributions*: *A Critique of J. R. Moore's Checklist*, London and Rio Grande, Ohio: The Hambledon Press, 1994.

Peterson, Spiro. *Daniel Defoe*: *A Reference Guide*. Boston: G. K. Hall. 1987.

Stoler, John A. *Daniel Defoe*: *An Annotated Bibliography of Modern Criticism*, *1900—1980*, New York: Garland Press. 1984.

III. 笛福著作

Kelly, Edward, ed. *Moll Flanders*: A Norton Critical Edition. New York: W. W. Norton, 1973.

Owens, W. R. & Furbank, P. N. General Editors. *The Works of Daniel Defoe*, 50 Vols. London: Pickering & Chatto, 2000—2008.

Rivero, Albert J., ed. *Moll Flanders*: A Norton Critical Edition. New York: W. W. Norton, 2004.

Backscheider, Paula R. *A Journal of the Plague Year*: A Norton Critical Edition. New York: W. W. Norton, 1992.

Shingael, Michael, ed. *Robinson Crusoe*: A Norton Critical Edition (second edition). New York: W. W. Norton, 1994.

VI. 评论与研究

Bell, Ian A. *Defoe's Fiction*. Barnes & Noble Books, Totowa, New Jersey, 1985.

Blewett, David. *Defoe's Art of Fiction*. Toronto: University of Toronto Press, 1979.

Bloom, Harold, ed. *Modern Critical Views*: *Daniel Defoe*, New York: Chelsea House Publisher, 1987.

Bloom, Harold, ed. *Modern Critical Views*: *Robinson Crusoe*, New York: Chelsea House Publisher, 1994.

Davis, Lennard J. *Factual Fictions*: *the Origin of the English Novel*. New York: Columbia University Press, 1983.

Ellis, Frank, ed. *Twentieth-Century Interpretations of Robinson Crusoe*: *A Collection of Critical Essays*. Englewood Cliffs NJ: Prentice-Hall, 1977.

Furbank, P. N. & Owens, W. R. : *The 'Lost' Continuation of Defoe's Roxana*, Eighteenth Century Fiction, Volume 9, Issue 3, 4-1-1997)

Forster, Edward Morgan. *Aspects of the Novel*. Harcourt, Brace & World, Inc. 1927. B. Whittaker. London. 1829.

Gildon, Charles. *The Life and Strange Surprizing Adventures of Mr. D—DeF—*, *of London*, *Hosier*, London: J. Roberts, 1719.

Hammond, J. R., *A Defoe Companion*, Basingstoke: Macmillian, 1993.

Holliday, Carl. *English Fiction from Fifteenth Century to Twentieth Century*, Kessinger Publishing, 2007.

Hunter, J. Pual. *The Reluctant Pilgrim*: *Defoe's Emblematical Method and Quest for Form in Robinson Crusoe*, Baltimore: The Johns Hopkins University Press, 1966.

Leavis, Queenie Dorothy. *Fiction and the Reading Public*, 1932, London: Peregrine Books, 1979.

Lennert, Gustaf L. Son. *An Investigation into the Language of Robinson Crusoe as Compared with that of Other 18th Century Works*. Uppsala: Almqist & Wiksells, 1910.

Mayer, Robert. *History and the Early English Novel*: *Masters from Bacon to Defoe*. Cambridge: Cambridge University Press, 1997.

McKillop, Alan Dugald. *The Early Masters of English Fiction*, The University Press of Kansas, Lawrence and London, 1956.

Mckay, Jenny, *Defoe's "The Storm" as a Model for Contemporary Reporting*, Chapter I in Keeble, R. and Wheeler, S. (2008) *The Journalist Imagination*: *Literary Journalists from Defoe to Capote to Carter*, Abingdon, UK, and New York: Routledge.

Novak, Maximillian E. *Economics and the Fiction of Daniel Defoe*, Berkeley and Los Angeles: University of California Press, 1962.

Novak, Maximillian E. *Defoe and the Nature of Man*, Oxford and London: Oxford University Press, 1963.

Richetti, John J. *Daniel Defoe's Narrative*: *Situations and Structures*, Oxford: Clarendon Press, 1975.

Richetti, John J. *Popular Fiction Before Richardson*: *Narrative Patterns 1700—1739*, Oxford: The Clarendon Press, 1969.

Ross, John F. *Swift and Defoe*: *A Study in Relationship*, Norwood Edition, 1974.

Starr, G. A. *Defoe and Spiritual Autobiography*, Princeton University Press, 1965

Secord, Arthur Wellesley. *Studies in the Narrative Method of Defoe*. Urbana, Illinois: University of Illinois Press, 1924

Sutherland, James. *Daniel Defoe: A Critical Study*. Cambridge, MA: Harvard University Press, 1971.

Vickers, Ilse. *Defoe and the New Sciences*. Cambridge: Cambridge University Press, 1996.

Ward, A. W. & Waller, A. R., Ed. *The Cambridge History of English and American Literature: An Encyclopedia in Eighteen Volumes*, vol. IX From Steele and Addison to Pope and Swift.

Watt, Ian. *The Rise of the Novel: Studies in Defoe, Richardson, and Fielding*. Berkeley and Los Angeles: University of California Press. 1957.

Zimmerman, Everett. *Defoe and the Novel*. Berkerly and Lons Angeles: University of California Press, 1957.

V. 英国历史

Bourni, K. Lox. *English Newspapers* in "*History of Journalism*", Printed by Spottiswoode and Co., New-Street Square, London.

Landa, José ángel GARCíA. *English Journal*, from A BIBLIOGRAPHY OF LITERARY THEORY, CRITICISM AND PHILOLOGY: http://www.unizar.es/departamentos/filologia_inglesa/garciala/bibliography.html by University of Zaragoza, Spain.

Schultz, Harold. *British History* (Fourth Edition), New York: Harper Collins Publisher, 1992.

Stevens, David Harrison: *Party Politics and English Journalism 1702—1742*, A Dissertation Submitted to the Faculty of the Graduate School of Arts and Literature in Candidacy for the Degree of Doctor of Philosophy (Department of English), A Private Edition Distributed by The University of Chicago Libraries, 1916

A Chronology from 1660—1731

A Time Line of Church History

A Concise History of the British Newspaper in the Seventeenth Century

肯尼斯·摩根主编,王觉非等译:《牛津英国通史》,北京:商务印书馆,1993。

钱乘旦、许洁明:《英国通史读书笔记》,上海:上海社会科学院出版社,2002。

钱乘旦、许洁明:《英国通史》,上海:上海社会科学院出版社,2002。

杨琨:《揭开苏格兰与英格兰合并之谜》,台湾《历史》月刊第250期,2009年02月11日09:28中新网—华文报摘。

英国历史王朝和王朝更替列表,WWW. Topsage. com

英国历史大事年表

英国历代王朝及国王列表

V. 其他

Howell, John. *The Life and Adventures of Alexander Selkirk*, Edinborgh: Oliver and Boyd, Tweeddale-Court; and Geo.

Kraske, Robert. *Marooned: The Strange but True Adventures of Alexander Selkirk*, Clarion Books, New York, 2005.

Severin, Tim: *In Search of Robinson Crusoe*, Basic Books, a Member of the Perweuw Books Group, 2002.

Souhami, Diana: *Selkirk's Island: The True and Strange Adventures of the Real Robinson Crusoe*, Harcourt, Inc., New York, San Diego, London, 2001.

VI. 笛福著作中译本

笛福:《鲁滨孙飘流记》,方原(徐霞村)译,北京:人民文学出版社,1979。

笛福:《鲁滨孙飘流记》,郭建中译,南京:译林出版社,1996;2006。

笛福:《鲁滨孙历险记》,黄杲炘译,上海:译文出版社,1997。

笛福:《摩尔·弗兰德斯》,郭建中译,南京:译林出版社,2003。

笛福:《罗克珊娜》,定九、天一译,天津:百花文艺出版社,1998。

笛福:《海盗船长》,张培均、陈明锦译,南宁:广西人民出版社,1980。

笛福:《伦敦大瘟疫亲历记》,谢萍、张量译,呼和浩特:内蒙古人民出版社,2003。

笛福:《笛福文选》,徐式谷译,北京:商务印书馆,1997。

VI. 小说理论著作

弗吉尼亚·吴尔夫:《普通读者》,刘炳善译,北京:北京十月文艺出版社,2005。

侯维瑞、李维屏:《英国小说史》,南京:译林出版社,2005。

爱·摩·福斯特:《小说面面观》,苏炳文译,广州:花城出版社,1984。

伊恩·P. 瓦特:《小说的兴起》,高原、董红军译,北京:三联书店,1992。

附录

郭建中讲

笛福

一、笛福年谱与重大事件年表

1660—1685　查理二世在位（斯图亚特王室复辟）

1660　　4月25日查理二世复位；可能在秋季，笛福诞生于伦敦普尔盖特区圣吉斯教区，父亲詹姆斯·福，是伦敦的一位商人，祖籍佛兰德（今比利时一带），母亲艾丽丝。

1661　　《市政法案》要求政府公职人员和治安官员到英国国教会教堂做礼拜和领圣餐。

1662　　《宗教划一法案》颁布，要求使用《公祷书》。由此导致2000名清教派和其他不从国教派的牧师离开英国国教会；福一家跟随牧师塞缪尔·安斯利离开圣吉斯教区，成为非国教徒的一个派别——长老会教徒。

1664—1672　议会通过严厉惩罚非国教徒的一系列法案，统称"克拉伦登法典"。

1665—1666　英国向荷兰宣战，第二次英荷战争爆发。

1665　　伦敦大瘟疫（最后一次爆发），伦敦死了近10万人；笛福被送到乡下避难。

1666　　9月2日发生伦敦大火，烧了四天四夜，烧毁了伦敦大部分中世纪木结构建筑。

1667　　一支荷兰舰队通过泰晤士河进入梅德韦，封锁伦敦达数周，并摧毁了大部分英国舰队；签订布雷达合约，结束第二次英荷战争。

郭建中讲

笛福

1668(?)	笛福母亲艾丽斯去世。冬天笛福第一次离开伦敦旅游,访问了哈利奇和伊普斯威奇,也许在母亲生病期间或过世后住在亲戚家里。
1670	议会通过了第二个更为严厉的《禁止非国教徒秘密集会法案》。笛福第一次去巴斯疗养,喝矿泉水。
1671	笛福开始在萨里郡多今镇新教牧师詹姆斯·费希尔专为"异教徒"孩子创办的学校读书;多今位于伦敦西南,离伦敦25英里。
1672	查理二世发布《信教自由令》,终止执行迫害非国教徒的法案。
1773	议会迫使查理二世撤回《信教自由令》;《宣誓法案》强迫所有公职人员和军官及王室人员不得改变宗教信仰,一律根据《公祷书》规定的仪式做礼拜和领圣餐,并禁止非国教徒担任文武公职。
1674—1679(?)	笛福后来在纽因顿格林由查尔斯·莫顿牧师主持的一所长老会学校就读,学习自然科学和人文科学,所学课程比大学还广泛;父亲希望把笛福培养成一名长老会的牧师。纽因顿格林位于伦敦北面。
1678	所谓罗马天主教阴谋企图在英国复辟天主教的谣言引起普遍恐慌。通过第二个《宣誓法案》,把罗马天主教徒赶出议会。
1679	辉格党开始试图排斥约克公爵詹姆斯继位。
1681	笛福用诗体写了一系列"沉思录",但未发表。大约这一年笛福放弃了做长老会牧师的念头。
1682	时年22岁,笛福开始创办一家内衣批发和杂货商号。
1683	当年笛福出版第一本政治小册子,但一本都没有留下来,至今无法追索。
1684	新年元旦,笛福与酒商女儿玛丽·托夫勒结婚,妻子给他带来3700英镑的丰厚妆奁;在1687—1701年之间,生有七个(八个?)子女,活下来六个。
1685—1688	**詹姆士二世在位**
1685	2月6日,查理二世驾崩,斯图亚特家族的詹姆士二世(天主教徒)继位;6月11日,蒙茅斯公爵发动反对信奉天主教的詹姆士二世的叛乱,7月6日,叛乱被镇压,蒙茅斯被砍头;笛福参加了叛军,但却幸运地逃避了惩罚。
1686	詹姆斯发布大赦令,从监狱中释放了许多非国教徒。
1687	詹姆斯发布《信教自由令》,允许非国教徒和罗马天主教徒参加宗教仪式的自由。笛福发表第二篇政治论文,反对詹姆斯的《信教自由令》,但也已无法追寻。
1688	詹姆斯重新发布《信教自由令》,命令所有教区的牧师必须向教徒宣读,但七位大主教拒绝执行命令,并因发表煽动性诽谤言论而受审,但被宣判无罪释放。 英国新教徒发动"光荣革命",詹姆士二世逃往法国,迎立詹姆士二世的女婿、荷兰国王"奥伦治的威廉",为英王威廉三世。 大约8、9月间,笛福发表了我们现在可以找到的第一本政论小册子《海牙的朋友致一位非国教徒的信》,支持1688年的"光荣革命"。同年,笛福加入屠宰公会(一个同业公会)。

1689—1702	威廉三世在位
1689	威廉三世和玛丽登基,笛福参加欢迎新国王威廉三世的游行宴会。议会通过《权利法案》,解决王位继承问题,确保议会和新教徒的权利;《宽容法案》容许新教徒中的非国教徒做礼拜的自由,但没有公民权。威廉组成大同盟,开始对法战争。
1690	7月1日威廉三世在博因战役中击败詹姆斯二世。
1691	可能在1月份笛福发表《一个老阴谋的新发现》,是一首关于城市政治的讽刺诗。
1692	4月,笛福以850英镑的代价,从约翰·巴克斯代尔那儿买了79只灵猫。7月,成为一家投资公司秘书长,组建该公司是为投资潜水钟制造公司。因英法战争,笛福海上保险受损和他的轻率投机而第一次破产,欠债高达1.7万英镑,虽同意向债主付清全部债务,但当年10月29日仍被捕入狱,关在舰队监狱,11月4日再次入狱。
1693	因债务问题笛福2月12日第三次被捕,关入王座法庭监狱;与债主谈判还债条件;十年内付了五千英镑的欠款,但此后从未还清债款。
1694	大约这一年,笛福在埃塞克斯郡的蒂尔伯里开办了一家砖瓦厂。成立英格兰银行。
1695	笛福在政府玻璃税管理委员会任职,担任会计师,直至大约1699年。该委员会负责收取玻璃器皿、石头和陶瓷瓶税;为此,他第一次在自己的姓"福"(Foe)之前加上前缀"笛"(De),从此自称"笛福"(De Foe);1695年10月至1696年3月任王家彩票公司基金管理人。 议会废止了出版物审查法。 玛丽王后过世。
1696	《航海法案》禁止美洲殖民者直接向苏格兰和爱尔兰出口商品。
1697	1月,笛福出版《计划论》,是笛福第一篇长篇社会经济学著作,此文产生巨大影响,使笛福受到大人物的关注。 9月,签订利兹维克和约,结束英法战争。
1698	笛福连续发表三本关于建立常备军的小册子和《关于不从国教者"间或一致"的调查研究》,这是笛福有关这一问题撰写的一系列小册子的第一篇文章。 伦敦交易所成立。
1699	5月,笛福发表《致议会的颂词》,用民谣体写成,讽刺议会最近的一些愚蠢做法。
1700	2月,笛福发表《调解人》,是用讽刺诗体写成的一篇文学论文。11月,因路易十四承认自己的孙子要求继承西班牙王位,引发笛福连续发表两本政论小册子《两个重大问题的思考》和《两个重大问题的再思考》。

	1701	可能在1月份,笛福发表讽刺长诗《真正的英国人》,为威廉三世及其荷兰血统辩护,是本世纪最受大众欢迎的诗歌,销售量超过所有以往出版的英语长诗。此后笛福发表文章,有时署名"《真正的英国人》的作者";5月份笛福向下议院提交《大众的请愿》,以20万英国人的名义猛烈抨击下议院;同年发表了十余篇政治、宗教信仰和金融方面的小册子和诗歌。9月,詹姆斯二世去世,路易十四承认一直觊觎王位的查理·爱德华·斯图亚特继承英国王位。12月,笛福发表《英国全体人民天赋的权力》一文,是他宪法理论的重要著作。欧洲发生西班牙王位继承战争。
	1702—1714	**安妮女王在位,斯图亚特家族复辟**
	1702	8月,国王威廉三世病逝,安妮继位,阻断了笛福升迁之路;5月,英国对法宣战。7月,托利党在大选中成为多数党,给不从国教者增加了压力;笛福发表了三篇长诗,《对英国国教忠诚的考验》一文给予那些野心家以深重的打击。11月,下议院通过终止实行"间或一致"的政策,为此笛福发表三本政论小册子,其中最著名的当属讽刺性、煽动性政论文《惩治不从国教者的捷径》,讽刺英国国教的不宽容政策,文章刚发表时曾被误读——非国教徒开始也没有读懂诗歌讽刺手法,因而对作者大为愤慨;而诗歌在极端保守的托利党人中引发了轩然大波。政府发出对诗歌作者的逮捕令。
	1703	躲藏期间,笛福发表《对最近发表的一本政论小册子的简要解释》和《一位非国教徒和一位观察者之间的对话》,表达他被非国教徒误解的苦恼。5月21日,笛福作为政治犯被捕;7月7日,以出版煽动性、诽谤性言论被判刑,投入新门监狱,七年内不得"乱说乱动",并处罚款和枷刑示众三天(从7月29日至31日)。受枷刑第一天,笛福发表讽刺诗《枷刑颂》,表明自己并不悔改。11月8日,经托利党温和派大臣罗伯特·哈利说项,才获释出狱,此后为哈利效劳;11月,第二个"间或一致"法案提出,但再次遭上议院否决。11月27日,发生特大暴风雨。同年出版经笛福自己授权的文集;砖瓦厂因入狱而倒闭,笛福再次破产。
	1704	1月,笛福出版《非国教徒对高教会派挑战的回答》作为对查尔斯·莱斯利的回应。《论新闻报刊的管理》。2月19日,《评论报》第1期出版(直至1713年停刊)。先是周刊,后一周出三次;笛福既是作者,又是编辑;该刊为托利党政府温和派的喉舌。在刊物上笛福纵论国家大事,讨论问题涉及时事、政治、宗教信仰、贸易、道德和行为规范等公众关心的各种社会问题,他的文章对后来的报纸杂志文章和出版产生很大影响。2月至8月间,发表9篇政论小册子,并秘密创办期刊《老爷信使报》(8月至9月),讽刺舰队司令乔治·鲁克爵士。4、5月间,以罗伯特·哈利为代表的托利党中的温和派,替代了一些托利党中的极端派。7月,发表《暴风雨》,是笛福撰写长篇叙事性文章的一次写作技巧的实践。8月,布莱尼姆战役胜利,笛福发表诗歌《胜利颂》。从8月至9月,笛福在英格兰东部。10月,据说因发表诗歌《致辞》而逃亡,躲避司法制裁。11月,发表《施舍并非是慈善行为》。11月,提出第三个"间或一致"法案,但在下议院和上议院均未通过。

郭建中讲 笛福

1704—1714	先后成为哈利（1703—1708）、戈多尔芬（1708—1710）的心腹和政治记者，1710—1714再次为哈利效劳。实际上，笛福成为托利党政府的政治顾问和间谍，搜集情报，宣传政府政策，积极推动英格兰与爱尔兰的合并（1707）。为此，笛福在英国到处旅行。
1705	上议院邀请笛福提交一份成立海员登记办公室的计划。3月，笛福发表《集运人》，是讽喻性的月球旅行记。5、6月间，大选巩固了辉格党的地位。7月，笛福发表《波兰饮食》，讽刺刚下台的托利党政府。7月至11月，笛福在英国各地进行考察旅行。
1706	5月，拉米伊战役。笛福出版《消除反对英格兰与苏格兰合并的国民偏见》，这是六篇文章中的第一篇。7月，发表《神权论》，这部长诗分12卷出版，驳斥"神权理论"。8月，与债主达成和解协议。9月至1707年11月在苏格兰。11月，劝说苏格兰议会的一个委员会征收合理的啤酒消费税。12月，发表诗歌《苏格兰》，赞美苏格兰。
1706—1710	充当政府间谍，经常住在爱尔兰搜集情报，并积极促进英格兰和爱尔兰在1707年的合并。
1707	1月，苏格兰议会通过与英格兰合并的条约。1月至3月，笛福与詹姆斯·韦伯斯特牧师争论，发表三本政治小册子和其他一些有关苏格兰问题的小册子。3月，合并法案通过。6月，笛福试图在苏格兰谋求一个政府公职（可能因为苏格兰不执行《宣誓法案》）。9月，瑞典大使因《评论报》的一篇文章涉及查尔斯十二世向笛福表达不满。
1708	2月，哈利辞去国务大臣的职务，笛福开始为葛德芬服务。3月，法国试图支持詹姆斯二世党人入侵苏格兰。4月至11月，笛福在苏格兰。5月，一次大选巩固了辉格党在议会中多数党的地位。这一年笛福把家搬到位于伦敦北部的郊区斯托克纽因顿，此后一直在此居住。
1709	年初，笛福单独出版了《评论报》的苏格兰版，并开始担任皇家非洲公司的发言人。9月至1710年1月，笛福在苏格兰。12月，笛福与戴维·费恩签约，发行《苏格兰邮差报》（出版了一年）。
1710	2月（？），笛福的《大不列颠联合王国历史》出版。8月，葛德芬被撤掉财政大臣一职，继由哈利担任，笛福重新为哈利服务。8月，发表《论政府信用》。9月，发表《论借贷》。10月，托利党在大选中获得压倒性的胜利。11月至1711年2月，笛福在苏格兰，与人合伙生产亚麻台布。当年，笛福就当时的政治和经济热点问题，出版了大约20来本政论小册子。5月，哈利任王室财政大臣，获贵族爵位。他的南海法案在两院获得通过。9月，笛福任布鲁克斯—赫利尔葡萄酒批发商号发言人。英国和法国草签和约。南海公司成立。12月，《间或一致法》获得通过。
1712	1月，安妮女王授予12位托利党人爵位。2月，笛福担任纽卡斯尔驳船船员发言人。这一年出版了大约10来本政论小册子。5月，出版《大不列颠党派现状》，是一部关于英格兰和苏格兰政治和宗教发展的长篇论著。通过《印花税法》，对期刊征税。

1713	1月,笛福担任一家黄铜公司发言人。4月,乌德勒支条约结束了西班牙王位继承战争。笛福因发表三篇讽刺汉诺威王朝继位的论文被逮捕。5月出版《收购人》,是一份主张与法国贸易的期刊,至1714年7月停刊,同时,就同一问题出版数本小册子。6月,与法国通商的条约被否决。笛福发表《贸易通史》。8月大选,辉格党惨败。授权南海公司向新大陆的西班牙殖民进口非洲奴隶。
1714—1727	**乔治一世在位**
1714	4月至8月,笛福编辑出版为托利党政策辩护的期刊《监督员》。7月,安妮女王解除哈利职务。7月至9月,笛福为一份假冒的《飞行邮报》撰稿。8月,安妮殡天,汉诺威选帝后乔治一世继承王位。9月(?),发表《白厅职员秘密史》,是一本出色的为哈利名誉辩护的小册子。这是文章三部分中的第一部分。由于债务问题和支持复辟的言论而三次被捕;后经政府干预,付清了部分债务,并向受攻击者赔礼道歉后释放。
1715	发表教育论著《家庭教师》。这是一本采用对话手法写作的有关宗教信仰和行为准则的小册子,是18世纪深受大众欢迎的读物,至1720年再版八次。直到19世纪还受欢迎。2月,发表《呼吁名誉与公正》。出版者报道,笛福中风,且可能濒临死亡,笛福写此文向大众道歉。6月,哈利以叛国罪被起诉,关进伦敦塔。7月,发表《关于牛津伯爵罗伯特·哈利行为的报道》,竭力为哈利辩护。
1715—1730	哈利失势后,笛福为几任辉格党大臣担任宣传工作和间谍工作。笛福继续撰稿为哈利辩护。
1716	12月,斯坦诺普代替汤曾德任国务大臣。笛福就内阁人事的变动,发表了三四本小册子。
1617	4月汤曾德被撤职,沃波尔任首相。4月笛福发表长篇著作《苏格兰教会回忆录》。主编出版《政治信使》(至1720年12月停刊);这是笛福为辉格党内阁(1716—1720)编辑的"托利党"杂志。开始为过激的托利党报纸——米斯特主办的《周刊》撰稿。7月,哈利被宣判无罪释放。
1718	4月26日,笛福致信议会副秘书长查尔斯·德拉费伊,说明据说他为辉格党政府活动的情况。第二部《家庭教师》出版。
1719	4月15日,《鲁滨孙飘流记》出版。8月,又出版了此书的续集《续飘流记》。10月,出版《制造商》(至1721年3月停刊)。出版大量关于贸易与金融方面的小册子。
1720	1月,编辑出版一份综合性杂志《评论员》(至9月份停刊)。接着在10月出版一本有关南海事件的期刊《主管》(至1721年1月停刊)。5月,发表《一位保皇党人的回忆录》,6月,出版《辛格顿船长的冒险与海盗生涯》,8月出版《鲁滨孙沉思录》。10月,南海泡沫事件爆发。
1721	2月,汤曾德被任命为国务大臣。4月,沃波尔任第一财务大臣。8月,笛福的儿子本杰明因在《伦敦杂志》上发表文章而被捕。笛福在其居住的施托克纽因顿成为一位有钱的体面人物。

1722	1月,《摩尔·弗兰德斯》出版。2月,发表《应为瘟疫预作准备》,当时瘟疫已在法国出现,这是笛福有关预防瘟疫道德和预防措施的思考。2月,发表《宗教与婚姻》,是一篇对话形式写成的说教文章。3月,《瘟疫年纪事》出版;12月,《杰克上校》出版。在埃塞克斯郡投资土地,经营农庄,并试图新建一个砖瓦厂。
1724	2月,《罗克珊娜》出版;4月,《关于服从大法的思考》;5月,《英伦三岛环游记》(3卷,第2卷,1725,第3卷,1726);11月,杰克·谢泼德被处死。11月,《新环球旅行记》出版。《海盗通史》和《约翰·谢泼德的精彩人生》出版。
1725	6月,发表文章《人人负责等于无人负责》;11月,《英国商人大全》第1卷出版(第2卷于1727年出版)。10月至1726年5月,发表《发现与进步通史》(分四部分),此外还出版记述海盗和罪犯生涯的书,如《乔纳森·怀尔德》等。
1726	4月,发表关于写作起源的论文《文学随笔》;5月,《魔鬼政治史》出版,这是一篇关于魔鬼现身和地狱的讽刺文章。11月,发表《魔术方法》一篇关于魔鬼历史和揭露当时异端邪说和骗人鬼话的文章。发表《关于街头拉客妓女的一些思考》。

1727—1760 乔治二世在位

1727	1月,发表《夫妻淫荡》,这是一本关于正当使用和滥用婚床的文章。3月,发表《幽灵的历史和现实》。《英国商人大全》第2卷出版;另外出版《家庭教师新论》和《教区暴政》等文章。6月,乔治一世驾崩。
1727—1730	笛福继续撰写各种题材的文章,深受大众欢迎。笛福著作数以百计,包括政论、诗歌、小说、传记等,可谓著作等身。作品题材涉及社会改革、政治宣传、经济、教育、历史、文学、旅游、道德等。作为记者,他为二十多种报纸杂志撰稿,并主编多种报刊杂志。
1728	笛福开始撰写《英国绅士大全》;3月,发表《奥古斯塔的成功》,一篇有关城市改造的文章,提议在伦敦设立一所大学,提出禁止卖淫、赌博和酗酒的计划;3月,《英国商业计划》出版;《再思考:完善〈立即防止街头抢劫的有效计划〉》因一起旧债务遭起诉。
1729	出版《英国绅士大全》(第一版于1890年出版);女儿索菲娅嫁给亨利·贝克。
1730	2月或3月发表《国内贸易概况》,这是一篇反对街头小贩的讽刺文章;玛丽·布鲁克起诉笛福欠其400英镑未还,笛福败诉。笛福为逃避牢狱之祸而躲藏起来。
1731	发表《立即防止街头抢劫的有效计划》;《英国商业计划》第二版出版。 4月24日,因嗜眠症(可能是现在称之为"中风"的病)逝于藏身处伦敦制绳商巷一间公寓里,4月26日葬于伦敦北部著名的邦希尔清教徒墓地。
1732	玛丽·笛福于12月19日葬于邦希尔公墓的笛福墓旁。
1890	遗作《英国绅士大全》出版。
1895	遗作《王室教育》出版。

(附注:此年表系笔者根据多种资料综合制成。)

二、重要专有名词英汉对照

Abney, Thomas (Sir)	托马斯·阿布尼爵士
Act of Settlement	《继承法案》
Act of Supremacy	《至尊法案》
Act of Uniformity	《宗教划一法案》
Addison, Joseph	约瑟夫·艾迪生
Adolphus, Gustavus	古斯塔夫斯·阿道夫
Alice Foe	爱丽丝·福
Anglican Church, the	安立甘宗
Annesley, Samuel (Dr.)	塞缪尔·安斯利博士
Arbuthnot, John	约翰·阿巴思诺特
Applebee, John	约翰·阿普尔比
Applebee's Weekly Journal	《阿普尔比周报》
Ashton, John	约翰·阿什顿
Athenaeum	《图书馆》杂志
Athenian Mercury, The	《雅典信使》
Bacon, Francis	弗兰西斯·培根
Baker, Henry	亨利·贝克
Baptist Church, the	浸礼会
Barbican Arts Center	巴比肯艺术中心
Beaufort, Francis	弗朗西斯·蒲福
Behn, Aphra (Mrs.)	阿弗拉·贝恩夫人
Bill of Rights	《权利法案》
Bishopsgate St.	毕晓普斯盖特街
Bolingbroke	博林布罗克
Book of Common Prayer	《公祷书》
Bowry, Thomas	托马斯·鲍里
Bristol	布里斯托尔
Buckinghamshire	白金汉郡
Buckley, Samuel	塞缪尔·巴克利
Bunhill Fields	邦希尔公墓
Bunyan, John	约翰·班扬
Burgess, Anthony	安东尼·伯吉斯
Bury St. Edmunds	贝里圣埃德蒙兹
Butchers' Company, the	屠宰公会

Cadiz	加的斯
Calvin, John	约翰·加尔文
Calvinism	加尔文主义
Camden, William	威廉·卡姆登
Castle St.	卡斯尔街
Caxton, William	威廉·卡克斯顿
Chadwell	查德韦尔
Charles I	查理一世
Charles II	查理二世
Charlestown	查尔斯顿
Chatham	查塔姆
Christ Church Hospital	基督教会医院
Church of England, the	英国国教，圣公会
Clarendon Code, the	克拉伦登法典
Coleman St.	科尔曼街
Coleshill	科尔希尔市
Congregational Church, the	公理会
Conventicle Act	《宗教集会法》
Cooke, Edward	爱德华·库克
Cornish, Henry	亨利·科尼什
Cornhill	康希尔
Cornwall	康沃尔郡
Corporation Act	《市政法案》
Courant, *the*	《每周新闻》
Courant	《报纸》
Court of King's Bench, the	王座法庭
Cowley, Abraham	亚伯拉罕·考利
Cripplegate	克里普尔盖特区
Cromwell, Oliver	奥利弗·克伦威尔
Cromwell, Richard	理查德·克伦威尔
Customs House	海关大楼
Daily Advertiser	《每日广告报》
Daily Courant, *the*	《每日新闻》
Daily Journal	《每日新闻》
Daily Post, *The*	《每日邮报》
Dampier, William	威廉·丹皮尔
Defoe House	笛福大楼

Declaration of Indulgence	《信教自由令》
de la Faye, Charles	查尔斯·德拉费伊
Devon	德文郡
Director	《指导者》
Dissenter	不从国教者；非国教徒
Dorking	多金
Dormer's News-Letter	《多默新闻》
Dorset	多塞特郡
Douglas, James	詹姆斯·道格拉斯
2nd Duke of Queensberry	昆斯伯里公爵二世
Dunwich	邓尼奇
Eddystone Lighthouse, the	埃迪斯通灯塔
Edward VI	爱德华六世
Edwin, Humphrey (Sir)	汉弗莱·埃德温
Elizabeth I	伊丽莎白一世
Essex	埃塞克斯郡
English Bourgeois Revolution	英国资产阶级革命
English Civil War	英国内战
Etton, the Village of	埃顿（村）
Evelyn, John	约翰·伊夫林
Exclusion Bill	《排斥法案》
Farewell, Philips (Rev.)	菲利普斯·法尔韦尔（牧师）
Fisher, James (Rev.)	詹姆斯·费希尔（牧师）
Five-Mile Act	《五哩法案》
Fielding, Henry	亨利·菲尔丁
Fleet Prison, the	舰队监狱
Fletcher, Andrew	安德鲁·弗莱彻
Flying Post	《飞行邮报》
Foe, Alice	爱丽丝·福
Foe, Daniel	丹尼尔·福
Foe, James	詹姆斯·福
Forster, Edward Morgan	爱德华·摩根·福斯特
Freeman's Yard	弗里曼斯商场
Gentleman's Magazine	《绅士杂志》
George I	乔治一世
George II	乔治二世
Glass Duty, the	玻璃瓶税

Glorious Revolution, the	光荣革命
Godolphin, Earl of	葛德芬伯爵（一译"戈多尔芬"）
Goodwin Sands	古德温沙洲
Graham, Richard(Lord Preston)	理查德·格雷厄姆（普雷斯敦勋爵）
Great Fire of London, the	伦敦大火
Great Plague of London, the	伦敦大瘟疫
Grub-Street Journal	《格鲁布街新闻》
Guildhall, the	伦敦市政厅
Hackney	哈克尼区
Hakluyt, Richard	理查德·哈克卢
Halifax	哈利法克斯
Hamblyn, Richard	理查德·汉布林
Hannah	汉娜
Hanover, the family of	汉诺威家族
Harley, Robert	罗伯特·哈利
Harvard College	哈佛学院
Heidenreich, Helmu	黑尔穆·海德里希
Henley-on-Thames	泰晤士河畔的亨利
Henrietta	亨丽埃塔
Henry VIII	亨利八世
High Church	高教会派
Hooke, Robert	罗伯特·胡克
House of Stuart, the	斯图亚特王朝
Howe, John	约翰·豪
Hurt, William	威廉·赫特
Independents	独立派
Institutes of Christian Religion	《基督教要义》
Interregnum	空位时期
James II	詹姆斯二世
Jeffreys (Judge)	杰弗里斯（法官）
Kent	肯特郡
King's Bench Prison, the	王座法庭监狱
Kingdom of East Anglia	东英吉利亚王国
Knox, Robert	罗伯特·诺克斯
Lamb, Charles	查尔斯·兰姆
Lancashire	兰开夏郡
Leslie, Charles	查尔斯·莱斯利

Levit, John	约翰·拉维特
Little St. Helen's	小圣海伦区
Locke, John	约翰·洛克
London Gazette	《伦敦公报》
London Pond	"伦敦池"
Lord Chief Justice	最高法院王座法庭庭长
Luther, Martin	马丁·路德
Lutheran Church, the	路德宗教会
Lyme	莱姆
Mackworth, Humphrey(Sir)	汉弗莱·麦克沃斯爵士
Medway	梅德韦
Maidstone	梅德斯通
Mallet, Edward	爱德华·马利特
Mansion House, the	伦敦市长官邸
Mercator	《收购人》
Mercurius Britannicus	《不列颠信使》
Mercurius Politicus	《政治信使》
Michleham	米克尔汉
Middlesex	米德尔塞克斯郡
Mist, Nathaniel	纳撒尼尔·米斯特
Mist's Weekly Journal	《米斯特周报》
Moll, Herman	赫尔曼·莫尔
Monmouth, the Duke	蒙茅斯公爵
Moorfields	莫尔菲尔兹地区
Mordaunt, Charles	查尔斯·莫当特
3rd Earl of Peterborough	彼得伯勒伯爵
Morton, Charles	查尔斯·莫顿
Moyle, Walter	沃尔特·莫伊尔
Municipal Corporations Act	《市政法案》
Nassau	拿骚
News	《新闻》
Newgate Prison	新门监狱(一译"纽盖特监狱")
Newington Green	纽因顿格林
Nonconformist	不从国教者
Northamptonshire	北安普敦郡
Norwich	诺里奇
Nottingham (Lord)	诺丁汉勋爵

Observator	《观察者》
Occasional Conformity Act	《间或一致法案》
Parker, Thomas	托马斯·帕克
Payne, Oliver	奥利弗·佩恩
Peterborough	彼得伯勒市
Pinner's Hall	平纳斯教堂
Pope, Alexander	亚历山大·蒲柏
Post Boy	《邮报童》
Post-man	《邮差》
Powell, Thomas	托马斯·鲍威尔
Presbyterians	长老派
Press Licensing Act	《出版物审查法案》
Protectorate rule of England, the	护国公制
Protestant Reformation, the	新教改革(宗教改革)
Protestantism	新教
Puritan Revolution	清教革命
Puritanism	清教
Pudding Lane	布丁巷
Queen Anne	安妮女王
Quaker, the	教友派,贵格会
Queen Mary	玛丽王后
Rabelais	拉伯雷
Red Lion Inn, the	红狮客栈
Rehearsal	《预演》
Ridpath, George	乔治·里德帕思
River Severn, the	塞文河
Rivington, Charles	查尔斯·里文敦
Rogers, Woodes	伍兹·罗杰斯
Ropemaker's Alley	制绳商巷
Royal Exchange, the	皇家交易所
Roman Catholic Church, the	天主教
Russell, William (Lord)	威廉·罗素勋爵
Sedgemoor	塞奇高沼泽地
Selkirk, Alexander	亚历山大·塞尔扣克
Somers (Lord)	萨默斯勋爵
Spectator	《旁观者》
Spencer, Charles	查尔斯·斯潘塞

2nd Earl of Sunderland	森德兰伯爵二世
Stanhope, Philip Dormer	菲利普·多默·斯坦诺普
4th Earl of Chesterfield	切斯特菲尔德伯爵四世
Star Chamber (the)	星室法庭
Stationer's Charter (the)	皇家特许制度
Stationer's Company (the)	皇家特许出版行会
St. Giles, the parish of	圣吉斯教区
Steele, Richard	理查德·斯梯尔
South Sea bubble, the	南海泡沫
St. John, Henry	亨利·圣约翰
Ist Viscourt Bolingbroke	博林布罗克子爵一世
St. Michael, the parish of	圣迈克尔教区
St. Paul's Cathedral	圣保罗大教堂
St. Benet Fint	圣贝尼特芬特教区
St. Stephen, the parish of	圣斯蒂芬教区
Stoke Newington	斯托克纽因顿
Stourbridge Fair	斯陶尔布里奇集市
Suffolk	萨福克郡
Surrey	萨里郡
Swan Alley	斯旺巷
Swift, Jonathan	乔纳森·斯威夫特
Tatler	《闲谈者》
Temple	坦普尔区
Test Act, the	《宣誓法案》
Threadneedle St.	针线街
Tilbury	蒂尔伯里
Toleration Act, the	《宽容法案》
Tooting	图廷
Torbay	托贝
Tory Party, the (Tories)	托利党
Treaty of Ryswick	里斯维克和约
Treaty of Utrecht	乌特勒支和约
Trenchard, John	约翰·特伦查德
Trent	特伦特村
Tuffley, Mary	玛丽·托夫勒
Tutchin, John	约翰·塔钦
Townshend, Charles	查尔斯·汤曾德
2nd Viscount of Townshend	汤曾德子爵二世

Wadham college	沃德姆学院
Wanstead House	旺斯特德大厦
Warwickshire	沃里克郡
Westminster Abbey	威斯敏斯特教堂
Whig (Party), the (Whigs)	辉格党
Whiston, William	威廉·惠斯顿
Whitefriars	怀特弗里亚区
Whitehall	白厅
Whitehall Evening Post	《白厅晚邮报》
William III (William of Orange)	威廉三世(奥伦治威廉)
William Shakespeare Tower	莎士比亚大厦
Wilmot, John	约翰·威尔莫特
Winstanley, Henry (Rochester (2nd Earl of))	亨利·温斯坦利 罗切斯特伯爵二世
Wren, Christopher	克里斯托弗·雷恩
Yorkshire	约克郡

三、笛福重要著作年表

1683　A Tract on the Turkish Question (Lost)
1688　A Letter to a Dissenter from his Friend at the Hague
1689　Reflections upon the Late Great Revolution
1691　A New Discovery of an Old Intrigue
1694　The Englishman's Choice and True Interest
1697　The Character of the late Dr. Samuel Annesley by way of Elegy
　　　Some Reflections on a Pamphlet lately published, entitled "An Argument Showing that a Standing Army is not inconsistent with a Free Government"
　　　An Essay upon Projects
1698　An Enquiry into the Occasional Conformity of Dissenters, in Case of Preferment
　　　An Argument Showing that a Standing Army, with consent of Parliament, is not inconsistent with a Free Government
　　　The Poor Man's Plea
　　　A Brief Reply to the History of Standing Armies in England
1699　An Encomium upon a Parliament
1700　The Pacificator, A Poem
　　　The Two Great Questions Considered
　　　The Two Great Questions Further Considered
　　　An Enquiry into the Occasional Conformity of Dissenters

1701　The Six Distinguishing Characters of a Parliament Man
　　　The Danger of the Protestant Religion considered
　　　Reasons against a War with France
　　　The True-Born Englishman, A Satyr
　　　Ye True-Born Englishmen Proceed
　　　Considerations upon Corrupt Elections of Members
　　　The Freeholder's Plea against Stock-Jobbing Elections of Parliament Men
　　　A Letter to Mr. Howe
　　　The Villainy of Stock-Jobbers Detected
　　　The Succession to the Crown of England Considered
　　　Legion's Memorial to the House of Commons
　　　The History of the Kentish Petition
　　　The Present State of Jacobitism considered
　　　Reasons against a War with France
　　　The Original Power of the Collective Body of the People of England, examamined and asserted

1702　Legion's New Paper
　　　The Mock Mourners, A Satyr, by Way of Elegy on King William
　　　Reformation of Manners, A Satyr
　　　A New Test of the Church of England's Loyalty
　　　Good Advice to the Ladies
　　　The Spanish Descent, a Poem
　　　An Enquiry into Occasional Conformity
　　　The Shortest Way with Dissenters
　　　The Original Power of the Collective Body of the People of England examined and asserted

1703　A Brief Explanation of a late Pamphlet, entitled "The Shortest Way
　　　A Hymn to the Pillory
　　　A Hymn to the Funeral Sermon
　　　King William's Affection to the Church of England
　　　An Ode to the Athenian Society
　　　A True Collection of the Writings of the Author of "The True-Born Englishman"
　　　A Dialogue between the Observator and a Dissenter
　　　A Shortest Way to Peace and Union
　　　More Reformation, A Satyr upon Himself
　　　The Sincerity of Dissenters Vindicated
　　　An Enquiry into the Case of Mr. Asgil's General Translation
　　　A Challenge of Peace
　　　Some Remarks on the First Chapter in Dr. Davenant's Essays　The Liberty of Episcopal Dissenters in Scotland truly stated
　　　Peace without Union

1704 The Dissenter's Answer to the High Church Challenge
An Essay on the Regulation of the Press
A Serious Inquiry into this Grand Question: Whether a Law to Prevent Occasional Conformity
The Parallel
A Review of the Affairs of France," etc. Name changed later to "A Review of the State of the English Nation"
The Layman's Sermon upon the Late Storm
Royal Religion
Legion's Humble Address to the Lords
More Short Ways with the Dissenters
The Dissenters Misrepresented and Represented
A New Test of the Church of England's Honesty
The Storm
An Elegy on the Author of "The True-born Englishman" A True-State of the Difference between Sir George Rooks, Kt., and William Colepeper, Esq.
A Hymn to Victory
The Protestant Jesuit Unmasked
Giving Alms no Charity
Some Remarks on... Davenant's Essay
Memorandum to Robert Harley
The Address

1705 The Double Welcome, A Poem to the Duke of Marlborough
A Second Volume of the Writings of the Author of " The True-Born Englishman."
A Review of the Affairs of France, and of all Europe as influenced by that Nation, &c. &c.
Advice to All Parties
Persecution Anatomised
"Review" Vol. I.
The Consolidator
A Journey to the World in the Moon
A Letter from the Man in the Moon
A Second Journey to the World in the Moon
The Experiment; or, the Shortest Way with the Dissenters Exemplified
Advice to all Parties
The Dyet of Poland, Satyr
The High Church Legion
A Declaration without Doors
Party Tyranny (Caroline)
An Answer to Lord Haversham's Speech
The High-Church Legion

1706   Remarks on the Letter to the Author of the State-Memorial
A Reply to a Pamphlet, entitled "Lord Haversham's Vindication"
"Review" Vol. II
The Case of Protestant Dissenters in Carolina
Remarks on the Bill to Prevent Frauds committed by Bankrupts
An Essay at Removing National Prejudices against a Union with Scotland, Part I
An Essay at Removing National Prejudices against a Union with Scotland, Part II
An Essay at Removing National Prejudices against a Union with Scotland, Part III
A Fourth Essay at Removing National Prejudices against a Union with Scotland
Preface' to Delaune's *Plea for the Non-Conformists*
The Vision
Remarks on the Bill to Prevent Frauds Committed by Bankrupts
A Sermon preached by Mr. Daniel Defoe
A Reply to the Scots Answer
A True Relation of the Apparition of one Mrs. Veal, the next day after her death, to one Mrs. Bargrave at Canterbury
Caledonia
A Hymn to Peace, Occasion'd by the Two Houses Joining in One; Address to the Queen
Jure Divino: A Satyr In Twelve Books
A Letter to a Friend

1707   A Fifth Essay at Removing National Prejudices against a Union with Scotland
Two Great Question Considered... Being a Sixth Essay
The Dissenters in England vindicated
Review Vol. III. 6 Feb.
Caledonia, &c. A Poem, in Honour of Scotland, and the Scots Nation.
A Short View of the present state of the Protestant Religion in Britain
A Review of the state of the English Nation.
A Voice from the south
A Modest vindication of the Present Ministry
An Historical Account of the Bitter Sufferings of the Episcop Church in Scotland
Defoe's Answers to Dyer's Scandalous News Letter

1708   The Union Proverb, "If Skidaui," etc.
Review Vol. IV

1709   The Scot's Narrative Examin'd
Review Vol. V.
History of the Union
Answer to a Paper concerning Mr. De Foe
A Reproof to Mr. Clark
A commendatory Sermon, preached

1710 Review Vol. VI.
       A Letter from Captain Tom to the Mob
       A Review of the State of the British Nation.
       A Speech without Doors
       Instructions from Rome in favour of the Pretender
       An Essay upon Publick Credit
       An Essay upon Loans
       A Word against a New Election
       A New Test of the Sense of the Nation
       A History of the Union of Great Britain, Part I
       A History of the Union of Great Britain, Part II

1711 Edinburgh Courant.
       Atalantis Major Probably
       Review Vol. VII.
       The Secret History of the October Club
       Eleven Opinions about Mr. Harley
       An Essay on the South Sea Trade
       Reasons why this Nation Ought to Put a Speedy End to this Expensive War
       Armageddon
       The Balance of Europe
       An Essay on...a Good Peace
       Reasons why a Party among us, etc.
       The Felonious Treaty
       An Essay on the History of Parties
       An Essay at a Plain Explanation of that Difficult Phrase: A Good Peace
       The True State of the Case between the Government and the Creditors of the Navy

1711 The Conduct of Parties in England
       The Present State of Parties in Great Britain
       Reasons against Fighting
       Review Vol. VIII.
       Inquiry into the Real Interest of Princes
       A Seasonable Warning and Caution
       Hannibal at the Gates
       Wise as Serpents
       Imperial Gratitude
       The Validity of the Renunciations of Former Powers
       An Enquiry into the Danger and Consequences of a War with the Dutch
       An Essay upon the South Sea Trade

1713 A Strict Enquiry into the Circumstances of a Late Duel
Reasons against the Succession of the House of Hanover
And what if the Pretender should Come?
An Answer to a Question that No Body Thinks of, viz. what if the Queen should die?
A Letter to the Dissenters
An Essay on the Treaty of Commerce with France
Consideration upon the Eighth and Ninth Articles of the Treaty of Commerce and Navigation
Review Vol. IX.
Some Thoughts upon the Subject of Commerce with France   A General History of Trade
Whigs turned Tories
Union and no Union
A View of the Real Dangers of the Succession
Reasons Concerning the Immediate Demolishing of Dunkirk
A Brief Account of the Present State of the African Trade
Memoirs of Count Tariff, &

1714 The Weakest Go to the Wall
The Scots Nation and Union Vindicated
A View of the Real Danger of the Protestant Succession
Reasons for Impeaching the Lord High Treasure
The Remedy Worse than the Disease
Mercator 26 My 1713—20 July 1714
The Flying Post
Advice to the People of Great Britain
A Secret History of One Year
The Secret History of the White Staff

1715 The Secret History of the Secret History
An Account of the Conduct of Robert Earl of Oxford
The Family Instructor Vol. I
An Appeal to Honour and Justice
A Reply to a Traitorous Libel entitled "English Advice to the Free Holders of England
A Friendly Epistle, etc. from one of the People called Quakers to Thomas Bradbury
A Sharp Rebuke from one of the People called Quakers to Henry Sacheverell, the High Priest of Andrew's Holborn
A Seasonable Expostulation... unto the Duke of Ormond, by the same Friend that wrote to Thomas Bradbury
The Family Instructor Vol. I
History of the Wars of Charles XII of Sweden
A Hymn to the Mob
View of the Scots Rebellion
A Trumpet Blown in the North
An Account of the Great and Generous Actions of James Butler (Duke of Ormond)

1716　Some Account of the Two Nights' Court at Greenwich
　　　Some Considerations on a Law for Triennial Parliaments　The Alteration in the Triennial Act considered
　　　"Mercurius Politicus"
　　　"Dormer's News Letter"

1717　The Quarrel of the School-Boys at Athens
　　　Fair Payment No Spunge
　　　Secret Memoirs of a Treasonable Confernce at S—House[for 1716]
　　　The Old Whig and Modern Whig Revisited
　　　The Conduct of Christians made the Sport of Infidels
　　　Memoirs of the Church of Scotland
　　　Count Patkul
　　　Minutes of the Negotiations of Monsr. Mesnager
　　　A Declaration of Truth to Benjamin Hoadley (Another Quaker Pamphlet)
　　　"The Weekly Journal; or Saturday's Post" (Mist's)
　　　A Curious Little Oration

1718　The Family Instructor, Vol. II
　　　A Continuation of Letters written by a Turkish Spy
　　　Memoirs of Public transactions in the Life and Ministry of his Grace the Duke of Shrewsbury
　　　The case of the War in Italy Stated
　　　Memoirs of the Rev. Daniel Williams, D. D.
　　　The Family Instructor Vol. II
　　　"The Whitehall Evening Post"

1719　A Friendly Rebuke to one Parson Benjamin
　　　The Life and Strange Surprising Adventures of Robinson　Crusoe
　　　The Farther Adventures of Robinson Crusoe
　　　Baron Goertz
　　　A Letter to the Dissenters
　　　The Anatomy of Exchange Alley
　　　"The Daily Post", 4 Oct. 1719—27 April 1725
　　　The Dumb Philosopher, or Dickory Cronke
　　　Charity still a Christian virtue
　　　Captain Avery, the King of Pirates
　　　Some Account, of the Life and most Remarkable Actions of Henry, Baron de Goertz, Minister to the late King of Sweden
　　　The history of the life and adventures of Mr. Duncan Campbell

1720　Serious Reflections during the Life and Surprising　Adventures of Robinson Crusoe
　　　Memoirs of a Cavalier
　　　The Life, Adventures, and Pyracies, of the Famous Captain Singleton
　　　The Chimera
　　　The Director
　　　The Trade to India Critically and Calmly Consider'd
　　　The Commentator

1721　The Director (1720—1721)
　　　A Vindication of the Honour and Justice of Parliament against a most Scandalous Libel, Entituled the Speech of John A Esq.
　　　The Case of Mr. Law
　　　Brief Observations on Trade and Manufacture

1722　A Collection of Miscellany Letters, selected out of Mist's Weekly Journal
　　　Due Preparations for the Plague
　　　Religious Courtship
　　　The Fortunes and Misfortunes of the Famous Moll Flanders
　　　A Journal of the Plague Year
　　　The History and Remarkable Life of the Truly Honourable Colonel Jacque
　　　The Life and Actions of Lewis Dominique Cartouche

1723　Peter the Great
　　　Rob Roy

1724　The Fortunate Mistress, or Roxana
　　　A New Voyage Round the World
　　　The Great Law of Subordination Consider'd
　　　A Tour thro' the Whole Island of Great Britain Vol. I
　　　A Narrative of the Proceedings in France, etc.
　　　History of the Remarkable Life of John Sheppard
　　　A Narrative of all the Robberies, Escapes, etc., of John Sheppard

1725　Every-Body's Business, is No-Body's Business
　　　The Compleat English Tradesman, Vol. I
　　　A Tour thro' the Whole Island of Great Britain Vol. II
　　　An Account of the Conduct and Proceedings of John Gow, the Pirate
　　　The True, Genuine, and Perfect Account of the Life and Actions of Jonathan Wild. Taken from good Authority, and
　　　From his own writings

1726　The Political History of the Devils
　　　The Friendly Daemon
　　　A Tour thro' the Whole Island of Great Britain Vol. III
　　　An Essay upon Literature
　　　Mere Nature Delineated
　　　A General History of the Principal Discoveries and Improvements in Useful Arts

1727　The Protestant Monastery
　　　A New Family Instructor
　　　The Evident Approach of a War
　　　Conjugal Lewdness; or Matrimonial whoredom, Re-issued 10 June 1727 with the new title of a Treatise concerning the Use and Abuse of the Marriage Bed
　　　A Supplement to the Compleat English Tradesman [for 1726]
　　　The Compleat English Tradesman, Vol. II
　　　Of Royall Education (1698?)
　　　A System of Magick
　　　An Essay on the History and Reality of Apparitions
　　　Parochial Tyranny

1728　A Plan of the English Commerce
　　　Augusta Triumphans
　　　The Compleat English Gentleman (1728—1729)
　　　Captain Carieton
　　　"The Universal Spectator"
　　　Second Thoughts are Best; or a Further Improvement of a late Scheme to Prevent Street Robberies
　　　Street Robberies considered

1729　Some Observations... Relating to the Present Intended Relief of Prisoners
　　　Fog's Weekly
　　　An Humble Proposal, to the People of England, for the Encrease of their Trade and Encouragement of their Manufactures; whether the present Uncertainty of Affairs issues in Peace or War.
　　　Reason for a War in Order to Establish the Tranquility and Commerce of Europe.
　　　Servitude, a Poem [only the prose introduction by Defoe]　Madagascar; or Robert Drury's Journal,
　　　The Compleat English Gentleman, Begun to be printed in 1729. Published in full, 1890
　　　On Royall Education, Published in 1895

1731　An Effectual Scheme for the Immediate Preventing of street Robberies

1946　The Meditations of Daniel Defoe Now First Published, edited by George Harris Healey (Cummington, Mass.: Cummington Press.

Editions and Collections:

The Novels and Miscellaneous Works of Daniel De Foe, with prefaces attributed to Sir Walter Scott, 20 volumes (Oxford: Printed by D. A. Talboys for T. Tegg, 1840—1841).

The Works of Daniel De Foe, edited by William W. Hazlitt [the younger] 3 volumes (London: Clements, 1840—1843).

The Novels and Miscellaneous Works of Daniel De Foe, 7 volumes (London: Bell; 1856—1884).

The Earlier Life and Chief Earlier Works of Daniel Defoe, edited by Henry Morley (London & New York: Routledge, 1889).

Romances and Narratives, edited by George A. Aitken, 16 volumes (London: Dent, 1895).

The Works of Daniel Defoe, edited by G. H. Maynadier, 16 volumes (New York: Sproul, 1903—1904).

The Shakespeare Head Edition of the Novels and Selected Writings of Daniel Defoe, 14 volumes (Oxford: Blackwell, 1927—1928. Reprint, in 9 vols. Totowa, NJ: Rwan and Littlefield, 1974).

Daniel Defoe: Selections from His Writings, edited by James T. Boulton (New York: Schocken, 1965).

The Versatile Defoe: An Anthology of Uncollected Writings by Daniel Defoe, edited by Laura A. Curtis (London: Prior, 1979; Totowa, N. J.: Rowman & Littlefield, 1979).

The Works of Daniel Defoe, 50 volumes (in progress), general editors W. R. Owens and P. N. Furbank. London: Pickering & Chatto, 2000—2008.

The Stoke Newington Daniel Defoe Edition, (in progress) eds. Jim Springer Borck, et al., New York: AMS Press, 1999—

Defoe's Review. Reproduced from the Original Editions, with an Introduction and Bibliographical Notes by Arthur Wellesley Secord. 9 vols. In 22 vols. Published for the Facsimile Text Society by Columbia University Press. New York: Columbia University Press, 1938.

Defoe's Review. 9 vols. Ed. John McVeagh. London: Pickering & Chatto, 2003—2011.

Letters:

The Letters of Daniel Defoe, edited by George Harris Healey, Oxford: Clarendon Press, 1955.

Paula R. Backscheider, "John Russell to Daniel Defoe: Fifteen Unpublished Letters from Scotland," Philological Quarterly, 61 (Spring 1982): 161—177.

（附注：此年表系笔者根据多种资料综合制成。）